国家社会科学基金项目（16BSH061）结项成果

鱼跃农门

农村家庭的高等教育需求与社会支持

HIGHER EDUCATION
DEMANDS AND SOCIAL SUPPORT
IN RURAL FAMILIES

谭　敏／著

社会科学文献出版社
SOCIAL SCIENCES ACADEMIC PRESS (CHINA)

序

1949 年新中国成立之初，中国农村人口约占总人口的 90%，农村的文盲率高达 95%以上，在校大学生数仅为 11.7 万人，只占 18~22 岁大学适龄人口的 0.26%。乡村农民从事的仍是流传千年的依靠人畜之力的落后农林牧渔生产。70 多年来，党中央和政府为了建设富强国家和提高人民生活水平，一直在着力发展教育，尤其是提高农村人口的文化教育水平。至 2021 年，我国不仅实现了普及义务教育，而且高等教育发展迅猛，各种形式的高等教育在学总规模达 4430 万人，我国成为世界上高等教育规模最大的国家。我国高等教育毛入学率达 57.8%，这标志着我国高等教育从"精英教育阶段"跨过了"大众教育阶段"，迈进了"普及教育阶段"。

当今，数字化、人工智能已经开始融入我国机械化工农业生产和人们日常生活的方方面面。新的时代在呼唤，为大力推进农业农村现代化，加快建设农业强国，未来必须将从事农业生产的农民或进城务工的"农民工"素质提高至具有现代知识、技术和能力的工程师的水平。换言之，伴随我国高等教育普及化的进程，农村家庭对高等教育的需求将居重要地位。那么，新形势下，农村人对高等教育的需求有哪些变化？这些变化受哪些因素影响？这些内外部影响因素，诸如学生个体、家庭、学校、经济、社会、文化等，它们相互交织所产生的不同方向的拉力是如何影响人们对高等教育的需求的？作为政府和学校，又该如何根据农村家庭、社会的具体情况因势利导、共同发力？这些问题亟须学界探讨。

本书作者谭敏于 2007 年在厦门大学攻读博士期间，就开始关心我国弱势群体高等教育机会问题，她参与大一新生调查问卷的设计，深入有关高校，尤其是西部高校调查、访谈，查阅大量文献资料，在此基础上撰写了《中国少数民族高等教育入学机会研究——基于家庭背景的分析》，对我国不同社会阶层，尤其是少数民族的高等教育入学机会差异进行了分析，提

1

出了以下观点：随着高等教育规模的扩大，少数民族在校大学生的数量大幅增加；从区域来看，民族自治地区的高等教育发展还较薄弱，但其发展速度高于全国平均水平。当时，她从关注少数民族总体高等教育机会，逐步深入关注老少边远贫困乡村的少数民族高等教育机会。同时，她通过调查和访谈，致力于探讨不同社会阶层家庭资本对少数民族高等教育机会的质和量的影响，并向学校和政府提出了增加贫困地区少数民族接受高等教育机会的建设性方策。

这十几年来，谭敏博士有幸在福建省社会科学院领导和前辈的带领与指导下，不忘初心，孜孜不倦地行走在探寻我国弱势群体接受高等教育机会的路上。如今她的新作《鱼跃农门——农村家庭的高等教育需求与社会支持》即将问世，该著作聚焦当今农村家庭的高等教育需求，从政治哲学、经济学、心理学、教育学、社会学、法学等不同学科视角入手，借鉴国际上通行的分配正义理论、人力资本与消费行为理论、需求理论、社会分层与理性选择理论等，采用文献分析法、问卷调查法、观察法、访谈分析法、个案研究法等多种社会科学研究方法，力图为高等教育需求与获得问题的解析提供多学科的探讨方式。

该著作第二章，通过大量的调查数据统计和访谈案例分析，为读者展示农村家庭高等教育需求带有"实用主义认知""随遇而安的意愿""有心无力的行动"等特征的多元图景。第三章运用认知心理学理论、自我效能感理论、再生产理论等，基于访谈素材，分析了影响农村家庭子女学业成就的五大主客观因素：禀赋遗传驱力、学习调节驱力、学习投入驱力、学校环境驱力和家庭引导驱力，揭示了"个体因素的影响大于环境因素""先赋性因素和自致性因素相互交织共同影响学业"等特征。第四章运用资本理论对众多访谈案例进行分析，发现：以血缘关系为纽带的教育资源互助是农村强关系支持的主要来源；家庭可用的客观化文化资本呈现形式单一、内容单薄、目的功利、匹配随意盲目等弊端；不同时代、不同家庭背景的社会资本、经济资本和文化资本对农村家庭子女的高等教育需求产生了各不相同的影响；经济条件或受教育程度一般的普通农村家庭父母可以通过提高教育期望、增进亲子关系、加强家校联系、营造文化氛围等诸多方式为孩子提供良好的家庭资本。如受教育程度较高的农村家庭父母更加注重子女的教育问题，对子女秉持更高的教育期望，并善于激励子女提升自身的教育追求。第五章和第六章，针对农村教育出现的生源流失、学业层差较大与学校分层等困境，从学校、文化、政策三个方面阐述了"农村学校夯实教育乡土性的文化根基""打造学校-乡村协作共助的教育共同体""构建农村家庭高等教育需求的社会支持系统"等思想和策略。

从高等教育需求的萌发到投资行为的产生，再到收益的最终获取，是个十分复杂的过程，谭敏博士不畏艰难，勇于探索农村家庭的高等教育需求与社会支持系统，其精神十分可贵。该著作具有三大特色。第一，从多学科的视角出发，涉及政治哲学、经济学、心理学、教育学、社会学等学科的众多理论，其中不乏艰深晦涩的术语和表述，然而，这些源自万里之外的舶来哲理条文，一经与我国本土多达八万多名学生的问卷调查数据和一百多个鲜活的访谈案例相结合的分析，有理有据，立显生机勃勃，可触可摸。第二，访谈案例取自大江南北五省，问卷调查不仅覆盖我国 31 个省份的六种类型高校，而且纵跨 2007~2017 年，纵横时空感饱满。第三，行文流畅，用词前卫，访谈案例原汁原味，"土气"浓浓，这高山流水与人间烟火，各美其美，相映生辉。期待此著作早日面世，以飨读者。

谢作栩

于厦门大学海滨

2023 年 5 月

目　录

导　论

一　研究缘起

党的十八大以来，"努力办好人民满意的教育"等目标定位对我国教育改革发展提出了新的更高要求。如何满足人民群众对多样化、高质量教育的需求，特别是农村家庭等不利群体对（高等）教育公平的期盼，成为我国教育理论与实践探索的核心课题。本书立足高等教育从大众化迈向普及化的新时代背景，通过进入农村教育场域，关注农村家庭高等教育需求的认知、意愿、情感、行动及其结局，这对于厘清农村子女教育过程和家庭教育策略的完整镜像、理解社会结构裹挟下农村父母及其子女高等教育选择的内在动因具有重要意义。

本书对农村家庭高等教育需求的关注源于农村高等教育两种焦点性议题。一种来自人们对农村高等教育需求的困惑。传统的结构主义观点认为，人们的教育期望或者教育需求深受其所在阶层的影响和限制，因此以较低社会阶层为主体的农村家庭，其高等教育需求、教育决策和选择行为就会呈现消极倾向。但一种文化性的观点认为，文化和价值观念深嵌于人们的教育认识和行动之中，使低阶层的家庭亦可产生上大学的强烈期望和升学动机。比如，弗莱曾经运用"想象的未来"的概念对马拉维贫困农村儿童为何秉持较高的教育期望进行解释，即政府教育改革带来的文化力量激发了他们对自我认同的肯定。[①] 美国多项族裔比较研究亦发现，亚裔父母比白人父母对子女的高等教育获得抱有更明显的期待，进而推动子女拥有更好的学业表现。那么在中国当前的教育文化情境下，农村父母对子女的高等

---

① M. Frye, "Bright Futures in Malawi's New Dawn: Educational Aspirations as Assertions of Identity," *American Journal of Sociology*, 2012, 117（6）: 1565-1624.

教育期待究竟几何？他们对高等教育的认知、意愿和行动是否统一？如何提高农村高等教育需求的理性认知水平和调适张力，降低其教育行动的抑制性？这些都是十分值得深入探讨的议题。另一种来自人们对城乡高等教育机会均等的困惑。近年来，"寒门难出贵子"的社会热议不绝于耳，人们对农村子女进入重点高校的机会额外关注。各级政府着力提高农村大学生比例，提高重点大学农村子女招生比例。从政策回应来看，当前仍以教育系统内部改革作为满足农村高等教育需求的主要手段，并辅以入学名额的分配调整，但收效分散且不够持久。高等教育需求问题本质上不是单纯的教育问题，其产生与解决受社会环境与社会结构的强烈制约；高等教育获得问题也不仅仅是招生入学环节的问题，其主要根源在于中小学教育乃至早期教育的累积过程。因此，对农村子女教育全过程进行环绕式的社会性剖析就显得更加迫切。

从这个视角来看，本书对农村家庭高等教育需求的关注可以被视为诊断我国农村子女教育认知不清、教育目标迷茫、学业成就落后、教育选择能力不足等症结的基点。围绕农村学生的个体能动性，将家庭、学校、社会等要素与结构的影响性分析贯穿始终，希冀建构出一套以提高学业成就与学习动机为根本切入点解决城乡子女高等教育机会与质量不平衡的社会支持体系。为此，本书力求在以下几个问题上有所突破：（1）分析和归纳学术界对高等教育需求与实现的多学科理论范式，为深入理解这一研究课题提供更广阔的空间；（2）高等教育的"需求—获得—满足"是一个连贯却非一致的过程，分析农村家庭高等教育需求与获得之间的主要瓶颈和关键环节，全面地刻画这一过程，进而归纳城乡分层影响下的教育代际传递与流动的规律；（3）揭示影响农村子女高等教育需求实现的内在机制，促进农村子女高等教育通道的畅通；（4）通过转化应用研究，使当前集中于学校教育政策开展的教育均等化改革能探索出更具社会性与根本性的系统化策略。

二 研究框架

本书按照理论、实证与对策的思路，将主要内容分为六章。

第一章：高等教育需求与获得的理论探讨。从多学科的视角探讨农村家庭高等教育需求与获得的理论问题。政治哲学、经济学、心理学、教育学、社会学、法学等不同学科视角为高等教育需求与获得问题的解析提供了多彩的研究路径和逻辑范式，使这一问题超越了单一的传统框架，延伸为与整个社会经济文化背景息息相关的重要议题，同时也为促进城乡教育机会均等提供了更为深刻而系统的解决思路。

第二章：农村家庭的高等教育需求与获得。对当前我国农村家庭高等教育需求与获得的多元现实图景进行描绘刻画：基于家庭背景和城乡分化的视角，调查分析当前农村家庭的高等教育需求及其特点；对照农村家庭的高等教育需求，调查分析农村子女高等教育获得的机会、质量和满意度。

第三章：学业的竞争——核心要件与累积效应。以学业成就为核心切入点，通过分析发现城乡子女高等教育竞争的根本在于学业成就的累积性差距。通过对农村子女学业困境归因及其特征的调查分析，映照理论界关于高等教育获得的先赋性与自致性因素之争，提出学业成就与高等教育获得虽然与个体的自致性努力密切相关，但农村子女学业成就偏低的症结远非个体努力就能解决。另外，还兼论了易被忽视的农村子女早期教育问题。

第四章：家庭的承继与突破——资本运作与教育决策。从社会结构和家庭资本两个方面分析农村家庭教育过程的全围图景。一方面，农村家庭的教育目标和决策行为深受社会分层和城乡分层结构的制约，显现出内外部双重分层的特征；另一方面，家庭经济资本、文化资本和社会资本参与渗透其中，发挥了重要的中介作用，并为家庭教育阶层的代际突破指明了道路。

第五章：教育系统的秘密——学校与文化。体制化教育系统无时无刻不在干预着城乡孩子的教育结局。本章从农村学校生源、基础教育资源、办学导向、课程教学、师资状况、师生互动、组织制度等多重视角审视当前农村学校教育秩序的运行困境及其对农村子女学习成长的影响；从文化的视角探讨农村子女所处的教育场域和他们所面临的乡土性与现代性的价值迷茫；以高考招生改革为例，分析了教育政策对农村学校教育教学秩序的影响以及对农村子女高等教育获得的制约。

第六章：从碎裂到重构——农村家庭高等教育需求的社会支持系统。在系统论证社会支持理论对于本书的适用性之后，考察了我国农村教育社会支持现状呈现的碎片化特点。运用社会支持理论从支持的意义、目标、主体、方法、要点等多维度建构起满足农村家庭高等教育需求的社会支持系统。以理性引导农村家庭的高等教育需求、提高农村子女学业成就和综合素质、推动高等教育机会均等化、扩大高等教育选择权、提高高等教育选择能力五大目标为基准，重点构建支持农村家庭高等教育需求的社会、家庭、学校和政策子系统，探索增加农村子女高等教育机会的解决路径。研究框架如图 0-1 所示。

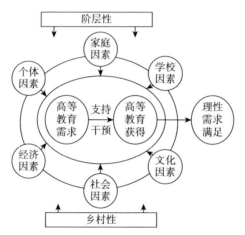

图 0-1　农村家庭高等教育需求与获得研究框架

三　研究方法

为了了解我国农村家庭高等教育需求与获得的全景过程和背后机理，本书综合采用了多种社会科学研究方法，比如文献分析法、问卷调查法、观察法、访谈分析法、个案研究法等，希冀通过量化研究与质性研究的结合，深入地展示农村教育困境的事实存在和价值存在。以下着重介绍本书中调查统计和访谈分析方法的运用。

有关农村家庭高等教育需求与获得的概况性分析主要基于问卷调查和统计分析等量化研究方法。除了利用已有的全国综合性调查数据库（如"中国家庭追踪调查"）以外，主要数据来源于课题组成员对全国 2007 级和 2017 级大学生实施的大规模问卷调查。2007 级大学生的研究数据来自"中国高等教育研究数据库"（由厦门大学谢作栩教授牵头创建）之"大一新生问卷调查数据库"，课题组主要成员负责并全程参与了该数据库的建设。2017 级大学生的研究数据来自"2017 大一新生问卷调查数据库"（由课题组成员刘自团牵头实施）。两次调查使用的均是厦门大学谢作栩教授研究团队编制的《大一新生调查问卷》，该问卷向大一新生收集了家庭背景、学习和生活等相关情况的信息，适合用来回答本书的研究问题。对 2007 级大一新生的调查在全国 31 个省区市的 175 所普通高校（包括独立学院）实施，共回收 47170 份有效问卷；对 2017 级大一新生的问卷调查分布在全国 12 个省区市的 91 所普通高校（包括独立学院），共回收有效问卷 37171 份。样本的基本特征描述如表 0-1 所示。基于随机整群抽样和方便抽样的原则，上述两次调查在高校的选取方面综合考虑了地域分布、学校类型和可代表性。

表 0-1　样本的基本特征描述

单位：人，%

变量名称	变量类别	2007 级		2017 级	
		人数	占比	人数	占比
学校类型	重点本科院校	10125	21.46	8108	21.81
	一般公办本科院校	16368	34.70	19427	52.26
	公办高职高专院校	7298	15.47	4188	11.27
	独立学院	5506	11.67	1630	4.39
	民办本科院校	3445	7.30	2734	7.36
	民办高职高专院校	4428	9.39	1084	2.92
性别	男	22768	48.27	15749	42.37
	女	23932	50.74	21422	57.63
	缺失值	470	1.00	0	0
城乡	农村	20287	43.01	16148	43.44
	城市	24398	51.72	21023	56.56
	缺失值	2485	5.27	0	0
民族	汉族	41706	88.42	34516	92.86
	少数民族	4727	10.02	2655	7.14
	缺失值	737	1.56	0	0
地区	东部	19868	42.12	23973	64.49
	中部	13548	28.72	6964	18.74
	西部	13061	27.69	6129	16.49
	缺失值	693	1.47	105	0.28

量化研究的部分主要用于掌握当前我国农村家庭高等教育需求的总体样貌，以及近 10 年间我国农村子女高等教育获得的总体变化、高校类型变化和就读满意度变化情况，为深入了解影响农村子女高等教育实现的内在机制奠定基础。

本书的主体部分则主要运用实地观察、深度访谈、个案追踪等质性研究方法对农村子女、农村家庭、农村社区、农村学校和教师等进行探查。具体形式以一对一半结构式访谈为主（访谈时间为 30 分钟至 90 分钟不等），辅以入户观察、小型座谈和一对多访谈。研究选取了福建、江西、吉林、山东、辽宁等地与农村教育密切相关的受访者共 106 人，具体身份包括农村中学生、农村大学生、农村家长（或监护人）、村干部、以农村生源为主的中小学校长和班主任等，兼顾受访者的性别、家庭结构、家庭背景、学业成就、学科分布和区域发展水平的差异性，形成了 20 余万字的访谈资料（访谈对象明细见附录）。选取其中 71 名受访者记录，利用 NVivo 11 软件进行三级编码，其余受访者资料进行模型饱和度验证。此外，第四章第二节对留守儿童教育选择问题的分析采用了个案生命历程的追踪访谈法。这些质性研究方法的运用有助于深入地探索当前我国农村子女高等教育追逐过程中个体、家庭、学校和社会实践的特征、机制及其互动过程，能够更好地反映这一过程的"真实性、复杂性和动态演进性"。[①]

四 一点说明

本书尝试跳出"以高等教育论高等教育"的常见研究思路，以探讨农村家庭的高等教育需求与获得为起讫点，力求通过展示农村子女从早期教育、家庭教育到中小学学校教育的过程面貌，书写当前我国普通农村子女的教育境遇。在社会结构制约和内在能动性发挥的双重力量推动下，他们如何或顺从、或放弃、或挣扎、或冲破自己的教育命运成为本书的重要主线。从研究的目标来看，本书无意于城乡高等教育入学比例的"平均主义"，而将着重点放在如何帮助农村家庭树立更加科学理性的教育观和如何为农村学子提供更加专业适切的教育支持。在这个意义上，我们的研究始

---

① 朱德全、曹渡帆：《教育研究中扎根理论的价值本真与方法祛魅》，《清华大学教育研究》2021 年第 1 期。

终秉持着"应当怀疑并逐步揭露以天资差异为外衣的受社会条件制约的文化方面的不平等"①，探索如何保障农村子女不因家庭或所在地区的先赋性不足而拉大与其他社会成员的教育差距。与以往零散的教育性措施相比，建立综合性的农村教育社会支持系统无疑更具整合性、有效性、长远性与根本性。如能沿此方向有些许突破，便是本书的微薄贡献了。

---

① P. 布尔迪约、J. -C. 帕斯隆：《继承人——大学生与文化》，刑克超译，商务印书馆，2002，第 92 页。

第一章 高等教育需求与获得的理论探讨

第一节 高等教育需求的理论取向

需求一词无论在日常生活中还是在各学科领域中都广为应用，《辞海》将其定义为："1. 索取，求索；2. 需要，要求。"但在研究文献中，需求概念的使用和分析颇为复杂，不仅不同学者的阐释角度大为不同，而且与其他概念如需要、要求、期望、欲望、动机、驱力等都有交叉使用。相应地，教育需求研究的理论基础也有较大的差异性。《教育大辞典》指出："教育需求，就个人和家庭而言，指个人和家庭为满足某种物质和精神需要对接受各级各类教育的要求。"[①] 从这个角度来看，如果将高等教育需求简单界定为"个人和家庭为满足主客观需要对接受高等教育的要求"，虽具有涵盖性，却难以从深层次揭示这种需求产生与运作的内在逻辑。当前对个体高等教育需求的研究已有相当积累，从理论取向来看则主要分为三种：一是心理学取向的需求层次与动机理论模式研究；二是经济学取向的人力资本与消费行为理论模式研究；三是社会学取向的社会分层与理性选择理论模式研究。高等教育需求作为个体教育需求的延伸和重要组成部分，已经成为需求研究的重要内容。以下将从这三种主流理论取向角度对个体高等教育需求研究进行系统分析，为深入理解高等教育需求的内涵、影响因素与运行机制提供理论前提。

一 心理学取向的需求层次与动机理论模式研究

需求首先是一种心理活动，对个体需求的研究一直是心理学领域最关

[①] 教育大辞典编纂委员会编《教育大辞典》（第 2 卷），上海教育出版社，1990，第 225 页。

心的课题之一。心理学取向的个体需求研究一般分为四大体系：本能需求理论、社会－文化需求理论、生物－社会－文化需求理论和系统需求理论。① 从弗洛伊德、霍尼、埃里克森到弗鲁姆、马斯洛、莫瑞等众多心理学家都从不同的侧重点对需求的性质、起因、分类、与其他心理模式的关系等问题进行了深入研究，为各学科的个体需求研究奠定了重要的心理学基础。其中，人本主义心理学代表人物马斯洛的需求层次理论对教育领域的影响最深。马斯洛认为人的所有行为都是由需求引起的，个体需求存在多个方面，从低层次向高层次排序依次为生理需求、安全需求、归属和爱的需求、尊重的需求及自我实现的需求。前四种需求为匮乏性需求，自我实现的需求则属于存在性需求。② 该理论虽未直接提到教育需求的层次，但由于"各种形式的教育是人类满足和提升心理需求的重要媒介，因此也可将教育需求视为满足个人心理需求的另一种形式表现"。③ 目前有关教育需求的分类研究或多或少都参照了需求层次理论，比如有学者基于马斯洛的分类，将个体教育需求分为五个阶段：生产力水平适应阶段、就业机会追求阶段、社会生活需要满足阶段、效益最大追求阶段与消费需求阶段④；还有研究以自我价值实现为基准，将个体高等教育需求分为接受高等教育的需求、能力需求和超越需求三个层次⑤。

　　由于心理学意义上的"需求"是一连串心理行为的复合与相互连接，因此动机、期望等相关理论也成为高等教育需求研究的重要支撑。其中，动机理论被广泛用于测量个体高等教育需求的动因、强度与持续性。需求是由个体某种状态生理或心理的缺乏引起的，"从需求的广义用法来看，事实上已成为动机的同义词"。⑥ 认知主义、行为主义、社会学习取向和人本主义等各自都有一套有关教育动机的理论解释，如行为主义学派倾向于使用

---

① 晏予：《人格心理学中的需求理论研究》，《心理学探新》1990 年第 1 期。
② A. H. Maslow, *Motivation and Personality* (New York: Harper & Row, 1970).
③ 林振春：《台湾地区成人教育需求内涵之分析》，《社会教育学刊》1995 年第 24 期。
④ 赵宗淑：《论个体教育需求阶段的划分》，《河南职业技术师范学院学报》（职业教育版）2004 年第 4 期。
⑤ 王洪才：《大众高等教育论：高等教育大众化的文化－个性向度研究》，广东教育出版社，2004，第 14 页。
⑥ 张春兴：《现代心理学——现代人研究自身问题的科学》（第 2 版），上海人民出版社，2005，第 359 页。

强化型的外控手段刺激个体的高等教育动机与行为；社会学习取向的自我效能理论则认为个体对于自己能否接受高等教育的信念会影响其对高等教育的选择、努力和动机的持久度以及学业表现。以动机理论为基础，西方大量研究教育持续性和教育参与的心理量表都加注了对动机的测量，如谢菲尔德（S. B. Sheffield）的继续学习取向指标（CLOI）、伯吉斯（P. Burgess）的教育参与理由（REP）量表、博舍尔（R. W. Boshier）的教育参与量表（EPS）等。国内也有研究以此为参照自建量表，测量出成人参与高等教育的四种动机取向①，丰富了个体高等教育需求研究的框架与视野。

与动机理论相比，期望理论除了关注需求产生的动因以外，也常被应用于探索需求的实现，因此在个体高等教育需求研究中占有特殊位置。期望理论是由美国心理学家弗鲁姆（Victor H. Vroom）提出的过程激励理论，他认为激励力量取决于行动结果的目标价值（效价）和其对应的期望概率（期望值）的乘积。效价反映的是个体需求和动机的强弱，期望值则反映个体实现需求和动机的信心的强弱。② 该理论是在目标尚未实现的情况下研究目标对人的动机的影响，其既可以用于解释高等教育选择行为，也重视在这一选择过程中的行为调整与激励，对于评估高等教育需求是否得当以及指导个体实现高等教育需求有较好的适切性。如有学者以期望理论为基础对大一新生的高等教育需求进行了实证分析，并提出帮助学生构建和实现合理期望的一系列建议③；也有研究从期望理论的视角探讨了高等教育规模扩张下大学生的就业需求和期望，并针对高等教育的课程设置等提出诊断性指导④。

总体来看，心理学取向的个体高等教育需求研究已有相当的积累，并为其深入拓展提供了必要的理论准备与先导支撑。心理学取向的研究大多偏重于对个体内在因素的分析，对个体参与高等教育的动机、意愿或期望的损益状态更感兴趣，而较少关注外部因素施加的影响，特别是客观因素

---

① 李金波、王权：《对成人参与高等教育的动机取向、学习成就的分析》，《中国远程教育》2003 年第 5 期。

② V. H. Vroom, *Work and Motivation*（New York：Wiley, 1964）.

③ 蔡映辉：《中国大学生期望研究》，福建教育出版社，2011。

④ 刘丽芳、曲瑛德：《高等教育规模扩张与大学生就业——期望理论的视角》，《黑龙江高教研究》2007 年第 2 期。

与个体生理、心理交互产生的多重影响，这就为其他取向的相关研究提供了广阔空间。

二　经济学取向的人力资本与消费行为理论模式研究

在高等教育需求研究中，经济学取向的研究是成果最为丰硕的。作为经济学的核心概念之一，需求被视为在特定时间与条件下消费者有意愿且有支付能力购买的商品或劳务的总量。经济学取向的高等教育需求研究认为，高等教育是一种准公共产品，个体或家庭出于各种收益性目的产生了对高等教育有支付能力的需求，"成本""收益""投资""供给""学费""投入-产出""消费取向""支付能力"等都是与之紧密相连的关键词。在经济学取向的高等教育需求研究中最广为应用的主要有人力资本理论与消费行为理论。

人力资本理论本质上是关于人的价值的经济分析，该理论扭转了以往将教育单纯视为消费性事业的传统观点，将教育投资，特别是高等教育投资看作人力资本累积与提升的核心，极大地凸显了高等教育对个体与社会的经济价值和外在收益。正如人力资本理论代表人物贝克尔所说的："没有受过大学教育毕业的年轻人在现代经济中显然未能为工作做好充分的准备。"[1] 人力资本理论总体上认为受教育层次越高，个体的教育收益率也会越高，这一观点也被诸多证据证明。OECD 国家的平均值数据显示，初等教育的就业率为65%，中等教育为88%，高等教育则为90%。[2] 在此基础上，个人高等教育决策的主要决定因素就是获取利润并使其最大化，投资决策取决于未来可能的回报、成本投资及当前利率，这是经济学取向的基本观点之一。在现代社会中，高等教育对于个人的经济收入、职业地位、未来发展等发挥着重要作用，也对越来越多的年轻人产生了重要的驱动力与吸引力。在人力资本理论框架下，个体高等教育需求的产生与具体决策在很大程度上取决于当事者对高等教育投资的成本与收益的考量，即高等教育能为成本分担和教育风险的承受者带来多高的个人收益。比如，有研究以人力资本理论为基础对西班牙的高

---

① 加里·贝克尔：《人力资本理论：关于教育的理论和实证分析》，郭虹等译，中信出版社，2007，第 3 页。

② OECD，"Education at a Glance 2010，" http://www.oecd.org/bookshop/.

等教育需求进行了实证考察，结果显示，除家庭因素外，劳动力市场信号（机会成本和就业期望）对个体高等教育需求确实存在影响。[①] 还有研究者进行实证研究后发现，美国宾夕法尼亚州高等教育施行的非本州居民高额收费政策导致 1991~1996 年非本州居民的入学需求下降了 40%。[②]

除了人力资本理论，消费行为理论也常被应用于高等教育需求的分析，这是由于高等教育具有投资与消费双重属性。舒尔茨曾说过："学校教育无论现在（例如和大学里的同学们交往可能立即得到愉快）或将来（增长欣赏优秀作品的能力）都可使人得到满足。由于学生的利益在将来才能获得，学校教育就具有投资性质。作为一种投资，它不是影响将来的消费，就是影响将来的收入。因而，学校教育的消费成分就包括两部分，一部分为当前的消费，另一部分为将来的消费。"[③] 当高等教育被视为一种消费品时，个体对高等教育的判断与选择势必受其效用的影响，即人们消费高等教育所得到的满足程度。消费行为理论认为，人们总是基于自身感受去选择具有最高价值的物品与服务。高等教育具有与一般商品不同的效用，如耐久性、转化性与高附加值，这使得消费者在平衡投入与产出的过程中愿意为之支付的费用也较高。但在现实中，学生及其家庭往往未能基于自身状况对各种可能做出深思熟虑的权衡比较，而是做出非理性的高等教育决策，造成消费风险的扩大化，即消费者剩余增加，高等教育总效用降低。以消费行为理论为视角的需求研究在经济学领域占有重要位置，但由于高等教育的投资与消费密切的叠加性，相关实证研究也整合了二者的特征。有研究对 1953~1992 年比利时的个体高等教育需求进行了考察，该模型集成了高等教育的投资性与消费性，结果发现收入和机会成本对高等教育需求有明显驱动作用。[④] 国内也有学者整合了投资与消费特征建立了高等教育需求计量模型，对成本和收益对高等教育入学需求的影响进行实证分析，发现高等教育的私人成本越高，个体高等教育需求越小；高等教育毕业生的预

① C. Albert, "Higher Education Demand in Spain: The Influence of Labour Market Signals and Family Background," *Higher Education*, 2000 (40): 147.

② A. Noorbakhsh & D. Culp, "The Demand for Higher Education: Pennsylvania's Nonresident Tuition Experience," *Economics of Education Review*, 2002 (3): 277–286.

③ 西奥多·W. 舒尔茨：《教育的经济价值》，曹延亭译，吉林人民出版社，1982，第 20 页。

④ I. Duchesne & W. Nonneman, "The Demand for Higher Education in Belgium," *Economics of Education Review*, 1998 (2): 211–218.

期收益越高，高等教育需求越大。①

在现实生活中，从高等教育需求的萌发到投资行为的产生，再到收益的最终获取是个十分复杂的过程，个体身份特征、认知水平、家庭条件、文化传统等的差异导致不同群体进行高等教育投资的成本与风险明显分化，仅从经济因素入手无法完整地解释个体高等教育需求的产生与具体行为，为此，社会学取向的研究对其进行了补充与拓展。

三　社会学取向的社会分层与理性选择理论模式研究

在社会学发展的早期阶段，人们就发现社会存在各种不平等，几乎所有的社会学家都会对社会成员间财产、权力和声望的层化与差异状况感兴趣，这也使他们倾向于并善于运用社会分层的视角观察各种社会现象，对高等教育需求的研究亦是如此。从功能主义的观点出发，个体高等教育需求产生与实现的差异性是必然存在的，这种差异性使更有能力与更加勤勉的人获得更好的教育机会和社会地位，教育的分化与选择是必需的。哈伯提出了"教育制度根本上是选择的制度"的著名论断，认为"各个社会，在选择、何时选择、选择谁以及为什么选择等方面都有不同"。② 戴维斯和穆尔则认为人们之所以愿意上大学及接受高压力的职位正是因为这样会获得更高的声望、报酬和收益。这种分层设计能够激励更有才干的人承担更有价值的任务。③ 冲突论则强调群体间获取高等教育资源过程中的激烈竞争与冲突，阶层身份、教育制度等显性或隐性地作用于人们的教育态度、教育看法、教育期望以及最终的学业成就与高等教育机会，占有优势资源的群体会通过各种手段压制其他群体教育需求的实现。比如，布迪厄（也译作布尔迪厄、布尔迪约等）运用文化专断与文化资本等概念分析了不同社会出身的人如何解读符码化的文化实践，最终导致其教育经历与学业成就大不相同，"越到社会底层，进入高等教育就越必须以一种对选择的限制为

---

① 李文利：《从稀缺走向充足——高等教育的需求与供给研究》，教育科学出版社，2008，第124页。

② 转引自布列克里局·杭特《教育社会学理论》，李锦旭译，台湾桂冠图书公司，1993，第100~117页。

③ K. Davis & W. E. Moore, "Some Principles of Stratification," *American Sociology Review*, 1945（10）: 242-249.

代价"①，揭示出高等教育的选择和获得远不止是能力与努力的竞争。解释学的取向则从个体的行动意义中发掘其真正的原因，主张从个体互动的环境（如家庭、学校）中理解人们如何看待高等教育、如何产生高等教育需求以及如何竞争高等教育机会。

在这些理论基础上，国内也产生了一些从社会学的视角解释个体高等教育需求的研究。如有研究着重分析了家庭背景对高等教育需求的影响，家庭经济资本、人力资本、社会资本以及文化资本等都会影响个体高等教育的需求。② 钟宇平、陆根书则将社会资本变量引入个体高等教育需求的分析模型之中，发现兄弟姐妹的数量、家庭成员辅导学生功课、父母与子女沟通频率等因素对内地学生的高等教育需求具有显著影响，家庭社会网络广泛度、师生沟通频率则对香港学生的高等教育需求具有显著影响。③ 台湾地区也有研究发现专业人员子女的读大学意愿高达 97.5%，相比之下，非技术工人的子女读大学的意愿仅为 57.7%。④

需要注意的是，大量的实证研究发现，即便各阶层拥有相似的高等教育追求并付诸同样的努力，其最终获得的高等教育机会仍呈现显著差异，与优势阶层相比，拥有较低社会经济地位的个体很难有效满足自身的高等教育需求。这早在 20 世纪六七十年代的研究调查中就得以证明，英国的《罗宾斯报告》和美国的《科尔曼报告》等皆阐释了家庭背景对子女高等教育获得的影响，此后哈尔西（A. H. Halsey）、沃尔夫（Wolfle）、西维尔（W. H. Sewell）等人均对该问题进行了深入调查，比如西维尔和沙发现，来自不同社会阶层的高中生，其计划上大学、真正就读大学及大学毕业的百分比都存在极大差异。家庭所处的社会经济地位直接影响着高中生就读高等教育的意愿和机会获得。⑤

此外，在众多的社会学取向研究中有一种理论模式也常被运用于高等

---

① P. 布尔迪厄：《国家精英——名牌大学与群体精神》，杨亚平译，商务印书馆，2004，第 243 页。

② 文辉、张平：《家庭背景对高等教育需求的影响研究》，《金融经济》2007 年第 2 期。

③ 钟宇平、陆根书：《社会资本因素对个体高等教育需求的影响》，《高等教育研究》2006 年第 1 期。

④ 转引自廖益《社会分层与高等教育的互动》，《现代大学教育》2005 年第 5 期。

⑤ W. H. Sewell & V. P. Shah, "Socioeconomic Status, Intelligences and the Attainment of Higher Education," *Sociology of Education*, 1967 (1): 1-23.

教育需求的研究，即理性选择理论。发端于亚当·斯密理性行动理论的理性选择理论在美国学者科尔曼（Coleman）的加工统整下成为社会学的重要理论之一。科尔曼从"理性人"出发，借用经济学的"合理性"概念作为行动者进行有目的性的行动的基础，认为行动者会通过寻找符合自身利益最大化的目标和价值进行策略性的选择与行动。[1] 高等教育需求是一种为达到特定目的而产生的心理愿望与社会行动，它的产生与实施需要理性计算影响其实现和最终受益的各种因素，个体对高等教育的选择是基于其自身利益和偏好做出的理性行为，考察这种理性选择行为对于从微观层面上了解个体产生与实现高等教育需求的过程有较好的适切性。如有研究者以理性选择理论为基础分析了个体的高等教育选择，发现不同群体大学生在高校选择上的差异是个体主观上的理性选择和客观上的文化再生产共同作用的结果。[2] 还有研究基于理性选择理论对家庭微观策略对子女教育获得的影响进行考察后发现，在高中升大学阶段，父母根据自己的学历而采取的学历下降回避策略对子女的高等教育获得有显著影响，且具有稳定性和持续性。[3]

社会学视角认为需求是社会与人发展的深层动因，其形成、追求与满足受制于主客观因素的影响。高等教育需求虽然具有表现形式的主观性，个体的教育观念与价值偏好总是参与其中，但其本质上为社会历史生活的现实所限制。社会学取向的考察既能够从宏观上为高等教育需求研究提供宽广视野，洞悉其与各种教育要素、社会关系的交织网络，又能够从微观上提供具有过程解释力与生活适应性的想象力，为高等教育需求研究走向纵深提供了重要基础。

四　高等教育需求研究的综合趋势

尽管研究者们总是偏好使用某种学科取向进行高等教育需求研究，但实践中，这一领域的研究早已走出了单一学科的研究视野，越来越多的学者将兴趣投入多学科、多视角、多因素的综合理论与实践研究中去。其中一种最广为运用的手段是在研究设计中将心理、经济、社会、文化、教育、

---

① 詹姆斯·科尔曼：《社会理论的基础》，邓方译，社会科学文献出版社，1990。
② 刘自团：《中国不同群体大学生择校问题研究》，福建教育出版社，2012，第26页。
③ 侯利明：《地位下降回避还是学历下降回避——教育不平等生成机制再探讨（1978-2006）》，《社会学研究》2015年第2期。

政策的相关因素融入高等教育需求的分析中，并基于不同的情境和群体提取最重要的影响因素。比如，有学者对塞浦路斯811名高中生的高等教育需求进行调查，将心理/个人、职业、经济、消费、中学科目和重要他人等诸多因素与学生的背景特征（性别、社会经济地位、能力和中学的专业化）作为高等教育意向的解释变量，结果发现心理/个人因素、第二职业因素和中专专业在个体高等教育需求中发挥了重要作用。① 国内的研究也有类似的趋势，比如雷万鹏、钟宇平的研究综合应用了人力资本理论和社会资本理论，运用经济学与社会学的双重视角探讨了高等教育需求的城乡差异。② 还有不少研究从社会经济变迁、教育资源、考试制度、社区文化等各种角度对高等教育需求的议题进行拓展和深化。这些研究尝试与探索为人们理解高等教育需求的本质、内在动因、外部制约与满足实现提供了重要前提，也为理性的个体高等教育决策与合理的宏观高等教育供给提供了更为全面的参考。

第二节 高等教育获得的多学科研究

高等教育需求与高等教育获得是紧密相连的两个研究命题，对高等教育需求的研究自然而然会延展到需求的实现机制，这是沟通应然与实然状态必不可少的桥梁。由于高等教育获得具有强烈的累积效应，即中小学教育机会及其参与的均等化状况会直接影响高等教育获得，所以本节从更具普遍意义的教育获得均等化研究状况入手，兼论高等教育获得研究的多学科视野。教育获得或者说教育机会均等研究始于东西方哲学对公平问题的反思与追问，逐渐发展为涉及多学科研究领域的历久弥新的热点问题。多学科的研究不仅为看待教育机会问题提供了变换的视角、丰富的研究体系和多样化的思维框架，同时还加深了人们对教育机会构建过程的理解与追寻。

一 政治哲学的视角：正义与自由引领下的机会均等

人们对教育机会均等的最初认识与对公平正义的理性思考基本是同步

---

① Maria Eliophotou Menon, "Factors Influencing the Demand for Higher Education: The Case of Cyprus," *Higher Education*, 1998（3）: 251-266.

② 雷万鹏、钟宇平：《中国高等教育需求中的城乡差异——人力资本与社会资本理论的视角》，《北京大学教育评论》2005年第3期。

产生的。即便在教育被普遍视为统治阶层特权的时代，哲学先贤们也已经看到了教育公平的独特价值。从柏拉图的义务教育主张到亚里士多德提出通过法律保证自由民的教育权利，再到孔子的有教无类思想，无一不是架构在其前瞻性的哲学主张与政治学说基础上的。从政治哲学的视角来看，教育获得均等主要涉及的是社会制度及国家机构如何通过自身的价值渗透对教育资源及其获得机会加以平等地分配。这就使政治哲学家们对教育的所谓"平等""公平""正义"等核心概念及其实现进行了不同向度的阐释与讨论。进入当代社会以来，随着各种公平理论研究的深化与碰撞，逐渐产生了几种较有代表性的机会均等思想以及将这些思想应用于教育领域的理论尝试。

第一种是罗尔斯基于分配正义理论阐释的教育机会均等原则。在罗尔斯看来，公民的生活前景受制于他们所属的社会阶层、天赋、受教育机会以及人生过程的幸与不幸。对于如何调整这种不平等，他提出了两个重要原则：一是平等的基本自由原则，二是公平的机会平等原则和差别原则。教育作为一种深刻影响个人处境与未来发展的背景性资源，亟待通过制度的正义和国家的再分配予以平等而具差异性的安排与补偿。第二种是以哈耶克为代表的坚定的新自由主义思想。他认为在市场经济中只存在个人行为的正义，而绝不可能存在一种独立的社会正义，以自由为基础、以效率为取向的市场竞争结果才公平。对于包括教育机会在内的社会资源，他的基本态度为："欲使所有人都始于同样的机会，这既不可能也不可欲。"[①] 第三种是诺奇克的持有正义理论。他结合"最弱国家理论"自然地推导出，作为最弱意义上的国家不能用强制手段将一部分人的利益再分配给另一部分人。对于机会的分配，诺奇克主张起点公平与过程公平，反对结果公平，更注重权利平等即形式上的机会平等，而相对忽视市场机制运作背后的隐性不平等。

以上当代主要的公平与正义理论流派衍生出了大量的学术探讨与争鸣，并对全球社会领域的资源分配实践产生了深远影响。国内对教育机会均等理论的政治哲学分析集中在两个方面：一是对已有学派的深化研究，其中

---

① 弗里德利希·冯·哈耶克：《自由秩序原理》，邓正来译，生活·读书·新知三联书店，1997，第171页。

主要是对西方相关理论的解读和对国内教育实际的简要启示；二是寻求中国传统文化和马克思主义哲学支持，尝试建立本土的话语体系，并与国内教育现实进行更深层的结合。

二 经济学的视角：市场化影响下的教育资源均等化配置

在经济学的视野中，教育被赋予了"准公共产品"的市场标签，其中高等教育的市场特征较义务教育更加明显。由于具有显著的竞争性和排他性，教育机会的获得较强地依赖于教育市场的调节，特别是高等教育作为一种优质的稀缺资源总是不可避免地存在供求的不平衡。

从宏观层面上看，经济学者不断尝试着从资源配置的角度探讨如何使人们的教育机会达到最优配置，从而实现公平与效率的统一。他们认为教育机会不均的本质在于供需矛盾，教育机会分配是否公正有赖于教育资源供给的力度、广度和均衡度。一般来说，对教育资源均等化配置的经济手段干预通常包括财政专项资金、转移支付、免退税、贷款、对口支援、引资融资等。同时，教育资源要实现优化利用，必须将效率作为必备目标，发挥市场机制的作用。在公平与效率矛盾的摇摆中，研究者常常会各自进行具有倾向性的逻辑判断，形成纷繁各异的价值取向，对高等教育机会均等的理解和应用也随之变化。

从微观层面上看，经济因素也被普遍看作最基础性地、最直接地作用于特定人群教育获得的核心要素之一。其中被广泛使用的"成本收益模型"认为，将接受教育的成本（包括显性的直接成本和隐性的机会成本）与教育获得的收益相比较后得到的收益率会影响人们的教育选择和最终获得。此外，经济学更为关心个体经济状况对其教育获得的影响，如家庭收入、教育收费等对教育机会的显性作用。早在 20 世纪初，"福利经济学之父"庇古就提出了向穷人家庭出身的孩子进行教育能力投资和资源转移的主张。总的来说，经济学视角的研究对我国的高等教育机会分配政策产生了重要影响，教育市场化、学费制度、学生资助制度等改革和实践都印刻着经济学研究视角的影子。

三 法学的视角：权利平等前提下的教育机会法律保障

从法学的观点来看，教育权利与经济权利、政治权利等一样是由法律赋予人实现其利益的一种能力与资格。教育权利的扩大化正是伴随着法学理念的更迭与进步一路发展起来的，同时又在能动地促进相关制度与法律的适应与调整。封建社会的教育权利具有鲜明的等级性与封闭性特点，即便是科举时代，人们的教育权利也受到极为严苛的阶层制约，接受教育特别是高层次教育只是少数人的特有权利。进入近代社会以后，教育的民主性才真正得以呈现，各个国家逐渐将教育权利让渡于更广泛的大众，并以法律的形式对这种权利加以保障。二战后，《世界人权宣言》《儿童权利宣言》《国际儿童公约》等先后出台，从世界范围内奠定了"人人皆有受教育的权利"的法律基础。在这一过程中，"教育机会均等"也与"教育权利"一道成为促进教育公平与教育民主化的核心概念。

具体而言，教育机会从属于教育权利，教育权利的实现包括教育机会的获得，教育权利能够从法律上提供人们接受教育全过程（包括教育机会）的基本保障。同时，教育机会又是体现教育权利的最重要面向，也是落实教育权利的最基本要素，使教育机会均等成为现代法学视角下探讨教育权利时不可或缺的主题。在这些探讨中，有的针对"何为教育机会均等"展开，即讨论法律应从效率的平等、形式的平等抑或实质的平等对教育权利加以保障；有的侧重探讨教育的不同阶段（如初等教育、中等教育和高等教育）应予以何种程度和何种方式的法律保障；有的则更关注教育立法中的各种细节，如在教育投资、教育设施、师资、课程与教学、考试与招生等方面如何落实教育机会均等的法制化。可以说，法学视角的研究对于维护各个法律关系主体的教育权利、保障权利主体的教育机会均等具有其他学科不可取代的优势。

四　教育学的视角：多维度教育过程中的教育机会干预

对于教育机会获得问题，教育学的观点更加倾向于运用教育自身发展的规律加以研究。这种研究具有许多天然的优势，研究内容更为精细，研究对象更为精准，研究对策也更符合教育规律。

一般来说，教育机会均等的教育学研究主要集中在三个方面。从宏观层面上看，关注教育制度与政策对教育机会的影响与调控，大到教育基本方针、中到国家与地方教育教学制度改革、小到具体方面的制度调整（如招生考试政策、收费制度、奖助贷制度等）都有可能影响到个体间与群体间的教育机会；中观层面上的研究则重视学校内外部资源配置与教育机会的相互关系，如区域、城乡、校际的教育资源均等化配置问题，又如学校课程设置、师资配备、校园文化等对不同学生的教育影响等；微观层面上的研究更关注具体的教育教学过程诸要素（如教材教法、师生关系、课堂互动等）如何作用于不同学生群体的教育机会均等化，如何针对教育对象的身心发展和个性特征合理运作教育过程促进广大学生的全面发展与共同进步等。

总体来说，教育学视野下的教育机会均等议题十分丰富，特别是微观层面的课程与教学研究极大地彰显了教育学视角的独特价值，使近年来教育学者开始将其作为研究教育机会问题的新的拓展点。另外，传统的主流教育学视野虽然也部分涉及了外部社会环境对教育机会均等的作用，但仍较为集中于教育系统内部的研究，相对较少关注教育系统内外部的互动性与融合性。

五　社会学的视角：社会分层与教育机会分层的相互作用

在社会学的视野中，教育机会的获得是否均等是"根据相对处境不利人群在分层化社会和教育系统内所受不同水平的教育确定的"。[1] 那些外在于学校系统的社会结构（包括城乡结构）与家庭形态发挥着不易觉察的分流作用，对群体间的教育机会均等产生着深刻影响。20世纪五六十年代以来，教育机会均等开始成为教育社会学的重要中心议题，并产生了一批颇具解释力的经典理论，如经济再生产理论、文化再生产理论、抵制理论、家庭资本代际传递理论、身份文化理论等。

教育获得的社会学研究最有影响力的当属再生产理论，其基本观点认为教育的实质是原有社会结构的复制与再生产，而从具体的研究范式来看又可分为两种取向。第一种是社会分层对学业成就与教育机会的直接性、整体性影响研究。在这种取向下，研究者认为教育系统复刻了先前的阶层结构，教育机会的分配镌刻于社会阶层结构的载体之上，教育机会强力地受制于个体所处的阶层地位，进而制约其未来的阶层流动，代表人物有威利斯、阿普尔、鲍尔斯等人。第二种实质上是前一研究领域的深入拓展，

---

① 莫琳·T. 哈里楠编《教育社会学手册》，傅松涛等译，华东师范大学出版社，2004，第121页。

因为人们发现单纯运用分层概念或家庭社会经济模型来分析教育机会缺乏足够的解释力，二者之间缺少更具丰富性和个体化的中介要素，即隐藏在社会身份背后的各种资本运作。这种取向特别注重家庭和学校环境中的阶层文化优势如何潜移默化地使不同阶层地位人群产生教育差异，将教育机会均等研究引向了纵深，代表人物有布迪厄、伯恩斯坦、柯林斯、科尔曼等人。这两种分析路径也就是美国社会学家梅耶概括的再生产理论的"强模式"与"弱模式"。

教育机会与高等教育机会作为衡量教育平等的重要指标总是与社会公平相联系，社会学将这一领域的研究带到更具宽广性与整合性的社会系统中，极大地拓展了人们认识和调整教育获得问题的理论视野和实践场所。从研究对象来看，社会学更关心的是处于较低社会经济地位的不利人群的教育境遇，具有较强的现实关注与人文关怀。

六　当前高等教育获得研究的进展与问题

以上各学科关于教育机会均等（包括高等教育获得）的主要观点和理论架构，从不同的视角为人们展现了教育获得这一看似简单实则多面复杂问题的现实图景。不同学科研究的理论、方法和范式千差万别，对于高等教育获得理论与现实问题的看法与认识也各有不同，这使国内学术界的相关研究取得了不少进展，但同时也有单一学科视角难以避免的局限性与研究缺憾。

从研究内容来看，高等教育获得研究中分类的专门知识不断积累和丰富，但整体的综合性研究有待加强。分学科的研究将复杂的教育获得问题分解为若干边界相对清晰的领域，有利于针对某一领域的具体命题进行深入探究。比如政治哲学从最初对高等教育"公平""均等"价值的争论到将高等教育机会均等置于国家、政治、市场的运作空间加以审视，为人们深刻理解这一问题提供了评判空间。再如社会学研究最初主要限于揭示社会分层与教育机会的关联问题，而后愈加关注社会结构对高等教育机会影响的内在机理，形成了各具解释力的理论流派。虽然各学科的专门知识和研究结果是普遍共享的，但不同学科各自具有独特的概念、理论体系、陈述方式和研究手段，使跨学科的综合性研究仍显不足。教育获得与高等教育获得研究缺少全面覆盖政治、经济、文化、社会、教育各个维度的逻辑视野和理论框架，某些研究结论的适用性和解释力也随之大打折扣。

从理论建构上看，高等教育获得研究吸收借鉴了大量多学科的理论资源，但理论探索的本土化和互动性不足。高等教育获得问题几乎在每一门社会科学中都能寻求到合适的理论支撑，思想与理论的百花齐放为深入研究该问题提供了扎实的根基。同为新自由主义代表人物的罗杰斯和哈耶克在看待社会正义和机会均等问题时却有巨大的分歧。哈里楠、科尔曼、布迪厄、伯恩斯坦都研究了社会分层与教育机会的关系，但切入的视角和理论立足点不尽相同，这些理论争鸣成为问题研究的肥沃土壤。高等教育获得是极具现实性与本土性的研究课题，但遗憾的是，国内相关研究大多是建立在国外经典理论的基础之上的，较少关注理论适用的时空性和中西语境的融合，有关阶层、城乡、民族、区域的高等教育机会差异研究都不适宜简单套用一些西方尚有争议的理论模型。此外，许多西方哲学、社会学大家十分擅长将高等教育机会均等问题放置在社会政治经济大背景下进行理论思考，注重跨学科的理论互动与融合。相比之下，国内相关分学科研究中理论话语的壁垒难以打破，学科之间的相互借鉴和渗透也较难顺利进行。比如，在教育"公平"与"效率"的关系上，社会学者往往倾向于"公平"，而经济学者则更看重"效率"，单一的学科立场会引发很多不易觉察的话语偏见与立场失衡。

从研究方法来看，多学科研究高等教育获得带来了研究方法和手段的多元化，但方法之间的融通和借鉴还存在障碍。不同学科的研究者通常都有研究方法上的学科情结，有意或无意地框定某种确定的学科研究范式。从现有研究来看，传统哲学立场大多意味着思辨方法的运用，以"内部理解"的方式诠释着对高等教育公平、机会均等的价值追问；经济学研究则较为推崇实证分析和规范分析的研究方法，其中有不少通过指标计量与核算推导教育成本、收益及其他各类经济要素对教育机会的影响；社会学的相关研究方法综合度更高一些，早期的高等教育机会研究多融合在价值判断与理论推导中，20世纪50年代以后逐渐强调客观的实证研究，参与观察、问卷调查、实验法和案例法等都大量运用于高等教育机会问题的研究。多种学科方法的应用为解释教育获得问题提供了更为有效和准确的工具辅助。但需要注意的是，在这一共同的研究领域中，各种学科的传统界限变得不再稳定与清晰，方法的选择也无法继续固守在自身的学科框架内，实证研究与经验研究、定量研究与定性研究亟待相互补充与验证。量化研究的盛行提升了研究的标准化与客观性，也挤压了其他研究方法的成长空间，造成高等教育获得研究中对现象本质的探究不足和理论建构的困难。比如国内已有大量的问卷调查分析，虽然对于揭示高等教育机会分布的总体状况具有重要意义，但是很难把握现实背后错综复杂的交互关系和过程机制，亟待深层次的质性研究和理论提升。

从现实回应来看，高等教育获得研究领域产生了许多对教育政策与实践有重要影响的成果，但各学科研究的影响力不平衡，实践指引也不全面。教育机会与高等教育机会均等问题是集理论与实践于一体的研究命题，可分为基础理论型研究和应用实践型研究。其中应用实践型研究主要是指运用基础理论与知识，研究教育公平与机会均等中的问题，并为决策和实践提供咨询建议与指引的相关研究。当前产生了大量以问题为导向的研究成果，为宏观、中观与微观各个层面的均等化教育政策、教育管理和教育教学实践提供了重要参考。基础理论型研究则主要致力于探索教育公平的新知识与新理论，寻找教育机会问题背后的本质与运行规律，哲学面向的此类研究多属于这种。这类研究更多地表现为成果的理论价值与学术价值，但容易被人忽略的是，它们对于理论的应用具有重大的理念性指导价值。在高等教育公平的政策实践中，人们常常认为基础理论型研究缺乏实用性而将其忽略，这种倾向实际上容易导致理念不清、价值混乱、见树木不见森林等基本问题（如对"公平""均等"的理解与应用过于肤浅与片面）。

七　从多学科到跨学科：高等教育机会均等研究的趋势展望

围绕高等教育公平以及教育机会均等问题开展多学科研究是应对理论与现实需求的学术研究的必然。多学科的视野为高等教育获得问题的解析提供了多彩的研究路径和逻辑范式，使这一问题超越了传统的教育学框架，延伸为与整个社会经济文化背景息息相关的重要议题，同时也为促进教育机会均等提供了更为深刻而系统的解决思路。高等教育机会问题远不止是冰冷的教育数字排列与名额分配，它掩映的是人类价值的追寻、社会制度的变迁、经济地位的折射、家庭结构的参与、学校分层的再造等一系列有待深入研究的问题。正是这种复杂性与多样性，决定了该领域的研究需要进一步打破学科壁垒、超越学科的方法与视角，从多学科研究走向跨学科研究。跨学科研究被看作"一项回答、解决或提出某个问题的过程，该问题涉及面和复杂度都超过了某个单一学科或行业所能处理的范围，跨学科研究借鉴各学科的视角，并通过构筑一个更加综合的视角来整合各学科视角下的见解"。[①] 分学科地研究高等教育获得问题虽各具优势，但跨学科的研究更易持续适应这类具有复合性特点并期待更具综合性和根本性的布局方案的领域。事实上，高等教育获得问题已然成为各类交叉学科，如教育社会学、教育经济学、教育哲学中的热门话题，那些传统分割的学科正在逐渐加大聚合的力度，为解释和解决这一问题做出努力。

高等教育获得问题的跨学科研究应该注意以下几个问题。一是立足学科与超越学科相映衬。强调高等教育获得问题的跨学科研究不是摒弃学科的土壤，如前所述，分学科研究对于从各自角度深入刻画研究问题有着独特的不可取代的优势，其依然是现阶段研究该问题的主要出发点和落脚点。二是科学理性与人文关怀并重。高等教育获得问题通常牵涉各类人群的地位重塑与资源分配。尽管客观理性地揭示高等教育机会的分布现状和形成原因十分重要，但由于高等教育机会承担着对社会公平的调节，其研究过程应该具有关怀弱势群体的人文气息。三是局部补偿与综合解决相结合。目前高等教育机会均等的研究建议与政策回应主要集中于学校教育领域，尤其主要集中于学校教育资源均等化和招生考试改革（如大量的高等教育机会补偿政策）等，家庭、社区、公共组织的配合严重缺位，社会立体支持系统的构建近乎空白，这极大地制约着高等教育机会均等化的现实推进和综合性解决。四是现实批判与理论建构相统一。在国内，对高等教育获得问题的研究易产生各种对"不公""不均"的现实批判，也就是在揭示问题层面上的研究较为集中，特别是各种数据的收集与统计能够鲜明地呈现高等教育机会分配的历史脉络、当前进程乃至未来走向。但只有将这些与价值探寻、质性分析相结合才能够为中国的高等教育机会均等化进程提供更具本土性、指导性和解释力的理论框架和对策思路。本书也力求在以上几方面的探寻中有所突破。

---

① J. T. Klein & W. H. Newell, "Advancing Interdisciplinary Studies," In W. H. Newell (ed.), *Interdisciplinary: Essays from the Literature* (New York: College Entrance Examination Board, 1998), pp. 3-22.

第二章　农村家庭的高等教育需求与获得

第一节　农村家庭高等教育需求的多元图景

在我国，高等教育一直被农村家庭视为改变自身命运、实现社会向上流动的最重要渠道之一。进入大众化时代，农村家庭的高等教育需求、家庭教育策略不断发生变化与更新。伴随着高等教育精英价值的逐渐消解，农村家庭对上大学的渴望是否已不再强烈？影响其高等教育需求的原因何在？近些年的研究大多通过量化方法呈现农村家庭高等教育需求的现实图景。比如，王一涛等的调查显示发达地区农村家庭的高等教育需求仍非常旺盛，且开始呈现一定的非功利性色彩。[1] 陶美重等对湖北农村家庭的调查表明农村家庭对高等教育依然具有强烈消费意愿，家庭因素、高等教育自身状况和高等教育类型等影响着消费意愿。[2] 肖琴等从个体特征、家庭特征和区位特征三个维度分析了个体异质性对农村学生高等教育选择的影响，其中健康状况、医疗保险、智力、理解能力、外貌、父母学历和家庭地位等特征显著影响农村学生是否接受高等教育。[3]

在现实生活中，从高等教育需求的萌发到投资行为的产生，再到收益的最终获取是个十分复杂的过程，个体身份特征、认知水平、家庭条件、文化传统等的差异导致不同群体高等教育投资的成本与风险明显分化。农

---

[1]　王一涛、钱晨、平燕：《发达地区农村家庭高等教育支付能力及需求意愿研究——基于浙江省的调查》，《高等教育研究》2011 年第 3 期。

[2]　陶美重、何奎、熊博文：《湖北省农村家庭高等教育消费需求特点及影响因素分析》，《华中农业大学学报》（社会科学版）2013 年第 1 期。

[3]　肖琴、刘亚欣、肖磊：《农村学生高等教育选择的个体异质性影响及长期收入回报研究》，《农业现代化研究》2016 年第 6 期。

村家庭的高等教育需求表象下隐藏着农村社会、经济、文化、教育结构的独特性与复杂性，暗含着农村父母及其子女在追逐高等教育的道路上所面临的矛盾、纠结与对抗。高等教育需求虽然具有表现形式的主观性，个体的教育观念与价值偏好总是参与其中，但其本质上受社会历史生活的限制。本章兼顾个体与结构两个层面，尝试将农村家庭对高等教育的主体需求进行动态性把握，揭示其高等教育认知-意愿-行动的运行逻辑。

一　我国农村家庭高等教育需求的基本状况

为了解当前我国农村地区高等教育需求的整体概况，我们首先利用了来自北京大学中国社会科学调查中心的"中国家庭追踪调查"（CFPS）相关数据，对城乡家庭"希望孩子念书最少念完哪一程度"这一问题进行了统计对比。结果如下。（1）农村家庭的高等教育层次性需求略低于城市家庭。从城乡对比来看，城市家庭的高等教育需求比例更高，为88.3%。同时城乡家庭对高等教育的层次性需求仍有显著差距，希望子女至少获得大专受教育程度的农村家庭占比为9.1%，城市家庭则为5.5%。更多的城市家庭将高等教育需求提高至本科受教育程度及以上，同时对硕士、博士等进阶型高等教育的需求也明显高于农村家庭，体现出城市家庭对优质高等教育的追求意愿更为强烈。（2）当前农村家庭的高等教育需求十分强烈。高达81.4%的农村家庭认为子女应该拥有大专及以上的受教育程度，表明高等教育已成为农村家庭教育需求的主要目标。其中，8.2%的农村家庭希望子女能获得最高的博士受教育程度，显示出农村家庭对子女接受更高层次、更高质量的大学教育的期许（见表2-1）。

表 2-1　城乡家庭希望子女受教育程度对比

单位：人，%

	不知道	小学	初中	高中	大专	本科	硕士	博士	不必念书	总计
农村	12	28	147	764	464	3090	168	421	20	5114
	0.2	0.5	2.9	14.9	9.1	60.4	3.3	8.2	0.4	100.0
城市	7	7	50	305	173	2091	210	323	1	3167
	0.2	0.2	1.6	9.6	5.5	66.0	6.6	10.2	0.0	100.0

	不知道	小学	初中	高中	大专	本科	硕士	博士	不必念书	总计
总计	19	35	197	1069	637	5181	378	744	21	8281
	0.2	0.4	2.4	12.9	7.7	62.6	4.6	9.0	0.3	100.0

注：Pearson 卡方检验 $\chi^2 = 170.757$，$p<0.001$。

资料来源：中国家庭追踪调查（CFPS 2014）。

从以上数据来看，在我国，农村家庭的高等教育需求虽较城市家庭有一定差异，但总体旺盛。事实上，不少调查研究也发现高等教育规模扩大对于农村家庭的教育投资有明显激励作用。据统计，1996~2010 年，农村人口高考报名人数从 152 万人上升为 592 万人，增长了 2.9 倍，明显高于同期城市人口报考增速。[1] 农村家庭对子女接受高等教育的期待如此之高，这与很多西方国家的情况很不一样。有研究发现，中国父母教育期望的阶层差异要远远小于其他非儒家文化国家。[2] 中国家庭无论阶层、城乡都普遍对子女教育秉持较高期望，这在很大程度上源于东方结构性文化的影响。但在这种需求的背后，处于相对边缘的农村家庭实际上在文凭社会与高等教育大众化的双重夹攻下常常充满迷茫，飘荡在各种看似清晰的教育目标中。以下部分将通过访谈观察等质性分析从高等教育认知、意愿与行动三个方面更为立体地揭示当前农村家庭高等教育需求的多元图景。

二 农村家庭的高等教育认知

各个家庭因其社会经济地位、地理环境、社会交往、文化内核等诸多因素的不同，对高等教育的认识和看法也会不同，并直接影响他们的高等教育选择与行动。当前农村家庭普遍旺盛的高等教育需求根植于他们对高等教育的主观认识与价值判断。在访谈中，我们发现农村家庭的高等教育认知有几个重要的特点。

第一个特点是共识性明显。农村家庭对高等教育重要性的认识具有较为普遍的共识。在调查中发现，目前农村家庭大多比较重视子女的教育问

---

[1] 罗立祝：《高校招生考试制度对城乡子女高等教育入学机会差异的影响》，《高等教育研究》2011 年第 1 期。

[2] Wangyang Li and Yu Xie, "The Influence of Family Background on Educational Expectation: A Comparative Study," *Chinese Sociological Review*, 2020（3）：269-294.

题，特别是对高等教育的认可率普遍较高。最一般性的认识集中在高等教育的收益性上，即认为高等教育能够为其子女提供更好的出路。"改变""翻身""好出路""好就业"等关键词是农村家庭对高等教育的普遍看法。他们普遍认为读大学有助于找到更高质量和更高报酬的工作、提高社会声望、摆脱农村束缚等。接受高等教育仍然被看作打开人力资源市场大门的重要钥匙。比如，家长 L1P1 觉得当前用人单位的学历要求不断提高，上大学变成了普遍的事情，成了就业的基本条件。家长 L1P5 谈到高等教育的竞争依然很激烈，上高中、上大学是农村孩子生存的必要选择。家长 L1P8 认为，多读书既可以避免从事繁杂的体力劳动，也是防止孩子过早进入社会沾染不良习气的一种手段。家长 L2P5 则将上大学看作孩子的人生转折点，她希望自己的孩子能够一直读到硕士或博士，这样未来的人生就会有更宽广的选择。

L1P1：我个人理解，因为现在大学变成普遍教育，上大学应该还是必要的。毕竟大部分人还是属于普通人嘛，你现在出来工作，一般用人单位写了要求，大部分是要求本科毕业，个别的还要研究生。

L1P5：还是应该上大学的。因为这个时代呢，没有文化、没有知识的话很难生存的。你肯定要接受高等教育，所以首先还是要让他去读高中。现在有录取线卡在那个地方，还是有相当一部分人不能迈进大学的。

L1P8：小孩读大学肯定很重要，读了大学就不用出蛮力了，（读完）大学出去找工作也好找一点。没有文化的，到外面找工作也不好找。还有小孩还那么小，不读大学，就得出去。小孩那么小你叫他做什么，到外面的话还正是叛逆期吧，容易学坏。读完大学他就二十几岁了，脑子跟小孩是不一样的，也有点成熟的样子，那时他就知道自己该做什么、不该做什么了。

L2P5：我觉得上大学对孩子来说是一个人生的转折点吧。反正我就希望她现在好好地读，不要输在这个起跑线上面。把起跑跑好，然后我们就有权利去选择一个好一点的大学。我感觉大学上好一点，以后工作有更大的选择范围，没有那么局限。我其实是希望孩子上大学的，甚至我想的是孩子不止于上大学，我希望她可以上研究生（硕士）、上博士。因为现在大学生太多了，大学生跟我们那时候的初中生差不多了，现在初中生跟那时的文盲都差不多了，我更希望孩子再上高一点，那样选择更多。

农村家长和学生十分看重大学所能带来的流动效应。对于吃过苦、受过累、受教育程度较低的农村父母来说，高等教育的最大吸引力在于改变子代的社会阶层，使他们能够从事更稳定或更体面的工作。家长 L1P4 回忆当年许多农村孩子学习不好就提前走出学校去社会闯荡，吃了许多苦头。他认为社会职业结构在发生变化，对文化程度较低的民工的需求减少了，如果不想重蹈父辈的覆辙，农村孩子必须在学习上更下功夫，争取考上大学才行。家长 Y3P1 家是典型的半留守家庭，丈夫在外地务工，Y3P1 在家照顾孩子，做点零工，入不敷出的经济状况让她感到让孩子上大学的紧迫性，期待着接受了高等教育可以让子女不再像父母那样受累受苦，可以过上安逸的生活。Y1S1 的父母从事着繁重的体力劳动，他们对孩子的期望就是上大学之后能够晋升到更为轻松的白领阶层。

L1P4：现在像我们这代的小孩子，大学是一定要上的。现在的小孩子接触的各方面竞争都比较多，特别是我们农村的。以前像我们那一辈的，可能说我初中学不好，我出去当个学徒工，去干个民工什么的都有很多，再或者是跟别人去做生意。现在因为民工也没有什么需求了，学徒那些工作都是机械化了，很多东西不适合他们。而且现在的小孩子也没有像我们以前那样吃过苦，你让他出去外面打工吗？如果是初中毕业的，又吃不了苦，肯定没得做，什么事情都做不了。现在一定要读到大学，让他接触面广一点，让他选择的地方更多一点。

Y3P1：对我们这样的家庭来说（上大学）当然比较重要，肯定每个人都希望她上一个比较好的大学，最重要的是不要走我们的老路，不要这么辛苦。对自己走出去择业有一个选择，不要单方面地说那么辛苦。特别是女孩子嘛，也想她安逸一点。我们那时候总觉得上不上大学都无所谓，总觉得好像能够赚一口饭吃一下就可以，那时候的思想是这样子，现在的思想就不一样了。必须有文凭，你出去才能在这个社会上立足，现在又有很多高科技、高智能的，你没有一个文凭在手上，走出去就很难得到一份自己想要的工作。

> Y1S1：他们就是希望我首先要考好一点的大学，然后找工作的时候不要像他们。他们特别希望我找工作能成为白领那样，比较轻松。因为我父母是贴墙的，经常高空作业。

农村家庭对高等教育结果的看重远远超过对其过程的关注，他们较少提及子女的兴趣爱好及其对高等教育的看法，对大学教育过程所能带来的见识增长、素质提高、社会交往等知之不多，而对大学显性收益的热情明显，表现出对高等教育认知的实用主义倾向。"不知道""不懂得""不了解"是受教育程度偏低的农村家长常见的高等教育认知。他们只是秉持着"能读大学就是好"的朴素想法，对于大学的教育培养过程、学习生活状态、专业学科分类、就业方向和渠道等信息知之甚少。L1P2 和 L1P8 两位家长都明确表示自己对大学的情况并不了解。L1P2 认为孩子读书走一步算一步，等需要选择学校时再去了解一些即可；L1P8 则认为反正自己也不懂，完全交给子女自己去做信息准备。高中生 L1S4 全家都不了解大学的情况，L1S4 自己十分想到大学学习编导，但她的父母从未听说过这种专业，只是凭借生活经验的认知，希望她能考上师范类的专业。

> L1P2：除了上大学对孩子以后工作就业方面可能有好处，其他方面我也说不来。对大学平时没什么了解，了解不多，也不懂啊，可能还没到那个时候，也还没接触过，然后等孩子上大学的时候再研究这些事。有听别人讲，但只是听过一下，没有记住那么多。

> L1P8：对大学里面的情况我也不太懂。反正就是先读进去，出来还是要自己找工作。到时候我就让他们自己看看读什么，读出来让他们自己看一下能适应、适合的东西。之前大女儿考大学，选学校也是她自己搞的，她说学外语比较好，我也不懂嘛，反正她自己选择。

> L1S4：我对大学就没有很深入的了解，其实家里人也不懂，然后好像也没有什么了解。他们就只是说啊，以后如果读大学出来当老师啊，可以教书就挺好，因为他们对其他的也不知道。

同时值得注意的是，一些受教育程度较高的农村家长对高等教育的认知层面会更深更广。高等教育的重要性不再仅仅体现为显性的收益，还可能会对个体的人生阅历、素养品质、社会网络、见识积累产生正向影响。夫妻二人都是大学学历的L1P1谈及大学经历的作用时，认为除了学习知识技能以外，接受高等教育还会对孩子的兴趣培养、专业素质、方法态度等有所促进，是非常重要的人生经历。另一位也接受过高等教育的农村家长Y3P5表示，好的大学能带给孩子的素质提升和见识增长都是巨大的，并借此反复鼓励孩子提高成绩争取上重点高校。大专毕业的学生家长L2P3将自己对高等教育的认同建立在其对个人文化修养的促进作用上，并认为孩子应该尽早树立明确的学习目标和人生目标，这对于以后踏入社会是重要的准备。Y1S4自小随父母在北京生活，他根据自己的经历和接触感受到上大学对于个人气质性格、眼界和交友范围都会有很大的帮助，如果自己能考上好的大学就会有一个很重要的资本基础。

> L1P1：大学的重要性可能体现在，毕竟这个人生经历里面要有这么一段。在大学里面学习了一些知识，到时候你不一定说学的这个专业出来以后还是会从事这个专业的工作，然后要靠个人的兴趣爱好，对吧。包括现在这些年轻人，跟我们70后对这个的理解肯定也不太一样，所以说受过高等教育的人的学习方法、方式态度、工作上的一些态度，都会有成长的。基本上上大学对个人的成长还是很有必要的。

> Y3P5：我觉得上大学要上好的大学，好的大学带给他更大的见识，好的大学氛围什么的都不一样。你成绩好，考进了大学肯定会更好，周围同学的素质和环境肯定不一样，这样的话考上越好的大学就会越来越好，是个良性循环。所以我一直和孩子说你一定要上进，学得好以后选择的余地更多。

> L2P3：上大学最最主要的重要性就体现在个人的文化修养上，以后走入社会，能够走更好的路。

> Y1S4：上大学对于一个人以后能结交什么样的朋友，以后能有什么样的眼界都是有很大影响的。就像上没上大学，你会明显感觉有可能影响一个人的几个方面，比如说气质、性格、眼界、朋友圈之类的。

尽管有研究发现，在个别地区，读书无用论有蔓延趋势，有些家长对高等教育的价值有矮化贬低的趋向，但在我们的调查中绝大多数受访者认可高等教育的基本价值，愿意在子女学业成就允许的情况下支持其教育晋升。1977年恢复高考以来，高等教育曾改变无数低阶层子女的命运，成为其向上流动的重要阶梯，当精英高等教育向大众高等教育转变时，高等教育的稀缺性逐渐退散，学历竞争的激烈性却并未因此降低，高等教育投资风险加大，回报率降低，农村家庭对大众化时代的高等教育虽然掺杂着一些无奈和失落的复杂情绪，但普遍对高等教育持期许态度。这是因为在很大程度上具有符号价值的大学文凭已经从人生成功的充分条件变成了必要条件。这也就意味着即便无法获得以往高额的教育回报，大多数农村家庭也难以放下对高等教育的期盼，他们依然不遗余力地将下一代的希望寄托在进攻性下降而防御性提高的大学之路上。比如，Y3P6夫妻以在镇上开店做小生意为生，尽管认识到上大学对孩子的显性收益在下降，但仍然让孩子坚守高等教育的求学之路，并且寄希望于孩子能够考取更好的高校来抵消或缓解收益的下降。

> Y3P6：好像上大学没以前那么好，大学生也太多了。但他上面也有姐姐哥哥，他们也会建议他尽量多念书，就往上面念，然后可以上更好一点的学校，以后就业也会好些。

第二个特点是"群体参照性"。农村家庭高等教育观念具有明显的群体参照性，受制于周围群体的教育观念及其接受高等教育结果的比较。农村家庭对高等教育的认知往往来自参照性的乡村视域空间，他们较少与城市家庭的孩子进行教育类比，更倾向于接受亲朋邻里反馈的教育信息。他们把来自周围群体成员的教育观念、教育行为和高等教育结果当作潜在的有用信息进行对比参考，这极大地影响着自家孩子的教育过程与高等教育决策。特别是本地农村大学生的毕业去向、发展前景、地方声誉等已知经验成为农村家庭高等教育观念和决策的重要依据。这种教育信息的群体性参照的好处显而易见，农村家庭可以便捷地获取最易理解、最直观的高等教育认知，并且通过将其转化为与本地教育氛围相适应的教育观念与教育方法完成自身高等教育行为的合理化建构。比如，家长L2P2经常通过周围亲戚朋友的子女是否上大学及之后的表现对比来激励孩子的学习上进心，期望他能通过努力实现教育晋级从而获得更好的人生发展。高中生 Y3S1 谈到了自己的表哥日常学习上的专心努力，并因此获得了重点高校的入学机会，这种自律性对他读书学习的督促和感染作用很大。身边人的教育成就成为这些农村家庭坚定高等教育信念的重要指针。

> L2P2：上大学可以让他多学点文化知识啊，没上大学和上过大学的人，以后走向社会，人的品质就是不一样的。因为我身边也有兄弟姐妹，没上大学的，没念书的和念过书的就是不一样。我也经常跟孩子说，以后如果你上了好大学，你就上一个阶层，你的朋友圈就是什么样子了。
>
> Y3S1：我有个表哥，他对我影响挺大的，他在学习方面就是很自律，平常去他家玩都看到他在那专心地学习，他现在考上福大了，我觉得他很厉害，应该向他学习。

同时，这种群体性参照的不利之处也很突出。经验主义的高等教育认知往往容易因循守旧，对社会发展变化与高等教育的最新动态敏感度不够，信息把握不及时，更重要的是信息传导的有限性导致农村家庭无法全面评估高等教育的价值和风险。此外，由于农村人口受教育程度偏低，面对高等教育这样复杂的认知对象，大多数农村家庭只能运用朴素的相似群体参照，缺乏专业性和系统性，易造成对高等教育理解的片面性和固化思维，并简单地将其套用在自家孩子身上。例如，Y3P1 和 L2P5 两位家长虽然认为上大学很重要，但对高等教育的认知和了解十分缺乏，碎片化的信息常常是通过简单的"道听途说"渠道获取的，这使得他们对孩子的学业规划和高校专业选择等表现出明显的随意性和盲目性。L1S4 的父母以捕鱼为生，L1S4 从小在渔村长大，社会关系网络单一，父母对她上大学这件事也只是一知半解。她一方面认为父母能做的、能了解的与周围群体并无差异，似乎也是够的；另一方面，她也提到自己的一位同学热爱音乐，但其父母觉得既无用又费钱反对其去学习，结果造成该同学学习兴趣大幅下降，最后休学在家了。由于周围学习艺术的农村学生很罕见，加之经济条件的制约，这位农村高中生的父母无法判断学习音乐给孩子带来的收益，以一刀切的禁止方式阻止了孩子的音乐梦想，并且导致孩子学业动力丧失，求学之路遭遇重大挫折。

> Y3P1：我对大学的了解真是不多，也没有自己找材料看过。也是看朋友，他们的孩子考完大学出去是怎么个样子，有时候会聊些，没真正地去了解什么资料，去看看大学究竟有什么不一样。像高考啊，学校专业啊，对我们家长来说其实也不懂，有时候也就去跟旁边的家长一起聊一聊之类的。

> L2P5：对于上大学的事情我只能大体了解一点，不是很细致。有的时候从亲戚朋友那儿听说一点，有的时候从电视上面看一些信息，也就这样吧。

> L1S4：上大学这件事我感觉好像都差不多，也没什么人可以问，相比一下大家好像都是这个环境，没觉得谁家爸妈给做了什么，然后我也觉得这样就可以了。……我们班上有一个同学，她很喜欢音乐，家在××村，原本刚上来的时候，学习成绩还可以，她就跟我说，如果父母同意她去学音乐，她就好好学习，学习成绩肯定能追上去。但是她家里面经济条件不是很好，家里人也不懂那些音乐什么的，觉得又没什么用，不支持她学。她自己最开始还去问问各种人，学习音乐需要多少钱之类的。后来家里不支持她也没办法，就不太想学习了，音乐也没有办法学。因为她最喜欢的就是音乐，一下子就没有动力了，现在休学在家里面。

第三个特点是经济负担预期下降。我国自 1997 年全面实施高等教育成本分担制度以后，大学学杂费一度给低收入群体特别是农村家庭造成较大经济负担。但本书发现，目前农村家庭对高等教育经济负担的认知普遍良好，大多数受访者认为现有的高等教育费用标准在可承受范围之内，农村中学的调查同样佐证了近年来因贫弃学的农村学子大幅减少。这一方面与我国农村扶贫攻坚工作的深入开展密切相关，农村居民人均可支配收入已由 2013 年的 9430 元增长到 2019 年的 16021 元；另一方面，近年来高校收费并未跟随物价指数大幅上升，并且高校资助体系逐步完善，越来越多的农村孩子能够不为学费所困扩大高等教育选择权。但需要注意的是，被健康、家庭变故等问题困扰的农村低收入家庭仍存在降低高等教育期望和放弃接受高等教育的风险，出身于这样家庭的孩子也会增大因经济压力造成学业精神压力的可能性。总体来看，农村家庭对子女未来发展路径的可选择性不高，家庭能够提供的就业资源十分有限，大多数农村中学生毕业后工作选择面很窄，且薪资不高。更多的父母并不甘于子女教育进程的提前终止，因此即便有可能面临高等教育投资的各种风险，也仍然愿意在能力范围内尽可能支持子女迈入大学，这也是一种无奈的选择。家长 Y2P4 家中经济负担较重，除了需要承担两个孩子的教育费用，还要赡养两位高龄老人，尽管即将大学毕业的大女儿就业形势不大好，但两口子还是离开农村老家，起早贪黑在市场上做小生意，尽量为孩子选择好些的学校，以期孩子能考上大学有好的发展。有关经济资本对农村家庭高等教育需求与教育参与行为的复杂影响将在第四章第二节予以详细阐释。

> Y2P4：我家经济条件马马虎虎，两个老人一个八十几岁，一个中风了，现在还在县医院，都要养，我自己也没单位。上大学目前应该还可以吧，我大孩子的大学学费不高，5000 多元（一年），生活费差不多一个月给她 2000 元，全部包进来这样子。我女儿也还行，挺节约的，钱给她还会剩下，其他都不用我管，我觉得现在大学学费定得应该还可以。小的上高一，我是这样子想的，如果考好的学校，当然它学费就便宜了。如果真的考不上，那你不是也要让他读？该去借该去贷是不是也得让他去？

三　农村家庭的高等教育意愿

基于对高等教育价值判断的差异，农村家庭对子女接受高等教育的主观意志也有所不同。根据其高等教育意愿的强烈程度大致可以分为四种类型。第一种是意志坚定型。许多 70 后、80 后农村父母高度渴望改变下一代的教育成长路径，将上大学看作子女人生发展的重要目标、不二之选，他们具有明确的教育目标指向，抱有强烈的高等教育期盼，即便遇到教育阻碍也不惜代价扶助子女步入大学。农村家长 Y3P4 慨叹夫妻二人只有高中学历，只能靠老人在家种地和自己到工地务工获取生活来源，也正是因为吃过苦，所以对孩子抱有较高的教育期待，希望孩子能借此获得更好的生活、选择更多的人生道路，为此不论多重的经济负担也要支持孩子读大学。家长Y2P4的高等教育意志也同样坚定，尽管家境并不宽裕，但她从未放弃过让两个孩子读大学的想法，因为她认为只有读书才能使下一代摆脱如她一般的辛苦劳作，所以克服所有困难也要支持孩子求学。高中生Y1S5家中遭遇变故，负债累累，兄弟姊妹众多，教育负担沉重，但父亲仍然坚定地让她去考取自己理想的学校，Y1S5也为此付出努力，将自己的升学目标定为至少"本一"，期待着大学毕业后尽快为家里减轻经济负担。

> Y3P4：我自己没上过大学就是一个遗憾了。我们之前是比较苦，因为兄弟姐妹比较多，我们那个年代就是父母好像也不太顾女孩子，我就高中毕业。我家孩子能上肯定让他们上，即使以后还能上研究生什么的，我们都要供，没办法也要去供。希望他们至少不要像我们这样子出来，为了工作过自己被迫的那种生活。我想经济允许至少能够让他干自己愿意干的工作，能够有更多的选择。文化程度高一点肯定选择更多，像我就不一样了，我今天为了孩子生活必须绑定在乡下。如果文化程度足够高、经济收入足够多的话，我可以请家教，可以到外面去工作，是不是？那就不一样了，所以说我当然希望孩子的文化程度更高一点，对他自己、对我们家长可能负担会更重，他需要学得更多，但是我们要付出的也更多。

> Y2P4：两个孩子一路下来，我心里确实就是一直想着他们能读大学的样子。从来没想过说读了高中或者读了初中就差不多，从来没有。因为我觉得自己没读书，挺苦的。因为这个，家里再穷也得支持他们，就是这个意思。

> Y1S5：我爸就是在一个单位里开车，一个月不到2000块钱，爷爷有一点点收入，不多。我们家负债好多，家里出事以后感觉一下子特别难。我下面还有两个弟弟，如果我上完大学，或多或少可以减轻家里的一些负担。大学费用现在对我们家来说负担特别大，感觉什么档次的学费都接受不了，太多了，不知道该怎么办。但我爸就希望我能考一个自己理想的大学，肯定要本一嘛，爸爸就觉得只要自己努力，努力过就可以。

　　第二种是随机应变型。不少农村父母在条件允许的情况下愿意支持子女持续升学，但如果出现子女学业成就不佳等状况，会主动或被动地放弃高等教育之路而为其选择其他发展路径。受访农村教师谈到最常见的教育放弃情形出现在子女学业落后时。教师 L1T1 指出，大多数农村家长最开始是抱着教育期望的，如果孩子学业成就较好，家长就会花更多的力气去关注孩子的学习，反之，当孩子出现成绩下滑、行为不良等问题时，家长反而容易出现推脱和放弃，原有的教育需求也自然而然地降低甚至完全放弃孩子上大学的期望。教师 L1T2 同样指出，农村家庭的高等教育需求常常随着孩子的学业成就摇摆，当学业成就出现较大幅度下降时就很有可能因为缺乏干预手段而放弃对孩子的高等教育期盼。教师 Y3T2 也关注到这种教育需求的转变倾向，很多农村家长面对孩子短期的学业落后没有采取积极的干预手段，甚至不愿配合学校的教育调整。一旦家长对孩子的学业成就不抱任何期望，往往容易导致孩子学业成就的加剧下滑乃至不可逆转，最后形成恶性循环。

　　L1T1：这边农村家长对孩子上大学的重视情况分为几种，其中一种比如说他觉得小学基础好的，他就很重视了，然后也爱小孩子，告诉老师"要帮我好好培养他，上好的大学"。如果小学基础不是特别好的，他就说在里面不要出问题就好了，也有很多这样的家长。并不是说每一个家长都很迫切地要孩子上好的学校，一定要上大学。

　　L1T2：我们农村这边呢，就是说家长抱着这样的一个态度：如果孩子肯读、能读，或者说读得好，家长就会比较重视他的教育；但如果学生基础比较薄弱，或者说从小学到初中，这九年时间里面，他因为某些原因学习成绩下降了，下降程度比较大的时候呢，家长可能就觉得孩子自己读不了了，这个时候他就不会说那么重视，也不会再说一定要高考、上大学怎么样的了。

　　Y3T2：对于孩子上学这些家长最开始肯定都是看得比较重的，但是有的学生他念差了，家长后面没办法也管不到了，就随便了，也就不重视了。我们也会跟父母讲孩子现在的学习情况，包括心理情况，然后做一些动员，而且洗脑这样子，不停沟通，但他们说自己没办法重视，那就不管了。

第三种是随遇而安型。这多见于对高等教育并无明确认知的农村家庭，他们对教育抱着自然主义的顺应态度，既不干预也不阻碍，常常将读书升学看作子女自身的问题，对其能否上大学的教育结果都能予以接受并满足，这类父母在农村家庭中亦有相当比例。他们的普遍观念是，接受高等教育虽然是好的出路，但能否晋级成功看孩子个人，如果无法上大学也没有办法。这种有些宿命论色彩的观点在一些受教育程度偏低、教育认知模糊的农村家长中很有代表性。比如，家长 L1P6 认可高等教育的价值，但在日常生活中对女儿没有什么学习要求和正面引导，将成绩高低完全视为孩子自己的事。家长 Y3P3 认为自己没有文化，也不了解学校事务，所以将孩子的学校生活、学业处理、升学抉择等一并交由孩子自己决定，至于发展得怎么样也几乎不会过问。"会读书的自然就会读""随孩子自己"是这类家长的常见论调，虽然无为而治的教育观念不会给孩子的学习造成损伤性的压力，但是容易导致孩子学习态度上的随意放纵和学习动力上的外源缺失，对于大多数尚处于形塑期且自制力不强的农村孩子来说，家庭参与的缺位会直接导致其学业水平下降。

> L1P6：上大学肯定是重要的，现在人没有什么文化，你就寸步难行吧，基本是这样子。但我们对我家女儿来讲，也没有什么要求，她想上一个什么样的（大学）都行。以后主要看成绩吧，你想得再多再好，没成绩的话也没用是不是啊？
>
> Y3P3：上大学的事情我没文化也不懂。学校里做什么、啥专业的事情我都不知道、都没了解。家里孩子都是自己做决定，问我们我们也不知道。能上大学就是好的嘛，具体什么想法做法，这个我都不懂。我没文化，你说怎么会懂得，都随他们自己吧。

第四种是不屑一顾型。这类农村家庭较少，主要存在于个别思想观念落后的农村地区，也有些家庭经济社会资源丰富但蔑视知识文化，个别地区的拆迁户或所谓的"暴发户"轻视教育的价值。由于不用担心子女的前途出路，他们对其能否接受高等教育抱有无所谓的态度。教师 L1T1 认为自己所在的乡镇就存在"读书无用论"的苗头，特别是许多出国做生意的农村家长认为即使没有高学历也可以子承父业或者通过做生意赚钱，这种观念上的不同使得不同乡镇之间的教育水平和人才培养产生较大的差距。家长 J1P1 谈到了身边的两个案例，认为虽然农村整体有重教风气，但受重男轻女等传统观念的影响，仍有个别家长对于女孩上学、升学并不在意，甚至不屑一顾。

> L1T1：我觉得地区（对高等教育需求）的影响还是非常大的。像我们这个片区，为什么出不了很多比较好的人才？其他乡镇，比如××乡出了更多教育方面的人才，因为它在新的城乡接合部，它那边的家长就有这种要读书的意识。这边还有"不读书好像都可以"这种观念。当然小孩子后继的这种发展劲头就没有很大，所以进入高等教育阶段的人就不是很多。这个片区的经济，包括教育的发展，我个人感觉都没有其他乡镇做得好。特别就是说普通群众的认知会存在一些偏差，所以我们学校老师都是苦口婆心地一直跟他们说学习有用，但是有的家长不一定这样想。这个片区有很多家长是出国做生意的，所以他总觉得你即使不念书、念不好也没关系，可以出国去做生意。所以这边就比其他乡镇薄弱一些，经济和教育发展也落后一些。
>
> J1P1：现在大多数农村家长挺重视教育的，能读都尽量供着读。不重视的也不是没有，离我家不远那家开店的老板就总说，让姑娘孩子学那么多有啥用。另外，像我一个哥哥，他家住在挺偏的村里，村里学校孩子少，两年才招生一次。他姑娘该上学的那年就没有招生，我们劝他说花点钱送她到外面来上学，人家也说姑娘花那么多钱干吗，能上多少就上多少呗。

总体而言，农村家庭的高等教育意愿主要集中在前三种类型，不屑一顾型的农村父母只占极少数。这既是由于学历社会建构下高等教育文凭仍具有"通货"价值，又是出于大多数农村家庭选择性的局限，他们仍将教育视为改变下一代命运的最重要寄托。弗莱曾经运用"想象的未来"的概念对马拉维贫困农村儿童为何秉持较高的教育期望进行解释，即政府教育改革带来的文化力量激发了他们对自我认同的肯定。[1] 中国社会传统文化与

---

[1]　M. Frye, "Bright Futures in Malawi's New Dawn: Educational Aspirations as Assertions of Identity," *American Journal of Sociology*, 2012, 117 (6): 1565-1624.

政府主导的教育主流价值观都在传导着一种文化力量，潜移默化地引导着人们对高等教育的追逐，即便是身处较低社会经济地位的农村家庭。但与绝大多数农村家庭对高等教育高度认同有所区别的是，面对子女具体而现实的教育过程，特别是子女出现学业障碍或厌学倾向时，为数众多的农村家庭对高等教育的意愿更易出现动摇和下降，出现所谓的"理想被现实击败"，同时在高等教育行动上出现分化。

四 农村家庭追逐高等教育的行动

具体到行动，农村家庭在追逐高等教育的过程中所能动用的家庭资本也有显著差异，呈现截然不同的家庭支持图景，我们将其概括为三种主要类型。第一种是有心无力型，很大一部分农村父母能够意识到高等教育的重要性，但由于缺乏必要的经济资本、社会资本和文化资本，在参与子女教育和高等教育决策的过程中往往有心无力，他们或者离家务工无法亲自参与子女教育，或者只能在经济上予以能力范围内的基本保障，或者在子女学业辅助上不得要法，个别父母采取简单粗暴的教育方式往往还会导致适得其反的教育效果。中学教师 Y3T3 认为，大多数农村家庭虽然内心重视孩子的学业成就和升学状况，但缺乏明确的教育规划和行动力，口头表达的意愿没有通过实际的行动发挥作用，使孩子的收益有限。中学教师 L1T1 印证了这种期望与行动相割裂的农村家庭教育特点，并特别指出农村家庭受制于文化教育水平，无法为孩子提供教育目标、学业规划和职业生涯规划方面的指导，也没有能力科学化地为孩子的秉性特征匹配合适的高等学校和专业，家长教育问题成为制约农村教育发展的重要瓶颈。一位受访农村中学生家长 L2P6 谈及自己兄弟姐妹的孩子大多选择初中毕业后打工或者被迫就读职业中学的情形。她的兄弟姐妹也抱着孩子能读好书顺利成才的原初期待，但父母长期在外打工无法顾及孩子的学业，面对孩子成绩的落后除了打骂不知道如何利用其他教育工具，最后导致孩子倦学、厌学乃至弃学，全家不得已只能放弃原有的高等教育目标。

> Y3T3：对孩子有明确的规划并且能有所帮助的农村家庭只有小部分，有的家庭是有规划，也一直说要重视孩子学习，但似乎行动上没做到，只停留在嘴巴上面。比如说你要考什么大学，然后想得很好，

但是实际当中他可能没付出努力。我就跟家长讲，你有这个想法很好，但也要拿出行动来，多配合我们，不能只是嘴上说说。

L1T1：我们学校里的城乡孩子，我感觉还是有一些明显的差异。主要就在于一个家庭给孩子的学习氛围，还有社会认知。城里的家长很重视教育，但我们农村家长是相对薄弱的。虽然有些家长，比如进入家委会的一些家长，他们会更重视一些，但是大部分的家长认识不是很到位，对小孩子教育不是说特别重视。他当然也希望小孩子学好，但是实际上并没有付出很多。

我们现在城乡差距越来越大，乡村的小孩子没有什么学习目标，根本不懂得学业规划、职业生涯规划之类的，城镇的就会明确一点。城关的小孩子资源更广一点，他会去了解，父母也会去关心了解，包括自己的言行、文化水平、兴趣特长、人格气质、性格色彩，应该怎么学习、怎么去选适合自己的学校专业、怎么做职业生涯规划。我们上次暑假去上海培训的时候，周末人家十几个家长组成一个班，你安排那些家长去讲生涯规划，那些家长应该准备什么都知道，人家文化水平不一样。但是在我们农村，你给家长讲什么都讲不明白，人家没空听也不想听，所以这个对农村还真的很不利。

L2P6：家里很多亲戚的孩子学习不怎么好，也不知道该怎么办。我妹妹有两个孩子，初中毕业就出去了。因为他们实在读不下去，有让他们去读，他们后面觉得在那浪费时间，就自己出来上班了。我妹的一个儿子，去年到一个交通职专里面学机修，然后他也觉得在里面浪费时间，就出来做厨师。我弟弟两个孩子，成绩不好，现在在中专那里读。他们自己在外面打工顾不过来，回家看到孩子不读也没办法啊，天天打也没办法，最后也就那样了。

第二种是全力以赴型。和老一代相比，不少新一代农村父母有着更明确的高等教育目标并尝试调动各种力所能及的资源为子女谋划铺路，比如为子女就读更好的中学而花钱择校、陪读，主动了解更多的教育信息，加强与学校的联系与合作，深入参与子女的高等教育决策和升学过程，等等。他们对高等教育充满期望，竭力在有限的资源范围内为子女营造最好的教育环境，全力以赴地支持子女的学业发展，甚至不惜举债供读。Y1S3 的父母文化程度虽然不高，但从到上海打拼就一路带着两个孩子，并倾其所有为他们提供最好的教育环境，为此Y1S3感慨良多。村里到上海做生意发家的人很多，但大多数只是实现了经济上的富足，他庆幸自己的父母深知教育的重要性，将大量的时间、精力和金钱投入孩子的学习上，使两个孩子都能学有所长。另一位农村家长L1P4细致地讲述了自己如何参与到孩子的教育活动中，从学习成绩跟踪到学习态度培养、从作业陪伴到具体辅导、从学习目标树立到家校联系深化，事无巨细。L1P4是大专毕业，对孩子的教育问题有一整套规划与理念，他认为不能靠打骂来提高成绩，应因势利导、注重沟通、顺应孩子的兴趣爱好引导孩子的发展，这样考上好大学才能水到渠成。

> Y1S3：他们（父母）其实都是小学文化程度，小学毕业了就没再读。其实我说他们特别不容易，真的，他们特别努力。他们那个时候去上海，可以说是白手起家，就在上海那边打拼。想尽所有办法让我们接受最好的教育，能够把我哥哥培养成一个飞行员，把我培养成也算比较优秀的学生，真的很不容易。
>
> 要说真正明智的父母是什么样的，是能够牺牲当前的环境，然后换来以后的环境。他们是有远见的，他们会把资金投入孩子学习上，而不是投入如何改善现在的生活环境。就是说，我们这其实有钱的人也有，但是能够把钱投入培养子女上面的，其实还是比较少的。其实我爸在村里到上海经商的人里面不算佼佼者，也不算赚钱很多的，但是他愿意把他赚的那些钱都投入我们的学习上面。
>
> L1P4：我每个月的话都会根据他的成绩和学习态度跟他讲一些，比如说我不管你这个成绩今天是好的，还是坏的，但是你应该想想今天是否已经认认真真在学了。……我基本上每天晚上都会陪他到最后，他这边从学校回来，我就一直陪他在那边做作业，他作业做完了，我会帮他检查一下作业，陪他预习、背诵，会陪到十一二点。成绩这一块也会给他定一个目标。比如说你数学应该达到120分、130分，英语要达到130分以上，语文的话要110分以上，给他一个大概的范围，有时候也得给他一点压力，也会有那种奖惩制度。现在的小孩你不能靠打靠骂的，得多和他交流，你骂他，他门一关，不听你的，自己在那

边玩什么你都不知道了。……有的家长反正儿子回来了也不闻不问的，作业问一下就结束了，所以很多小孩子就是说我不做作业你也不知道，小孩子没那么自觉的。关键是家长这块的话要多教育，这很关键，要重视。我平时经常和他的老师沟通，用手机、微信群之类的，打电话问今天有什么事情，有时候针对孩子的一些情况也会主动跟学校沟通。学习成绩这一块的话，平常如果说家里经常跟老师沟通的话，小孩子的成绩应该会有很大的、明显的进步。

第三种是放任自由型。这类父母没有明晰的教育规划，对子女教育采取"无为"之法，多见于前述高等教育意愿为随遇而安型和不屑一顾型的农村家庭。比如有些受访初中生家长认为如果子女成绩太差考不上普通高中，亦有可能放弃高等教育机会，就读职业中学或转投更有直接效益的工作机会。家长 Y2P1 有两个孩子，她对于上大学这件事并没有抱有特别的期待，认为孩子会读自然就会读了，像大儿子因成绩不佳上了职业中学，这也是没办法的事，对于小儿子的教育问题也是随遇而安，"看他自己了"。另一位农村家长 L2P6 认为自己文化程度不高，没有能力去参与孩子的教育，也就抱着"只要不惹事"的想法来要求孩子。虽然孩子成绩不理想，但只要老师没"告状"，自己就是满意的。中学教师 Y3T3 分析了部分农村初中生家长的教育心态："读不好也没关系"的"读书无用论"仍有一定空间，如果孩子出现学业困难或行为习惯问题，这部分家庭就会让孩子放弃中考、放弃升学，直接进入社会。

> Y2P1：就看他自己了，他会读就读了，不会读我也没办法，考不上就去职高呗。他要是文化水平读不到那么高，我们也没要求那么高，如果有什么普通的大学，能考上就最好，考不上，反正找个地方再念几年出来就一起打工呗。
>
> L2P6：平时没怎么管他的学习，我也不懂得嘛。就算他放在我面前给我看，我也看不来啊。我不认识什么，顶多问下作业做完没有，他说做完了。这样子就蛮乖的，我两个都还蛮乖，我没操心什么事，因为两个从小到大也不会去外面惹事。在学校里面，我书读得不怎么好，中下的，但是我不会去惹别人，不用父母整天跟在屁股后看着，老师那里没有跟我告状，我就觉得挺好的。

Y3T3：我之前带过初中的学生，也有不少成绩不太好，毕业就觉得还不如早点出去打工的。初中后面就不准备读高中，可能去读个职业高中或者直接出去（打工）。这种也占一部分。当然能上高中的大多数家长还是希望他上高中，因为毕竟初中毕业跟高中毕业的学生出去的话，层次应该也不一样，接受的教育不一样。但有的他实在念不了了，成绩太差，习惯也很差。还有一个家长原因，有的家长也会直接说，他没念什么书出去钱也挣蛮多的，然后就觉得念书无所谓。从目前社会状况来看的话，他可能会觉得你念书念了半死，大学毕业出去，一个月也只能挣几千块钱，我小学毕业或者初中毕业，我出去照样一个月挣它一两万块钱。他们没有意识到，现在可能还是这样子，但从社会的未来发展来看，很多东西还是要靠我们学习。

第二节　农村家庭高等教育需求的决策困境

在农村家庭高等教育需求的产生与运作过程中，由于需求主体的多元性、价值取向的多样性和影响要素的多维度，在高等教育需求的萌发、发展、形成乃至落实的一系列环节都会面临新的矛盾与选择。高等教育需求是推动农村家庭追寻大学之路的原初动力，每个农村学子的高等教育结局都可被看作在一整套家庭教育需求逻辑框架下展开斗争、选择与行动的实践性产物。相较于城市，农村家庭不仅要面临更多的经济束缚与文化制约，还要接受薄弱的乡村教育体系和升学困境，这使其高等教育需求的内动力、张力与行动力都更为脆弱。

一　有限理性：农村家庭高等教育需求的内动力

农村家庭高等教育需求的产生有其客观的内外部动因。总体来说，社会文化传统的影响、对高等教育投资性的追逐远远超过对高等教育自身教育价值的看重，显现出较为浓烈的功利主义色彩。在回答"除了能有更好的工作，为什么想上大学"这一看似简单的问题时，很多受访者表现出迟疑与含糊；在面对"什么样的大学是好大学"的问题时，大多数受访者只能回答出"重点大学""一本""分数高"等类似的表达。农村家庭对高等教育的认知存在极强的模糊性与不确定性，对高等教育价值、大学分类、专业设置、与个人兴趣爱好的匹配，甚至未来的职业出路都不甚清晰。"为了上大学而上大学"的家庭不胜枚举，对于教育目标认知性的缺乏显示出农村高等教育需求非理性的一面，最终导致"学而无用""因学致贫"的风险加大。这是由于大多数农村家庭在社会网络动员能力、文化认知能力、信息接收能力、高等教育解析能力等方面存在很多局限，他们的高等教育需求只能体现出一种有限理性。比如，农村高中生家长 L1P7 一方面清楚地意识到高等教育对子女未来就业的重要性以及大学生就业形势的严峻，另一方面对当前形势下的高等教育价值判断仍十分模糊，全家包括孩子在内对未来的专业目标和生涯规划都没什么概念，"走一步算一步"代表了很大一部分农村家庭的教育行动指针。高中生 Y1S2 根据自己的日常感受指出村里人的矛盾心态，既有重视教育、寄希望于孩子学业成功的普遍心态，也有思想上的混沌无序和行动上的举步不前。

> L1P7：上大学这个事情对孩子的未来还是很重要的。因为现在这个社会，如果你大学没毕业，出来找个工作都没地方找。好坏大学我们先不说，最主要的就是你至少要把大学读完。大学就业问题怎么讲呢，现在又扩招了，然后就业形势也没有以前那么好了，这种情况下大学的吸引力怎么样我也说不清。对大学里面的学校专业啊也没怎么了解过。但是从我个人讲，我还是觉得孩子先把大学读完，接下去找工作走一步算一步，到时候再说再安排。

> Y1S2：像我们村里的人，你说他不重视小孩上学，他好像也挺重视，都还是想让孩子读好书。你说他重视吧，他们觉得上学只是一个必需的过程、流程，就只是为了上学而上学，不是为了什么明确的想法。甚至有的家里觉得上学只是为了考试，我就觉得他们很奇怪。首先是不看重什么启蒙，再有就是家长对学习的重视，家长没有办法辅导孩子，对孩子的教育观念、学习习惯的最基本培养也都没有。

二 低调适性：农村家庭高等教育需求的张力

在调查中发现，农村家庭对高等教育的认知、意愿与行动都并非固化不变的，而是呈现非线性、阶段性、波动性特征。尽管人们对高等教育的认知具有原生的先在性，但随着内外部动因的变化，这种先在性也会不断发生调整，导致家庭的高等教育决策和行动具有动态性。这一方面源自农村家庭对高等教育政策调整和高等教育价值的评估，另一方面源自家庭社会经济状况、子女学业成就和升学意愿的变动。与城市相比，农村家庭高等教育需求的持续性和稳定性都相对薄弱。即便意愿强烈，一旦发生家庭变动或子女学业成就不佳等问题，农村家庭更易降低对子女教育的支持力度或直接放弃继续升学。这突出表现在前面提到的随机应变型和随遇而安型家庭。面对子女学业成就不佳的问题，农村家庭普遍缺乏教育支持、利用社会资源择校、就读学费高昂的独立学院甚至国外大学等城市家庭常用的干预手段，更倾向于依靠子女自身的努力改善状况。在子女学业成就无法改善的情况下，他们会对高等教育的成本、收益、风险重新进行权衡考量并极有可能做出被动逃离的选择。农村家庭资源调动能力和抗风险能力的相对较弱导致他们的高等教育需求缺乏张力，对突发性的内外部变化只能进行较低层级的调适。

三 抑制性：农村家庭高等教育需求的行动力

农村家庭对高等教育的旺盛需求更多反映的是一种主体性需求。也就是说，大多数家庭存在能动地追求高等教育的主观意愿，但在其意愿的实践化过程中不可避免地受到各种条件的制约。与城市家庭不同，抑制性机制比促进性机制在农村家庭中表现更为明显。农村学生从社区、学校、家庭所能获得的支持性教育资源十分有限。无论是地理条件、教育设施、教与学的资源、经济后盾等硬性的物质准备，还是文化氛围、思想观念、社会网络、家校沟通等软环境，城乡都不可同日而语。这些抑制性因素极大地影响着高等教育需求的行动力，农村家庭还要面临不少特殊的行动障碍。比如，随着留守儿童的增多，农村父代与子代之间联系的疏松化愈加明显，高等教育需求在家庭成员内部容易出现分歧，难以形成落实高等教育需求的合力；多子女家庭的资源稀释使得农村父母容易将教育需求转移到对特定子女的培养上，从而造成其他子女的高等教育放弃；空壳化的村校凋敝图景加剧了农村家庭对子女高等教育期望的沦落；乏善可陈的家庭教育和无处下手的高等教育参与增加了农村家庭的无力感……现实总是为这些有心无力的农村家庭的"大学梦"设置更多更难跨越的门槛,让他们屡屡陷入高等教育的决策困境。

第三节 农村家庭高等教育需求的运行逻辑

在既有的农村家庭高等教育需求研究中,单一结构和量化统计的视角对行动主体的教育需求、实践及其背后的逻辑运作机制关注不够,没有将高等教育需求看作一种循序的、动态的、矛盾的发展过程。农村家庭高等教育需求的产生与运作远不止是依照"投资—收益"的逻辑加以考量。通过以上分析可以看出,当前我国农村家庭高等教育需求的生成与运作遵循着"认知—意愿—行动"的基本逻辑,农村社会、经济、文化、教育等社会化因素与农村家庭内部资源、子女期望等个体化因素交互作用成为影响农村家庭高等教育需求的深层动因。在农村家庭高等教育需求的形成过程中,不同家庭背景、不同教育阶段、子女不同的学力水平都会有某种占据主导的机制发挥主要作用,导致其最终高等教育行动的差异(见图2-1)。

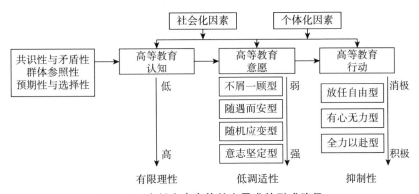

图 2-1 农村家庭高等教育需求的形成路径

一方面,农村家庭的高等教育需求并未随着高等教育收益的下降而有所降低。这是因为当前中国学历社会的基本格局仍未改变,尽管人们在普遍强调能力、素质的重要性,但大学学历依旧是衡量人才、招贤纳士的重要标准。在大众化过渡到普及化的时代,高等教育的精英色彩日益消解,但其客观价值并未大幅下降。这是由于高等教育的精英价值逐步转变为基础性价值。也就是说,高等教育投资的回报虽然不如精英时代高,但原来不需要高等教育学历的职业门槛不断调高，获得一纸大学文凭成为进入众多职业领域的先决条件，使得进入大学从选择性需求逐步转变为基础性需求。这种需求也不断从机会获得向质量提升转变。即便在农村家庭惯于选择的职业教育领域，高等职业教育的吸引力也远胜于中等职业教育。这种高等教育自身价值的变化促使农村家庭对高等教育的实际需求仍然旺盛。

另一方面，农村家庭的高等教育需求及其实践面临诸多困境。随着高等教育投资风险的加大，农村家庭对高等教育的认知、意愿与行动总是充满各种矛盾与困惑，既有坚定意愿又有能力付诸实践的农村家庭并不多见。面对乡土文化与现代文化的冲突、学校教育的边缘化、机会成本的可能性流失、家庭教育资本的匮乏、子女学业不佳的排斥力等，他们需要经常性地权衡利弊得失，在各种力量的角斗中或迎难而上、或主动放弃、或被动逃离，艰难地做出对高等教育的最终选择。可以说，在高等教育需求这样一个看似简单的问题背后，遮蔽着社会场域、学校场域、家庭场域内吸引力、排斥力和助推力等多维力量的较量。农村子女接受高等教育的主观愿望受到社会结构、文化氛围、教育制度与家庭资源的重重制约，其对高等教育的决策选择也不得不呈现有限理性、低调适性和抑制性的典型特征。

布迪厄和华康德认为，"一个场域由附着于某种权利（或资本）形式的各种位置空间的一系列客观关系所构成，而惯习则由'积淀'于个人身体内的一系列历史的关系所构成"①。高等教育需求是行动者们在教育场域内对客观环境进行主观调适的性情倾向与开放性抉择。它的生成是社会结构因素、家庭经济文化因素与家庭成员心理因素相互作用的建构过程。这个过程往往是家庭成员长期积累的实践经验所内化生成的深层思维架构，不易察觉却潜在地影响着他们的高等教育策略与行为。在高等教育普及化的今天，农村家庭高等教育需求的受制性额外明显，农村社会场域、家庭场域与学校场域契合度偏低，总有多种教育背离的牵引力吸引着他们选择其他更具实用性的道路。

---

① 皮埃尔·布迪厄、华康德：《实践与反思——反思社会学导引》，李猛、李康译，中央编译出版社，2004，第17页。

　　高等教育就像一堵摆在求学之路的高墙，正向的内外部因素则是攀登高墙的一级级阶梯。若阶梯堆砌顺畅，高等教育需求自然坚定直上；若阶梯破损或累积困难，难免会墙下徘徊甚至转身寻求他路。经济的压力、学业的差距、教育参与的无力、前景的不确定等常常让农村家庭对高等教育产生一种恼人的爱恨纠结，使高等教育需求及其追寻在某种程度上成为"战场"，即诸种力量的斗争与调和。

第四节　农村子女的高等教育获得[①]

　　从前面的分析可以看出，农村家庭的高等教育需求既夹杂了农村父母及其子女的高等教育认知和期望，也暗含着其身处教育环境的各种力量博弈，是一种主观情感与客观现实交织的选择性构想。当需求不仅仅停留在心理愿望的层面，而是朝向"实现需求"迈出行动的步伐时，才能为其现实转化创造条件。此外，需求的诱发、产生、选择、转化与满足是高等教育需求分析的一串必要程序，那么我国农村家庭高等教育需求的满足程度究竟如何？农村子女是否已经获得与城镇子女相近的高等教育入学机会？农村子女的高等教育获得无疑成为与高等教育需求紧密相连的核心议题。只有将高等教育的需求与获得两相参照，才能更全面地了解农村家庭各种教育困境的症结。

　　在我国长期的城乡二元结构体制下，城乡子女高等教育获得的不均等现实由来已久。不同时期的大量实证研究基本印证了农村子女高等教育获得处于相对弱势地位。比如，从纵向上看，据李春玲的分析，在 1975～1979 年出生的人口中，城市人上大学的机会是农村人的 3.4 倍，而在1980～1985 年出生的人当中，这个数字扩大为 5.5 倍。[②] 这一研究认为，随着高等教育规模的扩张，高等教育机会的城乡差距相比过去有进一步拉大的趋势。还有研究表明，这种差异不仅体现在城市子女的高等教育入学机

---

① 本书的"高等教育获得"特指狭义的高等教育入学机会，即社会成员进入全日制普通高等学校接受正规本专科教育的可能性。这种可能性至少包括两方面的含义，即是否获得机会以及获得怎样的机会，两者分别代表高等教育入学机会的量与质。

② 李春玲：《高等教育扩张与教育机会不平等——高校扩招的平等化效应考查》，《社会学研究》2010 年第 3 期。

会明显高于农村子女上，更表现为二者之间接受高等教育质量的分化。在办学水平相对较高的"211"高校和收费相对较高的独立学院中，城市子女拥有更多的入学机会，而农村学生则更多地集中在一般公办本科院校和公办高职高专院校中。[①] 这些研究似乎表明，城乡结构在高等教育入学机会的竞争过程中"再现"或"维系"，这种格局没有因教育规模的扩张而被打破，而且在院校类型等深层次的入学质量竞争中愈加明显。城乡人口教育状况的分化又会直接影响到农村人口向上流动的可能性，造成城乡社会结构的固化与分异，形成恶性循环。但同时，这些研究引发的社会热议也加速了均等化的高等教育政策调整。比如2012年，教育部启动了"贫困地区定向招生专项计划"，一些贫困县区内具有农业户籍的农村学生开始被定向安排到普通高校招生计划中。此后，地方专项计划、高校专项计划都予以补充。这套以招生政策改革为切入点的城乡高等教育入学机会均衡框架旨在以提高重点高校的农村生源比例为依托来均衡城乡子女的高等教育获得。那么，经过近些年的政策调整，城乡子女的高等教育获得差异是否有所改善？农村子女的高等学校选择满意度是否发生了变化？为了细致了解近年来我国城乡高等教育机会分化的变化趋势，本节以我国2007级和2017级大一新生的抽样调查数据[②]为基础，通过城乡对比和跨年度比较，展示了农村子女高等教育获得的总体状况和高校选择满意度，力图了解农村家庭高等教育需求与获得之间的差距，为后文对农村子女教育过程的刻画性分析提供全景式基础。

一 农村子女高等教育获得的总体变化分析

《大一新生调查问卷》中的家庭所在地调查共有五个选项："农村""乡镇""县城""地级市""省会或直辖市"。本书将后四项合并为"城镇"项，与"农村"项进行对照。表2-2显示了2007级与2017级大学生样本的城乡分布对比，从中可以看出，2007级大学生中54.6%来自城镇，45.4%来自农村；2017级大学生中56.6%来自城镇，43.4%来自农村。仅从样本来看，2007级和2017级大学生的城乡分布变化并不明显，城镇大学生

---

① 刘自团：《中国不同群体大学生择校问题研究》，福建教育出版社，2012，第95页。
② 相关数据和样本使用的详细介绍参见导论。

人数总体高于农村大学生。

表 2-2　2007 级与 2017 级大学生样本的城乡分布对比

单位：人，%

	2007 级		2017 级	
	样本数	占比	样本数	占比
农村	20287	45.4	16148	43.4
城镇	24398	54.6	21023	56.6
合计	44685	100.0	37171	100.0

若要比较城乡子女的高等教育获得情况，必须考虑城乡人口的变化，因此这里引入了辈出率的概念。高等教育获得的辈出率指的是某一群体子女在大学生中的比例与该群体人口在同一社会全体人口中所占比例之比。计算公式为：群体 A 的辈出率＝大学生中群体 A 的子女所占比例/群体 A 人口占同一社会全体人口的比例。从这个公式来看，辈出率为 1 时，某群体子女在大学生中所占比例与该群体人口在同一社会全体人口中所占的比例相等，也就是说，该群体子女的高等教育入学机会与同一社会全体人口的平均水平相同。如果辈出率超过 1，则意味着这个群体子女的高等教育入学机会高于同一社会全体人口的平均水平；相反，如果辈出率小于 1，则意味着这个群体子女的高等教育入学机会低于同一社会全体人口的平均水平。这里的"群体"特指城镇或农村人口。

2007 年，我国城镇人口为 60633 万人，农村人口为 71496 万人，占比分别为 45.9% 和 54.1%。到了 2017 年，我国城镇人口为 81347 万人，农村人口为 57661 万人，占比分别为 58.5% 和 41.5%，十年间的城镇化率有了较大提升，农村人口总基数有了较大幅度的下降。表 2-3 对抽样大学生的城乡分布进行了辈出率统计，结果发现，2007 年，我国农村人口的高等教育辈出率为 0.84，城镇人口的辈出率为 1.19，城镇人口的入学概率约为农村人口的 1.4 倍，城镇居民的高等教育入学机会明显高于农村居民，农村子女相对更难进入大学。2017 年，我国农村人口的高等教育辈出率上升为 1.1，城镇人口的辈出率为 0.92，农村子女的高等教育入学机会大幅提升，甚至超过了城镇子女，城乡子女进入大学的总体概率基本实现了均衡。

表 2-3　2007 级与 2017 级城乡大学生的辈出率情况

	2007 级		2017 级	
	农村	城镇	农村	城镇
样本大学生比例 B（%）	45.4	54.6	46.0	54.0
城乡人口比例 A（%）	54.1	45.9	41.5	58.5
辈出率（B/A）	0.84	1.19	1.1	0.92

资料来源：城乡人口比例源自《2018 中国人口和就业统计年鉴》。

二　农村子女高等教育获得的高校类型变化

农村子女高等教育入学机会的快速增长是否还体现在就读不同类型高校的机会上？表 2-4 对 2007 级和 2017 级六种类型高校中大学生样本的城乡分布进行了描述性统计，经卡方检验 p 值均小于 0.001，表明大学生在不同类型高校的分布有非常显著的城乡差异。从公办院校来看，2007 级和 2017 级城镇子女占城镇样本总数的比例在 "211 工程" 院校中相对较高（2007 级为 24.0%，2017 级为 27.3%），农村子女的相应比例分别为 18.2% 和 14.7%，反之，其在一般公办本科院校和公办高职高专院校中的相对比例一直较高。从民办院校来看，在所有类型民办院校中，2007 级城镇子女占城镇样本总数的比例（14.8%、8.2% 和 10.0%）均高于农村子女的相应比例（7.8%、6.3% 和 8.3%），但 2017 级学生在民办本科院校和民办高职高专院校中，农村子女的样本比例（8.1% 和 3.1%）则高于城镇子女（6.8% 和 2.8%），独立学院中仍然是农村子女占农村样本的比例（4.1%）低于城镇子女占城镇样本的比例（4.6%）。

表 2-4　2007 级与 2017 级城乡大学生在不同类型高校的分布情况

		"211 工程"院校	一般公办本科院校	公办高职高专院校	独立学院	民办本科院校	民办高职高专院校	合计	卡方检验
2007级	农村	18.2 (3686)	39.5 (8009)	19.8 (4020)	7.8 (1591)	6.3 (1288)	8.3 (1693)	100.0 (20287)	$\chi^2 = 1409.736$, $p = 0.000$
	城镇	24.0 (5864)	31.4 (7655)	11.6 (2838)	14.8 (3602)	8.2 (1999)	10.0 (2440)	100.0 (24398)	
	合计	21.4 (9550)	35.1 (15664)	15.3 (6858)	11.6 (5193)	7.4 (3287)	9.2 (4133)	100.0 (44685)	

		"211工程"院校	一般公办本科院校	公办高职高专院校	独立学院	民办本科院校	民办高职高专院校	合计	卡方检验
2017级	农村	14.7（2367）	53.2（8593）	16.8（2712）	4.1（663）	8.1（1311）	3.1（502）	100（16148）	$\chi^2 = 1480.617$，$p = 0.000$
	城镇	27.3（5741）	51.5（10834）	7.0（1476）	4.6（967）	6.8（1423）	2.8（582）	100（21023）	
	合计	21.8（8108）	52.3（19427）	11.3（4188）	4.4（1630）	7.4（2734）	2.9（1084）	100（37171）	

注：括号中为样本数（人），括号外为占比（％）。

将以上调查分析的状况与我国城乡人口结构相结合，就可以运用辈出率具体地了解城乡子女进入不同类型高校的机会差异（见表2-5）。城乡子女在各类型高校中的分布，经Pearson卡方检验，p值均小于0.001，说明此分布呈显著差异。

表2-5　2007级与2017级城乡大学生在不同类型高校的辈出率情况

	2007级			2017级		
	农村	城镇	标准差	农村	城镇	标准差
城乡人口比例A（％）	54.1	45.9		41.5	58.5	
"211工程"院校在校生的城乡分布 B_1（％）	38.9	61.1		29.2	70.8	
辈出率（B_1/A）	0.72	1.33	0.43	0.70	1.21	0.36
一般公办本科院校在校生的城乡分布 B_2（％）	50.7	49.3		44.2	55.8	
辈出率（$B2/A$）	0.94	1.07	0.09	1.07	0.95	0.08
公办高职高专院校在校生的城乡分布 B_3（％）	58.5	41.5		64.8	35.2	
辈出率（B_3/A）	1.08	0.90	0.13	1.56	0.60	0.68
独立学院在校生的城乡分布 B_4（％）	30.6	69.4		40.7	59.3	
辈出率（B_4/A）	0.57	1.51	0.66	0.98	1.01	0.02
民办本科院校在校生的城乡分布 B_5（％）	39.2	60.8		48	52	
辈出率（B_5/A）	0.72	1.32	0.42	1.16	0.88	0.20
民办高职高专院校在校生的城乡分布 B_6（％）	41	59		46.3	53.7	
辈出率（B_6/A）	0.76	1.29	0.37	1.12	0.92	0.14

从 2007 级的情况来看，除公办高职高专院校外，几乎所有类型高等院校中都存在一种基本现象，即城镇学生的高等教育辈出率均高于农村学生，这表明当时的高等教育入学机会全面地向城镇子女倾斜，无论进入何种院校，城镇学生皆拥有高于农村学生的入学概率。从标准差测量结果来看，这种城乡差异的显著程度由高至低分别为独立学院、"211 工程"院校、民办本科院校、民办高职高专院校、公办高职高专院校和一般公办本科院校。对于 2007 级学生来说，首先，城乡入学机会差异最小的是一般公办本科院校和公办高职高专院校，说明这两类院校具备较多有利于农村子女就学的条件；其次，农村学生在独立学院和民办本科院校的辈出率很低，这应该与两类院校收费较高，对农村子女的经济约束力较大有密切关联；最后，在公办院校中，城乡入学机会差距最大的为"211 工程"院校，该类院校较高的学业成就使得处于多方面不利地位的农村子女在入学过程中面临障碍。

从 2017 级的情况来看，各类型高校的城乡子女辈出率发生了较明显的变化。农村子女几乎在所有类型高校中的辈出率都大幅提高，抗衡甚至超越城镇子女的高等教育入学机会。但在"211 工程"院校中，城乡子女的入学差距只有轻微的缩小，城镇子女仍然在具有较高质量的重点大学中占据显著的优势地位。从标准差测量结果来看，农村子女最具入学优势的高校类型由高至低分别为公办高职高专院校、民办本科院校、民办高职高专院校、一般公办本科院校和独立学院。

对比 2007 级的数据可以看出，农村子女的高等教育获得具有以下几方面特点。一是随着城镇化和高等教育规模扩张速度的加快，高等教育系统为农村子女整体开放了更为广阔的空间。在一般公办本科院校和独立学院中，城乡子女的入学机会几乎相差不多，而在公办高职高专院校中，农村子女的入学机会是城镇子女的 2.6 倍，该类院校已经成为承载农村生源的主力军。二是从院校性质的角度来看，以往对生源经济背景要求较高的独立学院和民办本科院校的友好度大幅提升。这应该与近十年高校收费并未跟随物价指数大幅上升且农村家庭经济条件好转从而使其经济性制约减少有较大关联，越来越多的农村孩子能够不为学费所困扩大了高等教育的选择面，这在后文的质性分析中也得到了一定程度的验证（参见第四章第二节）。三是以"211 工程"院校为代表的重点院校仍是城乡子女高等教育竞争的"主战场"，农村子女在重点院校的辈出率明显低于城镇子女，且多年无法提高，这表明城乡高等教育资源的竞争仍然十分激烈。城乡高等教育获得的竞争由之前的数量竞争或者说是总体机会的竞争全面升级为高等教育质量和层级的竞争。

三　农村子女高等教育获得的满意度变化

为了更好地对比农村家庭高等教育需求与获得之间的差距，本书还进一步考察对比了城乡大学生的高校选择满意度情况。《大一新生调查问卷》中对所读的大学满意度一题，要求抽样大学生从"非常满意""满意""一般""不满意""非常不满意"五个等级中加以选择，能够在一定程度上反映出城乡子女对于最终选择高校的主观感受。这里从"非常满意"到"非常不满意"分别赋值为5、4、3、2、1，采用加总求平均数的方式来计分求得城乡大学生对所就读高校的满意度状况，评分越高表示大学生对所选择高校的满意度越高。

从表2-6的统计结果来看，2017级城乡大学生对就读高校的满意程度较2007级均有所提高。但是，2007级农村和城镇大学生对就读高校的满意度均值分别是2.74和2.73，独立样本t检验的结果显示，$t = -1.406$，$p = 0.160 > 0.05$，城乡大学生对所就读高校的满意度方面没有明显差异。2017级农村和城镇大学生对就读高校的满意度均值分别是3.39和3.48，独立样本t检验的结果显示，$t = -9.839$，$p = 0.000 < 0.001$，城乡大学生对就读高校的满意度方面存在显著差异，城镇显著高于农村。参照城乡子女的高等教育获得情况来看，一方面，高校选择总体满意度有所提高。这可能是由于总体入学机会在不断增加，城乡子女的高等教育选择范围和选择余地都有所增加。高考招生录取制度的改革完善也使得考生能够更方便地选择与自身成绩相匹配的高校，较大程度地避免了"高分低录"等问题。此外，较十年前，择校信息的全面性、透明度和获取便利性都有了很大提高，缩小了城乡子女高校选择的心理落差。另一方面，城乡大学生之间的高校满意度差距有所扩大。城镇子女的高校满意度明显高于农村子女。这既与农村家庭的高等教育需求，特别是对更高质量的教育需求提升有关，又与农村家庭在选择具体高校的过程中"升学准备不足、高校信息不完整和低风险

偏好有关"[①]。

表 2-6 2007 级与 2017 级城乡大学生的高校满意度

	2007 级			2017 级		
	均值	样本数	独立样本 t 检验	均值	样本数	独立样本 t 检验
农村	2.74	19470	$t = -1.406$, $p = 0.160$	3.39	16148	$t = -9.839$, $p = 0.000$ ***
城镇	2.73	23441		3.48	21023	

注：* $p<0.05$；** $p<0.01$；*** $p<0.001$。

总体来看，随着高等教育规模的不断扩张，城乡高等教育获得的机会总体有了较大的增加，但城市或中上阶层家庭将追逐的重点转移至更高质量的教育层级中去，也就使得城乡大学生的高等教育获得产生了新的不平衡。这种趋势与教育社会学的经典假设"最大化维持不平等"（MMI）和"有效维持不平等"（EMI）是基本一致的。在我国高等教育大众化乃至步入普及化的背景下，城乡高等教育获得的不均等更多地体现在质量维度。质量维度的筛选远远超出单纯经济状况的掌控，更关乎高考成绩所代表的学业成就。即便农村家庭拥有较为强烈的高等教育需求，愿意承担更高昂的学费，仍很难获得城市孩子在家庭与学校双重教育资源上的优势地位，进而影响其学业比拼的竞争力，这揭示了高等教育获得的不平等深嵌于城乡社会结构的不平等这一残酷现实。[②]

需要说明的是，农村子女高等教育获得的辈出率计算虽然可以从侧面反映出我国城乡高等教育入学机会的概况差异，但无法全面而深入地理解农村子女教育过程的荆棘和独特困境。当前城乡高等教育入学机会调配政策习惯于借力高校招生录取制度的创变，这种直接将优秀的农村学子引流至重点高校的定向招生专项计划虽有一定成效，但并未从根本上缩小城乡高等教育入学机会的差距，也引发了社会与学术界的争议。这种政策措施在实践中只能作为"基于我国长期以来城乡二元发展历史和现状的无奈之举和暂时之举"。[③]

① 刘自团、谭敏：《城乡孩子的大学择校差异缩小了吗——基于全国 2007 级与 2017 级大一新生调查的历时性分析》，《教育发展研究》2020 年第 23 期。

② 刘自团、谭敏：《城乡孩子的大学择校差异缩小了吗——基于全国 2007 级与 2017 级大一新生调查的历时性分析》，《教育发展研究》2020 年第 23 期。

③ 余秀兰、白雪：《向农村倾斜的高校专项招生政策：争论、反思与改革》，《高等教育研究》2016 年第 1 期。

这是因为高等教育获得的最根本影响因素在于学业成就。在城乡中小学教育质量差距没有有效缩小之前，掐尖式地选拔农村优秀学子，容易造成农村生源内部的两极分化并形成新的不平等。本书接下来的几章将回到高等教育竞争的原初，以学业成就为切入点，从学生、家庭、学校、社会和政策的多重视角重新审视农村教育问题的症结，以期科学引导农村家庭的高等教育需求，并架设起需求与满足需求的桥梁，从根本上平衡城乡教育的不平等。

第三章　学业的竞争

——核心要件与累积效应

第一节　学业成就的厮杀：城乡教育机会的累积性差距

"在技术选择的框架下，任何阶层的优势都很难直接转化为考试上的优势，即便考试本身也常被视作阶层再生产的工具。"[①] 城乡子女在不同数量和不同质量高等教育机会上的筛选性差异本质上是通过考试的技术选择实现的。这既代表了高等教育选择过程的个体能动性，又体现了在我国的教育制度体系中，城乡子女的高等教育竞争从根本上说是学业成就的比拼。

一　高等教育获得分层与学业成就差异的拟合

当前，我国正处于普通高等学校考试招生综合改革的重要阶段，此次改革旨在形成分类考试、综合评价、多元录取的考试招生模式，健全促进公平、科学选才、监督有力的体制机制。现行我国普通高等学校招生录取采用的是基于统一高考和高中学业水平考试成绩、参考综合素质评价的多元录取机制，但总体上仍是以统一招生考试为主体，综合评价招生、高校专项计划招生等多种形式为补充。分数筛选原则意味着人们在高等教育地位获得的过程中对个人努力、知识储备和能力技能等自致性因素的认可。"分数面前人人平等"本质上是鼓励个体成员突破先赋性因素或结构性因素的束缚。这套考试招生制度搭配着分批次的录取机制使具有不同学习能力、综合素质的学子被顺利分配到不同层级、不同质量、不同类型的高等学校中去，使高等教育获得分层与学业成就差异高度拟合，具有公平与效率兼

[①] 刘精明：《国家、社会阶层与教育：教育获得的社会学研究》，中国人民大学出版社，2005。

顾的社会功能。从这个意义上说，城乡的高等教育机会差异从根本上是城乡学生学业成就的差异。

　　事实上，大量的已有研究表明，农村学生在整个教育过程中确实存在群体性学业分数上的"技不如人"。从高考成绩来看，城乡学生的文、理科总分和所有学科上的平均分都存在极其显著的差距，城镇学生总分明显高于农村学生，农村学生的分数更加分散。[①] 语文、数学（理科）、英语、物理、化学等学科差异最为显著[②]，农村低分端学生明显较低的高考成绩扩大了城乡学生学习结果的差异[③]。从中考成绩来看，城乡学生的各科均分都存在明显差距，数学、英语、物理、化学等科目最为明显，城市初中学生的学业水平明显高于农村初中学生，并且各学科优秀率的城乡差距总体上有拉大的趋势。[④] 从 PISA 2015 的成绩来看，我国农村、乡镇和城市学生的数学、阅读和科学素养成绩差距明显，城市学生的三项成绩均大幅高于农村学生。[⑤]

　　城乡学生学业成就的长期不平衡至少在两方面对高等教育获得产生影响。一方面，学业成就是阶段性不断累积的结果，高等教育获得意味着对中小学教育阶段学业成就的总体"验收"。学业成就的高低直接关系到他们在初中升高中、高中升大学两次重大的教育选择过程中实现晋升、分类或是被淘汰。城市学生从小到大的家庭背景、学校环境、师资条件、教育方式、社会氛围都是农村学生不可同日而语的，这期间累积的学业成就滞后极易通过考试转化为新的高等教育城乡分层。另一方面，各个阶段的学业成就是城乡子女及其家庭自我衡量教育需求、选定教育目标的重要标尺。在访谈中，农村家庭的预期教育目标实际上是随着子女的学业成就走向不断变动着的。当子女出现学习成绩不佳或教育动力不足时，农村家庭较城市家庭更易出现教育需求的调整乃至放弃，这也会间接影响其最终的教育

---

① 李金波、杨军：《高考成绩的城乡差异及其发展趋势分析》，《中国考试》2015 年第 12 期。

② 毛竞飞、盛兰芳、李金波：《高考成绩群体差异性分析》，《现代教育管理》2011 年第 4 期。

③ 樊亚峤、程乾：《重庆市城乡学生高考成绩差异的实证分析》，《教育测量与评价》（理论版）2015 年第 11 期。

④ 李萍、苏耀忠、孔建兵、范宏俐、张增建：《山西省城乡初中学业成绩抽样对比分析与研究》，《教育理论与实践》2014 年第 2 期。

⑤ 黄亮：《学校资源的均衡配置是否能够促进城乡教育结果的均等？——来自我国四省市的证据》，《教育科学研究》2018 年第 10 期；薛平：《浙江省城乡学生能力比较研究——基于PISA 测试结果》，《浙江社会科学》2012 年第 6 期。

结局（参见第二章）。

除此之外，由于我国普通高校考试招生综合改革的取向愈加趋于对学生综合能力和全面素质的评价，客观上亦会对农村学子造成一定的负面影响。比如，综合素质评价对艺术素养、社会实践的侧重，各类学科竞赛、证书的高门槛，高校面试的高昂成本都可能使缺乏发展条件或经济社会背景不佳的农村学子力有不逮，对心仪的高等学府望而却步。此外，农村或欠发达地区学校、家庭对统考以外的招生方式等重要信息了解不够充分，会直接或间接地形成高等教育获得的不利因素。有关高考招生改革的政策影响将在第五章详细展开论述。

二　影响农村子女学业成就的个人指征

1. 认知能力和非认知能力

能力是制约城乡子女学业能否取得成功的最重要个人指征之一。能力是指达成某项目标或完成某项任务所体现出来的综合素质，包括认知能力和非认知能力。其中认知能力又包括一般认知能力（通常所说的智力）和具体认知能力（如记忆、推理、注意、语言、思维、动作等）。非认知能力则主要包括态度、信念、性格、品质、社交、情绪等非认知类的能力素质。已有研究普遍认为，认知能力和非认知能力共同影响着学习结果。一项对 7 万多名英国儿童进行的为期 5 年的纵向研究[1]表明，11 岁时的一般认知能力与 16 岁时 25 个学科的全国考试成绩之间具有正相关关系，即一般认知能力有助于所有 25 个科目的成功，分别可以解释数学成绩的 58.6%、英语成绩的 48%、艺术和设计成绩的 18.1%。非认知能力对学业成就的影响也是近年研究的热点。有研究[2]发现，内控型青少年完成中学学业的可能性更高，并且达到大学入学要求的可能性也更高。认知能力和非认知能力通过不同的路径干预个体的决策行为和实践过程，影响着城乡子女的学习进展和最

---

① I. J. Deary, S. Strand, P. Smith, & C. Fernandes, "Intelligence and Educational Achievement," *Intelligence*, 2007, 35（1）：3-21.

② Juan Barón & Deborah Cobb-Clark, "Are Young People's Educational Outcomes Linked to Their Sense of Control?" IZA Discussion Papers, 2010, p. 4907.

终学业产出。具体而言，城乡学生在认知能力水平上存在显著差距[①]，且高分位点上、高年级中的认知能力差距较大，家庭特征和学校特征成为城乡学生认知能力差距的最主要影响因素。[②] 农村子女由于家庭经济状况制约易引发自身成长环境和父母教育投资时间与质量的局限，会显著降低子女的认知能力，并对子女的注意力、记忆能力、视知觉-空间能力以及推理能力产生显著的负向影响。[③] 农村流动儿童的非认知能力显著低于非流动儿童。家庭资本会通过非认知能力的中介作用影响学生成绩，这种中介作用对农村学生的影响大于城区学生。[④] 也有研究专门对农村寄宿学生进行调查，结果发现寄宿学生的认知能力和非认知能力与非寄宿学生相比均处于不利地位。[⑤] 总体来看，目前我国农村学生的认知能力和非认知能力普遍弱于城市，农村学生内部留守、流动和寄宿儿童更多地处于不利地位。这种能力的相对弱化既源于家庭各类教育资本的匮乏和文化环境的不足，又与农村学校教育教学质量偏低密切相关。

2. 自我效能感

20 世纪 70 年代，美国心理学家班杜拉首次提出了自我效能感（Self-Efficacy）理论，至今该领域已经成为教育心理学重要的研究课题。学业的自我效能感是指学生在具体情境中对于完成某项学业任务的自我预期和判断，代表着学生对自我能力认可的状况。国内外研究普遍证实，自我效能感是影响学业成就的重要个人指征，正向的学业自我效能感对学业成就有推动性的预测作用，负向的学业自我效能感影响学业成就的提高。[⑥] 自我效能感通过对自我的判断分析达成实现目标的动力激发，肯定性的自我判断有益

---

① 郑磊、翁秋怡、龚欣：《学前教育与城乡初中学生的认知能力差距——基于 CEPS 数据的研究》，《社会学研究》2019 年第 3 期。

② 江求川：《家庭背景、学校质量与城乡青少年认知技能差异》，《教育与经济》2017 年第 6 期。

③ 李云森、罗良：《贫困与农村孩子的一般认知能力发展》，《劳动经济研究》2018 年第 6 期。

④ 曹连喆、方晨晨：《家庭背景、非认知能力与学生成绩的关系研究——基于中国教育追踪调查数据的分析》，《上海教育科研》2019 年第 4 期。

⑤ 朱志胜、李雅楠、宋映泉：《寄宿教育与儿童发展——来自贫困地区 137 所农村寄宿制学校的经验证据》，《教育研究》2019 年第 8 期。

⑥ David B. Feldman & Maximilian Kubota, "Hope, Self-efficacy, Optimism, and Academic Achievement: Distinguishing Constructs and Levels of Specificity in Predicting College Grade-point Average," *Learning and Individual Differences*, 2015 (37): 210-216；陈四光、余仙平、朱荣、安献丽：《初中学生情绪调控策略与学业自我效能感、学习成绩关系的研究》，《教育学术月刊》2015 年第 10 期。

于个体增强行动实施的自信心，从而产生正向的自我发展。已有的调查分析认为，我国城乡子女的自我效能感存在地域差别，这种自我效能感水平的差异影响了二者学业水平的差距。比如，有研究通过城镇中学与农村中学的调查问卷发现，城乡初中生的自我效能感存在显著差异，农村初中生因成功体验、家庭收入和父母受教育程度所产生的不利影响，其一般自我效能感明显低于城镇初中生。① 农村学生在教育过程中成功效能体验不足、家庭经济状况造成的安全感欠缺或者父母文化程度偏低导致言传身教效果不够等原因，都容易影响其学业的自我调适能力。除此之外，个别学科教学环境的城乡差异，也易导致农村孩子的学业自我效能感不足。以英语学科为例，调查分析显示，农村中学生的英语自我效能感与英语成绩有显著的正相关关系，但是他们的英语自我效能感普遍处于较低水平。② 这在很大程度上是由于农村小学英语教学基础薄弱，学校、家庭和社会都缺少语言环境和文化氛围，导致农村学生大多缺乏英语学习体验的成就感和自信心，进而影响了英语成绩的提高。

3. 学习动机

学习动机是指一种引发和维持个体学习行为，并将其指向某种学习目标的内部动力机制。研究表明，学习动机是关系到学业成败的重要因素。有学者对 22 项研究的校准样本和 18 项研究的验证样本使用方差分析和回归技术，分析了学习动机和学业成就的相关性，结果发现学业成就 11.4% 的方差是由学习动机决定的。③ 也有研究对 41 个国家 107975 名 15 岁学生进行综合分析后证实了学习动机与 PISA 数学分数的正相关关系。④ 一般来说，较强的学习动机可以激发个体学习的热情、努力程度和持久力，对其学业进程起到促进作用。同时，不同类型的学习动机产生的效用也有较大差异。学术界普遍认为由学习的兴趣、意义、价值认同所激发的内部学习动机较外界认可、激励所产生的外部学习动机更有利于保持学习过程的持久性和

---

① 廖海霞：《城乡学生自我效能感的比较研究——基于河南省两所初级中学的考察》，《教育导刊》2016 年第 5 期。

② 周珍：《农村初中生英语自我效能感的研究》，《北京教育学院学报》2015 年第 2 期。

③ M. E. Uguroglu & H. J. Walberg, "Motivation and Achievement: A Quantitative Synthesis," *American Educational Research Journal*, 1979, 16 (4): 375-389.

④ M. M. Chiu & Z. Xihua, "Family and Motivation Effects on Mathematics Achievement: Analyses of Students in 41 Countries," *Learning and Instruction*, 2008, 18 (4): 321-336.

稳定性。研究发现，我国城乡学生的学习动机呈现不大相同的特点。农村学生的学习动机强度总体弱于城市学生，主要表现为成就性动机中的竞争性、威信性动机中的社会影响、附属性动机中的个人前途和执行老师要求等因素水平均低于城市学生。[①] 农村学生的成就动机、考试焦虑、责任心和要求水平均低于城市学生。[②] 其他研究也产生了类似的结论。[③] 更为重要的是，缺乏学习需要、不当的学习归因、缺失的需要满足、消极的学习期待等一系列动力系统的失调会引发农村学生隐性辍学等严重问题。[④] 学习动机的失当可以被视为导致我国农村子女教育困境的重要隐形杀手之一，无论是学业困难还是升学无望几乎都与缺乏明确可坚持的学习目标、学习动机强度不够密切相关。

4. 学业勤奋度

学业勤奋度是指学生自觉地卷入学习任务并不懈地追求学习目标的惜时表现[⑤]，也就是人们日常所说的努力程度。无论是国内外研究还是教育教学实践都普遍证实了学业勤奋度与学业成就的高度相关性。比如，阿瑟的实证调查显示，学生的努力程度与学习成绩之间存在显著的正相关关系，父母的勤奋度支持状况会影响学生的学业勤奋度。[⑥] 国内学者雷浩等的学业勤奋度系列研究具有较强的代表性。他们编制了《中学生学业勤奋度问卷》[⑦]，用以考察高中生学业勤奋状况与学业成绩的相关性。结果发现，学业勤奋度与学业成绩存在显著正相关关系，其中时间投入、任务承诺和顽强性对学业成绩具有预测作用。家庭氛围、班级学风和班级氛围还会通过

---

① 王有智：《西北地区小学生学习动机发展特点的研究》，《心理发展与教育》2003 年第 1 期。

② 王寅枚、刘冬芳、张玉颖：《城乡小学中高年级学生学习动机的比较研究》，《上饶师范学院学报》2019 年第 5 期。

③ 陈尔胜：《学习动力评价：中小学生学习影响要素的实证研究》，《中小学心理健康教育》2019 年第 21 期。

④ 冯帮、何小凤：《学习动机视角下农村初中生隐性辍学问题研究》，《教育与教学研究》2015 年第 8 期。

⑤ 田澜、雷浩：《中学生学业勤奋度问卷的编制》，《中华行为医学与脑科学杂志》2009 年第 11 期。

⑥ C. G. Arthur, "Student Diligence and Student Diligence Support: Predictors of Academic Success," Paper presented at the Annual Meeting of the Mid-South Educational Research Association, 2002 (11): 6-8.

⑦ 雷浩、田澜、刘衍玲：《高中生学业勤奋度与学业成绩的相关研究》，《中国学校卫生》2011 年第 2 期。

学业勤奋度的中介作用对学业成绩产生间接影响。[①] 而关于城乡子女学业勤奋度的比较研究目前尚处于起步阶段，也缺乏较为一致的研究结论。雷浩等的研究认为，学业勤奋度在城乡来源与学业成绩之间起着部分间接的中介作用，即学业勤奋度是城乡结构影响学业成绩的重要内部机制。[②] 城镇高中生在"目标监控"、"时间投入"和"顽强性"维度上的平均得分显著高于农村学生，农村学生的"任务承诺"得分显著高于城镇学生。[③] 也就是说，农村学生在学习任务允诺水平上虽然得分较高，但在学习努力的目标监控、时间投入和坚持水平上总体弱于城镇学生，这似乎与农村学生更易受到学习外部情况干扰有关。需要说明的是，这项结论只是基于两所中学的调查样本得出的，由于未有更多更广泛的数据说明，无法肯定性地比较得出城乡学生努力程度的差异。

第二节　不够努力？：农村子女学业困境归因及其特征

一　农村子女学业困境的归因

为了更细致地探讨哪些因素对农村学生学业成就产生直接的、综合的影响，本书将访谈资料进行了三级编码，从校长、教师、家长和学生的多重视角分析他们对农村孩子学业困境的主要原因的看法。通过解释不同群体对农村孩子学业表现和学业障碍应对看法的差异，亦可以窥探出农村地区较为普遍的教育认知。这些认知和归因倾向往往会极大地影响各类群体参与教育获得的实践行动。通过逐级编码，发现受访者对于农村子女学业成就的归因集中于禀赋遗传驱力、学习调节驱力、学习投入驱力、学校环境驱力和家庭引导驱力五大维度。其中，禀赋遗传驱力包括脾气秉性、先天智力和遗传特征；学习调节驱力包括心理调适、学习动机、学习方法和

---

① 雷浩、刘衍玲、田澜：《家庭环境、班级环境与高中生学业成绩的关系：学业勤奋度的中介作用》，《上海教育科研》2012年第4期。

② 雷浩、刘衍玲、田澜：《家庭环境、班级环境与高中生学业成绩的关系：学业勤奋度的中介作用》，《上海教育科研》2012年第4期。

③ 雷浩、田澜、李顺雨、黄金斌：《高中生学业勤奋度的现状调查——以两所中学为例》，《教育测量与评价》（理论版）2011年第11期。

学习习惯；学习投入驱力包括学习行动和学习态度；学校环境驱力包括教师教学、校风学风、学校资源；家庭引导驱力包括亲子关系、身形示范、学习参与和学校配合（见表3-1）。

表3-1　农村子女学业困境归因三级编码示意

三级编码	二级编码	一级编码	文本示例
禀赋遗传驱力	脾气秉性	性格倾向	我性格很内向，又不习惯去问老师，然后问同学，同学有的也不会，然后就一直堆积，可能就是造成这样子
		个性懒散	我就是那种比较懒的。比如说我能用五分力考到一个相对可以的分数，就不会再想用十分力去考更高的分数
		脾气取向	怎么教好，这个感觉要看小孩子的脾气，有的小孩子可以教育的，有的不行，有的不能讲，有的讲会嫌你啰唆什么的
		潜力激发	成绩一直不理想，感觉先天的潜力还没激发出来
	先天智力	天生智商	有一个孩子，他妈妈还是当保姆，他爸爸整天在山上打猎，还考进了清华大学。这种孩子可能天生智商比较高
		天生懂事	她给我的感觉是从小就很懂事，像大人一样，我有时候都被她骂，感觉到她很有道理的这样子，她有时候都会教我们怎么做，感觉是天生的吧
		先天记忆	现在的困难就是有的时候孩子记忆力不行吧。他很想读，但他记不住，就这个很头疼，从小就这样
		天资匹配	要看各个学生的情况，如果说真的不行的话也没办法，有的资历差就不会念书。有的各个方面他有天赋，就适合读书，那些天赋实在不行的话，肯定也不会去勉强了
		天才拔尖	有一个农村学生非常出色，农村有时候会有天才，冒出来的往往都是一些天才的那种，城里的孩子更多的是靠培养
	遗传特征	基因遗传	像我们这样子文化程度家庭出来的小孩子，基因各方面肯定达不到什么研究生、博士生这样子的，不是偏见，大家学习真的要有天分，真的要靠天赋
		代际偏科	我本身就对有些科目比较怕，发现这个应该也有遗传基因，只是不知道这种偏科的遗传基因这么严重
		遗传智力	我觉得我理科方面有点遗传我爸爸，他理科会好点，要不他以前有机会上学的。他挺聪明的，所以他总说我也是聪明的
学习调节驱力	心理调适	学习心态	衡量学习，其实是衡量学习心态了，这才是考验学生真实的自我实力，就是说你如何去面对困境，如何在困境中继续前进的那种动力
		信心树立	像我们这样的农村学校，如果学生差就非常差，最主要的还是先鼓励他们的信心和提高他们的兴趣，这很关键
		挫败调适	经过成绩大滑坡之后，有的人还能把持住本心，往上冲，或者坚持住，但有些人可能会有那种挫败的心理，后面就不太去学了

续表

三级编码	二级编码	一级编码	文本示例
学习调节驱力	心理调适	心理落差	刚开始有点自负，觉得我肯定能考上，结果中考英语没发挥好，然后高一我特别不想学习，就觉得没意思了，又挺自卑的
		自卑心理	以前想过转学，不在这个地方待着，换个地方。这里太优秀了，比不过他们，好累
		自我审视	你还是要去面对，你只要相信自己的实力，真的对自己的实力有清楚的认知的话，你就不会因为一次两次考得好或考得差而去骄傲或者说气馁
	学习动机	内部动机	如果自己不愿意学的话，别人怎么教也没什么用啊，自己不愿意学那有什么用
		外部动机	我个人觉得他们（父母）不要苦口婆心，现在给我每一次考试定一下目标就好了呀，要不然每次学习都没有目标
		目标明晰	目标比较明确，这样子的学生他就有上进心
		规划实施	也有一小部分学生对自己有规划，只有一小部分，但似乎没做到，只停留在嘴巴上面
		兴趣引发	主导你的还是你的学习动机，动机最重要了，因为有了动机你就有了兴趣
		付出反馈	你付出了，然后你得到正反馈了，你才会更加愿意去付出，这就是我们学习的动力
	学习方法	理解方法	就像地理、英语，我是因为从小一直学不好，就感觉不太能够理解，好像没有找到很好的学习方法
		理解深度	经常觉得学不透，就是经常一知半解
		记忆方法	我看的书挺杂的，但记性不好，这个应该也是有方法的吧
		预习复习	我一开始的时候，很早的时候就要求孩子一定要预习，一定要预习
		认知速度	那个原有的认知水平，他没有达到初一学生该有的一个认知水平，所以说他理解的速度的快慢可能就有差异
		信息收集	他们好像不太清楚怎么补充自己需要的学习资料
		组织策略	老师教的一些方法我都不会用，总结、概括、分类什么的，实际用起来好难
	学习习惯	常规习惯	如果保持一个良好的学习习惯，成绩肯定是不会差的。我们很多孩子会出现比如说作业忘做、不做、抄袭、没有计划性等情况，体现了这部分学生学习习惯很不好
		时间统筹	他们好像一直都是拖着写作业，作业到很后面才想起来，有时拖到后面就都没有做
		思考反思	都没有去思考的，考试没考好也没有去想问题出在哪
		交流习惯	有时上课听不懂，跟不上，我也不知道该怎么办，家里也不懂，也不好意思去问别人
		抗干扰力	有些孩子学习习惯很不好，有点什么事就没办法专心学习了，写个作业也是边写边玩

三级编码	二级编码	一级编码	文本示例
学习投入驱力	学习行动	学习参与	我觉得我不够努力，顶多老师布置的作业完成一下，课外的那些很少去做
		学习专注	学习成绩主要看个人努力，要专注，你要有那种这道题一定要做出来的决心
		学习持续	自己曾经想过，就比如说这一整周下来上课不走神，专心听，每天英语按时背，然后坚持了一半，周五晚上实在坚持不下去了，然后就放弃了
	学习态度	价值判断	我说你怎么考得这么差，他一副无所谓的态度，这样能学好才奇怪
		学习兴趣	他现在已经不爱学习了
		学习心态	她就没有把心放在那，现在班主任也跟我们说，她心很飘，不能静下来
		自主意识	没有很自觉的主动性，还是比较被动，老师教什么就学什么
学校环境驱力	教师教学	教师态度	老师觉得他有潜力，就会多关注一些，成绩也会帮着提一些
		教师付出	我觉得我女儿现在成绩还不错，跟学校的教育、老师的努力付出是分不开的
		教学水平	我们有的老师教得不好，水平不行，或者他的行为方式和教育我们的方式让我很难接受
		教学风格	有的老师讲得挺搞笑，然后能听进去，有一些没有，就挺乏味
	校风学风	校园文化	学校从长期看能做的就是有好的校风、好的校园文化
		学习氛围	班级里面，这个氛围很重要，学生总体的学习氛围，比如说他到班上发现大家都在念书，他一个人也不敢在那里玩了
		师生关系	你要想让学生学好，首先要对学生有亲和力，通过沟通，学生跟你好了，他就会自然而然地想学你的学科，所以目前最关键的还是跟学生打成一片，先加深他们跟老师之间的融合，然后再去沟通
	学校资源	生源质量	你的学生和生源，总体质量没那么好，再怎么努力，就是没有一个好的结果
		硬件环境	学校应该给孩子们提供一个好的学习环境，有起码的物质基础和教学资源之类的
		学习资源	对于学业上有偏差的学生，学校没有出台一些措施，比如针对这些学生利用业余的时间免费给他们补一补，推一推
		管理机制	学校要设立一些激励机制，比如对于这些进步的学生，你怎么表扬怎么激励

三级编码	二级编码	一级编码	文本示例
家庭引导驱力	亲子关系	沟通障碍	小孩子回去说不上三句话就把门关起来了,他就是不愿意跟父母亲沟通
		沟通内容	可能父母亲问的话题也比较单一,最近有没有考试什么的,他不会说从小孩子的生活侧面去了解,然后再了解他的学习,他就是很直接的那种"考试成绩拿来"
		沟通态度	有时候他脾气坏起来我也很暴,就跟他对着干
		沟通频率	我们农村那边父母亲跟小孩子沟通得比较少,都是老人在带(小孩子),影响小孩子的思维各方面的,好像都是跟老一辈很像。这样小孩子长大之后,总感觉他们好像各方面素质很差
		沟通方法	可能是家中沟通不来,因为他和我们的想法(不同),他的想法还是很单纯的。有的比你读得更好,或者是(接触到)比你更广的东西,你没办法接触的。再就是我们说他就嫌弃我们啰唆
		情感联结	最大的问题就是父母亲的陪伴太少了。天天看不到母亲,或者说父母亲没有及时地发现一些事情,没有及时地给予关爱,他就感觉心里空虚,压力挺大
	身形示范	家庭氛围	小时候他们经常会吵架,妈妈会哭,然后那时候妈妈还走了,我就带着我弟弟在家里面,就感觉很孤独无助
		言谈举止	父母平时的生活习惯、举止言行真的很重要。孩子就像父母的翻版。反正父母平时怎么样,孩子就好像自然而然地会遗传你的这些东西,好像去效仿你的这些东西,会有很大影响的感觉
		学习示范	小的时候非常重要,可能要父母先养成自己的一些行为习惯,比如多看书这类的
		兄姐带动	自觉感就一个比一个嘛,他看见他姐姐在读,他也去读啊,今天你考试考回来,你是第几名。就像上次我儿子成绩稍微低一点,老大就开始打电话给他弟弟了,就开始说弟弟,你要好好学习什么的,好像一个跟一个有表率作用
	学习参与	时间管理	我会给他制定时间表啊。比如说休息时间、写作业时间,再比如说周六周天,把作业写完就可以玩了。然后手机是完全不能玩
		习惯培养	很多在家里不仅没有养成好习惯,还有一堆的坏习惯带到学校里来
		健康保障	初中跟高中是小孩子长身体最关键的时候,身体好才有好的体力和精力去学习
		学习关注	现在家长大部分不好好配合,他在家里做自己的事,甚至去打麻将什么的,对孩子的管教很少,你要叫他配合他说我没办法,回到家就给他吃一下,其他学习上没有怎么关心,基本帮不上
		教养方式	这里很多要么是爷爷奶奶带,要么就是寄宿生。我觉得父母亲不在身边,这个差别是很大的。你像那些医生、教师子女,主要就是父母亲人在跟着,然后有引导

三级编码	二级编码	一级编码	文本示例
家庭引导驱力	学习参与	教育投资	经济也会有影响，比如说像城里的孩子，他有地方查缺补漏，他父母亲只要肯投入肯配合，他可以弥补一些；农村的孩子，家里很难做到这一点，经济条件没那么好，也没有这个思想
		目标树立	我经常跟小孩讲，你自己定一个目标，有个大概方向，不能太简单，你自己还是要努力一下，往好的这个目标去努力一下
		课业辅导	我们算乡下，自己文化也有限，像我可能是小学会辅导他一点，到初中高中我们就没有了
		娱乐控制	他说买手机用来上网课都是骗人的啊，没有多大效果，父母又不在身边没办法监督。现在的手机功能太多了，他们自制力本身就有限
		激励鼓励	如果基础很差，家庭又没有什么激励，也没有对小孩子进行鼓励，小孩子自己也觉得我学不学无所谓，这种可能就滞后一些了
		教育能力	我们这边的家长，这一块水平有限，有的想帮不知道怎么办。有的想为孩子做一些事情他也不知道怎么做
	学校配合	信息了解	我家针对我在学校里面的表现和老师联系基本是没有的，我在学校里面的课程是什么，初三的时候去掉了哪些课程，他们都不知道。比如说每个月一次月考，他们有时候也不知道
		目标统一	我们这边留守的比较多，家长这边也要经常跟孩子做好沟通，跟学校这边做好沟通，给孩子定一些目标，让他们去努力去拼搏，考上好的大学
		联系频次	有的家长连基本的家长会都不来，就说没时间，忙着上班忙着摆摊什么的
		配合能力	其实有的时候妈妈也很想和老师沟通，但她自己也不知道怎么去和老师沟通
		距离障碍	有的父母都在外面打工，我们要跟他们交流一下孩子的情况，有些事情没办法跟爷爷奶奶交流沟通，然后他们都在外面了，他们也很想过来，但没办法
		问题配合	我们可能还是比较欠缺家长的帮助，有的东西单靠学校没办法解决
		学业督促	比如说我们学生，他有的作业带回去家长可以监督，但很多请家长监督一下都做不到，我们就没有办法了

二　农村子女学业困境的归因特征分析

在对访谈资料进行编码和分析的过程中，本书发现，不同主体之间、不同类别因素之间显现出农村群体对于学业成就影响因素的共识和分歧，表现出明显的自我概念与社会环境认知相结合的倾向。

1. 个体归因高于情境归因

面对"学习好不好的主要原因是什么"这样的问题，大多数人的自然反应是将其视为个体性差异而非环境性或群体性问题。作为学业实施的主体，农村学生是第一责任人。从感性认知的角度来看，在相似的农村社会环境中，不同学生的学业成就存在较大差距，其根本源自学生自身，如天资不足或学习内驱力不够。农村学生大多表示，自己的学习成绩受"性格懒散""毅力不足""方法不对""做事拖拉""没有兴趣"等影响，主要受制于学习投入驱力和学习调节驱力的影响。农村家长则将原因主要归结于孩子学习努力程度和学习态度，较少关注学习方法等学习调节驱力的作用。部分家长认为成绩一直提不上去就是因为孩子"不好好学习"，并没有注意到孩子学习过程中遇到的心理、方法和习惯上的障碍，也未深究孩子学业兴趣缺失和学习动力下降背后的原因。农村学校教师对学生的主体性评估相对综合，普遍认同天赋性格、学习投入和学习调节所造成的个体差异，特别是对学生的心理调适、学习动机、学习方法和学习习惯等重要的过程因素有较为细致的分解，表现出教师职业的专业性。总体来看，受访者对农村学生成绩的个体归因高于情境归因的逻辑基本符合内因为主、外因为辅的辩证关系。

2. 主体身份归因的边界区隔

尽管不同受访群体有个体归因的基本共识，但对于个体归因的内部结构以及情境归因的主次结构仍存在较明显的边界区隔。作为实施主体的农村学生更倾向于从自身找原因，部分会从学校环境，特别是教师态度、教学风格和能力的角度进行归因，极少认为家庭或父母影响了自己的学习状况。农村家长也有类似倾向，他们将学业成就视为学校场域教育活动的结局，因此孩子、教师与学校应为其负主要责任。农村学校校长和教师虽然认同自身的责任，但更明确地将农村学生的学业不良追踪到家庭的教育断层，详细地指明当前农村家庭教育的诸多问题。这种家庭与学校之间形成的微妙对抗和不平衡一方面显示出农村家长对学校教育的过度依赖以及学校教师对农村家庭教育的不信赖和不满足，另一方面也容易导致家庭与学校之间对学业成就责任的相互推诿。

主体身份归因的不同还反映在社会经济文化背景相异的农村家长之间

存在边界区隔。经济条件较好、受教育程度较高的农村父母会更多地将孩子的学业成就归因在自身，更容易认同家庭环境，特别是父母参与子女学习过程的正面效应，与教师沟通配合的积极性也更高。基础阶层的农村父母在仰赖学校教育的同时，家庭教育的意识还大多停留在生活保障和道德指引等层面。有学者指出，低阶层群体的社会认知会有情境主义的倾向，他们的行为一直受到外部结构性因素或期望因素的影响，使其形成一种用于解释个人行为的特定的社会认知模型。[①] 这些基础阶层的农村父母出于自身能力和周围环境的考量，倾向于将自身的学业参与排除在外，导致家庭引导驱力不足。

3. 天赋决定论的空间残留

在受访对象的归因意识中，有一种天赋、遗传、秉性等非控制性、非选择性因素决定学业成就高低的论调。从目前生理学和心理学的研究来看，毋庸置疑，个体之间存在由遗传导致的某些天赋差异，并且这些差异会对个体成长、教育成就和职业发展产生作用。但这种先天基因或遗传特质发挥作用的空间几何是充满争议的。对于普罗大众来说，禀赋遗传驱力对于学业成就的影响必须谨慎视之。从调研情况来看，农村地区天赋决定论依然拥有不少受众，不仅包括家长与学生本人，也不乏校长和教师。不少家长、学生、教师将学业不良归为"太笨""天资不足""智商不高""基因不好"，甚至将"没有自觉性""个性懒散""心理素质差"都归为先天禀赋的缺失。这些标签常常会映射到学生的学习实践和家长、教师的教育参与过程中并生成负面效应。韦纳的归因理论认为，人们的学业成就归因会影响其对未来学习行为的期望、情绪和努力程度。[②] 一旦以天赋作为主导视角来解释学业成就的获得，将极大地制约农村教育的认识和实践。学生如果将学业失败归于先天遗传这类内部稳定性因素，会产生自卑、羞耻、无助等负面情感，进而产生努力无用的教育放弃；家长如果秉持天赋决定论，会引发教育需求下降和家庭教育行动滞后；教师如果为学生贴上各种天赋性标签，在实践教育教学中会自觉不自觉地产生刻板印象和思维定式。这

---

① M. W. Kraus & N. M. Stephens, "A Road Map for an Emerging Psychology of Social Class," *Social & Personality Psychology Compass*, 2012, 6 (9): 642-656.

② B. Weiner, "An Attributional Theory of Achievement Motivation and Emotion," *Psychological Review*, 1985 (92): 548-573.

种天赋决定论本质上不利于农村子女的长远发展，实际上抹杀了个体后天努力的重要性和多主体教育作用的发挥，这种论调在农村相对封闭保守的文化土壤中弊病尤甚。

4. 自致高于先赋的教育努力

尽管受访者多多少少能够感受到农村孩子受教育过程中的各种背景规制和环境不利，但其具体印记是感性且模糊的。教师受访者通常能够通过对比发现城乡之间、不同职业阶层之间孩子综合素质、学业成就或教育机会的微妙差异，但大多数农村家长及其子女的特权归因倾向并不明显。他们对于教育资源和高等教育机会分配的公平感首先建立在自我天赋及后天努力程度的基础上，其次才是对城乡地区和家庭背景分配不均的哀叹和批判。农村家庭普遍存在自致高于先赋的教育态度。也就是说，尽管教育环境不利是客观存在的，但"不认命"的自致努力才是突破阶层性的不二法门。这种能动性的主体归因使得大多数农村家长仍然对子女的教育前途充满期望，并推动着他们对子女学业进程的关注和督促；农村孩子也会燃起教育改变命运的学习动力，通过勤奋刻苦来实现自己的高等教育目标。自致性的价值认知对于促进农村地区教育性的向上流动，打破社会结构的文化再生产无疑具有积极的意义。但需要注意的是，农村家庭的学业归因倾向是脆弱而易变的。如果父母将教育的成功仅仅寄托于子女的自省、懂事、开窍而没有更有效的保障性手段，当孩子缺乏良好的调节手段和外部支持而茫然投身于学业竞争时，一旦学业进程面临障碍、波动或者中断，农村家庭往往就会将这些不尽如人意的教育结局片面地归结于学生个体，并加剧社会结构与无效教养行为对农村子女学业发展的不良影响。因此，自致高于先赋的归因风格对学业成就呈现积极还是消极影响主要源自农村父母及其子女的教育行动，这一行动在实践中呈现迥异的现实图景。第四章将对这一问题进行详细分析。

第三节　高等教育获得的先赋与自致：兼论农村儿童的早期家庭教育

"你认为什么影响着人们能否上大学？"这对于大多数受访者来说是个不言而喻的问题。"好好学习，有个好成绩才能上大学"几乎是标准答案。

但在研究者们看来，答案并非如此简单。努力学习就会有好成绩吗？从第二节的分析来看，问题的答案十分复杂。大量的研究发现，除了个人的后天努力，还有许多先赋性因素影响着高等教育机会的获得。那么究竟是哪种因素的影响更大呢？学术界的研究和争论从未停歇过。

一　高等教育获得的先赋性与自致性因素：国际的视角

谈到高等教育地位获得，应该追溯至当代最有影响力的地位获得研究——美国社会学家布劳、邓肯 1967 年发表的著作《美国职业结构》。[①] 他们运用两个核心概念考察了地位获得的影响因素，即先赋性因素和自致性因素。其中将父亲受教育程度和职业作为先赋性因素，以个人受教育程度、初职和现职地位作为自致性因素调查了美国男性公民职业地位获得的因果联系，结果发现虽然地位获得受制于先赋性因素，但更多的是由个人受教育程度这一自致性因素来解释。他们认为，越是流动性开放的社会，先赋性因素对地位获得的影响程度越低，自致性因素的影响程度越高。布劳、邓肯的"地位获得模型"开创了社会分层与流动研究的新起点，影响了一大批国际学者的研究视野，地位获得研究的广度和深度得以不断拓展，理论与方法也得到了进一步修正。同时，人们注意到被视为地位获得自致性因素的个人受教育程度实际上也受到先赋性因素的影响，而并非完全是靠后天的努力和经历所获得的个人特征。这也引发了更多学者对教育地位获得研究的兴趣。鉴于高等教育在整个教育系统中的顶端地位和衍生力量，人们更多地将兴趣投向先赋性因素和自致性因素对高等教育获得的影响。

对先赋性因素和自致性因素的看重源自将宏大的社会结构与个人成长生活的微观世界相联结的社会分层理论，也就是人们在多大程度上受制于社会结构的影响，又在多大程度上发挥个人的能动作用。高等教育被普遍视为促进社会流动、增强社会结构开放性的重要手段。但越来越多的研究发现这种看似通过个人后天努力而获得的禀赋性教育地位实际上也深受社会结构所限，即先赋性因素的影响。大部分研究已经证实了先赋性因素对高等教育获得的影响是阶层再生产重要的中介机制。

---

① Peter M. Blau & Otis Dudley Duncan, *The American Occupational Structure* (New York: Wiley, 1967).

布迪厄等人尖锐地提出，教育是隐蔽在资本主义权力、阶层、不平等之下的最重要机制，是阶层再生产的领域，是维持不平等的无形工具。布迪厄通过对比发现，1961~1962年，专业人员和高级职员子女的大学入学概率能够达到27%，而劳动阶层子女进入大学的机会只有6%，二者的差距在名牌大学中表现得更为明显。① 布迪厄在书中写道："人们在接受高等教育的机会当中看到了一种选择的结果。这种选择贯穿于整个学习期间，对社会出身不同的学生的宽严程度极不平等。对社会地位最低的阶级来说，简直就是淘汰。"② 布迪厄通过文化资本概念的引入不仅剖析了家庭文化背景如何对低阶层子女获得高等教育机会产生不利影响，还揭露出学校教育在这一过程中与中上阶层的"共谋"。除了高等学校存在层级筛选以外，大学的专业也受到隐性的文化因素影响。因为布迪厄发现，除了家庭经济收入的差异以外，"'自由'文化这一在大学某些专业取得成功的隐蔽条件，在不同出身的大学生之间的分配是很不平均的"③。教育社会学家伯恩斯坦则从符码角度解释了教育的不平等，不同家庭背景的儿童从小发展出了系统性、逻辑性、文学性和修养性各异的语言系统，劳工家庭出身的儿童持有的限制型语言符码很难在学校的精致型语言符码中顺利适应，产生了更多的学习障碍继而导致阶层不平等的传递。④ 有关家庭文化资本的教育制约请参见第四章相关内容。

在实证研究方面，各国自20世纪中后期都增加了家庭背景对学业成就与教育获得的影响的相关研究。如美国的《科尔曼报告》发现，造成黑人学生学业成就低的原因，主要不是学校物质条件，而是学生的家庭社会经济背景。⑤ 同时期发布的英国《普洛登报告》⑥ 以及联合国教科文组织关于

---

① P. 布尔迪约、J.-C. 帕斯隆：《继承人——大学生与文化》，刑克超译，商务印书馆，2002，第59页。

② P. 布尔迪约、J.-C. 帕斯隆：《继承人——大学生与文化》，刑克超译，商务印书馆，2002，第5页。

③ P. 布尔迪约、J.-C. 帕斯隆：《继承人——大学生与文化》，刑克超译，商务印书馆，2002，第20页。

④ 巴兹尔·伯恩斯坦：《教育、符号控制与认同》，王小凤等译，中国人民大学出版社，2016。

⑤ James S. Coleman et al., *Equality of Educational Opportunity* (Washington, DC: Government Printing Office, 1966), p.1.

⑥ Department of Education and Science, *Children and Their Primary Schools: A Report of the Central Advisory Council for Education* (London, 1967).

各国学生学业成就差异的一系列报告等在国际上产生了广泛影响，人们开始愈加关注如何通过降低家庭背景等先赋性因素的不利影响，使弱势群体的学业成就有所提高，促进教育机会的公平和均等。

各国学者纷纷根据本国情况开展了更为深入的验证性研究和拓展性研究，结论也因样本和方法各异而不同。比如，海尼曼在1976年将乌干达与美国、英国、西欧等国家和地区进行对比后发现，在工业化程度较低的社会中，家庭社会经济地位对学生学业成就的影响比预期要小。[1] 海尼曼和洛克斯利1983年研究了非洲、亚洲、拉丁美洲和中东国家的情况，发现越是低收入国家，家庭社会经济地位对学生学业成就的影响越弱，学校和教师质量对学业成就的影响越大。[2] 而布克曼和汉纳姆对非洲、亚洲和拉丁美洲的研究发现，发展中国家家庭背景与教育获得之间的关系呈现与发达国家类似的特征。[3] 卞宋勇和帕克通过对韩国九年级学生的纵向调查发现，学术性高中和四年制大学的入学机会存在显著的家庭社会经济背景差异。[4]

此外，还有一些研究着眼于教育政策变化或教育规模扩张之后高等教育机会的家庭背景差异情况。如拉夫特瑞和霍特分析了教育转型过程中社会出身对爱尔兰1908~1956年出生群体影响的变化。结果表明，受教育程度的整体阶层差异有所下降，但阶层障碍并未消除，除非上层阶级的教育需求达到饱和才有可能将教育机会让渡给下层阶级，这也就是"最大化维持不平等"假设。[5] 此后，卢卡斯对该假设进行了批评，认为即便上层阶级的教育需求达到饱和，教育不平等仍会以新的有效方式维持着，比如通过更高教育质量的优势继续维持上层阶级的优势，这也就是"有效维持不平

① Stephen P. Heyneman., "Influences on Academic Achievement: A Comparison of Results from Uganda and More Industrialized Societies," *Sociology of Education*, 1976, 49 (3): 200-211.

② Stephen P. Heyneman & William A. Loxley, "The Effect of Primary-School Quality on Academic Achievement Across Twenty-nine High-and Low-Income Countries," *American Journal of Sociology*, 1983, 88 (6): 1162-1194.

③ Claudia Buchmann & Emily Hannum, "Education and Stratification in Developing Countries: A Review of Theories and Research," *Annual Review of Sociology*, 2001, 27 (1): 77-102.

④ Soo-yong Byun & Hyunjoon Park, "When Different Types of Education Matter: Effectively Maintained Inequality of Educational Opportunity in Korea," *American Behavioral Scientist*, 2017, 61 (1): 94-113.

⑤ A. E. Raftery & M. Hout, "Maximally Maintained Inequality: Expansion, Reform, and Opportunity in Irish Education, 1921-75," *Sociology of Education*, 1993, 66 (1): 41-62.

等"假设。① 以上着重于验证家庭出身、所处阶层、社会经济地位等先赋性因素对学业成就和教育获得影响的研究长期处于教育社会学的主流地位。这类研究普遍揭示了社会结构对人们接受教育的过程与结果的干预甚至控制作用，但其是否起决定性作用还存在较大争议。

尽管人们总是或多或少受家庭和阶层状况影响，但人的主体能动性总是在尝试不断破除各种禁锢。有关自致性因素与高等教育获得的关系研究较有影响的理论流派有生命历程理论和理性选择理论。梅尔在对一份1973年职业变化调查数据进行分析时发现，从小学到大学，父母的社会经济背景影响急剧下降，父母收入对学业进步的影响下降了50%以上，家庭背景对学习表现的影响也在不断降低。他将其归因为那些处于不利地位的学生已经在早期教育中被筛选出去，使得筛选后的学生在能力和家庭背景方面差异变小。② 这种筛选式假设未能获得生命历程理论家的赞同。缪勒和卡尔从生命历程变化的视角分析了越高的教育阶段受制于家庭经济背景越少的现象。他们认为父母和子女关系的变化是最根本的原因，即随着子女的成长和日渐独立，子女受制于家庭社会经济关系的可能性变小，子女更倾向于自己控制教育行为和制定教育决策。③ 也就是说，随着子女成长和独立性的提高，家庭出身的影响不断降低，主体能动性在接受教育和教育选择的过程中发挥着更大的作用。

另一个有名的解释理论则是理性选择理论。前文提到过，发端于亚当·斯密理性行动理论的理性选择理论在美国学者科尔曼的加工统整下成为社会学的重要理论之一。科尔曼从"理性人"出发，借用经济学的"合理性"概念作为行动者进行有目的的行动的基础，认为行动者会通过寻找符合自身利益最大化的目标和价值进行策略性的选择与行动。④ 有研究认为个体及

---

① S. R. Lucas, "Effectively Maintained Inequality: Education Transitions, Track Mobility, and Social Background Effects," *American Journal of Sociology*, 2001, 106 (6): 1642-1690.

② Robert D. Mare, "Social Background and School Continuation Decisions," *Journal of the American Statistical Association*, 1980, 75 (370): 295-305; Robert D. Mare, "Change and Stability in Educational Stratification," *American Sociological Review*, 1981, 46 (1): 72-87.

③ Walter Müller & Wolfgang Karle, "Social Selection in Educational Systems in Europe," *European Sociological Review*, 1993, 9 (1): 1-23.

④ 詹姆斯·S. 科尔曼：《社会理论的基础》，邓方译，社会科学文献出版社，1999，第22~23页。

其家庭对教育的参与表现为一种理性行为，他们会根据对教育成本和收益的评估以及感知到的成功可能性，进行不同的教育抉择。① 这种理性选择的参考要素既包括教育参与的直接成本（如学费、生活费），又包括晋级教育的可能性和完成下一级教育可能带来的预期收益。

从已有研究可以看出，先赋性因素和自致性因素在学业成就和教育获得的影响过程中都发挥着重要作用。一般认为，流动性较差的社会中，人们容易受制于环境的禁锢而形成教育的阶层固化；反之，在开放性良好的社会中，人们容易克服家庭背景的不利影响而获得教育成功，而这种成功主要是依靠自致性因素实现的。那么，在中国的特殊情境下，二者具体发挥的作用效果又是如何的呢？

二　高等教育获得的先赋性与自致性因素：国内的视角

改革开放以后，随着我国经济转型和社会变迁的加剧，包括高等教育获得在内的资源分配问题引发了国内学者的关注，人们开始思考我国不同发展阶段下高等教育获得背后的力量博弈，特别是从社会分层与流动的视角来考察先赋性因素和自致性因素在其中的作用。其中两个区段的对比最为突出，一个是改革开放前后的对比，另一个是 1999 年高校大规模扩招前后的对比。这些研究中李春玲的一系列论文很有代表性，她较全面地考察了 1940~2010 年中国教育机会变化背后的制度因素和家庭背景因素。在 2003 年的文章中，她认为 1978 年以前中国的教育机会分配从一种极度不平等的状态向着平等化的方向演变，而 1978 年之后教育机会分配的不平等程度逐步加深，家庭背景及制度因素对教育获得的影响不断增大。② 在 2010 年的文章中，她重点考察了大学扩招政策实施以后高等教育机会差距的变化，认为扩招不仅没有缩小阶层、民族和性别之间的教育机会差距，反而导致了城乡之间的教育不平等加剧。③ 2014 年的文章通过数据的补充和修正再次考察了城乡教

---

① R. Breen & J. H. Goldthorpe, "Explaining Educational Differentials Towards a Formal Rational Action Theory," *Rationality & Society*, 1997, 9 (3): 275-305.

② 李春玲：《社会政治变迁与教育机会不平等——家庭背景及制度因素对教育获得的影响（1940-2001）》，《中国社会科学》2003 年第 3 期。

③ 李春玲：《高等教育扩张与教育机会不平等——高校扩招的平等化效应考查》，《社会学研究》2010 年第 3 期。

育机会的变化状况，发现城乡教育机会的分层加剧主要在于高中及其他高级中等教育阶段，其次是大学阶段，结论符合再生产理论假设。[①]

此外，刘精明、李煜等人也都对不同升学阶段的教育机会变化情况进行了先赋性因素的实证分析。比如，刘精明对 1978～2003 年的高等教育机会变化进行考察后发现，优势阶层在大学本科教育方面的机会优势成倍增加。[②] 其另一项研究发现内生性家庭资源差异导致的教育不平等持久而稳定地增长，外依性家庭资源差异受社会结构变化和政策干预的影响则可能下降也可能被强化。[③] 有研究者提出，我国的城乡户籍制度、划片入学规定、分地区招生制度等都通过制度性设置而限制了不同群体的教育机会，并使得个体很难能动性地突破这一限制，唯有一个国家或地区教育制度发生变迁时，不同社会经济地位群体对教育机会的占有情况才会发生明显变化。[④]

随着高等教育规模的扩大和社会对教育公平问题的关注度提高，学术界对城乡结构、区域分布、父母职业、家庭社会经济背景等先赋性因素的影响性考察进入了井喷期。大量的文章和调查研究分析了当前中国的高等教育资源分配的均等化状况及先赋性因素对其施加的影响。这些研究奠定了高等教育社会学分析的重要基础，但同时存在两方面缺陷。一是对先赋性因素的过度强调和对自致性因素研究的忽视，导致教育政策调整的无力感加强；二是对影响结果的分析过于集中和对过程机制研究的忽视，导致教育机会均等化路径的统整性和可操作性不足。

针对这些问题，近年来学术界开始逐渐重视自致性因素的能动作用，更加细致地分析先赋性因素影响高等教育获得的过程机制，并尝试将研究结果用于指导实践。比如，余秀兰和韩燕通过对寒门出身大学生的质性访谈分析不利背景子女获得教育成功的原因，认为激发寒门特征的文化资本——改变命运的内驱力对于他们突破教育的阶层限制发挥了重要作用。[⑤]

① 李春玲：《教育不平等的年代变化趋势（1940-2010）——对城乡教育机会不平等的再考察》，《社会学研究》2014 年第 2 期。
② 刘精明：《高等教育扩展与入学机会差异：1978～2003》，《社会》2006 年第 3 期。
③ 刘精明：《中国基础教育领域中的机会不平等及其变化》，《中国社会科学》2008 年第 5 期。
④ 李煜：《制度变迁与教育不平等的产生机制——中国城市子女的教育获得（1966—2003）》，《中国社会科学》2006 年第 4 期。
⑤ 余秀兰、韩燕：《寒门如何出"贵子"——基于文化资本视角的阶层突破》，《高等教育研究》2018 年第 2 期。

吴秋翔和崔盛分析首都大学生从入学、大学期间再到毕业时的变化，通过城乡比较探讨了农村学生如何凭借勤勉踏实的态度、更多的努力投入、积累的人力资本等自致性因素弥补了家庭背景上的劣势取得了大学入学和就业的成功。[1] 李飞和杜云素对出身重点大学的高学业成就农村青年进行了自传式质性研究，发现原生家庭的资源匮乏致使农家子弟的求学史充满苦难体验，但也激发了农家子弟与命运抗争、追求自我实现的主体性，不同阶段的农家子弟所受到的社会结构性制约随着社会变迁而有所不同。[2]

加强过程机制和自致性因素的相关研究能够为城乡高等教育机会均等化实践提供更富针对性和系统性的方案，确立先赋性因素与自致性因素的对立统一是高等教育获得研究的必然趋势。

三　先赋性因素和自致性因素的交织

当我们将先赋性因素与自致性因素划分来论述时，并不意味着二者在理论与现实中也一定存在明确的划分。在学术研究中，先赋性因素和自致性因素并不是截然不变、泾渭分明的两套系统。在普遍的地位获得研究中，如职业地位获得、住房获得等，人们倾向于将个体的教育状况视为自致性因素，认为教育状况代表着个体后天习得的一种能力，学历文凭则是衡量这种能力的指向性标签。但教育状况本身，如大学文凭的获得亦是通过先赋性因素和自致性因素相互配合才获得的结果。这时，教育状况就不能再被视为单纯的自致性因素，而成为一种特殊性先赋因素。"特殊性先赋因素指在某些社会背景或文化环境下可能变成自致能力的先赋因素，那些在任何社会背景或文化环境下都是先天就有的因素就是普遍性先赋因素。"[3] 由此可见，二者在一定条件下是可以相互转化的，即所谓"先赋转化成的自致"和"自致背后的先赋"。

当我们将视角放到鲜活的教育生活中时，也总能发现个体经验和群体调查的不相匹配。比如，不少天资聪颖和勤奋刻苦的年轻人突破原生家庭

---

① 吴秋翔、崔盛：《鲤鱼跃龙门：农村学生的大学"逆袭"之路——基于首都大学生成长跟踪调查的实证研究》，《华东师范大学学报》（教育科学版）2019年第1期。

② 李飞、杜云素：《资源约束下的苦难与超越：高学业成就农村青年的求学史分析》，《中国青年研究》2019年第7期。

③ 李强：《社会分层与贫富差别》，鹭江出版社，2000，第256~270页。

的束缚实现了教育的晋升和职业的向上流动，也有不需要付出太多个体努力仅靠先赋的优势达到高学历的"富二代"。先赋性因素和自致性因素在个体的高等教育追逐过程中究竟哪个更为重要，这是很难说清楚的，因为二者往往是动态地交织作用在一起的。但如前所述，目前大规模的实证调查基本可以确定，高等教育获得背后隐藏着一股顽强的牵引力，人们总是或多或少地被"局限"在社会结构的网格中。这张网格既可能是个体的家庭背景、阶层分布等微观结构，又可能是政策制度、历史文化、社会变迁等宏观结构。只是农村子女日常更容易感知到的是自致性因素的欠缺，比如成绩不佳时倾向于进行自我归因，如不够努力刻苦、学习方法不够得当、能力有限等，较少将其归结为家庭的先赋性因素影响。相比之下，城市中上阶层子女更容易发现家庭先赋优势带来的益处，如父母的重视、家庭教育资源的充盈、关系网络的动员、学校选择的重要性等。在考试文化的作用下，无论是城市子女还是农村子女都需要发挥自致力量与家庭教育运作形成合力来实现教育晋级。只是在家庭教育资源有限甚至有负向影响的情况下，农村子女需要加倍勤勉努力博取教育成功，而城市中上阶层子女在依靠自身努力无法获得好的学业成就或者升学困难时，家庭依然能够发挥补充性甚至主导性作用，这都是先赋性因素和自致性因素相互弥补的过程。

先赋优势和自致努力虽然是可以相互弥补的，但在流动的开放型社会中，平等的努力起点总是被大多数人所期望的。当先赋性因素在高等教育获得的过程中扮演了过多角色时，人们对"上大学改变命运"的期望就容易落空，高等教育对于代际流动产生的正面效应就会削弱。在一个即使加倍努力亦得不到多少改变的系统中，社会慢慢僵化乃至退化，社会进步更无从谈起，因此国家、政府、学校乃至社会必须付出努力来干预先赋性因素的影响力，尤其要降低其对高等教育获得的影响力，因为高等教育是牵一发而动全身的中介环节。

四 高等教育获得的自致性因素与农村家庭的早期教育

"我们都尽力了，孩子不肯学我们有什么办法？""别人家的孩子学习都能坐得住，我家这个天生就这样。""我们什么都没管她，她自己就学得很好，每天按时写作业，从来没操心过。"这些访谈过程中经常听到的声音反映出农村家长较为普遍的一种心态，即"爱学习的孩子自己就可以学得很好，不爱学习的孩子逼他也没什么用"，这实际上是将学业成就归于孩子天生的智力、自觉性或主动性。不可否认的是，每个个体在教育过程中总会受到先天智力、气质倾向等普遍的先赋性因素的影响，与当前学校教育制度相匹配的孩子能够更快地适应学校生活并获得更好的学业表现。但美国心理学家班杜拉提出的社会学习理论认为，个体的学习是个体与环境相互作用的结果。学习态度、学习品格、学习行为等更多的是与后天的家庭社会影响密切相关，特别是与农村儿童早期的教育环境密不可分。前面我们探讨了高等教育获得的先赋性因素和自致性因素的关系，是要说明农村家庭在子女教育过程中的自致环节应当发挥更积极的作用。一方面，农村子女的学习动机、学习动力、教育需求等学习心理需要家庭、学校、社会的引导和配合，父母的期望及其现实转化直接影响着子女的学习态度和学习行为；另一方面，农村子女的学习习惯、学习方法和能力素质等需要从小到大长期的重视、调整和累积，这亟待农村家长的早期干预和培养。

在调研中我们发现，农村家庭对子女的早期教育，特别是学前教育重视不足。高等教育获得是从小学到中学学业成就不断筛选竞争后的结果。这在很大程度上是从孩子是否对未来学业发展做好充足准备开始的。现实的情况是，我国农村幼儿的家庭教育和学前教育处于十分滞后的状态。入学准备对于孩子的学业成功甚至长远的职场表现等诸多方面均具有奠基作用。[1] 一般认为，孩子基本的入学准备包括身体和运动发展、情绪和社会性发展、学习品质、语言发展、认知和一般知识基础五大方面。[2] 已有大量研究发现，家庭背景不利的孩子早期从家庭获取的教育支持不足，会直接影响孩子后期的学业表现。比如克列巴诺夫等发现，家庭经济环境与子女3岁的发育测试分数显著相关。[3] 还有一系列研究表明，贫困家庭的孩子由于早期教育准备不足，更易出现诸如认知水平偏低、早期学业发展不顺、社会

[1] M. Boivin & K. L. Bierman, *Promoting School Readiness and Early Learning* (United States: Guilford Publications, 2013), pp. 3-14.

[2] S. L. Kagan, E. Moore, & S. Bredekam, *Reconsidering Children's Early Development and Learning: Toward Common Views and Vocabulary* (Washington, DC: National Education Goals Panel, 1995), p. 3.

[3] P. K. Klebanov, J. Brook-Gunn, C. McCarton, & M. C. McCormick, "The Contribution of Neighborhood and Family Income to Developmental Test Scores over the First Three Years of Life," *Child Development*, 1998, 69 (5): 1420-1436.

性情绪不良等问题，进而导致从小学开始学业成就不佳。[①]

　　在我国，农村孩子的早期家庭教育长期未得到足够重视，幼儿与父母两地分离并被交由家中长辈隔代教养的比例很高，他们很难接触到良好的学习型环境，接触到的教育资源十分有限，基本认知相关的刺激少。父母与子代的相互交流与情感融通普遍欠缺，家庭教育方法欠缺科学性引导，学前教育机构发展滞后，未能有效弥补早期家庭教育的不足。我们对大多数农村地区的调查表明，尽管农村家长普遍对孩子抱有较高的学历期望，但在早期教育干预过程中存在教养者受教育程度偏低、家庭文化教育资源贫乏、教育性投资比例过低等显著问题。更为重要的是，农村家长的早期家庭教育观念较为传统和落后。比如与儿童做游戏仍不被看重，亲子互动内容较少且单一，对儿童入学初期的学习习惯和学习态度缺乏有意识的引导和监督，提供的文化教育刺激贫乏，还有部分孩子没有接受过正规的学前教育。这在很大程度上影响了农村孩子入学准备能力的发展，进而影响其后期的教育需求与学业水平。有关我国农村家庭参与子女教育的过程机制将在第四章予以详细分析。

---

① 参见 Brooks-Gunn 和 Duncan（1997）、Engles 和 Black（2008）、Evan 和 Rosenbaum（2008）、Mcloyd（1998）、Stipek 和 ryan（1997）等研究，转引自张莉《我国农村贫困地区儿童入学准备与学业发展追踪研究》，华东师范大学出版社，2019，第 4 页。

第四章　家庭的承继与突破

——资本运作与教育决策

杨东平在分析高等教育机会的分层结构时指出："在不同类型的国家，拥有更多经济资本、社会资本和文化资本的优势阶层子女在享受教育和接受高等教育上占有优势，而低社会阶层的子女则处于劣势是一个基本现象。"[①] 我国农村家庭的高等教育需求与高等教育获得之间存在缺口，这在很大程度上与农村家长职业地位、受教育程度和经济状况等家庭背景因素有关。在我国以考试为主要衡量标准的教育制度体系下，家庭背景对子女学业成就或升学状况的影响往往是隐性且不易察觉的。这种影响是通过何种机制在农村家庭中发挥作用的呢？本章将整合科尔曼的社会资本理论和布迪厄的文化资本理论，基于对农村学生、家长和教师的访谈，诠释农村家庭资本的教育转化过程，分析家庭参与对农村子女高等教育获得的承继机制和突破效应。

第一节　家庭教育资本的解释域

"资本"一词是典型的经济学基本概念，是人类创造物质和精神财富的各种社会经济资源的总称。按照马克思主义政治经济学的观点，资本并不是某种特定的可见财富。马克思在《资本论》第三卷中写道："但资本不是物，而是一定的、社会的、属于一定历史社会形态的生产关系，它体现在一个物上，并赋予这个物以特有的社会性质。"[②] 这里的资本代表的是人与人的关系，反映了一种剥削与被剥削的生产关系。作为一种由剩余劳动堆

---

① 杨东平：《中国教育公平的理想与现实》，北京大学出版社，2006，第223页。
② 《资本论》（第三卷），人民出版社，2004，第922页。

叠形成的社会权力，掌握了这种权力的人可以无偿地占有他人的劳动产品，对他人进行支配。随着资本概念的发展，它逐渐被普及到社会生活的各个领域，不再局限于一种经济性或物质性概念，泛化为一切可以实现增值的价值。

深受马克思实践观影响的法国社会学家布迪厄将自己的资本概念与场域、惯习概念相联结，塑造了一套不同于以往的哲学视域。布迪厄在1986年发表的《资本的形式》一文中重新引入了资本的概念。对于"资本"，他认为"是（以它的物化形式或它的'合并的'身体化形式）积累的劳动，当它被行动者或行动者群体在排他性的基础上占有时，他们能够以具体化的或活的劳动的形式来利用社会能量"。[1] 此外，布迪厄还在文中对经济资本、社会资本和文化资本进行了界定和详细阐述，突破了以往对资本形式的物质化理解。他的资本概念，特别是文化资本理论对后来的研究者影响深远。本书所指的家庭教育资本则主要基于布迪厄的三种资本划分，并结合了科尔曼、林南等人的相关资本理论认识，是一种目标指向为子女学业成长和教育晋升的以家庭为单位的资源形式。

一　社会资本理论

20世纪初，"社会资本"一词出现在西方一些关于社区的文献中，布迪厄和科尔曼等人的讨论则将社会资本的概念引入了现代意蕴。布迪厄认为，社会资本是指实际的或潜在的资源的聚合，这些资源与拥有一个或多或少制度化的相互认识和认可的关系网络有关。换句话说，与集团的成员资格有关——这个网络为每个成员提供集体所有资本的支持，这是一种"凭证"，使他们有权获得各种意义上的信贷。[2] 这些关系可能只存在于有助于维持它们的实际状态、物质和/或符号交换中，也可能通过使用一个共同的名称（家庭、阶层、部落、学校、政党等的名称）和一整套同时制定的行为在社会上建立和保证这些制度。他还认为人们所拥有的社会资本的数量取决于他能有效调动的关系网络的大小，也取决于每一个与他有联系的人

①　P. Bourdieu, "The Forms of Capital," In J. Richardson (ed.), *Handbook of Theory and Research for the Sociology of Education* (New York: Greenwood Press, 1986), pp. 241-258.

②　P. Bourdieu, "The Forms of Capital," In J. Richardson (ed.), *Handbook of Theory and Research for the Sociology of Education* (New York: Greenwood Press, 1986), pp. 241-258.

所拥有的（经济、文化或象征）资本的数量，人们只有通过不断努力地与他人建立有效的关系才能积累一定的社会资本。[1]

此后，科尔曼进一步系统地研究了社会资本。他认为，资本有三种类型——物质资本、人力资本和社会资本。物质资本主要指的是家庭收入和财富，人力资本指的是父母的教育技能，社会资本的存在意味着家庭内外部社会关系的支持。基于结构功能理论的观点，他认为社会资本研究的目的是研究社会结构，这是在家庭关系和社区社会组织中的一连串资源，有利于儿童和年轻人的认知发展，也有利于社会发展。[2] 科尔曼指出："社会资本的定义由其功能而来，它不是某种单独的实体，而是具有各种形式的不同实体。其共同特征有两个：它们由构成社会结构的各个要素所组成；它们为结构内部的个人行动提供便利。和其他形式的资本一样，社会资本是生产性的，是否拥有社会资本，决定了人们是否可能实现某些既定目标。"[3] 他把社会资本分为三种基本形式——"结构性义务、期望与信任""信息渠道""规范与有效惩罚"。[4]"结构性义务、期望与信任"是指如果A为B做了什么，并且相信B在未来会进行回报，A对B有了期望，B则有了义务，在互助的社会中，这种债权关系是普遍存在的。"信息渠道"是指从社会关系中获取信息的潜力。信息构成了行动的基础，但获取信息的代价是昂贵的。"规范与有效惩罚"是指有效规范将形成一种强大的社会资本，使人们放弃个人利益去维护群体利益。如果有鼓励和支持孩子学习的社区气氛或规范，将有利于完成学校教学任务。规范可以自发地起作用，也可以通过外部奖励和惩罚予以支持。当网络是封闭的，即网络是紧密联系和闭合的时，信任结构就可以构建，有效的规范力量也可以产生，从而促成其他形式的社会资本。之后，科尔曼还提到了其他形式的社会资本，如权力关系和多功能的社会组织等。

---

① P. Bourdieu, "The Forms of Capital," In J. Richardson（ed.）, *Handbook of Theory and Research for the Sociology of Education*（New York：Greenwood Press, 1986）, pp. 241-258.

② J. S. Coleman, "A Rational Choice Perspective on Economic Sociology," In N. J. Smelser & R. Swedberg（eds.）, *Handbook of Economic Sociology*（Princeton, NJ：University of Princeton Press, 1994）.

③ 詹姆斯·S. 科尔曼：《社会理论的基础》，邓方译，社会科学文献出版社，1999，第354页。

④ J. S. Coleman, "Social Capital in the Creation of Human Capital," *American Journal of Sociology*, 1988（94）：S95-S120.

此外，在经典的地位获得模型基础上，林南等人加入了社会网络的变量，这大大增强了模型的解释力。[1] 他们发展了社会资本理论，主要用来解释社会关系和网络质量对职业获取和组织资源获取的重要影响。林南认为，社会资本是对社会网络的一种投资，在市场上具有预期的回报价值，是一种可以在社会网络有目的的行为中获得或使用的资源。人力资本可以通过教育和培训获得知识、技能或文凭，属于个人所有。社会资本存在于社会关系网络中，亲友所拥有的人力资本和文化资本可以用来达到行动的目的。[2] 一个人的最初位置越高，他可以利用的社会资源就越多、越好。林南的社会资本概念特别适合职业地位获得的分析，对于高等教育地位获得也有一定解释力，特别是在大学招生过程中可用于社会关系的联结，比如大学招生信息获取、动用影响、请求帮助等。拥有良好社会经济地位的家庭更善于运作社会资本以获得更好的高等教育机会。

总的来说，布迪厄的社会资本概念意指统治阶层为了维持和复制群体的主导地位而进行的相互承认，主要用于阶层再生产的解释。[3] 林南等人的研究重点是社会资本对职业地位获得的影响。科尔曼更偏重社会资本的功能，特别是其对于人力资本形成的作用。他引入社会资本的概念对学生的学业成就差异进行讨论，这种结构功能理论取向的社会资本概念在教育社会学领域广泛应用，以下也将重点介绍科尔曼的家庭社会资本理论。

科尔曼认为，个体并不以单一的形式存在，而是在现实社会中与周围的其他个体有着不同形式的联系，这就是所谓的"社会网络"。使用社会网络可以帮助个人实现他的目标，社会资本存在于这个复杂的社会网络中，一个人拥有的有助于实现其目标的关系越多，就越能利用这些关系来实现这些目标。[4] 家庭是存在于各种关系网络中的组织单位。家庭成员之间、家庭成员和外部成员之间的联系都可能会影响各种目标的实现。影响个体社会资本积累的一个重要方面就是"关系强度与内容"。在科尔曼看来，随着

① N. Lin, C. V. John, & M. E. Water, "Social Resource and Strength of Ties: Structural Factors in Occupational Status Attainment," *American Sociological Review*, 1981 (46): 393–405.

② N. Lin, *Social Capital: A Theory of Social Structure and Action* (Cambridge: Cambridge University Press, 2001).

③ 林南：《社会资本：关于社会结构与行动的理论》，张磊译，上海人民出版社，2005。

④ J. S. Coleman, *Foundations of Social Theory* (Cambridge, MA: Harvard University Press, 1990), p. 328.

现代社会结构的变化，父母的工作压力越来越大，邻里之间的关系愈加淡漠，孩子的社会资本越来越少，这不利于他们的成长。他第一次引入社会资本的概念分析家庭的社会功能，认为家庭创建和提供足够的社会资本的能力取决于三个主要因素：父母和孩子之间的联系程度、亲子关系的稳定性、父母的意识形态。[①] 家庭社会关系网络的互联性是非常重要的，这种社会关系网络成为孩子教育的重要参考框架，子代教育中的许多规范和规则就是从中派生出来的。父母与孩子之间的亲密关系是子代发展的重要社会资本。[②] 科尔曼把家庭背景的影响分为人力资本、经济资本和社会资本。其中，他认为社会资本的作用最为关键。因为如果无法将各类家庭资源有效嵌套到家庭关系中，孩子的成长和发展就会面临阻碍。比如受过高等教育的父母如果只关注自己的职业发展而没有使用自己的人力资源来协助孩子的教育，那么将大幅降低家庭的优势资源对子女学业成就的助益。

科尔曼的社会资本概念分为两个类别——家庭内部的社会资本和家庭外部的社会资本。[③] 家庭内部的社会资本指的是父母和孩子之间的互动，父母对子女教育投入的时间、精力和关切程度，比如良好的亲子关系、鼓励关心子女、学业指导和较高的教育期望等。这些亲子互动可以形成有利于儿童认知发展的学习资源。只有建立这种互动关系，父母的人力资本才能转化为孩子的学习资源。家庭结构的缺陷、亲子关系的缺失或不良都会导致孩子社会资本的缺失，进而影响其学业成就。父母双方的家庭在场会增加子女的社会资本存量，如果父母无法陪伴子女（如单亲家庭、父母长期在外工作），会导致家庭缺乏社会资本。即使父母和孩子住在一起，若家庭关系不和谐或亲子关系淡漠，也不能顺利为孩子储存社会资本。此外，子代个体的数量也会影响他们社会资本的积累。兄弟姐妹越多，父母与每个孩子互动的机会和质量可能越会被分散和稀释，父母对单个孩子的关注就会越少，这也会对孩子的学业成就产生负面影响。也就是说，健全稳定的

① J. S. Coleman, *Foundations of Social Theory*（Cambridge, MA: Harvard University Press, 1990）, p. 328.

② J. S. Coleman, "Family, School, and Social Capital," In T. Husen & T. N. Postlethwaite (eds.), *International Encyclopedia of Education*（2nd edition）（Oxford: Pergamon Press, 1994）, pp. 2272-2274.

③ J. S. Coleman, "Social Capital in the Creation of Human Capital," *American Journal of Sociology*, 1988（94）: S95-S120.

家庭结构、亲子之间的良好互动，有助于父母为孩子积累更好的家庭内部的社会资本，从而提高他们的学业成就。家庭外部的社会资本是指父母与朋友、学校、社区之间的关系网络，包括父母与亲朋好友、学校、邻居、子女的朋友等之间的关系。家庭外部网络关系的建立不仅帮助父母获得更多信息和社会支持来辅助孩子的个人成长和学术发展，还帮助父母建立一种闭合的网络，通过规范、期望、奖励和惩罚而构筑的功能团来规范和减少孩子的偏差。科尔曼认为，频繁的搬家和有限的社会交往限制了父母之间、父母与学校之间的联系。即使经济资本和人力资本充足，缺乏此类社会资本也会影响孩子的学业成就。科尔曼和霍弗的一项研究发现，天主教学校在数学和语言教学方面效果更佳，公立学校的辍学率是天主教学校的两倍，非天主教私立学校的辍学率是天主教学校的一倍多。[①] 天主教学校的优异表现在很大程度上在于功能性社区的构建，即便来自中上阶层的天主教学校家长并不多，但他们在学校事务上比较积极，紧密的家校关系和家长之间紧密的宗教联系对孩子的行为也起到了正向规范作用，并改善了学生的在校表现。

国外已有不少研究验证了社会资本对不同背景家庭子女学业成就或教育获得的影响，总体上认可社会资本理论具有较强的解释力。蒋益民在《教育机会与家庭资本》一书中总结道："第一，社会资本指的是存在于一个家庭之内或家庭之外的支持性关系。高质量的家庭社会资本对学生的学习成绩有促进作用。第二，在家庭之内，社会资本嵌入于父母和孩子的关系中，是父母投入时间和精力与孩子进行正向互动的产物。第三，在家庭之外，社会资本存在于与社区其他成员和机构（例如，其他孩子的父母、邻居、学校）的社会关系中。社会资本的积累规模取决于不同家庭之间、父母之间社会互动的频率以及父母与社区机构的互动频率。第四，对家庭社会资本的测量，包括人际互动的密切程度以及可能影响互动的相关因素：家中双亲俱全、兄弟姐妹的数量、父母均在外工作、父母对孩子教育水平的期望值、与父母讨论个人事务的频率、家庭居住地的迁移、参加宗教活

---

① J. S. Coleman & T. Hoffer, *Public and Private High Schools: The Impact of Communities* (New York: Basic Books, 1987), pp. 221-225.

动的频率。"① 从科尔曼对社会资本的论述来看,高等教育需求也是一种重要的社会资本,此外,父母的具体期望、亲子关系状况、家庭结构影响等家庭内部的社会资本和社会交往、家校联系、同伴关系等家庭外部的社会资本都有可能发挥牵动子女学业表现和教育晋级的作用。同时科尔曼认为,基于社会资本的中介角色,社会经济地位偏低的家庭还可以以积累社会资本的方式减少经济制约对子女教育的负面作用。比如,美国不少社会经济地位不高的亚裔家庭,由于重视子女教育和亲子关系,在孩子的学习上花费了较多的时间和精力,更善于将父辈的人力资本顺利转化为孩子教育的社会资本,因此其子女的学业成就也普遍较高。② 除了阶层的视角,社会资本也可能因城乡地域或户籍等制度的不同而产生差异,因此这一理论视域对于解释和解决农村子女的学业不佳或高等教育获得困境具有重要意义,后面的章节将会对农村家庭的这些内外部社会资本的影响机制进行详细验证和讨论。

二 文化资本理论

"文化资本"是布迪厄社会学理论体系中极为重要的一个分析概念,这一理论体系常被归结为实践理论。实践理论通过引入"场""惯习""资本"等一系列复杂概念来分析社会空间结构的关键机制和文化再生产的运作逻辑。布迪厄在著名的《区隔:品味判断的社会批判》一书中提出:[(惯习)(资本)]+场域=实践。③ 实践是惯习、资本和场域的相互作用,行为实践实际上是个体在自身内部行为倾向的引导下,根据自身所处的特定场域对所拥有的各种资本进行利用的反应。

布迪厄对"场域"一词的解释是这样的:"从分析的角度来看,一个场域可以被定义为在各种位置之间存在的客观关系的一个网络,或一个构型。"④ 资本在该场域中有多种类型,资本取决于其所处的场域,资本的转

---

① 蒋逸民:《教育机会与家庭资本》,社会科学文献出版社,2008,第48页。

② J. S. Coleman, "Social Capital in the Creation of Human Capital," *American Journal of Sociology*, 1988 (94): S95-S120.

③ P. Bourdieu, *Distinction: A Social Critique of the Judgement of Taste* (Cambridge, Mass: Harvard University Press, 1984), translated by Richard Nice.

④ 皮埃尔·布迪厄、华康德:《实践与反思——反思社会学导引》,李猛、李康译,中央编译出版社,1998,第133~134页。

化需要付出较高的代价，这是资本在该场域发挥作用的前提。如前所述，布迪厄把资本分为三种类型——经济资本、文化资本和社会资本。他将原本应用于经济领域的"资本"概念扩展到社会生活领域，尤其是分析阶层结构的再生产。所谓经济资本，是指可以直接转化为货币的资本类型，其转化过程以私有产权的形式制度化。文化资本在一定条件下可以转化为经济资本，其转化过程以学历的形式制度化。社会资本由社会义务（"联系"）构成，在一定条件下可以转化为经济资本，其转化过程以某种高贵身份的形式制度化。① 他进一步指出，如果没有将所有形式的资本都引入进来，就无法完整地解释社会的结构和功能。② 根据资本的类型和数量，个体在场域中的地位是不同的，存在支配地位和服从地位。不同地位的行动者采取的战略也有所区别。总体来说，场域中处于支配地位的成员往往采取保守策略来维护场域的现有模式，新进入者会通过继承策略不断提高资本的数量和质量来接近支配地位，处于服从地位的成员则需要运用破坏性策略才能改变力量的平衡。布迪厄进一步阐述了"惯习"（或称"习性"）："与存在条件的特定阶级相联系的条件作用形成了习性：它是持久的、可变换的一些性情系统，是一些被建构的结构，这些结构倾向于作为建构性结构而起作用，也就是作为这样一些原则而起作用：它们产生和组织了实践和表征，从而，即便并未有意识瞄准一些目标，或者并未明确掌握为达至这些目标必具的运作程序，就可以客观地适应到其结果中去。"③ 布迪厄认为惯习是一种能动性主体，具有内在的社会结构，是个体主体性与社会性相结合的结果。一方面，场域塑造惯习，惯习是反映场域需求的内化产物；另一方面，惯习在认知建构中扮演着重要的角色，它有助于把这个场域构造成一个有意义的世界，一个被赋予感情和价值、值得全身心投入的世界。各种资本等则需要通过转化惯习并在特定的领域发挥作用进而实现传承性的再生产。

与传统上将资本概念局限在单纯的经济领域不同，布迪厄"把资本概

---

① 皮埃尔·布迪厄：《资本的形式》，载薛晓源、曹荣湘主编《全球化与文化资本》，社会科学文献出版社，2005，第 3~22 页。

② 包亚明主编《文化资本与社会炼金术——布尔迪厄访谈录》，上海人民出版社，1997，第 190 页。

③ 皮埃尔·布迪厄：《实践感》，蒋梓骅译，译林出版社，2003，第 58 页。

念扩展到所有的权力形式——不管它们是物质的、文化的、社会的还是符号的。个体与群体凭借各种文化的、社会的、符号的资源维持或改进其在社会秩序中的地位。当这些资源作为'社会权力关系'发挥作用的时候，也就是说，当它们作为有价值的资源变成争夺对象的时候，就可以将它们理论化为资本"①。资本已经成为多种权力资源的组合，各种形式的经济、社会、文化资本在一定条件下相互转化、相互作用。在布迪厄的三种资本划分中，他重点分析了文化资本在阶层再生产中的特殊作用。他认为，文化资本有三种形态——身体化形态（也称附着性形态）、客观化形态（也称物质性形态）与制度化形态。

文化资本的身体化形态指的是一种文化的附着。它表现为心灵和身体的持久性情，它也是行动者通过家庭环境和学校教育获得并成为身心一部分的知识、修养、技能、兴趣、情感等文化生成。从本质上说，它是一种由外部客观存在内化而形成的"惯习"，具有强烈的个性特征，是文化资本的一种依附形式。这种形态的文化资本"由于包含了劳动力的变化和同化，该过程十分漫长，而且必须由投资者身体力行"②，它不能通过赠送、销售和交换来继承，而是以一种特殊的方式转移。从表层上看，文化资本的身体化形态是一种自然特征，但实际上，它只是以一种更加微妙的方式隐藏着强烈的社会倾向。虽然学校是积累文化资本的重要场所，但家庭与文化资本有着更为密切的关系。经济资本需要投资，文化资本也一样，不同阶层家庭投入的文化资本差异巨大。家庭孕育了所谓高雅的艺术感受以及得体的个人行为、气质和风度，是文化资本转移的最重要场所。家庭积累的这些特殊文化资本可以投资于学校市场、学术市场、社会市场、劳动力市场等，并获得相应的物质回报或象征性的精神回报。

文化资本的客观化形态是指一些物化的文化客体，通常以图画、书籍、乐器、艺术品等文化物品的形式存在。布迪厄认为，客观化形态的文化资本的重要特征是，尽管它具有经济资本的外在特征，但又蕴含着文化符号的特殊含义，具有经济资本所没有的教育功能。与身体化形态的文化资本

---

① 戴维·斯沃茨：《文化与权力：布尔迪厄的社会学》，陶东风译，上海译文出版社，2006，第86页。

② 皮埃尔·布迪厄：《资本的形式》，载薛晓源、曹荣湘主编《全球化与文化资本》，社会科学文献出版社，2005，第3~22页。

不同，这类文化资本可以直接继承和传递。一般来说，这些客观化形态的文化资本只有具备一定的经济资本能力才能获得，它具有更好的、更隐蔽的阶层再生产功能。但这种直接的传递仅限于文化物品的所有权。如果不具备识别文化符号的文化能力，客观化形态的文化资本也只能停留在物化形态而无法形成内化。只有将客观化形态的文化资本与身体化形态的文化资本结合起来，才能"施展他们的力量、收获他们的受益。行为者的力量的大小，收获利益的大小，则与他们所拥有的客观化的资本以及身体化的资本的多少成正比"。① 在这个过程中，上层社会在文化的定义过程中处于支配地位，这与学校制度的运作密不可分，布迪厄由此引入了文化资本的第三种形态。

文化资本的制度化形态是指以考试为媒介对行动者予以评估认证并通过权威机构授予的文凭和资格的形态展现出的一种体制性文化资本。和客观化形态的文化资本不同，制度化形态的文化资本给予了前两种文化资本一种特殊的维护，以文凭、证书或文化能力的资格认定使文化资本拥有了无可动摇的合法地位和独特价值。也就是说，不是每个自学者获得的文化资本都可以称为"资本"，只有特定的、符合认定的教育经历和学术能力才能得到法律的庇护，也只有其所有者的学术资格才能得到确认。② 布迪厄尖锐地指出，最显而易见的制度化形态的文化资本就是使身体化形态的文化资本合法化的学校教育，而所谓的主流文化只是赢得阶级斗争的一种专治文化，用以实现支配阶层的优势再造。教育机构为独断性文化披上合法的外衣，"学术资格和文化能力的证书的作用是很大的，它给了拥有者一种文化的、约定俗成的、长期不变的、得到合法保障的价值"。③ 布迪厄拟用了"社会炼金术"的概念来揭示文化资本的真实面目，制度化的学校和考试看似给予所有人平等的教育机会，但实际上只有具有优势地位家庭背景的孩子才能够将身体化形态的文化资本在学校中顺利转化和确认。通过这种隐

---

① 皮埃尔·布迪厄：《资本的形式》，载薛晓源、曹荣湘主编《全球化与文化资本》，社会科学文献出版社，2005，第3~22页。

② 包亚明主编《文化资本与社会炼金术——布尔迪厄访谈录》，上海人民出版社，1997，第193页。

③ 皮埃尔·布迪厄：《资本的形式》，载薛晓源、曹荣湘主编《全球化与文化资本》，社会科学文献出版社，2005，第3~22页。

蔽的方式，"社会炼金术"说服人们相信了支配阶层文化的合理性与合法性。

制度化形态的文化资本的引入分析揭示了支配阶层如何不易觉察地获得子代文化再生产的优势。布迪厄指出："教育行动是一种专断权力所强加的文化专断，从这个意义上来说，所有的教育行动客观上说都是一种符号暴力。"① 处于统治地位的群体除了显而易见的经济手段和政治手段外，不断巩固自身在文化符号上的支配地位。这种文化手段具有强烈的隐蔽性和迷惑性，由此一种"虚假的非功利主义"被展示出来。与经济资本和社会资本一样，文化资本也具有很强的繁殖能力，一道完成维护现有秩序和社会再生产的使命。有所不同的是，文化资本能够使这种再生产过程更加自然、隐蔽、合法。此外，人们似乎还很难摆脱和打破文化资本的循环。布迪厄举例道："被支配者很少能摆脱支配的二律背反或对立关系。比如说，像威利斯分析的英国工人阶级'小青年'那样，通过嬉戏胡闹、逃学旷课直至犯罪来反对学校制度，就是将自己排斥在学校大门之外，就是不断把自己固定在被支配的状况上。反过来，通过承认学校文化去接受同化，也会被这个制度所笼络。被支配者常常是注定陷入这种困境的，也就是注定要在这两条路中做出选择。"②

布迪厄详细分析了阶层分化与教育性文化资本的关系：不同家庭背景的子女携带着所属阶层的身体化形态的文化资本进入了教育领域，学校与考试的各种教育活动筛选着符合中上阶层拟定的文化符号并予以合法性认证，最终使他们的在校表现、学业成就和考试晋升呈现阶层性的差异。人们只看到教育成就的能力差异或努力差异，但很难发现那些根深蒂固的结构性问题正发挥着教育分化的作用。布迪厄对天赋论进行了批判，阶层再生产以才华与能力为借口掩饰了正是阶层的力量影响了孩子们的天赋表现。支配阶层出身的孩子能够更顺利地适应所谓的"主流文化"教育，也更容易通过各种教育的筛选、评价和分级，通过教育成功来换取职业成功。

同时，布迪厄对于人力资本理论过度强调经济资本对教育投资的作用

① P. 布尔迪约、J. -C. 帕斯隆：《再生产——一种教育系统理论的要点》，邢克超译，商务印书馆，2002，第13页。
② 皮埃尔·布迪厄、华康德：《实践与反思——反思社会学引论》，李猛、李康译，中央编译出版社，1998，第115~116页。

持保留态度。经济学家们往往关注教育的经济投资回报率，把教育机会的不平等视为经济资本持有和投入比例的不平等。布迪厄并不否认经济资本的重要作用，但他认为如果没有将社会资本和文化资本纳入家庭教育的考量，就无法看清经济资本投资教育的起点、过程和产出的不平等，"与经济因素相比，文化资本的作用可能更为关键和重要"。① 文化资本能够在一定程度上通过松解经济资本的束缚而发挥作用，出身贫寒的孩子如果能够拥有补充性的家庭社会资本和文化资本，也可以获得教育成功。

身体化、客观化与制度化形态的文化资本的相互作用铸就了文化资本对教育成就的影响。如果家庭转移的文化资本和学校传递的教育资本协调一致，必然对孩子的学业成功有利。如果二者相互矛盾或排他，孩子更容易出现学校不适应和学业阻碍。布迪厄认为，学校教育代表的是支配阶层文化，其必然会有利于支配阶层出身的孩子。处于不同阶层的家庭总是多多少少带有具有本阶层特征的特殊惯习——思维方式、价值取向、文化水平、语言模式、生活习惯，这些惯习会默默地渗入孩子的学习习惯和认知过程中。出身支配阶层的孩子从小浸润在丰富的文化资源和文化氛围中，而家庭资源和氛围是与学校课程、教学、校园文化高度匹配和被认可的，二者合力为这些孩子打造了一条学校适应的顺畅通道。相比之下，弱势家庭背景的孩子很难从家庭中获得丰厚的主流文化资本，并需要付出更多的努力来克服家庭文化资本匮乏所制造的学术障碍。因此，布迪厄认为，文化资本代表的是人们对支配阶层文化的掌握程度，这种文化包括物质文化和非物质文化，不仅涵盖了支配阶层品位和欣赏艺术品、家居、服饰的能力，还涵盖了他们的行为和价值取向，比如举止、休闲、爱好、语言等。②

一方面，家庭是文化资本以身体形式和物化形式转移的主要场所，也是个体早期文化积累的源泉。布迪厄指出，"所有外在刺激与制约性经验在任何时刻都通过早期经验已经建构好的范畴加以感知"③，家庭的早期经历

---

① P. Bourdieu & L. J. D. Wacquant, *An Invitation to Reflexive Sociology* (Cambridge: Policy Press, 1992), p. 160.

② P. Bourdieu, " Cultural Reproduction and Social Reproduction," In J. Karabel & A. H. Halsey (eds.), *Power and Ideology in Education* (New York: Oxford University Press, 1977), pp. 487-511.

③ P. Bourdieu & L. J. D. Wacquant, *An Invitation to Reflexive Sociology* (Cambridge: Policy Press, 1992), p. 133.

影响着个体未来的认知模式和行为方式。除了生活方式，继任者还会从家庭获得原初的文化能力，不同个体正是携带着不同数量和质量的差异性文化资本进入学校，使他们的入学起点和教育过程都充满隐性的不平等。其中，语言在布迪厄眼中是一种典型的继承性文化资本，它会悄悄地影响不同出身孩子的教育成功机会。作为精致符号的支配阶层语言和作为抑制符号的被支配阶层语言有明显的对比，支配阶层子女进入以精致语言符号为基准的正式教育系统后可以自如地利用熟悉的语言习惯进行学习，被支配阶层子女则必须首先克服自身的语言区隔才可能适应学校生活。

　　另一方面，布迪厄认为，学校作为文化资本的体制化机构，最显著的功能是保持乃至加固原有的社会结构差异，支配阶层的文化资本利用表面中立的教育系统得到了合法化和合理化的包装。教育体系传递给学生的文化资本与支配阶层传递给子女的身体化形态的文化资本，同时以文凭学历的方式对这种文化资本进行再确认以达到阶层再生产的目的。最终，人们从学校教育中获得的文化资本本质上成为支配阶层的专断文化。布迪厄通过对法国高等教育体制的分析发现了拥有不同家庭文化资本的孩子在进入精英大学和普通大学的机会上存在明显的阶层分割。也就是说，支配阶层的家庭文化资本和学校传递的教育资本借由教育体制实现了共谋，支配阶层子女和被支配阶层子女被隐蔽地区隔开来，并导致他们的学业成就和教育晋升机会也明显不同。

　　概言之，布迪厄的文化资本理论对从家庭到学校再到社会的阶层复制过程进行了全面、系统的分析。出身支配阶层的孩子能够拥有家庭提供的丰盈的客体化形态的文化资本，浸润在父母传递的身体化形态的文化资本当中，进入学校后制度化形态的文化资本将自身携带的文化基因合法化，使其更容易获得优异的学业成就和在校表现。"教育系统客观地进行着淘汰，阶级地位越低受害越深。"① 文化资本理论揭示出现代社会的阶层再生产不能用单纯的经济因素来阐释，着重于文化资本不等于否认经济资本的作用，但这一理论架构认为个体学校教育能否成功更多地取决于人们对主流文化资本的熟悉和掌握程度。不同家庭传递给子代文化资本的能力有巨

---

① P. 布尔迪约、J. -C. 帕斯隆：《继承人——大学生与文化》，邢克超译，商务印书馆，2002，第31页。

大差异，这是解释家庭出身与子代学业成就、教育机会关系的一把钥匙。"（上层子女）一踏进人生的历程就被注入了优越的本质，文化贵族们因而能够一上来就投身于他们的职业生涯，迅速地达到霸权位置，得到人们所说的享有威望的职务。"相比之下，"平民不得不无休止地表现自己，不得不用时间和业绩来支付一次缓慢的升迁"。①

学术界普遍认为布迪厄的文化资本理论对于教育成就的阶层差异问题具有较强的解释力，它将目光聚焦于阶层间的资本分布与他们子代的学术表现具有对应关系。布迪厄认为以此为切入点有两种益处，既能够规避人们将教育成败归于天赋能力的常见倾向，又有助于跨越传统人力资本理论的假设。② 对于农村低收入群体来说，虽然经济资本的辅助很重要，但文化资本的匮乏确实是长期受到忽视的重要方面。文化资本理论为我们验证中国农村家庭的教育状况、农村学校教育的文化资本状况以及二者的关联提供了新的视域。文化资本理论能够提供一个更全面和深入的视角去探寻农村家庭高等教育获得的差异现实，了解社会经济文化背景等因素是否通过文化资本的中介作用影响了孩子的学业状况和高等教育晋级并最终导致学生的学术成就差异。更重要的是，它能够推动人们进一步去挖掘教育表象下的深层结构问题，并提供除了经济干预和物质补给以外更为丰富和有效的教育均等化手段。

必须指出的是，布迪厄的文化资本理论虽然影响广泛但也饱受争议。比如，他将学校组织与教育制度极端地认定为支配阶层控制的专断工具，用以实现代际的文化复制，简化了不同历史时期和不同国家体制下学校教育的复杂身份，忽略了学校对于弱势家庭教育资本再补充的正向作用及其推动教育机会均等化的可为之处。再比如，他对文化资本概念的界定有些牵强，将支配阶层的精致文化作为主导性文化资本过于窄化了文化的范畴。迪格拉夫（DeGraaf）、法卡斯（Farkas）等人就主张文化资本应涵盖端正的态度、恰当的着装、课程知识和各种学校影响等方面，提升文化资本概念的解释力。除此之外，在解释和应用文化资本理论时需要慎重，有学者指

---

① P. 布尔迪厄：《国家精英——名牌大学与群体精神》，杨亚平译，商务印书馆，2004，第258 页。

② 皮埃尔·布迪厄：《资本的形式》，载薛晓源、曹荣湘主编《全球化与文化资本》，社会科学文献出版社，2005，第3~22 页。

出这套理论成形于一整套复杂的概念，这些概念的界定并不十分严格，其中的哲学思辨既抽象又模糊，容易造成受众的误读误解并最终引发歧义。[①]

因此，在验证文化资本对我国农村家庭的教育影响时要充分尊重客观事实。一是要紧密结合我国城乡二元的分层结构和农村内部的阶层分布状况。布迪厄的研究结论来源于他对当时法国社会和教育体系高度分化的实证分析，我国城乡之间以及农村内部阶层间的文化资本区隔程度对文化再生产的作用如何还有待进一步研究。二是要关注我国独特的考试文化有可能使文化资本发挥作用的类型、质量和空间都有所不同。在以统一高考为主要入学方式的高等教育招生政策下，品位、兴趣、修养等身体化形态的文化资本是否会发挥潜移默化的作用也有待探析。三是在中国特色社会主义基本制度下，以绝大多数人民的根本利益为出发点建构的教育体系和教育制度不宜简单地被视为一种符号暴力工具，应对均衡化制度和政策的能动性作用持积极乐观而非贬抑否认的态度。四是我国近年来高度重视农村子女的高等教育机会问题，出台了一系列针对不利家庭背景子女的高等教育扶助政策，并通过各种制度设计缩小城乡间、阶层间的教育资源差异，这些正向的制度化形态的文化资本的实际效果有待论证，其未来如何融入农村家庭的高等教育社会支持系统中也会在后面的章节中详细论述。

第二节　农村家庭教育资本的运作过程

一　教育性经济资本的流变

家庭经济资本一直被视为稳定并可持续地影响子女教育获得的重要因素。本书发现，在大规模城镇化背景下，当前农村家庭的经济结构、教育环境等发生着重要变化。家庭经济资本对子女的教育过程和高等教育获得依然发挥着重要的制约作用，但是作用形式和作用机制与以往有所不同。

1. 农村家庭基础性经济资本的夯实与高等教育付费意愿的两难

教育的基础性经济资本主要是指与接受教育直接相关的家庭货币支出，显性支出包括学费、杂费、住宿费、交通费、读书期间的生活费用等，隐

[①]　黄忠敬：《布迪厄及其"文化资本理论"》，《上海教育》2003 年第 5 期。

性支出包括读书的机会成本（高中阶段与高等教育阶段较为明显）。随着农村"两免一补"政策的全面覆盖和高等教育资助体系的不断完善，农村因贫弃学的家庭大幅减少。同时，在乡村振兴战略和脱贫攻坚政策的利好下，我国农村人口可支配收入有了较大提高，2019年农村居民可支配收入为16021元，较上年增长了9.6%（因价格因素实际增长6.2%），城乡居民人均收入倍差也在逐渐缩小，2020年我国现行标准下农村建档立卡贫困人口实现脱贫。农村家庭经济收入状况的改善提高了他们对子女教育负担的承受能力，特别是近十几年我国高校收费并未跟随物价指数大幅上升也使得农村家庭对高等教育的需求和选择有了更宽广的余地。我们的受访农村家庭涉及多样化的职业背景，其表达的教育性经济态度有以下几方面特点。

一是普遍能够承受现行中小学学校教育的基本支出，教育经济负担显著减轻。义务教育实行"两免一补"政策后，正规渠道的学校教育负担大幅减轻，即便公立高中教育收费也不高，农村低收入家庭从中受益颇深，在很大程度上解除了中小学教育经济上的后顾之忧。农村高中教师L1T2根据自己对农村家庭经济状况的观察认为，绝大多数农村家庭能够负担基本的学校教育费用。另一山区中学教师Y1T2也分析了农村家庭所需的必要教育支出，认为目前学校规定的教育开销并不高，不至于对农村家庭造成过大经济负担。高中生Y3S1的父母在外务工，其家庭在当地属于一般收入家庭。他认为目前学校除了学费、住宿费几乎没有其他间接费用，以家庭的承受能力来看并不存在问题。L1P3是全职主妇，家中有两个学龄期孩子要供养，全家收入主要依靠丈夫在外地做厨师，虽然日子不算宽松，但对于负担两个孩子的中学教育费用并无问题。她希望两个孩子最好能就读公立高校，这样大学费用也在承受范围之内。需要注意的是，尽管显性的学校教育费用不高，但农村家庭仍要面临一些隐性的教育负担，比如远距离就读的生活费。高中班主任Y1T1就提到农村子女到县城中学读书所需要的隐性成本，如饮食起居等日常开销都要超过在乡镇中学，特别是陪读家庭的增多导致常常需要付出如租房、买房等更高昂的经济代价，这使得部分经济不大宽裕的家庭只能选择就读乡镇中学。

> L1T2：对于现在大多数农村家庭来说，从经济上来说，确实没有什么教育负担。

　　Y1T2：学费现在不贵，高中按照一级达标校一个学期 1000 元左右，初中小学都是免费的，对农村家庭来说现在负担应该还可以，当然学校规定的教育开销之外的不说。

　　Y3S1：我们学校一学期好像是一千多块钱学费，除了平时交给学校的学费、住宿费，好像就没有什么其他的一些间接收费，我觉得都还能接受。

　　L1P3：他现在上学就是交一点学杂费，其他的没有，我觉得目前以我家的情况供孩子上学没有什么问题。我们一直是农村的，就为了孩子陪读来到这边。家庭收入很一般嘛，但是负担孩子的教育什么的还没问题，像我们现在这边学校没有什么杂费。大学的收费有了解一点点，觉得基本还是没有问题的，当然我们也是要考个公立学校吧。

　　Y1T1：学费反正是国家标准一学期下来好像就是 900 元，900 元再加一点学杂费吧。我觉得这个倒不贵，书本什么的再加百把块，平时生活费的话，然后你寄宿生可能一个学期再多交一两百块钱。这个学费我觉得还好吧，但是生活费可能会挺重的，因为到县城来读书生活还是要贵些，超市里面的那些鱼、菜我觉得都要贵些，外面消费吃吃就更贵了。要是陪读租房子买房子什么的，负担就更重一些了。这边下面农村、乡镇上有钱人也是有的，但普遍很好的并不多。

　　二是经济扶助政策对农村困难家庭子女的教育接续产生正向效应。针对家庭经济条件较为恶劣的农村学生，各地政府和很多学校建立了社会保障和教育资助体系，点亮了这部分学生的求学之路。高中生 Y1S2 的父亲离世，母亲改嫁，她只能和爷爷奶奶一起生活，全家以种地卖菜的微薄收入来支持她的学业。她谈到自己的日常开销时，认为学校的学费杂费不高，生活费上幸亏有低保补贴和学校资助，基本可以保障自己的学校生活。Y2P1 独自带着两个孩子，一个在读职业高中，一个刚上小学一年级。由于成绩不佳，大儿子读了职业高中，每年需要支付几千元的学费，这对于仅靠自己打零工的不稳定收入来说是较大的负担，低保的发放对家庭生活来说是重要的补充。即便如此，Y2P1 仍然希望大儿子能努力学习争取转为大专，即便借钱上学也在所不惜。

Y1S2：我现在学费每个学期交1000块多一点，这是属于学校直接要交的。每个月生活费就1000块钱左右。除了这些，就高一的时候买校服，没有什么其他的了。这个花费对我来说还好，我享有低保，然后低保每个月400块钱。还有去年申请了学校一个资助项目，好像也是三四百块，然后加起来，就去掉大半，所以还可以接受。尤其是之前两个学校，一个是小学，一个是中学，一直都有资助，那些老师都很好，像我这样的孩子，感觉就是从小被关怀到大的。

Y2P1：大孩子现在上职高，一个学期连那个军训就要3000多块钱，读三年，后面也可以转五年制，相当于个大专。现在问题是我一个人在家也赚不了多少钱，教育负担肯定是很重的。但我一直叫他自己好好学习，反正说到那时候，他自己要去上大学的话，即使没钱，我们也可以去找亲戚借一点。具体需要多少钱这个我们也不懂，好像有的大学现在收费也很高。现在就像低保户，我们都有补助什么的。他们有帮我们录进去，一个月一个孩子有400块补助的样子，还是有些帮助的。

三是农村家庭对一般性高等教育付费意愿普遍较强，但面对高收费的高等教育项目付费能力仍有限。第二章曾分析了农村家庭对子女接受高等教育的普遍期待，除非迫不得已，大多数家庭愿意为孩子上大学承担费用。同时由于我国始终较严格地控制着公办普通高校学费标准的上调幅度，更多的农村家庭能够负担起孩子的高等教育费用。Y2P3和Y3P1的家庭都属于农村中等收入家庭，他们认为目前的大学花费基本还是可以承受的。但正如家长Y3P1所说的，如果就读收费较高的民办院校可能就会造成经济上的负担了。

Y2P3：现在家里对于上大学这块的花费，暂时没有经济上的压力。他以后选学校或者专业也看他自己，其实我没有很强求我的孩子一定要干吗，也没有提什么要求，像平时都是他自己选择，即使学费贵点也支持他。像他练体育也要参加很多培训，这方面花费会比那些普通高考学生多一点，家里暂时还是可以承受的。

Y3P1：如果说两个人有稳定的收入，小孩子去念大学，一年一万

块钱以下的学费这样子，也没有说很大的负担，但有的时候万一只能
上那种贵的学校，不是公立的，是那种私立的，负担就重了。

读大学的成本较中小学教育有较大的攀升，高等教育费用对于普通农
村家庭来说仍是很大的一笔支出。L1P5 提到普遍的农村中低收入家庭因为
缺少稳定的经济来源，供孩子上大学会十分辛苦。此外，农村多子女家庭
所承受的经济负担也十分显著。L1P8 家中育有三个孩子，丈夫以在外开车
谋生，自己则日常打些零工贴补家用，三个孩子的教育负担比较重。目前
只有一个在读大学生，家庭经济负担尚在可承受范围内，她对于未来可能
还要供读两个大学生感到压力重重。Y3P4 家中有两个孩子，由于家庭收入
一般，还未给孩子积攒足够的大学费用。夫妻俩寄希望于孩子有更好的成
绩去就读费用相对较低的重点公办院校，不然可能只能牺牲家庭居住条件
的改善来优先供孩子们读大学。正如村主任 Y4C1 和家长 L2P4 所说的，由
于教育成本的提高，农村年青一代的父母开始意识到多生多育所带来的经济
负担，在收入总量有限的情况下为了教育资源的集约效应选择少生孩子来缓
解这种压力。

> L1P5：培养孩子教育这块负担还是有点重的。初中、小学还好吧，
> 不过按照我这个家庭来讲，孩子应付了还可以，这个倒不是问题。但
> 是在普遍的这个农村呢，有些家庭就是很不容易，负担很重。有的都
> 是在外面打工啊，这里那里做一点苦力呀，赚不了几个钱，而且不稳
> 定。没有稳定的经济来源，供孩子上大学就比较吃力了。
>
> L1P8：像我们这种有三个小孩的，教育费用上肯定是有负担的。
> 大孩子现在上大学，学费一年六七千块钱，这个标准倒是还好，连生
> 活费一起的话一年得三万多块钱。大概还可以承受，就是凑合吧。老
> 三读的那个比较贵，是在那种私立学校，本身是负担不起的。他成绩
> 比较好，以前成绩年级第一，是学校给他收去了的，还是给他免费的，
> 但那边的其他开销也要稍微大些。目前总的也就是凑合吧，以后都上
> 大学就比较累了。
>
> Y3P4：两个孩子现在供他们读书还是有一点压力的，因为如果说
> 正常的就九年义务教育的话还是可以的，但现在基本上自己也会做一

些课外的项目，比如需要在网络上补课之类的比较贵一点。其他的还有各方面的学习材料，比如说学习机之类的，这些都是几千几千的，这些就比较贵了。如果单纯地就是说九年义务教育那是没压力的。教育费用得看自己的要求吧。如果小孩子成绩好，不用给他额外花钱就比较省。现在他们上大学的钱也没有储备，只能说是没办法，反正还要几年，到时看情况吧。大学费用怎么说，你成绩越好，按道理应该是会越低，你成绩如果不好，上个大专本三的可能就要贵一些。如果能上985、211（高校）费用肯定应该少一点。如果不考虑家里买房子什么的，大学费用应该还能应对，要是我们考虑到镇上买房子，到时候按揭什么的，那就不一样了，肯定会有压力。

Y4C1：现在村里大部分是生一个，最多两个。二胎放开，没人生。除非第一个是女孩，不然的话真的没人生。因为养孩子教育负担也比较重，特别是上大学。我那天给大家讲即便人均3万块的收入好像还是挺困难的。你算数字，人均3万块觉得很高了，其实生活起来3万块，你一个月才2000多块钱，就也是算困难的，生活成本、教育成本都挺高的。

L2P4：我觉得现在的教育负担压力很大，所以说现在为什么农村的年轻人也都不想生二胎。就是因为教育上的负担很重，你一个两个还好，三个以后真的就负担不起了。

此外，在院校选择上，农村家庭更倾向于选择收费较低的公办院校，在专业上也会因经济约束而放弃音乐、美术、表演、会计、医学或中外合作办学等其他特殊培养类专业，显示出明显的付费能力不足。L1S4谈到一个令她印象深刻的女同学，虽然有一定的艺术天赋，但是由于家境困难，还有两个弟弟，家里人最终没有同意她参加艺考，也没继续为她支付美术方面的金钱投入，最终这个女同学只能无奈放弃。

L1S4：其实我对大学的花费也没有很大的概念。但听同学说，大学也有那种挺贵的呀，学费一个学期就要几千块上万块。我看这边的表姐啊，还有其他的亲戚，感觉读大学其实开销也挺大的。家里人都不会和我说经济上有什么困难，但是我能感觉到他们还是有一定压力的。我有一个女同学，她家里面是三个兄弟姐妹，她是老大，下面还有两个弟弟嘛。她在美术方面就画得挺好的，有一定的天赋呀。然后呢，因为她爸爸说要把钱留给弟弟这样子，就没有办法去学这个，她还哭了呢。

四是大多数农村家庭即便承受较重经济压力也不愿轻易放弃子女升学的可能。正是基于对高等教育的高度认可，农村家庭对子女的教育考量虽有经济制约但仍尽力而为，甚至愿意不惜代价来保障孩子的高等教育机会。前面提到的 Y1S2 家境困难，与爷爷奶奶一起生活，但家里人不愿向她言明家中的困窘，仍全力支持她读书，这个女生内心也清楚一旦需要支付高昂的大学学费将会给家庭造成沉重负担。Y1S5 家中负债累累，她认为上大学的费用对于自己的家庭来说是笔巨大的开支，甚至难以承受，但包括她在内的家人仍秉持着教育改变命运的信条坚定地走向大学之路。Y3P3 的丈夫在外做建筑工人，她本人对三个孩子上大学产生的教育费用也充满忧虑，二女儿就是因为经济原因没能去读教育资源更理想的重点高中，但他们还是坚定地认为不管怎么样都还是要凑钱给孩子上大学，这既要靠夫妻俩的努力，又要孩子做好吃苦的准备。中学生 L1S2 的父母之前在外地开小超市，这一两年回到家乡却一直没有稳定的生计，还要养育两个孩子，家庭经济困难。即便如此，"只要你考得上，多少钱都给你砸进去"，这代表了很大一部分农村家庭的朴素心声，他们愿意倾其所有为孩子的大学之路提供保障。就像 L1S2 所说的，这既盲目又充满着决心。在父母的坚定鼓励下，L1S2 努力提高成绩，为了减轻家庭经济负担，高中假期去打工赚钱，并希望以后上大学也能够自食其力。

Y1S2：我家里具体收入怎么个情况，我也不是特别清楚，但他们一直跟我说供我读书管够。按我的估计，我那时候也了解了一下，我感觉就普通大学一年几千块钱的学费还是可以接受的，千万不要上万。

Y1S5：我觉得大学费用现在对我们家庭的状况来说很有负担，负担特别大。感觉什么档次的学校都接受不了，太多了。但我中考的时候就是想着要读高中的，没有想过去读别的什么。如果我上了大学，或多或少可以减轻家里的一些负担，因为我家里还有两个弟弟，我肯定上完大学之后到时候出来多都帮他们。

Y3P3：我对现在大学的收费也没啥想法，怎么讲呢，反正上大学它说多少就多少，没有钱，也要去凑一点钱。大点的生活开销，我们努力一点，多赚一点给孩子，反正也要让她吃点苦，让她也节省些。我这个二女儿本来中考的分数能上一中（县重点高中），她能去但也没去，我就是说在下面开销比较大，我们就在这上面比较方便一点。

L1S2：对于上大学一学年需要准备多少钱，说实话，我对金钱概念不是很重。但我大概能知道一点点，我说得可能不会太确切，就是接近六七千到一万，这样子差不多。我觉得到时我会自己去打工、自己上学，不会花父母的钱。我也问过我父母，当时父母是这么跟我讲的，只要你考得上，多少钱都给你砸进去。这个看着就是有点盲目，但是也的确看到父母的决心是这样的。

2. 提升型教育投资意识与能力的不足

高等教育获得，尤其是优质高等教育获得需要进行激烈的学业竞争与比拼。尽管农村家庭基础性教育负担有所减轻并由此增加了参与高等教育竞争的可能性，但城乡二元结构下城乡教育资源的失衡并未根本性扭转。除了学校资源的差距以外，城乡家庭的教育投资意识、能力、范围、转化率和有效性仍存在较大不同。从投资意识来看，受社会氛围和参照群体的影响，农村家庭秉持着较为传统的教育投资观，即为子女的学校教育付费并提供必要的生活保障，较少意识到其他类型的教育投资，也较少主动提供附加型教育产品。从投资能力来看，城乡居民收入状况仍存在较大的客观差距。城市家庭常见的教育投资行为，如购买学区房、参加才艺培训、课外辅导在很多农村地区尚不普遍。两相比较，农村家庭更多地呈现对于校外教育投资的消极意愿和能力不足。

以课外补习为例，由于我国高等教育入学竞争不断加剧，在主流学校教育之外进行的课外辅导资源日益兴盛，一对一、一对多、网络教育的辅导模式追随者大幅增加，并且逐渐成为经济条件优越的家庭确保子女教育优势的重要干预手段。城乡基础教育资源分配不均，农村学生所能接触的学校硬件设施、教育理念、教学方法、师资无法与大中城市学生相比，影子教育的盛行进一步拉大了资源上的差距。"双减"政策实施后，城市中小学的狂热补习潮受到了较大程度的抑制，但"地下培训""高端家教""众筹私教"等隐形变异补习行为仍客观存在。① 比较之下，农村学生往往面临较多校外资源和校内课后服务提质缓慢的双重问题。高中英语教师 Y3T3 认为，家庭对于课外辅导投入的巨大差距使得城乡教育均衡难以实现。课外辅导对于英语这种语言接触类学科的重要性格外明显，许多农村家长的教育观念尚未更新，以"佛系心态"对待子女的学业成长，缺乏为子女补给额外教育资源的意识，导致城乡学生的学业成就差距进一步拉大。另一所县高中班主任 Y1T2 也对比了班上的城乡孩子，指出愿意为孩子进行才艺培养和课外辅导的家庭基本集中于城区的孩子，而农村家长的相关教育投资意识明显不足。高中班主任 Y3T2 则认为由于农村孩子学习状况差异很大，仅仅依靠学校老师无法提供更有针对性的课程和教学内容，如果家庭能提供课外的辅导资源用于"吃不饱"的优等生和"吃不了"的后进生，对他们的学业发展会有很大帮助，但是从现实情况来看，当地大多数农村家庭对于这些额外教育资源的经济投入是很少的。

> Y3T3：说均衡，其实根本就不会均衡，怎么可能均衡。城里的孩子从幼儿园就开始投资了。我们有的学生念到高中，一直到毕业家里可能没花一分钱，比如额外花钱去上个培训班之类的。这种家庭投入造成的差距是越来越大的，家庭条件好的，人家是越来越好了。你看，我们的省考、省质检公布名次，我们乡下的学校有什么突出的？像物理学科就非常突出，它在市里面甚至可以排在前列，前二三十名都有可能。像我们英语这样子语言类的学科你就别想了，外面城里的学生接触面广得多。接触语言环境很重要，特别是英语，我就感觉我们老师即使告诉家长一些资源他们也不会去投入。比如说，我会跟学生讲，如果家庭经济条件允许的话，你可以购买那种网课。现在很方便，我们英语里面有那种辅助流利阅读什么的，其实不会花很多钱。我说这个也挺便宜的，60 课时才 99 块钱，一节课才一块多，半年的时间，180 天才 300 多块钱，但基本没人上。主要一个还是思想意识不够。家

---

① 薛海平、杨路波：《我国中小学家庭课外补习需求收入弹性分析——兼论"双减"背景下缓解课外补习需求的有效策略》，《首都师范大学学报》《社会科学版》2023 年第 4 期。

长不知道它用来干什么，其实现在一般孩子说我学习需要什么，如果可以，大部分家长，百分之八九十的家长还是会支持孩子的。但孩子不说，家长又没这个意识，即使买了他可能也不用，就造成浪费了。

Y1T2：农村学生物质上的投入，对学习的投入还是很少的。他没有这种意识，补课的也不多，才艺上的培养就更少了，基本上更多的是城里的孩子。

Y3T2：我感觉这里的家长除了正常的教育开销以外对孩子学习上面的投入基本没有，也基本没有去参加补习之类的。个别学生家庭条件比较好的，会去参加一些网络的培训。从个人来讲，如果说某一个同学某一科很差，然后去参加网络培训或者其他一些辅导，对他某些科目的促进肯定还是有很大帮助的。毕竟学校老师是面对很多孩子一起教的。农村孩子学习程度差异很大，有些学习落后的或者有自己需求的没法都顾上。

家长L1P7谈到没有为儿子提供过补习，原因是家中包括老人在内普遍认为"能读的话自然就会读了"，既然孩子没有意愿也不必强求。这种观点表面上看似尊重子女的自主意愿，实际上反映了当前很大一部分农村家庭的普遍教育心态——缺乏引导、随遇而安，并没有真正帮助孩子分析是否存在课外补习的客观需求。另一位家长L2P5提到了她所接触到的其他农村家长的教育观念，认为课外辅导"无用""浪费钱"，这也代表了另一部分农村家长的内心想法——不愿进行短期内看不到实效的教育投资，并且这种观念是会在家长和学生中相互浸染、相互影响的，从而形成小圈子内的教育投资抵抗行为。

L1P7：我儿子其实很少补习，因为他不喜欢补习。我们家里人也是这么说，我公公在孩子很小时就跟我们讲，不要去勉强孩子怎样，随他自己的想法来，能读的话自然就会读了。

L2P5：比如说我以前有在外面给她报英语辅导班，应该是六年级上学期的时候都还挺好的，都很认真地完成作业。但是到初一完全不一样了，就不认真学了，然后她就想退。特别是有一个跟她一起补习的同学，她们两个选择的不一样的学校。然后那个同学的妈妈说："补这个干什么呀？浪费钱，跟那个课本知识又不一定相干，补了没用。"然后我说："补了肯定是有用的。怎么会没用啊？那你多学了知识，哪还有没用的。"结果我好说歹说没退，后来我又跟她那个补习老师谈了，说如果她不补的话，我怕等一下越来越差，自己本身又不那么爱学。最后她自己主动说，妈妈，我还要报，然后就报了。我们现在那样的家长也有很多，但我们也管不了，自己的孩子管好就很好了，哪里还有闲心去管别人的孩子。

从经济水平来看，农村家庭为子女进行校外投资的能力也很有限。前面提到的两位农村学生 Y1S2 和 Y1S5 就是因为家庭经济困难根本无力承担其他额外的教育费用。此外，农村地区课外教育资源的数量和质量也存在很大问题，多样化教育服务力量十分薄弱，即便有意愿的家长也很难找到充足的、个性化的优质校外资源。需要说明的是，这种情况存在较明显的地区差异。我们调研过的 L 县，地处沿海，社会经济条件普遍优越，很多地处城乡结合地区的农村家庭能够拥有较为丰富的课外教育资源可供选择，相比之下，相关的消费意愿也强一些；Y 县，地处山区，农村低收入人口较多，即便是县城地区的课外教育市场也不够成熟，到了乡镇一级能够匹配的课外教育资源更是凤毛麟角。中学班主任 Y3T4 认为，城乡学生课余时间的利用存在很大差异。他所在的中学周末不上课，即便希望学生能够到辅导班强化学习也基本没有相关的社会资源。家长 Y3P1 也表达了类似的焦虑，因为没有合适的校外资源，她很希望学校能提供更好的辅导资源来弥补孩子学业上的不足。家长 Y3P5 谈到农村家庭没有高额的校外教育资源投入，所以感觉教育负担不重。一旦需要进行附加型教育投资，许多农村家庭就会捉襟见肘，经济敏感性随即暴露出来。此外，Y3P5 还是一名农村小学音乐教师，她认为除了传统的语数外补习外，农村的才艺类教育资源也十分缺乏，比如美术、音乐类的辅导资源有限，极大地限制了农村艺术教育的发展。有关农村家庭艺术教育参与的边缘化问题将在本节第七部分详细阐述。家长 Y3P6 也提到，很难找到优质的校外资源弥补孩子学业上的不足。

　　Y3T4：我们农村相对来讲，周末都没什么课，周六周日想学生去辅导班那里上课，都没有辅导班。乡镇下面很少有这些，城关那边周六时间抓得更紧，还可以去校外补习一下。

Y3P1：家里都没有给他报过补习班，外面也基本没什么好的辅导资源。我倒是希望学校和老师能集中办一下辅导班。我现在压力大，小孩子课堂上面有的时候吸收得不是很好，私底下也是希望老师通过一对一或者说一对几这样子把他的成绩稍微提一下，让他脑袋瓜更灵一点之类的。但老师也说那样不行。农村好像都没有什么家教，而且这边辅导班也很少。

Y3P5：家庭经济收入感觉还行，属于中等这样。孩子的教育费用负担觉得还可以，主要是我们不像城里有那么大的投入。平时我们乡下也没什么补课，比如说学习辅导、兴趣班之类的都很少。像我家这个原来有学习素描，小学三年级学了一下。他可能天赋一般，学的成效也不明显，这个反正花钱也不多，随便学了学。乡下资源很缺乏，美术的只听说我们这边有一个，也是人满为患，挤不进去。像其他的几乎没有，我自己也没有办什么班。

Y3P6：城乡教育资源的差距肯定大吧。城市的孩子怎么都比我们更好一点。乡下教育不像城市孩子天天补习，这里补那里补，我们这边乡下没地方补习的。补习机构很少，我们的钱也没有那么多，对不对？再加上这边比较偏远，肯定会差一点。我也是尽量给他想办法去补习，暂时就暑假的时候让他去外面补习了一下，去省会下面的一个学校。其实以前小学初中都没有什么想法，也没怎么管，高中了想抓一下。接下来还会给他假期看一下时间，因为有的时候学校也会把课排得挺满，具体看时间，像周末什么的学校都没有上课，但因为我们这边乡下毕竟离县里太远了，路程上要耽误很多时间。省会下面要寒暑假集中时间去，不然真的太远了，没办法。现在就是给他报了一个网络课程，先试试看吧，暂时还不知道效果。

与之形成对比的是，农村内部存在的经济实力分层正在使少数富裕家庭的孩子得到丰厚的校外教育支持。前面提到的L县，为福建省县域经济实力"十强"县之一，农村地区出国务工人员众多，侨台资源显著，因此不少农村家庭经济实力较强，对子女的教育投入也明显更多。以下案例基本为当地农村中上收入家庭，此类家庭为孩子提供了较为全面的校外资源辅助，如课外学习资料、补习班、家教、网课等形式都有涉及。这些家长普遍认可课外辅导对子女学业的助益，认为其具有强化课堂知识、查漏补缺、锻炼思维、接受度高、保持学习习惯等优势，认为这种教育投入更加个性化、有针对性和互动性，从长远来看能够推动学业进步。部分家庭甚至为此花费巨大，如 L1P9 夫妻是个体商户，家境宽裕，每年给孩子的课外补习花费上万元。L1S3 的父母都是生意人，家中有服装厂，经济条件优渥，每年为她一个人请家教和补习的费用就要 2 万元左右，另外还要为妹妹的教育进行高额开支，对此并无任何负担。

　　L1P1：我们平时肯定会在孩子的学业投入上花些力气的，学习资料、辅导资料都尽量提供给他。放假期间，还到培训机构找老师强化训练一下。这些投入短期看作用可能不是特别明显，但慢慢地总有些促进作用。我们作为家长来说，当然尽自己最大的努力。只要孩子肯学，我们也具备这个条件，肯定要创造这个条件的。个人理解上，我们要不留遗憾，不管他考得怎么样，只要他自己努力就可以。

　　L1P3：其他有的时候也会给孩子补习。自己到外面培训机构去。比如说周末这样子。这种投入对孩子学业成绩提高还是有一点帮助的，我觉得针对孩子某个薄弱学科去补一下，还是有帮助的。

　　L1P4：周末的时候我也有请那些家教回来，稍微给他补习一下。平常我们外面也有培训机构，补习班也会去。兴趣班有时候也会参加。有的时候可能在补习方面，成绩也不能说一下子有很大的提升或者怎么样，但对他的思维能力或者为人处世方面的话还是有很大帮助的。

　　L1P9：这两个孩子的教育花销还是挺多的，补习一年都要一万多块钱啊。主要就是补英语、数学、语文，是从初二就开始了。除了这些，主要的学习资料，就是说需要什么我们都满足他们。以前都是每年带他们旅游，基本上他们想去哪里就去哪里，比如景区城市啊。从初三开始没时间就没办法了。我觉得家里提供给他们的学习条件都还可以吧，他们需要什么就给什么了。

　　L2P1：我们在孩子学习上也有投入一些，就是让他去那个机构了，去读一些。光靠学校里，打个比方，有的学生数学考了一百三十分，有的数学考五十分，你就说怎么教，参差不齐。出去补课应该是有一定效果的。我的孩子原来英语真的是一窍不通啊，英语成绩确实是靠补出来的。我的孩子就喜欢互动性的课程，他现在就是英语这科最好。不说钱，像我们这样的家庭这种负担应该不成为负担。

L1S5：从小到大，家里给我的花费有一大块就是补习吧。我小学的时候有补过，就是小学没晚自习，晚上会去老师那边写作业。然后就是初三，补得比较厉害一点，周末都在外面补课，一对一或者大班都有。现在还没有去，因为一直找不到合适的老师。

L1S3：我家里有帮我请家教，然后去外面补习。我英语一直不太好，想提高一下英语成绩，补习班也是上英语，现在还请了英语家教，差不多两万块钱一个学期。感觉这些对我家应该不算什么负担吧，他们也从没有跟我提过有经济上的压力。

即便是总体教育环境更为薄弱的 Y 县，也有家庭社会经济文化背景较好的农村家长通过努力运作调用经济资本来破解学校和社会教育资源不足的难题。Y3S3 的父母都就职于乡镇中学，父亲是语文老师，母亲是学生管理员。由于当地很难找到合适的学习辅导资源，父母为他创造各种到县城和省城补习的机会，日常、周末和假期都会安排多学科的、不同类型的优质辅导课程。他认为自己的家庭收入虽然只算中等，但父母非常重视自己的学习，并为此不遗余力。课外的补习虽然辛苦，但培养了他学习的紧迫感，学习动力有所增强，时间利用的效率大幅提高，他的学习成绩也一直稳定在班级前三名，这和同班的农村同学有明显不同。

Y3S3：我们班补习的不多，有几个也是个别的。我平常都有去补习那些的，暑假的时候会去省城补习，然后最近报了网课。一般我暑假补的是物理，还有数学，然后在县城补英语、数学还有化学。反正我要学习的东西，爸妈都会给我买，或者说我想报网课什么的也都会支持。像网课我才刚开始，但是我觉得应该还是挺方便的，可以先预习一下，然后听老师讲的时候比较轻松一点。我觉得补课最大的好处就是把时间抓起来了，这些补习对提高成绩应该还是有些帮助的。有时也会觉得累，放假了，该休息了，还要去学习。不过如果对学习有帮助的话，我觉得还好，还是值得的事。有的时候周六周日，很多同学就不想做作业，但是我就想如果你不抓紧做作业的话，临时再赶做作业，那样心情很差，还不如先做完了，然后后面还能放松一下。所以我都是习惯先做好作业，后面还有补课。现在大点的地方周末都有补课，像这边学校外面都没有。另外，我也会培养一些品质，如果从小就是环境比较不好或者说很放松的话，可能就没有那种学习的上进心，初中毕业就想出去打工之类的。

关于父母是否应该给孩子提供课外补习资源以及影子教育的利弊尚有争议，特别是从儿童身心健康发展的角度来看，违背子女意愿的强势干预和过度的补偿性教育收效甚微，有时反而会造成子女心理压力过大和厌学情绪的蔓延。许多受访农村家长就认为没有时间安排孩子的课外辅导。不少农村家长（如 Y3P5、L1P2、Y2P4）提出学校课业安排十分紧凑，并没有额外的课外辅导空闲。这确实是目前中小学教育的客观现实，学校本身的课业压力就十分繁重，偶有空闲时间家长想让孩子有所放松也无可厚非。但不可否认的是，不同家庭校外经济性教育投入的差异确实在客观上影响着农村孩子的学业成就布局。优势背景的父母能够通过经济手段不断调适孩子教育资源的质量，更有针对性地为其提供补充性或提升性的才艺特长、知识技能、解题逻辑和学习方法，通过有效的时间管理培养孩子的学习上进心、自信心和学习习惯，这已经成为中上阶层家庭保持子女教育优势不言而喻的重要法门。

> Y3P5：没有补课，她学校这边已经抓得很紧了，学校每天时间安排得非常紧，然后周六也上课，所以她时间已经安排得很满了，我课外就没有给她再安排。
>
> L1P2：都没有在别的方面投入过。因为他们时间比较少，像晚上都有学习，有晚自习，然后周末就两天时间，做一下作业，我看时间也比较紧。现在学校里面安排的各方面都比较紧凑了。业余我们家长很难给他再安排其他的一些学习活动，他自己课余的时间会跟同学去打球什么的。
>
> Y2P4：现在学校抓得紧，都没时间补习嘛。你说现在哪里有时间，星期一到星期六都排满，就剩下一天也要让孩子学。其实这方面我也

不大清楚，因为我孩子从没有做过补习，也没必要吧。这边也有些培训机构，偶尔看到它们的学生，这个我不清楚，也不会跟着做。因为我自己做生意，早上5点多出去，都忙死了，没关注这些。

高中生 Y1S3 谈到一个令他印象深刻的同学个案：某省重点高中在本地有自主招生的名额，镇中学的一名同学有很好的家庭经济后盾做支撑，通过到县城进行专业的深度辅导，一年后成绩突飞猛进，得到了这个珍贵的名额。其他原本成绩相近且也很优秀的同学因为没有外力加持，只能望洋兴叹。在大城市的孩子将大量的时间、精力、金钱投入学业的同时，许多农村学生还在自由散漫中度过，先不论哪种立场更佳，这事实上造成了二者学业成就的差异，进而导致农村教育淘汰率的居高不下。一名从小没有接受过补习的农村中学生 Y3S2 讲述了自己最近一次偶然的补习经历，认为这次集中培训收获颇多，对自己的学习有很好的提升作用。虽然她的成绩一直名列前茅，但父母都是以做工为生，能够给她提供的学习资源十分有限。由于没有额外的补习资源，遇到很多困惑只能靠自己分析琢磨。她进一步反思自己的自控能力不是很好，周末的空余时间经常会玩手机。这也反映了很多农村学生课余生活的一种常态，尽管课业并没有城市学生那么紧张，但由于农村社会健康的休闲娱乐方式较少，他们往往更容易将时间、精力花费在对身心无益的某些纯娱乐项目上，并沉迷其中。（有关手机等文化产品的正负效应将在本节第七部分详细阐述）

> Y1S3：像我之前所在的那个镇中学，它今年就一个考上一中（省重点）了，走的是那种自主招生的，好像叫圆梦计划。就只考语文和数学，其他都不考了。这个同学家庭条件就非常好，他爸爸在那边开照相馆，很赚钱的。其实其他同学也有学习很好的，他们初二时基本处在同一水平，甚至去一中这个比他分数还低。但是没有办法，人家初三的时候一周两三趟地到城关进行专门辅导，就只学那两门，然后成绩就一下子飞升上去了的那种感觉。因为你知道自主招生的话，他考的其实也不是原本的东西，它有很多外部的东西，那种东西没有老师教是不会的，老师一教的话就可以有明显的差距。当然我不是说他没有努力，但他的家庭就给了他很多。其实也有一些家庭比较差的或

者比较一般的，学习成绩本来能够更好的，但是没有办法享受到这种资源，只能靠自己刻苦努力。另外，还包括很多社会经济因素，你不能获取很好的学习资料。上海有很多补课班，这里没有，那么学生多余的时间怎么办？玩啊！玩的话就会荒废学业，学业荒废了就越来越喜欢玩，继续恶性循环。上海那种可能就是良性循环，当然它也会带来比较大的压力，但是我觉得跟以前的人来比，那又算什么，从长远来看辛苦一点都是值得的。

Y3S2：学习条件上不管是学校还是家庭都还不太够。周末也没有开展补习的，我自己从小到大都没有参加过什么补习，镇上可能也有一些补习的。我之前没去过补习班，所以也不是很清楚。班上同学有去补习的，但是不怎么多。至于学习效果嘛，我有问过我后桌，他就经常去补英语。他说他觉得上学期效果不大，因为他去了没认真听，这学期他觉得有用，因为他认真听了。今年的暑假和同学们去了一下县里×××（某培训机构）那边。相当于给我们复习以前的知识，然后我们到了那边12天，都是在学校里面住，在学校里面吃，就感觉很开心，收获挺大的。一方面感觉跟以前那些朋友更加熟了，另一方面也意识到自己有很多知识点不熟的地方，有挺好的提升作用。

3. 择校陪读的两难

与农村家庭提升型教育投资总体状况不佳形成对比的是，不少农村地区兴起了一种补充性教育投资风潮——择校陪读。农村学校布点分散、教育资源滞后、学生数量大批减少。随着更多的农村父母教育意识的增强，越来越多的农村家庭为了让子女获得更好的教育资源舍弃离家较近的免费农村学校，花费昂贵的择校费转投乡镇或县城的中心校、民办校等，被迫加入择校大军，乃至成为陪读一族。中学教师Y1T1认为农村家庭对教育的重视程度在不断提高，其中突出表现为陪读家长越来越多。他所在的中学地处县城，许多农村家长远距离送孩子过去读书，需要额外花费高昂的房租、生活费和时间成本等，这也反映出农村家长望子成龙的决心。L1P6夫妻只有一个女儿，他们原来一直生活在村里，为了孩子能有更好的教育环境，全家搬到县城附近方便孩子读初中。二人只有高中学历，很难找到稳定的工作，后来选择做个体小生意，边工作边陪读，一直到孩子上高三。

他们的基本理念就是不能把教育的责任完全寄托在学校。这代表了很大一部分农村陪读家长的心声，尽全力为孩子创造更好的教育环境，使其通过考取更理想的大学来改变人生的发展轨迹。

> Y1T1：现在咱们这边农村的家长对孩子上学还是很重视的，最典型的话就是陪读的家长很多，特别是前两年我们学校住宿条件不好的时候，家长都是在外面租房子。这个花费也很大，有的妈妈就全职住在这边陪读。作为农村的话，做到这点就确实还是挺重视了。
>
> L1P6：家庭教育肯定非常重要，我也是这么想的，所以选择过来陪读。因为这边很多把孩子留在本地，然后自己出去打工的父母，他们有的可能觉得我都把孩子交给学校了，学校帮我管好就好了。我们这里经济也不像偏远山区那么贫困，其实也不至于到那种完全顾不了孩子的地步。有的家庭是没办法，不得已，他们肯定也有各种原因。但如果我们认为家庭教育不重要的话，我也不会来陪读这么多年，就是想给他这些家庭支持啊。现在但凡重视点的，最明显的就是把农村那些孩子送到城关来读书，你把他送到个好的学校，肯定是想让他有一个好的学习环境是不是？然后就是家长从孩子小陪读到大，现在这种也挺多的。

总体来看，农村家庭的择校行为可被视为被动型的两难抉择。一方面，农村学校生源减少，导致办学质量下降，一些家庭经济文化背景较好的农村父母开始把孩子送到外面读书，引发光环泛化效应，进一步加剧优质生源的严重流失，更多的农村父母跟随效仿纷纷进行"教育出走"，形成乡村教育的恶性循环。另一方面，农村家庭的择校陪读选择催生了内部阶层的进一步分化，中等收入家庭加入教育竞争大军的同时背负更为沉重的教育负担，低收入家庭无力出走被迫留在乡村学校。如果说城市家庭择校是为了追求高质的"锦上添花"，农村家庭择校更多的则是为了摆脱低质的"雪中送炭"。农村家庭的择校与陪读行为折射出的是城乡教育资源的鸿沟，一小步弥补鸿沟的自主行为都可能使这些家庭背负起更高的教育风险。

从调研结果来看，农村陪读家庭的教育参与有几方面特点。一是家庭生存适应与子女学业适应同步。农村家庭在选择陪读之路后立即面临的是在城镇地区的生存适应问题，包括调整家庭劳动力分配、寻找新的经济来源、离开熟悉的社会环境背景和适应新的生活模式，这往往需要顶着沉重的经济压力和精神负担。原来以务农为生的 Y2P4 一家为了两个孩子能在县城读书，举家租住在中学附近。之前家里有自建房，生活上自给自足且略有富余，搬家后为谋生计到市场上做些小生意，收入不是很理想。县城生活成本很高，为了小儿子能继续在县城读中学还要想方设法买房，夫妻俩的经济压力沉重，但只能咬牙坚持。二是陪读以生活保障为主，学业实际参与不足。尽管择校陪读能够反映农村家庭改善子女教育环境的坚定意志，但由于经济水平的限制，大多数家庭选择由母亲陪读并负责日常教养。母亲的陪读模式大多要么是全职在家要么选择做零散工作来添补家用，在实际教养中主要负责孩子的饮食起居和后勤保障。她们善于同子女建立较亲密的亲子关系，但文化上的制约使其仍然较难深度参与子女的学业管理，农村家庭教育的主导模式仍未从根本上改变（有关农村家庭的教养模式将在本节第三部分详细阐述）。三是后知管教型陪读效果不佳。这主要指在子女出现行为失当或学习成绩滞后等长期未能得到解决的问题时，农村家庭才不得已采用的救急式陪读策略。中学教师 Y1T2 指出，很多农村家庭没有重视孩子的早期教育和行为养成，造成子女深度的学业障碍等问题，经过学校老师的反复沟通才临时采取陪读方式加以监督管控。由于问题积重难返，这种陪读效果往往事倍功半。

　　Y2P4：我们家以前都是务农的，后来我大女儿读高中，我们就搬到这边来，在市场上做点小生意。真是为了孩子读书才过来的，现在地也没人种了，老人家今年生病了也过来了，八十几岁，因为家里男的只有我老公一个。现在小的也要读书，没办法读，还得买房子，真是没办法负担。都是为了两个孩子读书，负担真的很重。

　　Y1T2：现在农村过来租房子的家庭也有一些，以母亲为主吧。这些来陪读的家庭有两类，一类就是城关买不起房子，但还是挺重视孩子学习的，小学、初中、高中都在身边，这种家庭的孩子成绩可能会好一点。还有一类是什么呢？孩子出现了问题，老师告诉家长问题的严重性之后再回来陪读的。这时候往往都比较迟了，亡羊补牢补不上。因为你前面没有上心，基础没打好，问题出现了再补救就很难，中学三年时间一眨眼就过去了。

4. 家庭客观化文化资本供给的缺失

客观化文化资本也称为物质化文化资本，实质上可以被看作一种披着文化外衣的商品，具有明显的财富化和外显性特征。这类文化产品大多指书籍、乐器、文化耐用品、文化装饰品、媒介制品等，其供给的数量和质量与所有者的经济状况密切相关。农村居民受教育程度总体偏低，使得农村家庭对客观化文化资本的重视程度明显偏低，也很少意识到此类文化产品与子女教育的关联性。具体表现为两个方面：一是文化产品采购少，当前农村家庭主动采买的文化产品仍很局限，基本限定为学校推荐购买或子女提及的文化产品，对子女成长有益的书籍、乐器、绘画、音像或器械等教育类消费产品缺乏足够的购买力，且农村文化市场供给不足和社会氛围重视不足再次削弱了农村家庭教育性文化消费的意愿；二是受制于消费水平和文化程度，农村家庭选购添置的文化产品层级偏低、品种单一，重休闲娱乐向，轻教育提升向。采买后的教育文化媒介利用率和转化率低，农村家长较少将其用于全家的素质提升，而更多的是直接供给子女使用，具体使用状况和效能无法进行有效评估。这种物质形态的文化教育产品与家庭经济资本和文化资本的储备及运作状况同时相关，本节第七部分将对此进行详细阐述。

二　教育目标共识与家庭合力的失焦倾向

很多时候，家庭经济资本并不是直接介入子女的教育活动中的，有两种颇具代表性的假设用以分析家庭经济收入对子女教育状况影响的过程机制。第一种家庭压力模式假设（Family Stress Model，FSM）认为，经济不利会加剧家庭的压力，父母在压力作用下常会产生负面的情绪、态度和行为，并采取不利的亲子互动模式，破坏亲子关系并影响子女的教育状况。[①] 第二种家庭投资模式假设（Family Invest Model，FIM）认为，经济状况较好的家庭能够进行积极的生活与教育投资，寄予更高的教育期望，施加更丰富的学习刺激，并善于采用协作式的教育方式来促进子女的学业成功。[②] 我们的研究认为，经济资本的影响虽然重要但并非线性的，农村家庭的教育目标

---

① R. D. Conger & M. B. Donnellan, "An Interactionist Perspective on the Socioeconomic Context of Human Development," *Annual Review of Psychology*, 2007（58）：175-199.

② R. H. Bradley & R. F. Corwyn, "Socioeconomic Status and Child Development," *Annual Review of Psychology*, 2002（53）：371-399.

确立和行动推进过程是十分复杂的,这既与他们所处的社会经济地位有关,又与各自家庭内部社会资本的具体运作方式密不可分。

1. 家庭教育期望的背负

教育期望是指教育地位获得过程中,人们依据自身主观认知构建出的教育目标与成功期望。父母或其他抚育人对子代秉持的教育期望与具体行为可被视为家庭内部社会资本的重要表现形式。在第二章关于高等教育需求的分析中可以看出,目前农村家庭普遍对子女持有较高的教育期望。在大学扩招和学历相对贬值的时代背景下,越来越多的农村家庭寄希望于子女获得更高层级和更高质量的大学教育机会,并且在子女学业状况允许的情况下愿意为其实现教育晋级进行投资。

从调研结果来看,农村学生能够直接感知到家庭传递的教育信号并自觉或不自觉地调整自身的教育期望与学业表现。农村学生对大学教育的渴求会在亲友、老师、同辈群体中得到强化,其中父母正向的教育期望影响至深。有了家庭的鼓励和支持,学生更愿意明确表达自己的教育目标,也更有可能付诸行动。中学教师 Y3T2 认为尽管从表面上看城乡家长都会普遍地对孩子抱有高等教育期望,但其具体的期望程度及其对孩子学习动力的推动程度存在较大差异。农村父母对孩子的教育要求和期望偏低影响着子代的学业表现。前文曾提到农村中学教师 Y3T3 的教育观察,当农村家长秉持"读书无用论"的思想观念时,他们对孩子的教育期望会大幅降低,这也使得这类家庭的孩子更易产生厌学、学业不佳或行为问题。从子女的角度来看,父母传递的教育期望信号通过有效沟通能够内化为自己的教育目标,并转化为学业进步的巨大动力。中学生 L2S5 清晰地感受到父母对自己的高等教育期望,并希望能跳出农门获得更好的发展平台。在这种家庭氛围的感召下,他的大学之路充满干劲和自信——"一定要考、肯定要考、就是要考",自己也期待着步入大学为自己赢得人生新的起点。另一名中学生 Y1S4 也为自己树立了坚定的高等教育目标,父母反复给他灌输"学习高于一切"的教育理念,并为其承担所有的经济投入,这使他坚信高等教育是一项有价值的投资,在家庭的支持下这成为自己的必由之路。

> Y3T2:虽然大家都想考上好大学,城里的人想,农村的人也想,但班上的孩子,表现出来的学习动力以及对今后上大学期待的程度、

渴望的程度，是有不一样的状态的。从父母对他们的要求和期望来看，我觉得这是重要的因素。

L2S5：上大学肯定很重要。我爸妈可能觉得他们也是农村出来的，既然他们都没有怎么好好去受过教育，自然希望我能有一个更好的教育平台。他们为此也会经常对我说，你不要想着钱的事情，钱的事情爸妈能解决，你只要在那边好好读书，以后考到什么程度看你自己。哪怕这次考不好了，那也是你自己走出来的这一步，以后继续往前走就可以了。我有时候压力太大或者说抱怨一下，负能量一来就会说不想考大学，好累。但是说实话这个东西是心里的一根刺吧，就是一定要考、肯定要考、就是要考！就算最后考得不好，至少这个经历和以后上了大学的经历也很重要。用我们段长的话就是说，你上了大学以后的见识不一样、层次不一样、认识的人不一样、格局不一样了，那你的生活轨迹就肯定会有不一样的变化。这个变化是好是坏，是由两点决定的：一点是你的高考，另一点是你大学以后自己（的路）怎么走。所以我觉得上大学只是人生的第一步，是你人生变化的一个通行证，上了大学以后才能开启你人生一个很关键的方向。

Y1S4：我感觉上大学对于现在来说是必由之路，不说上大学以后一定能有出息能干吗，但是以后想有出息，一千个人、一万个人里面，可能也就一个人没有上大学。家里的经济是否有负担爸妈没跟我谈过，但是我有去想过这件事情，这就像是一笔投资可以尝试。我感觉反正现在上大学是必需的，以后不管你出去要干什么，上大学是一件必需的事情。不管以后会怎么样，我觉得至少这笔投资是有必要的。父母也挺希望我多学一点的，反正在学习这方面，我父母一直给我灌输的就是你在学习上花多少钱都没有关系，不光学习上的，哪怕不是直接的学习比如说去学乐器、跳舞，这类的教育他们也全力支持我。

通过对比不同家庭背景的农村父母，我们发现，受教育程度较高的农村父母更加注重子女的教育问题，对子女秉持更高的教育期望，并善于激励子女提升自身的教育追求。Y3S3 的父母都在农村学校工作，父亲接受过本科教育。在他的脑海中，上大学是理所当然的事情，是家庭的共识，是无须考虑的不二之选。父母的影响使得他成绩一路平稳直上，也使得他与很多农村同学有了不一样的教育认知，他认为自己自然而然地就会进入大学。家长 L2P1 夫妻都接受过高等教育，他们怀有坚定的高等教育信念，并将这种想法时刻渗透给孩子。当父母与孩子的教育期望统一时，父母教育参与的努力就会融入孩子的学习实践中，形成合力。对于家庭背景的影响，高中班主任 Y3T2 认为确实存在。受教育程度较高的父母通常会通过更多更先进的教育知识和观念、更高的教育期望和更全面的教育规划来影响孩子的想法和行动，没有家庭扶助的农村孩子就只能靠自己的天赋、秉性和努力了。

> Y3S3：上大学我觉得应该是可以改变命运的一件事，我觉得一定要努力学习，然后上一个好大学。这一直是我们家的共识，我从小到大就把上大学看作一个理所当然的事，觉得一路下来应该自然而然我就去读大学了。有的同学可能会想着去做点别的，或者读完初中、高中差不多了什么的，我没有。我从小学开始一直就觉得自己肯定要读（大学）。

> L2P1：上大学对个人成长有很大的帮助，最起码能达到高等教育这个层次。他也知道现在一般没有知识真的走不出去。说难听一点，你如果都没有读高中，你看英语都不清楚是什么意思，所以我始终给孩子灌输必须上大学，上高等学校是非常关键的。

> Y3T2：家庭条件不一样肯定不一样，有知识、有想法的家庭对孩子的要求可能就更高，对他们的规划也更好一点。这样的孩子成绩也会更好一些，没有的话，那就看孩子的自觉了。

部分农村家庭将"教育改变命运"作为突破家庭社会经济地位的重要机制，对子女教育产生和维持着较高期望并以此鞭策子女获得更好的教育表现。家长 L1P4 谈到希望孩子尽量多读书，至少应该有本科学历，不能再像父母一样过早地进入社会，并将自己未能继续深造的遗憾寄托于下一代。中学生 L1S5 自小身处农村，父亲长期在外务工，母亲在家以经营小吃店为生，父母寄予他的期望就是通过上大学"出人头地"，希望高等教育能给他带来安稳的生活。Y1S1 的父母在外务工，长期从事辛苦的体力劳动，父母期望她不再像自己一般从事劳苦工作，借由大学的阶梯实现人生的逆转，这种信念也一直触动着 Y1S1。高中生 Y1S2 的大学梦想也来源于自己的农村生活，她详细地诉说了爷爷奶奶传统劳作方式的落后，思考着如何改变这种"作为人不应该这个样子"的生活，并且立志要考上大学，学习机械自动化来改变农村落后面貌。对她来说，上大学就是"翻身"的重要机会，尽管生活并不富裕，她给自己树立了很高的教育目标并为此付出努力。这种对高等教育的迫切渴望反映了很大一部分农村低阶层人民的朴素愿望，让人深受感染并为之动容。

L1P4：现在像我们这一代的小孩子的话，大学应该是一定要上的……因为他现在的成绩可能拿到本科，然后看他以后如果有兴趣或者说对他自己有所提升的话，再往更深的去学习。我有时候也会跟孩子讲学习的重要性，我跟他讲我自己现在都很后悔，当初没有再去深造，而选择了出去创业。

L1S5：我觉得可能我们农村嘛，唯一出人头地的方法就是上大学吧。我们这边就不算很发达，可能要想过得比较好，只有上大学，我爸妈也一直是这么和我说的。我觉得他们对我的期望最低也得是大学吧，爸妈挺希望我能当老师，因为当老师收入比较稳定。

Y1S1：他们就是希望我首先要考好一点的大学，然后找工作的时候不要像他们。他们希望我找工作能成为白领那样的，比较轻松，因为我父母是做贴墙的，经常高空作业。他们在外面赚钱这么辛苦，对我也有明显的触动。我认为他们真的很辛苦，包括他们自己，还有我家里邻居，每次过年回来的时候，都会这么说，然后要我努力学，要改变这样子的状态。我父亲说考本科就行，然后我母亲对我的要求是一本，我觉得有点难，只能多努力了。

Y1S2：像我现在报这个选科，其实是受家里种地的影响。我想学机械，因为我爷爷奶奶他们那个棚本身我觉得还可以搞得更好一点。他们都是看谁谁家又搞棚，然后模仿过来的这东西，先把布弄上去，然后插个水管上去，我就觉得这种方式需要改进。他们每天早上很早起来，人力纯手工一根一根摘下来，还有很多事情我都觉得人不应该这样子无脑力地做这种烦琐、机械的活动，又耗脑又耗体力。那段时间我甚至觉得这是在用命换钱，作为人不应该这个样子，我就想去学机械，我想这些事情就应该让机械去完成，我想去学自动化或者去学生物学，让他们生活得更好。像袁隆平那样，让水稻长得更好，让这个菜，什么光打下去更好地适应，各种条件搞出来提高产量。不学习的话，不上大学的话就要一直受到这些东西的限制，很不应该。上大学这个事情，对我来说的话就是一个翻身的机会。我觉得本科都不太够吧，最起码考个研究生，拿个硕士学位出来才够。我自己很喜欢看有关大学的一些东西，比如那些好学校好专业之类的，越看越兴奋。真的很想报个理工类，然后去学机械。我一直很想上的学校就是哈尔滨工业大学，真的就是那种非常向往的感觉，但想考上也确实很艰难。

但同时，很大一部分农村父母不善于表达自己对子女的教育期望，这种隐性而模糊的表达方式有利有弊。这在第二章农村家庭高等教育需求的分析中也有提及。这种隐性的表达方式利在于减少对子女学业的压迫感，弊在于缺乏教育引导性，容易使子女产生随遇而安、目标不明确的学习惰性。受访中学生家长 Y3P3 的讲述就很有代表性。她认可高等教育的价值，也希望自己的三个孩子能考上如意的大学，这样就能够摆脱目前所处阶层的艰辛。但日常生活中，她几乎不了解孩子的在校情况，并且认为自己没文化所以听不懂，没时间所以没法管，索性就完全放手任由孩子自己发展，父母的教育期望成为"也就是那么一想"，这种没有任何实质行为的期望所产生的正向效果显然是大打折扣的。

Y3P3：上大学肯定是很重要的吧。我们夫妻没有文化，让他们上大学以后找工作会轻松一点，肯定有文化的人比较有出息，就说一点哈，我们没文化天天在土里面爬来爬去会赚多少钱？为了生活是不是挺难的？我没文化也不懂得讲希望他们以后做什么。对于学校里面的事情，我也不知道，不大了解。大孩子上大学也是自己做的决定，问我们我们也不知道。他们将来想做什么即便跟我讲我也不懂，我没文化真是听不懂。我当然希望自己的孩子将来能考上好的大学，但是没有能力啊，想是这样子想，但也就是那么一想，可能达不到。学习上都靠他们自觉了。我天天去干活，上班又没时间管这个，没时间去想，天天都是忙着干活什么的。

2. 家庭结构变化的挑战

农村家庭的教育目标深受家庭结构的影响。当前我国农村地区呈现十分复杂的家庭结构模式。夫妻双方通力协作的双系抚育结构面临巨大挑战，父母的教育期望分裂为两个方向。一方面，农村独生子女家庭日益增多。尽管学术界对独生子女性格、品德、智力和行为习惯是否存在负面印记仍有争议，但从调研结果来看，独生子女父母的教育心态发生了新的变化。相比"资源稀释"的多子女家庭，独生子女家庭对孩子的教育期望有了更高的追求，教育投入的金钱、时间和精力也更为集中化，这对于子女的学校表现有积极的推动作用。L1P2 和 L2P2 两位家长都认为由于只需负担一个孩子的成长，家庭的教育费用和其他经济开支都更为宽裕，能够为孩子投入更多的时间、精力和金钱，营造更好的学习条件和教育环境。在农村公共教育资源还十分有限的情况下，这种家庭资源的集中效应明显高于多子女的扩展型家庭。同时发现，在生育意愿较为强烈的农村地区，倾向于少生孩子的家庭通常拥有更好的经济文化背景，这有利于更多更好的家庭资源转化为子女学校教育的优势，从而达成教育目标。

> L1P2：我觉得目前他这种开支在县城里面上学没什么负担，最主要是因为我家就一个孩子。我们家这个小时候上一些兴趣班，参加其他的活动，后来上高中了没时间就没去了。不过以前这些投入，对他的成长，尤其是学业方面还是有帮助的。孩子其实从学习条件来说，还算可以，基本上能保证满足他的各方面需求。

> L2P2：我家就这一个儿子，从压力来说也构不成教育负担。现在孩子初三马上就要中考了，回头看看也给他投入了不少，除了学校的这些正常教育费用之外，只要儿子想学的东西、感兴趣的东西，都有满足他吧。学习上面也真的是很关心，有空的话还会带孩子去旅游、去参观这些的，都有做。我自己平时就喜欢旅游这些的，然后经常带着孩子去玩，比如说他考试进步了，我也带他去。我觉得这些对他应该是有帮助的，肯定多多少少都有一点。

但需要注意，与之相矛盾的是农村独生子女家庭正在出现新的教育困境。在家庭给予"万千宠爱于一身"时，这些孩子的脾气个性、交流互动、适应能力和抗压能力等方面更容易出现偏差。过度的关注保护使得吃苦耐劳、刻苦读书的精神在新一代农村独生子女身上有所消减。家长 Y3P6 讲述了作为母亲对独生儿子的复杂情绪，自己清楚地意识到孩子性格上的自我和叛逆，但仍控制不住自己的溺爱心理，有求必应，不舍得让孩子难过。即便孩子已经因为沉迷手机造成了学业问题，她还是盲目地迎合顺从。家长 Y2P3 也发现，尽管农村独生子女家庭对孩子都抱有较高的教育期望，但很多孩子因家庭条件的改善和不得法的娇生惯养而萌生了更多的惰性，抗压能力差，遇到一点点挫折和障碍就容易退缩。农村独生子女展现出的这种心理和行为上的矛盾与反差在学术界存在较大争议，如何平衡各种影响机制的相互作用有待予以更深入的探究。但可以肯定的是，农村家庭生育结构的变化对家庭资源分配、父母教养态度和子女行为习惯养成产生重要影响，关注 00 后新一代农村子女的家庭成员结构特征必定有利于更好地理解他们的学校表现和升学行为。

> Y3P6：现在孩子因为是独生子女，性格会有一点自我。我感觉我自己算是溺爱孩子挺厉害的，因为就这么一个孩子，真的是偏溺爱型的那种，基本上有什么要求，怎么样尽量都会满足。比如给他买手机这件事，之前说好了只用手机做学习方面的事，让他把游戏都卸载了，所以没有没收他的手机。学校要求上课全部上交手机，我其实知道他有在用，用得也挺多的，但没办法。我要把他手机拿回来，他可能就不爱学习了。他是很叛逆那种，很敏感，特别对手机这个问题很敏感。他同学应该有的手机也被老师给收起来了，他就是不行，他就收不起来。老师和我说过这个事情，我也是不舍得，狠不下心，但就是没办法，手机这个问题很严重。

> Y2P3：现在大家都只有一个孩子，其实作为家长都是很重视的，对孩子的期望也是比较高的。只是有的时候就是像我这样文化程度不是很高，也没有很好的方法，不得法的感觉。我总觉得现在小孩子跟我们那个年代真的有很大区别，因为家家一个，他们都是蜜罐里出来的，所以我们稍微压一点，他就会觉得苦。

另一方面，农村家庭抚育走向单边化，甚至分裂瓦解。这突出表现为农村离异家庭和留守家庭教养责任承担不足所导致的教育目标失当。近年来，我国传统的婚姻观念和家庭秩序被打破，离婚家庭迅速增多，全国离婚率从 2011 年的 2.13‰陡增至 2019 年的 3.4‰[1]，直到 2021 年民法典中"离婚冷静期"规定施行后才有所下降。进城务工潮和城镇化加剧使得农村居民的生活观、价值观及婚姻观发生巨大变化。在此背景下，农村离婚率也大幅上升，由此带来离异家庭子女数量的攀升，使得离异家庭子女的心理压力、不良行为和学业困难等问题成为困扰农村学校教育的一大难题。多位受访教师表达了居高不下的农村离婚率给孩子成长、学习带来的巨大冲击。L1T1 认为父母夫妻关系不和谐，进而导致婚姻破裂，会对孩子造成非常大的负面影响。他举了一个农村家庭的案例，父亲酗酒时常打骂妻子和孩子，母亲不堪忍受提出离婚。结果离婚过程中矛盾愈演愈烈，孩子不仅学业受到影响，连基本的生活环境都无法得到保障。这个案例虽然有其个别的极端性，但反映了夫妻不和的家庭氛围对子女成长造成的深刻影响。教师 L1T3 也持同样的观点，农村单亲家庭的孩子更易出现家庭失管或内部协调力缺失等问题，家校配合过程也更易出现断裂，亟须引起重视。教师 L2T3 认为，农村离异家庭的增多使得家庭的教养主体失焦、家庭关系疏离、教育管理缺位和教育责任推诿。这样家庭的孩子更易出现心理问题，被社会人员"拉拢"而游走于教育系统之外，使学业失败和行为失范的概率增加。农村外出流动人员的增加使家庭成员之间的情感联结变弱，特别是长期分居的夫妻共同话题日益减少并衍生为婚姻问题。家长 Y3P3 也谈及自己身边的一个例子，原本学习成绩不错的孩子受到母亲出走的打击，成绩一落千丈，初中学业尚未完成就走上社会。

> L1T1：还有我们这片乡镇父母离婚的孩子特别多，这对孩子也有很大的影响！我每次开家长会都会说家庭一定要和谐，家庭不和谐对孩子会造成影响。现在小孩子家庭吵吵闹闹的很多，离婚率很高。我们离婚家庭的孩子很多，（父母离婚）对他们的学业会产生一定的影响。有个小孩父母亲闹离婚，闹得很凶，他半夜一点给我打电话，初三的时候。我问怎么了，他说："我父亲又喝醉了，又发酒疯了，又跟

---

[1] 中华人民共和国民政部：《2020 年民政事业发展统计公报》，2021 年 10 月。

我母亲在吵架了，我父亲大骂我，甚至要打我。"那天晚上我跟他说："你直接报警。"他说："报警已经报了两次了，警察也过来两次了，他又不改。"这种情况对小孩的学业影响是非常大的，就是说想把学业做好，肯定家庭氛围首先要好，然后我们老师去配合。

L1T3：现在比较头痛的，就是一些特殊的群体，单亲，还有家里有状况的这些，比如夫妻之间不和的。我就担心这些事情出在这些孩子身上，偏偏就越来越多。今天家长来了，我就跟他讲，你们家长一定要配合，学校要做学校的事情，你们家长也要做家长的事情啊。在我们校内的这几个小时之内，我们会管理。那回到家里，如果家长没做好家庭工作的话，这个就很麻烦。

L2T3：什么样的学生特别容易厌学甚至弃学呢？我觉得得从家庭背景分析，一个明显的（特征）就是父母离异的孩子比较多，然后对孩子的管理松散。他会和其他一些辍学生或者社会上的人混在一起，那都比较好玩啊。然后就天天混在一起，造成他厌学。一些其他学校或者是我们已经辍学的学生，然后会互动。还有一种情况，老师发现了学生的某些情况，但是家长觉得无所谓这样子，就说"我也管不了"。这种情况一般来说都是离异家庭，或者说单亲家庭，然后孩子厌学，和社会人员的交往越发频繁。老师也出于管理上的责任在学校给他们做思想工作，找他们谈话。他们父母的话，比如离婚了，跟着母亲，母亲又改嫁，后爸不怎么爱管，然后母亲管不了，就让爷爷来管。互相踢皮球，谁都不想监管，谁都说管不了。那一段时间之后，孩子胆子越来越大，问题也越来越严重了。

Y3P3：现在离异的农村家庭越来越多，感觉对小孩子影响真的挺大的。我一个朋友就是挺典型的单亲家庭儿童，当时他还在念初中呢。他爸妈在外面打工，后来感情出问题了，他妈妈就和别人走了。从那一刻起感觉对他打击很大，他性格也变了好多。之前他成绩还挺好的，到初中还没读完就辍学，然后就走上社会了。感觉太可惜了。

另一种常见的农村家庭结构问题就是留守家庭的教育问题。常见的问题多集中于家庭教育期望易出现偏差、亲子教育缺失、临时抚育人能力不足、情感联结断裂等。家长 Y3P3 认为，目前农村留守半留守的儿童很多，难点在于那些父母皆不在身边的孩子的教育问题。这类孩子尽管能够得到日常起居的一般性照顾，但心理状态、情感满足、行为习惯都容易出现问题，连带学习成绩也受到影响。L1P5谈到一旦留守子女的成绩出现问题，父母就会降低教育期望，以"不出问题"为指针，孩子的教育进程常常会出现剧烈波动。L1P9认为父母在外打工会无暇顾及孩子的学业管理，父母重视度和关注度的下降会直接影响孩子的学习态度，父母的陪伴是孩子成长道路上最好的教育。

　　Y3P3：我们这边那种留守半留守的儿童非常多。有的是父母其中一个在家里头，双方都在家的比较少，有一个在家里也会好一些，最怕的就是双方都不在家的。大部分留守儿童，我觉得爷爷奶奶对孩子仅仅是生活上的照顾，在家里（说他）他也不一定会都听进去，家庭的照顾一般是够的。可是和父母在一起会有精神上、情感上的满足，然后学习也相对会好一些。这在小学阶段非常明显，如果交给爷爷奶奶带的话，孩子的成绩都不是很好，习惯也不是很好，只有极少数的孩子比较自觉。

　　L1P5：我周围挺多那种朋友，就是他们都在外地打工，然后孩子就留在这边读书。这种情况下孩子的教育会出现不少问题啊。爷爷奶奶怎么能管得了？这样的朋友家里孩子普遍学习成绩不是很正常，然后慢慢地大人也管不了，也不想着上大学什么的了，能不出问题就行。所以还是要跟父母待在一起的。

　　L1P9：我们城乡接合部这些学生，很多是父母在外打工的，（对孩子）没怎么管，对学习这方面也不怎么重视。像是能在家陪孩子的就会好很多，基本上有空闲可以陪着，感觉对小孩子的学习态度之类的都挺好的。

留守家庭子女的教育问题也是受访农村教师普遍关切但难以解决的顽疾。农村留守家庭子女学业障碍的难点主要集中于两个方面：一是抚育人、父母失管或过度补偿引发的连锁效应，如家校沟通不畅等；二是学生个人的心理调适障碍，尤其体现为目标迷茫、学习倦怠。教师L1T1认为，留守儿童已经成为农村处境不利学生群体的主要构成部分。由于隔代教养的监护人多为受教育程度较低的祖辈，现代科学的教养方式很难普及到这类家庭，使得孩子的学习习惯和学习动力更容易出现偏差。为此，农村学校和教师也不得不将更多的精力投入处理类似群体的问题上。教师 L1T2 指出，留守儿童学业问题的产生有很大一部分原因在于缺乏课业辅导、监督引导以及与父母、老师互动交流上的障碍。教师 L1T3 发现，容易出现学业问题和行为不良的农村学生集中于存在结构性缺陷的家庭。其中留守儿童由于缺乏有效的亲子互动和足够的关注，更易萌生心理上的问题。加之问题出现后没有及时的家庭干预，他们很容易混迹于"街角青年"之中，到校外社会环境中找寻群体归属感。教师 L2T2 认为留守儿童虽然常常出现家庭沟通失效的"失管"状态，但从个性上分为两类：一种是脾气"厉害"，有很强的反主流意识，由于对学业丧失信心而对家庭和学校教育充满敌意和警惕；另一种个性温和型的孩子会主要依靠个体能动性保持学习状态，属于少数的自控自律型群体。教师 L2T3 认为大部分留守儿童家长的问题集中于教育理念缺失、没有自我反思能力、教育方式方法简单、亲子互动和情感沟通不足等方面，这使得农村教师不仅要关注孩子的在校表现，还要花费大量的时间、精力引导家长如何与孩子沟通。另一地区的农村中学教师也表达了类似的担忧。教师 Y1T2 认为，由于学业成就具有明显的累积性特点，留守孩子与非留守孩子小学成绩的差异可能并不显著。但这种父母长期不在身边的不利影响通过潜移默化、不易觉察的方式渗透到孩子的学习过程中，到了中学阶段会出现成绩的明显分化。从对教师的访谈可以看出，农村父母缺位对子女教育状况的影响是不容忽视的，这已经成为困扰农村学校办学成效的普遍现实问题。

　　L1T1：我们有一类孩子，他在性格上跟其他的小孩子比会更加内向一些，或者会更加偏激一些。我们现在叫他们处境不利学生，或者叫作特殊生。这些处境不利学生主要是留守儿童。我们也有做帮扶，点对点、面对面地帮这些学生，效果还是有的。但是这些学生也确实存在很难解决的问题。父母亲不在家，由爷爷奶奶带着。我们这边的爷爷奶奶基本上是文盲的一代，有的爷爷奶奶带不好，确实存在这种情况。他们的学习习惯会比别人差一些，学习的干劲也会比别人落后一些，需要我们老师一直鼓励引导，这加重了我们学校的管理负担。

我们花在这些留守儿童身上、处境不利学生身上的时间会比城里的老师更多一些。

L1T2：像我也接触过不少留守的孩子。这些孩子出现了一些很大的问题。比如说有的时候是没有晚自习的，他在家写作业，面临的一个问题是作业不会做，晚上的话没地方问，也没什么人督促，然后当天的作业可能就会落下，导致第二天课堂上课会有一些不好的影响，长期累积下来基础就会差不少。另外，在性格上，这部分孩子接触下来普遍都是很不错的孩子，但是确实有一部分可能会出现不大喜欢跟别人交流（的情况），跟学校的小伙伴接触得还行，但和父母、和老师交流就不行。这也会影响他的学习状况。

L1T3：现在出问题的，基本是这些单亲的、留守的孩子。因为我们这地方是农村的，好多学生父母外出打工啊，有的是父母长期出国了，都是爷爷奶奶在带着，对孩子这方面的跟进可能问题也比较多。最大的问题就是父母亲的陪伴太少了，天天看不到母亲，或者出现一些问题，父母亲没有及时发现，没有及时给予关爱。孩子就感觉心里很空虚，压力挺大。另一方面没有人提醒他什么能做什么不能做，在学校里面老师虽然有说过，但回到家里这方面关注得比较少。学习方面不用心，不用心之后就在外面随便玩，心思都跑外面去了。还有一些社会上的闲散人员看到这些孩子没事情做，就把我们这些孩子作为攻击的目标，然后通过一个、两个再去引学校里面不想念书的孩子。这边给他拉出来，整个影响非常不好。所以说，我感觉学校教育的问题不大，关键是家长的教育出了很大的问题。

L2T2：教书这几年也接触过一些留守的小孩，父母都不在身边，大都是爷爷奶奶来照顾。他们跟父母就缺乏沟通，感觉好像不被父母重视的那种，就是疏于管教了。性格上有的很内向，有的属于爷爷奶奶也管不住的，脾气方面也是有点厉害的。学习成绩上两极分化比较明显。有时候呢，即使家长没在，个性如果很乖的话，表现也很好。如果糟糕的话那就会非常糟糕，各方面的话表现都不是很好。

L2T3：父母不在本地，在外面打工的这种挺多，对孩子后面的教育就会产生很大的影响。这些学生整个表现相比城关学生就是学业水平会偏低。在管理方面，我们难度也很大。这些学生，他们的家长大部分是在外面做生意的，或者在外地打工的。这些家长从客观上来说自己管理孩子的水平能力有限，不大懂教育方式方法，没有什么教育理念，思考方面不够。在时间上有一些是父母太忙，又在外面打工，管理不到位，没有陪伴孩子，跟孩子的沟通方式可能也不是很到位，就是不懂怎么沟通。我们有的班主任既要考虑跟家长沟通，又要教家长怎样跟孩子沟通。

  Y1T2：父母不在身边，长期来说肯定问题比较严重。短期的话，比如说小学可能区别不大，初中开始分化，高中时成绩就一落千丈。有问题的很多是这种父母不在身边（的学生），原来成绩好，后面一塌糊涂的都有。

除了教师的感受以外，农村家长也开始意识到长期缺乏亲子陪伴对孩子成长造成的巨大损伤。家长 L2P5 详细地诉说了在孩子幼年时期将其留在奶奶身边，自己和丈夫到外地做生意的经历。二人没有及时关注孩子的感受，加之奶奶监护的不利，使年幼的女儿产生明显的心理阴影，笑容渐失后夫妻俩才意识到问题的严峻性，并毅然将孩子带在身边。虽然身在他乡，却可以时刻关注孩子的成长和学习。这位母亲谈起那段留守的记忆时言语中充满后悔与自责。家长 Y3P4 为了缓解家庭经济压力，曾经尝试着将孩子留在老家，但不到一年孩子的学习成绩就从名列前茅大幅下降，这时她才意识到自己的陪伴对于孩子有多么重要。Y3P4 认为自己在身边，孩子能够得到有效的辅导、监督和管理。虽然也有读书很好的留守孩子，但毕竟概率很小，父母应该亲自承担起教养责任。

  L2P5：生了孩子之后，我们是在省城做生意，一直带孩子带到差不多两岁。然后我们就准备去山东，刚开始去山东怕带着孩子不方便，就把孩子给她奶奶带了段时间，幼儿园换了四五个地方哦。她奶奶带的那段时间摔了好几次，有一次摔得挺严重的，后来我们回来才发现她脸上很多伤。她奶奶没有第一时间跟我们讲，幼儿园老师也没打电话。那一次可能让孩子产生了心理阴影，挺严重的呢，她都不会笑了。因为刚开始跟孩子分开，我们不敢经常回家，怕分不开，所以两三个月才回家，后来还是跟了奶奶一段时间，再后来我们决定把她带到山东去。因为我们感觉跟着奶奶，还是不如跟着父母比较好。说实话我们做父母的，那时把她留在家里也没有说特别地去体会孩子的感受，孩子到底有没有适应也不清楚，幼儿园毕业拍了十几张照片，每一张她都是不开心的。我都在想我们做父母的真的不合格。孩子过得开心不开心，在学校老师对她好不好，跟同学相处得好不好，到底什么情况我们都不知道。到山东跟着我们之后她就特别开心，可能她自己都没有意识到这些。但她就特别怕我们再把她扔在哪里，我们就尽最大的努力到哪儿去都带着她。我们就觉得，反正我们以后不管吃得好还是不好到哪儿去都带着她，感觉把孩子一个人放在家里，她太可怜了。好像跟着奶奶她特别没有安全感，睡觉都要抱着奶奶的脸对着她，然后还要看我们的照片叫着妈妈、爸爸睡觉这样子，挺可怜的。

Y3P4：（孩子上）小学时有一段时间我刚好出去有事不在家。那段时间感觉到孩子的学习热情明显下降。本来都在班上前五名，后来慢慢地期末考就退下来了，然后我没办法出去了又回来。当初是想试着放开，也出去外面做点事情，这样经济收入会好一点，因为毕竟两个孩子压力会大一点。结果出去没到一年，孩子成绩明显下滑了。我们在家有的能辅导一点，督促一点。如果不懂的，我可以百度一下怎么样，对孩子应该都还可以，没有父母在旁边肯定不一样了。虽然说很多父母不在家，留守儿童也有念得很好的，但还是不一样。按概率来说，各方面比那些父母在家的好的是个别的。我们乡下留守儿童挺多的，大家都感觉整个学习状态也不一样，出去之后言行也不一样。可能就是家庭没有什么管束，跟爷爷奶奶隔代带肯定不一样，父母该管的还是要管。

前面说过，留守学生虽然存在普遍性问题，但不一定都是学业落后者。一些留守儿童也会产生高驱力的学习态度和较好的学业表现，但这通常需要有聪颖的天资或加倍的毅力。高中生 Y1S1 的例子大概可以从侧面反映出这类留守儿童的教育状态。Y1S1 言谈拘谨，她的父母长期在外从事艰苦的体力劳动，因此 Y1S1 萌生了较为强烈的高等教育梦想，希望能学有所成改变自己的命运。她在中小学阶段成绩在班级里一直保持领先的位置，一番努力刻苦后勉强考上县里最好的高中，才发现班上的城市同学"太优秀了，比不上他们"。这种心理落差使她必须加倍努力。她常常觉得学习时间不够用，"来不及了"既反映出她学习状态的迫切，也反映出她对自己成绩依然不够理想的沮丧和焦虑感。从访谈来看，Y1S1 的学习过程基本没有得到家里的直接参与，缺少父母陪伴的她和家人产生了情感和交流上的距离，面对各种学业障碍和心理问题时她也无从求助，主要依靠自身努力和自主调节来克服。从中可以看出能够突破家庭结构的不足而实现高等教育晋级的留守孩子往往需要付出巨大的努力，通常只有改变命运的强烈愿望和自强不息的积极品格才能支撑这些孩子的奋斗之路。

> Y1S1：平时和他们就一周差不多会打一次电话，但都是他们打给我，我基本不会给他们打。他们一般也不会很细地过问学习上的事，简单说几句吧，关键考试的时候会问问成绩之类的。之前自己初中升高中，中考的时候他们会比较关心，然后可能现在快高考了，也有关心一下。跟我爷爷奶奶的话，也没什么话说，他们一般就跟我说要好好读书。他们可能有别的话，也好像比较少表达出来了，就是一些朴实的老人。

3. 家庭合力的失焦

前面的研究基本认可家庭教育期望对子女学业成就、教育获得的重要影响，这与已有的实证研究基本吻合。家庭社会经济地位较高的父母更善于通过较高的教育期望对子女的教育状况发挥中介和调节作用。[①] 同时，我们对农村家庭教育状况的研究发现，教育期望正向效应的发挥是有条件的，即家庭成员之间期望的联结性和行动的一致性。

当前我国许多农村家庭存在内部关系失调、合力失衡的问题。一方面表现为教养人之间的期望分歧，夫妻之间、父代与祖代之间对孩子的教育期望不甚相同，反映为非协作的教养模式。以留守家庭为例，即便外出打工的农村父母对孩子寄予较高的教育期望，实际抚育人（如祖父母）也很

---

① Pamela E. Davis-kean, "The Influence of Parent Education and Family Income on Child Achievement: The Indirect Role of Parental Expectations and the Home Environment," *Journal of Family Psychology*, 2005, 19（2）: 294-304.

难完全按照他们的想法思路来予以实施。家长 L1P4 一度将孩子托管给长辈照看而选择外出务工，但他很快发现隔代教养方式的负面影响，这主要反映在教育观念相对落后和教养手段相对陈旧上，造成孩子思维的封闭性和整体素质的相对滞后，不得已他放弃外面的工作回家陪伴孩子读书，这也反映了农村家长的无奈和两难。教师 Y1T1 认为很多留守孩子的父母虽然也抱有很高的教育期望，但无法给予直接的关注和教导。学生眼镜丢失了一个月，即便严重影响他的课堂学习他也并不在意，负责教养的姑姑存在明显的监管不到位。这时孩子的学习劲头和勤奋度明显就会处于劣势。教师 Y3T1 同样注意到一种现象，农村父母在外地即便想督促孩子的学习往往也有心无力，家里负责照料的长辈一般比较放松对孩子的学习管理。两种力量的对撞下，孩子受到的压力和引导力不足，正向的教育期望被抵消掉，最终使家庭教育参与的合力失焦。

L1P4：我们农村可能最主要的问题就是父母亲跟小孩子沟通得比较少。都是由老人在带，影响小孩子的思维等各方面，孩子好像还是跟老一辈很像。这个小孩子养出来之后、长大之后，总感觉他们各方面素质很差。我自己感受还是挺明显的，以前我也在广州，把小孩子都放在老人身边，老人的思想是什么？比如今天小孩子出去玩一下，回来感冒了。她就开始讲，"你不能出去玩，不然很容易感冒"。然后就给他一个封闭的空间，造成了他现在思想和别人好像打不到一块。所以这几年我就跟我老婆商量，放弃那边，我们回来带着他，教育的很多东西由我们自己来做。我们农村家长真的有时候确实也没办法。

Y1T1：这些留守的孩子感觉不勤奋，好多这样子的，就感觉不到他们学习上的努力和勤奋。这种感觉挺明显的。像我班上最近有一个学生眼镜掉了，一个月了也不去配一个，上课都看不见，也无所谓。前两天考完试，我说你怎么考这么烂，他说我没戴眼镜，眼镜丢了。自己都不负责任，家里人也不过问，真是没办法。他父母都在北京，之前也和我说一定要看住他的学习，但实际是一个姑姑照顾他，姑姑的话跟父母亲还是相差挺大的，像这个眼镜的事都没注意到。像这种的很多要么是爷爷奶奶带，要么就是住宿舍。我觉得父母亲不在身边，这个差别是很大的。你像那些医生、教师子女，主要就是父母亲人在跟着，然后有引导，力量往一处使。这些孩子可能就缺乏这方面的引导，容易出问题。

　　Y3T1：现在学生除了在学校学习以外的时间，没有家长介入，靠爷爷奶奶隔代教育就差了很多，隔代教育跟父母的教育相比应该讲差了很多。一般父母还是会比较在意孩子的学习情况的，爷爷奶奶管得就比较宽松，差不多就行，又很溺爱。父母在外面压一压，爷爷奶奶看不住，又松了，也没用。毕竟这种学生很多时候要靠我们外界施加一定的压力来推动他。要有一定的引导。家里引导的人少，光靠学校一天几个小时，永远是不够的。

　　另一方面表现为教养人与子女之间的教育分歧甚至对抗，这时教养人过高的教育期望反而可能产生负效应。不少研究也发现，亲子间的教育期望差异过大，会阻碍子女学业成就的提高。① 当子女出现学业障碍时，许多农村父母常常束手无策或教不得法，采用控制型手段来维护自己的高期望，反而导致子女惧怕和厌倦学习，使原有的教育期望断裂开来。教师 Y3T3 表示，教育教学中确实存在不少农村家长未能有效地将自身的教育期望与子女的教育需求相连接。他谈到某高中生厌学情绪严重，但家长为了孩子能进入大学，在没有统一思想的前提下硬逼着他读高中，造成"人在心不在"的窘迫局面，孩子采取不学习不进取的方式进行消极抵抗。家长 L2P6 谈到身边的一个案例，女儿同学的母亲因为孩子中考成绩不如意，一分之差未能就读如意的高中，就开启了强力的抱怨模式，给孩子造成了极大的困扰和心理负担，孩子甚至因此产生了厌学情绪。母亲强烈的高等教育期望因不恰当的教育方式反而造成孩子学习动力和学习需求的震荡，这也从侧面反映出亲子间教育合力对于学业成就和高等教育晋级的重要意义。

　　Y3T3：有些孩子就是不想读书，家长硬逼着也没什么用。比如有些学生不想读高中，家长还是要他们念高中，考上高中不是他们自己的意愿，就是家长逼着。我去年就发现一个学生，我问他："你干吗不

---

　　① L. Hao & M. Bonstead-Bruns, "Parent-child Differences in Educational Expectations and the Academic Achievement of Immigrant and Native Students," *Sociology of Education*, 1998 (71): 175-198.

念？你头脑也挺聪明的，你付出努力，收获不会比别人少，你考上高中应该也不容易，因为还有相当一部分人考不上高中。"他说："又不是我想念高中，是我父母亲逼我来的。"他就这样混日子，所以你让他念书根本就没办法。今年才高二，他还有念，然后就坐在那里，整天反正就是老师讲老师的，我坐我的，人在这里就没错了。家里只是逼他这个人坐在这，思想上没说通就没有用。

L2P6：她初中同班有一个玩得很好的同学，中考结束后，那个同学的妈妈就经常骂她："明明可以考上××中学，你为什么考不进去？！"那个同学就很沮丧，对她妈妈意见很大，我看她心情不好，偷偷问了我女儿才知道她为什么总不高兴。那个同学的妈妈就是整天对着她说，"你考不进××中学，害得我怎么着怎么着！"然后我就跟她妈妈说："已经是事实了，你说了没用啊，也不可能缓过来呀，你不用讲了，讲了反而给孩子增加负担，还影响感情。"结果她说："当时能努力的就努力，直接多考一分，她就可以考上××中学啦！"那孩子说："我已经很努力啦，刚开始的时候就说你努力就好，一考砸了，脸立马就变了，被她弄得我都不想学了。"我觉得用什么样的教育方式得看孩子的心理承受能力。如果孩子心理承受能力不行的话，你那样可能对孩子更糟。因为心理、身体都可能会变化，你那样子对孩子，她如果没有那么强大的心理承受能力的话，就会很反感。

家庭教育期望反映出的是家庭成员之间的教育性关系，多指父辈对子代的情感联结与教育认知，因此可被视为一种家庭内部的社会资本。但也有研究者将教育期望看作父辈对子代的教育态度，是一种隐形的、潜移默化的文化资本表现形式。无论其分类如何，教育期望对农村家庭参与子女教育的过程发挥着指引性作用。家长们对教育的理解认知、对高等教育的期待、对子女教育获得可能性的评估都会化为教育行动的起点。前文多次提到，农村家庭的高等教育需求具有普遍性，但同质化需求的背后易被人们忽略的是这些家庭内部千差万别的表现形式。家庭结构、经济收入、父母的职业特性、父母的受教育程度、子女的学业状况、社会氛围等都会加固或动摇农村家庭的教育期望，形塑出强度各异的教育诉求，一边反映为教育行动中的坚定、迟疑或隐匿，一边影响着子代的学习动力和教育目标。

许多农村父母对子女教育期望所表现出的不稳定性、不确定性和不自信感影响了他们后续参与子女教育活动的广度和深度，导致无法顺利实现父母与子女教育期望的关系联结，降低了子女追求高等教育目标的成就动机。

三　亲子关系秩序的差异性建构

亲子交流与互动一直是家庭内部社会资本的重要主题。在参与子女教育活动的过程中，农村父辈和子代通过怎样的情感、信息、态度、价值和行为互动来达成关系构建引人深思。良好的亲子关系秩序是父母参与子女教育活动的基础，亲子互动的频率、质量、内容是子代人力资本累积的重要来源。科尔曼认为，亲子关系是一种"代际闭合"，亲密且交流顺畅的亲子关系具有较高的社会网络闭合度，能够赋予子女有效的信息传递和教育鼓舞，是非常重要的教育性社会资本。子女学业进步和高等教育获得所需的社会闭合资本，其最核心来源也正是亲子互动所形成的闭合性结构。

发展心理学指出，家庭教养行为可依照需求度（demandingness）和响应度（responsiveness）两大维度划分为四种常见的亲子互动模式，即低需求高响应的宽容型（permissive）、高需求高响应的权威型（authoritative）、高需求低响应的独裁型（authoritarian）和低需求低响应的忽视型（uninvolved）。其中，宽容型主要表现为宽容、仁慈、预期低、规则少、非冲突的朋友式亲子关系；权威型则表现为高期望、规则明确、负责任、自信坚定、互惠灵活的协商型亲子关系；独裁型表现为高期望、规则清晰、惩罚、专制、温度缺失、有情感距离的"我说了算"模式的亲子关系；忽视型表现为预期低、被动、冷漠、忽视、缺位、被动的"你要看自己"式亲子关系。[1] 一般认为，宽容型和权威型亲子关系为正面良性的教养类型，有利于孩子人格和心理的健康发展。特别是高需求高响应的权威型亲子关系被证实对子女的学业发展有积极的推动作用，其他两种类型均存在不同程度的负面影响。

---

[1]　D. Baumrind, "Child Care Practices Anteceding Three Patterns of Preschool Behavior," *Genetic Psychology Monographs*, 1967（75）: 43–88；E. E. Maccoby & J. A. Martin, "Socialization in the Context of the Family: Parent-Child Interaction," In P. H. Mussen & E. M. Hetherington（eds.）, *Handbook of Child Psychology: Vol. 4 Socialization, Personality, and Social Development*（New York: Wiley, 1983）, pp. 1–101.

在对农村家庭的访谈过程中发现，当前农村亲子关系秩序存在差异性建构特点。不同家庭依其家庭结构、父母职业、父母文化程度、家庭资源调动等状况采取了差异化明显的亲子策略，营造出不尽相同的家庭教育氛围，进而对子女的学习动力和学校教育表现产生负面影响或积极的推动效应。第一种常见的农村家庭亲子关系模式是自然营造型，这种类型在第二章论述农村家庭的高等教育行动时也有部分涉及。传统的农村家庭对子女教育问题秉持"无为而治"的自然主义倾向。父母并不贬抑教育的重要性，但将学习好坏归于子女的自主行为，这类父母善于做好日常生活保障，亲子关系松散却亲密，子女的学校教育过程较少受到父母干预，进而使来自家庭的教育驱力和压力都相对较低，这属于亲子关系和睦的宽容型教养方式。

受访母亲L1P8的教育观念就是较为典型的低需求高响应型。夫妻二人一个主外负责开车赚钱，一个主内在家照顾三个孩子。他们虽然抱有肯定性的高等教育期望，但认为自己受教育程度不高，读书都是靠孩子自己，实际学业干预很少。同时，他们注重亲子关系和亲子陪伴，倾向于营造和谐轻松的家庭氛围，减轻孩子的外部压力感。另一位受访母亲Y3P2谈到自己和女儿的日常相处，母女经常互开玩笑、诉说情绪情感，并能够在一定程度上达到共情。她认为自己的育儿之道就是"什么都没管""没提过什么要求"，对孩子的成长规划、学业状态等均保持随遇而安的心理模式。Y3P2夫妻俩都是小学文化程度，妻子负责照顾孩子的日常生活和做点零活，丈夫经常外出做建筑工人。在这种家庭环境下，大儿子专科毕业已经工作，小女儿读高中，成绩中上又很努力。这位母亲认为孩子都很乖巧，自己很知足、很幸福，将孩子的未来发展完全寄托于他们自己——"读书就是看他们自己的，反正会读的你就会读，不会读的搞那么多也没有用"。L2P6是两个农村孩子的母亲，她认为自己的家庭内部交流顺畅，几乎不存在什么负面气氛，这与他们夫妻二人的放松式教养方式分不开。这种管理方式表现为对孩子的学业没有什么具体要求和直接参与，甚至基本的一些学业状况了解得也并不全面，但她一方面认为无须进行学业管理，另一方面将大女儿成绩的陡然提高归结为自己关注的加强。这反映出某些采取宽容型教养方式的家庭并非完全放任自由，亲密的亲子关系加上适当增加的教育驱力能够对孩子的学业成就和学校表现有正面的促进作用。

L1P8：我们和几个小孩关系都很好，他们也愿意跟我们讲心里话，说学校的、自己同学的很多事情。我们一般都自己带孩子出去，经常带他们去外面，去逛逛，去爬山，还有就是带他们去烧烤，到哪里去玩玩，都挺开心的，这样他们也不会出去乱玩。我觉得家庭肯定是最重要的。小孩嘛，不要到外面接触那些不好的东西。我没有文化，也没有怎么管。我也没有让他们去补习什么，反正他们读书就是凭自己嘛，自觉嘛。我说不要跟社会上的那些人接触，反正在学校里要听老师的，你自己看有什么事就做一下。学习上对他们没有什么要求，我也没说"哎呀，你今天必须考多少分"。回来即使考得不好，我也跟他们说没事。考试的时候，我就说："你考试不要有压力，平常心，不要有考第一、第二这种想法。你今天就平常心去对待，就不像考试那样，不要压力太大。"不管他们考多少分，我们父母也不会去说这个必须考多少。

Y3P2：我平时对孩子的学习都没提过什么要求，反正我两个孩子读书，我什么都没管。对于以后孩子的发展啥的也没有想太多了，一步一步来吧，想太多，感觉也很累，压力很大，所以也不去想太多。我们家里就是三餐饮食，其他都没有，读书什么的都没有，她考试回去也不跟我讲。我对他们学习也没有关心，反正她自己会读，我自己心里知道就行了。反正她挺乖的，在家里，我也没有关心她什么。我也没和老师沟通什么的，都没有，我都不知道哪一个是她老师。但别的方面我和孩子关系非常好，她平时天天都跟我开玩笑。她天天放学了，一回去看到我躺在床铺上，开门先叫一声，她就高兴地去做作业了。每次都那样子。我有时候心情不好，不是因为她不高兴，她也会看看我的脸色问我："你今天到底干吗啦？有啥不高兴的？"她要是不了解清楚就会一直问我。她就是这样的，我笑了她也会开心。

L2P6：我自己没读书，我老公高中还没毕业吧。我自己只读了一两年。跟孩子（沟通）就是偶尔会问下学习上的事。我们也不懂读书。其实我这两个孩子读书都是靠自己努力的。我们主管他们吃主管他们穿，像学习上的事，都没有管。我老公从不管这些问题。我就负责他们吃穿，他们读书的时候看他们有没有坐端正，给他们安排睡觉时间，还有饮食起居什么的。大的是女孩子，性格比较外向，偏向男孩子，小的内向一点，他们有什么话都会跟我讲，不管发生什么事情，小小大大的事情都会跟我交流。除了作业我没教他，别的事情都有交流。因为自己没读书也不懂得教。如果作业做错了，我也看不懂。平时跟学校老师也没怎么联系，因为我去问老师的时候，老师都是夸她乖，我也不知道她是乖还是不乖。大女儿读小学的时候成绩不好，后面初一的时候突然间在年级里面进了一百多名，我也不知道为什么。可能因为之前我太忙了，没照顾好她，也没管她，她爱怎么着就怎么着。然后到初一时我会多关注她一点，突然间就从年级两三百名升到三四十名。她就这样卡在那里，没下降，也没上去，就这样一直读到初中毕业，高中时下降了一点。反正从小到现在高一了，别人问，我都说"没教她"，她现在这个成绩在学校肯定是听话的吧。

从农村孩子的视角来看，他们对家庭亲子理念、亲子行为和成员间的互动状态确实抱有较强的敏感性。采用宽容型教养方式的家庭中的孩子普遍能感受到家庭氛围的宽松和愉悦。在某些时候，尽管父母没有明确的学业要求和教育显性投入，但是孩子可以将这些正面的情感性支持进行自我转化，生成内驱型动力。学生 L1S5 认为自己和父母关系融洽，他特别认同母亲温柔和善的性格和教养态度。父母看似并未提供直接的教育支持，但一直都在配合孩子的学业节奏。这使 L1S5 将读书看作自己的事，并且养成自觉学习的习惯，成绩也能保持在前列。另一个学生 Y3S2 认为父母的教育期望和学习要求并不明确，日常既没有学业监督也没有频繁问询，既没有指导反思也缺乏家校联系。但因为具有良好的情感联结作为基础，她把这种放松式管理视为对自己的信任和支持。同时，她沉思后指出，父母过于民主和要求上的宽松也使自己缺少外部压力，有时会不自觉调低对自己的要求，这在她弟弟身上表现得更为明显。也就是说，对于某些不自觉的孩子来说，过度的宽容理解反而容易引发失管。

L1S5：我在家里和爸妈关系还挺好的，我什么事都会跟我妈妈说，因为爸爸在外面交流比较少。我妈脾气比较好，就不怎么骂我，平常的态度比较好，都是好好讲话的。父母文化程度不是很高，他们也不太懂，学习都是我自己来。需要书和资料就是自己看着买，比如说我觉得什么东西比较好，我就会去买，我爸妈不会管但我需要的还是会给钱。我妈对我也不算严格，在学习上从来也没有检查作业什么的，反正都是靠我自觉。所以这方面父母是没怎么管我，都是我自己在学。

Y3S2：我觉得我爸妈对我就没有什么期望啊、要求啊，就比较放松。他们对我的学习感觉没有什么要求。他们都很信任我、支持我。我觉得我跟我妈妈关系比较好。我每天放学回家都会在餐桌上讲学校发生的搞笑的事情，然后我就一直在那笑，我爸就不怎么爱说话，比较没意思。爸爸可能就光忙工作去了，日常交流相对会少一点。他们平时好像都不会问最近考得怎么样，有没有进步或者退步什么的，基本是考完了回来我自己说的。偶尔也有成绩不好的时候，他就是说你这次怎么落下了这么多，然后就让我自己找原因。他感觉对那些不是很懂，帮不上什么，跟老师也没怎么联系。我感觉我爸妈的教育方式应该是民主的，我们想要干什么就干什么，挺好的。但是我有时候也希望他们能够像别的家长一样，对我有一些要求，这样好像我会更自觉一点。我弟弟今年14岁，上初二。他学习应该就一般吧，我经常感觉他对学习有点无所谓。然后我经常开导他，叫他努力学习，但他好像不怎么听话。他经常玩手机，爸妈好像管得太少了。

从以上访谈内容可以看出，宽容型家庭教养方式的优点显而易见，融洽顺畅的亲子关系保障了子女受教育过程的自主性和非强制性，使子女能够依照自身意愿安排学习行为，宽容的家庭氛围亦有助于学习心态的平和稳定。同时，这种宽容型家庭教养方式也易导致教育结果的"不尽如人意"。也就是说，自然主义倾向的良好亲子关系在转化为子女学业表现动能的过程中可能产生偏差，以依靠孩子、相信孩子为表现的自然营造法则放任了子女的自我管理。对处于不成熟、不稳定阶段的中小学生来说，自制、驱力、内省等重要的学习品质都离不开家庭的积极干预和引导。对子女教育问题表现出的低需求以及父母过度的溺爱忍让在很多情况下反而会破坏子女积极的学习行为。家长Y3P1有两个孩子，同样的教养方式却显示出不一样的教养效果。这位母亲对于孩子的学业问题以及能否上大学秉持天分优先论，认同"放养型"的教育理念，并且认为父母只要提供"有爱的""有沟通的"家庭环境就可以了。这种教育方式对于相对乖巧内向的女儿起到一定的正向作用，但对于脾气倔强的小儿子来说就不甚奏效了，甚至对儿子早期的放纵失管反噬了原本的亲子关系。由此也说明，宽容型家庭教养方式是否能够推动子女的学业进步一方面取决于亲子间情感联结的亲密度，另一方面与家庭教育和孩子性格特点、兴趣爱好、行为倾向等个性化特征的调适度、匹配度密切相关。其他有关低需求低响应型亲子关系负面影响的案例请参见第二章"放任自由型"农村家庭的教育表现。

> Y3P1：对于孩子读到什么程度，我也不要求她达到什么研究生、博士生。像我们这样子文化程度生出来的小孩子，基因各方面肯定达不到什么研究生、博士生这样子的水平。像别人都说寒门出贵子什么的，好像总觉得不会发生在我女儿的身上。不是偏见或者怎么样的，学习真的要有天分，真的要靠天赋。我们对他们的学习基本没什么要求，大概上课要准时，作业按时完成什么的，这方面我倒是很少过问。我觉得小孩子放养也行，不能够管太多。我女儿比较自觉一点，她只是说自己偏科实在没办法，基础不够扎实。其实像我们这样的文化程度，学习上关心也帮不上忙。这时候真正叫我辅导她一道题目我也不会，我只能跟她说思想上或者经济上尽力这样子，让她不要有负担。我觉得家庭教育真的很重要。怎么讲呢？因为每个人的家庭生活肯定会给小孩子带来一定的影响。比如很有爱的家庭、夫妻之间真的有沟通或者怎么样的，小孩子就愿意跟你沟通，有事情讨论或者怎么样的，小孩子就愿意去跟父母亲交流，真的，这方面肯定非常显著。平时我跟大孩子交流还不错。虽然白天我上班她上学，晚上的时候才能看到，但有的心里话也会讲。跟女孩子处得可以，跟男孩子有点愁人。男孩子之前还可以，后来学习不好，行为习惯也不好，完全不让你说一句，脾气比较倔，然后他就不让你管，不服你管那样子。当妈妈有时比较啰唆，讲的一些话或者怎么样的，他总觉得好像一天到晚就重复着"你要乖一点"。反正他天天都是这样子，他父亲好像比较少去管小孩子，现在对于小的就比较头疼。

第二种常见的农村家庭亲子关系模式是反应失格型，常见于结构缺损或教养人失管型家庭。这类家庭互动模式的共同特点是亲子关系疏远、淡漠、交流不畅甚至对抗。由于父母外出务工或忙于生计，亲子交流频次和质量大幅下降，心理沟通和情感纽带的反应性缺失衍生出大量的家庭教育和学校教育困境。父母与子女长期的、远距离的、间接的或间断的互动关系会极大地损害子代个性心理、情感道德、学业管理、前途规划等一系列问题的调适力。高中生L1S4的父母长期从事渔业劳动，奔波劳碌，无暇顾及她的成长和学习，基本没有过问她的学校生活，也没有对她提出学业上的要求。但是，受"重男轻女"传统观念的影响，父母对弟弟的学业会更加在意，并举全家之力花钱将弟弟送到城镇读书，弟弟得到了学习习惯的改善和学业成绩的提高。谈到这里，L1S4的神情十分落寞，她进一步提到父母和自己的关系一直无法亲密，这既与父母疏远的教养方式有关，也与父母之间经常吵架使得家庭内部关系紧张有关。她觉得正是这种家庭环境使自己性格内向孤寂，自信心缺乏，学习动力也明显不足。另一名中学生Y1S5出身单亲家庭，母亲欠债离家出走，导致了全家经济上的困窘。家庭出现变故之后，父亲压力很大，脾气愈加暴躁，与子女之间的关系也日趋紧张，不问情况的责骂经常让Y1S5深感委屈。L1S3与父母的不想亲近源于小时候的留守经历，长时间与父母的分离导致亲子关系疏离。即便后来在一起共同生活，这种情感疏离的印记也仍未消失，导致她宁愿玩手机也不愿参与家庭活动。亲子链条的互动失效成为家庭教育作用发挥的首要障碍。

> L1S4：我爸妈一般不会过问我学习和学校的情况，就考试完了才会问"考了吗""考怎么样啊"。好与不好他们也没有过多地过问。就算成绩下降了，他们就说一句怎么办啊，所以说我也不知道该怎么办。他们对我也没有学习上的要求。我爸爸是完全不管我的，我妈妈偶尔会过问一下，然后她比较关心我弟弟。我弟弟小学五年级之前也是在村里面读嘛。那个时候因为在村里面，老师也不怎么管，他也是学习成绩不怎么好。后面我妈妈觉得不能再那样子，就把所有钱拿来让他到城镇上面上学。因为这上面也没有可以住的地方，我弟弟就住宿。在学校，他慢慢就养成好的习惯，然后那边很多同学在一起，都是好好学习那种，他学习就上去了。这边还是会有一点重男轻女的，只能说比以前肯定会好一些。
>
> 我觉得我爸妈的教育方式就是小的时候对我影响很大。小时候他

们经常吵架，然后那个时候就感觉我性格会越变越内向。因为小时候他们会吵架，然后妈妈会哭。那时候妈妈还一度走了，我就带着我弟弟在家里面，很孤独无助，就是那种没人管的感觉。我小的时候就有自己必须是一个小大人的感觉，什么都得靠自己。父母关系的话，到现在也没有办法说是很亲密，像人家经常说的一些话，像我爱你呀，妈妈这种，就感觉说不出来。学校的事情偶尔会跟她说，大部分的事情不会说。

Y1S5：有的时候觉得父亲对我的那种教育方式，就是他对我表达的方式，会让我很难接受。当然他其实有的时候站在我们三个孩子中间也很难平衡，然后我跟我一个弟弟经常吵架，有的时候他脾气不好，不弄清楚情况就会骂我，还说我一点都不像姐姐。有的时候比如说我在写作业，写了很久然后刚刚拿起手机，他就进来了。他就觉得我一直在玩手机，就又把我骂一通。他经常这样子，就从来都只看到我的表面。我当时心里很委屈。有的时候我想和他好好聊聊，特别是初中的时候，结果每次想讲清楚却又要吵起来。他就只讲他自己的，后来累了，也不想再和他说了。

L1S3：我跟父母的关系怎么说呢，就是不想接近。也说不清是不是教育方式不能接受，只想自己一个人待着。小时候他们不在家，我也不记得了。我听爷爷奶奶说，好像爸爸回来的时候，我一直在躲着他。小学的时候，爸爸妈妈在南京打工，然后就爷爷奶奶接我，不怎么和他们待在一起。小学三年级的时候，爸爸才回来。家里偶尔也会一起出去活动什么的。我觉得挺没意思的，还不如在家里玩手机呢。

农村反应失格型家庭的另一常见表现是高需求低响应，即父母抱有较为强烈的高等教育愿望，但在实施过程中以压制性、惩罚性手段对子女教育进行控制，易造成亲子关系的紧张乃至对抗。农村父母受教育程度普遍偏低，面对子女教育问题时常常由于不得法而倾向于采用简单粗暴的管控措施，容易导致子女学习的外部压力过大和逆反心理的滋生。一位受访家长的自我反思较清晰地反映出农村父母的这种矛盾心理。L2P5对女儿的学习非常重视，她说："我们以前没上大学，所以特别期望孩子上大学，但是有的时候孩子并不像我们期望的那样，因此现在我感觉我们以前的教育是有问题的。"一次，女儿向母亲讲述了小学时成绩下降被她责骂的经历和对母亲的怨念。这次偶然的讲述让 L2P5 感触颇深，让她意识到自己曾经粗暴的教育方式破坏了和女儿的情感联结。孩子不仅心理上留下了阴影，后来的学习信心也受到了打击，并导致孩子上中学进入青春期以后和父母的关系进一步恶化，此时的家庭教育干预收效甚微。

> L2P5：我觉得自己和孩子的关系很难说清。那天，她说了一句话，我觉得感触特别大。她说，在三年级的时候她考过一次八十几分，我有说过很不行的话。那还是在山东读书的时候，她一到三年级学习成绩一直都很棒，然后有一两次考了八十八、八十九这样子，我就很生气。可能我脾气也是特别不好，就特别生气地训了她，说八十九分考太差了。她就记得特别深，很受伤。现在长大了还会记得这个事，我就感触特别大，觉得我以前的教育方式实在是不对，自己的问题也很大。之前经常这样的，我自己都没注意到。也许就慢慢打击了她，孩子变成现在这样子感觉跟我们自己也是有很大关系的。就是以前我们好像没有像现在这么重视教育嘛，把教育孩子想得很简单，没有去思考，没有去想这些问题。原来教育孩子从胎儿时期就得开始了，所以现在想着把之前的补回来，好像很难啊。我们在她小的时候，应该身体力行自己做给她看，和孩子做好沟通，可能会好一些。

"把教育孩子想得很简单，没有去思考这些问题"是很大一部分农村父母的教育困境。他们习惯于沿用上一代人的传统教育方式，缺乏科学的教育理念和教育方法的指导，倾向于采用物质刺激或打骂的方式进行教育控制，造成与子女沟通的失效。缺乏健康稳定的亲子关系基础，导致农村家庭的高等教育需求呈现断裂状，无法着陆于子女的教育实践中。这时，即便父母有强烈的高等教育意愿也较难转化为子女的自主行动，甚至在二者意愿不统一的情形下爆发矛盾冲突。农村家长 J1P3 明显感觉到平日疲于忙碌的农村父母常常在亲子互动过程中缺乏耐心、脾气易怒，导致不良的沟通效果。受访教师 Y3T3 向我们描绘了这种亲子沟通失效带来的负面影响——父母不懂情感沟通、孩子拒绝沟通。在这种家庭环境中，一旦过度关注孩子的学业成就，反而会加剧孩子心理上的抗拒。他举了一个例子，某农村父母在物质上过度宠溺和满足子女，却不提供有效的亲子陪伴。最终导致家庭情感的断裂，孩子沉溺于手机的虚拟世界，性格叛逆，与父母离心，出现了严重的成长问题。高中生 L1S2 对比了父母对弟弟的教育方式与寄养老师对自己的教育方式，认为农村父母普遍存在与子女沟通的障碍，父母不了解孩子的内心感受，缺乏与学校老师协作沟通的意识，啰唆打骂成为最常见的教育手段，但收效甚微。

J1P3：我感觉农村教育欠缺在哪儿呢？家长都易怒，脾气控制不住。因为家长忙点累点，可能也没有那么多时间、精力去顾上（孩子）。他想着我干这么多活，这么忙、这么累，你还这不听话那不听话。这一点上很多农村家长确实欠缺耐心，小孩子的接受度也没那么高。

Y3T3：现在农村小孩子回去能跟父母好好沟通的，我想应该也比较少。我平时问他们家长："小孩子回去会跟你们沟通吗？"他们经常回答："说不上三句话就把门关起来了。"孩子就是不愿意跟父母亲沟通。可能父母亲问的话题也比较单一，比如最近有没考试或者什么的。家长不会说先从侧面从小孩子的生活去了解，然后再了解他的学习，就是很直接的那种"考试成绩拿来"。但是小孩子最讨厌这种。还有一个学生，也是家庭环境造成的，叛逆感特别严重。他就是家庭惯出来的，在家里他说了算。现在农村孩子被溺爱得也是很严重。可能一开始就是父母亲真的没注意到，比如说他小的时候（家长）玩手机时给他看看，看动画片之类的，小孩子现在很聪明。自己拿手机去看，久而久之他就依赖手机了，他就不跟父母亲说话，学习也不行了。这些父母文化程度相对比较低，自己不陪伴孩子，就只是在物质上满足孩子，最后反而跟孩子都没什么感情。

L1S2：因为我是班长，开家长会时，我当老师助手在旁边跟那些家长聊，其实大家反映的问题都差不多。现在的孩子不是那么容易管，骂骂不得，打打不得，所以就基本靠口头。口头说不听就是骂，骂的话还是脸皮挺厚的，所以估计对解决问题也不会太有用。跟孩子沟通不来是普遍的问题。我家来讲也基本是用口头吧。我和父母好像平时也聊些，但一谈起学习情况也是头疼。因为我不知道跟他们怎么讲，交流的确有很多问题，沟通有问题。很长一段时间，我一直觉得小时候我妈没把我教好，有点迁就的意思。因为在山西的时候，他们很忙，所以就把我寄养在我老师家。他们工作的那个地方又很远，有四五公里这样子，然后我就直接在学校跟老师住一块儿。那个老师把我从小带到大，我感觉要不是因为小学跟那个老师住一块儿，如果跟他们在一块儿住五六年的话，我现在可能会出很多问题。因为我爸妈就是完全不懂沟通的人。我有个弟弟，十岁了，从我的角度看我妈教育方式真的很有问题。我一直觉得如果是我一直跟着我妈混的话，可能会很头疼，可能都到不了现在这个样子。从这个角度来讲，老师跟家长会有更多沟通的机会，不管小学、初中还是高中，就会对自己的孩子稍微清楚一点。像我父母平时除了家长会，在学校跟老师沟通，保持联系什么的，根本说不上。

　　从受访家长的视角来看，亲子沟通是农村家庭内部关系理顺的主要难点之一。特别是对处于青春期的孩子，很多农村家长对如何处理与子女的关系充满困惑和不解。家长 Y3P4 对处于叛逆期的初三的儿子十分头疼。唠叨、限制甚至无意的言语都会触发孩子的敏感神经，引发孩子对父母的反感。尤其让家长伤心和委屈的是，她对儿子学业上的督促和考好大学的期望被反加指责。儿子认为母亲自己未能上大学就不应该对自己提过多要求。两代人的时代背景、思维习惯、行为方式和价值理念的对撞在青春期喷发。另一位农村家长 Y3P5 也提到令她最为困惑的教育问题就是和孩子的学业沟通。女儿对有关学习的话题十分敏感，不允许母亲的任何言语督促和指点，造成家庭氛围中母亲的如履薄冰和女儿的愤怒失控。这位母亲反复陷入这种循环中，她并没有意识到这种亲子关系的紧张实际反映出的是女儿对学业状况的焦虑与不自信，女儿急需的是学习动力和学习成效之间的内在调整。在这种调整期里任何外在的直接干预都会成为女儿情绪的压力点和爆发点。这两个案例中的农村家长面对青春期孩子的各种"异常"显得无所适从与无计可施。她们无法理解处于特殊时期的孩子有高度的不安全感，孩子独立自我的形成需要各种被动和主动的调适过程，她们在实践中过于强调学业成就的提高，没有将亲子间情感上的理解、支持和鼓励作为家庭施加一切教育影响的前提。

Y3P4：我感觉现在跟孩子有点沟通不来。现阶段他就是处在叛逆期，一说他就反感，不允许我多说，日常相处还行，有时也会聊一点学校的事情。但是比如我说不要早恋，他就会觉得反感，觉得"我又没有早恋，你这么唠叨"。他也觉得好像各方面，我限制他的自由怎么样的。现在感觉最力不从心的地方就是沟通。比如有的时候我们出来看电影，到社会上看到很多别的学生我会说几句。他的感觉就是我在说他也怎么样，就会觉得反感，反而都是觉得外面的人比较对。有时候肯定是有一些代沟的，比如我希望他能够考上好一点的大学之类的。他就说你这么要求我，是不是觉得学习那么容易，要是那样你不是自己就去念大学了。我那时是老大，下面还有三个弟弟妹妹。我妹妹当初是高考报志愿的时候报错了，加了个委培。二十年前（委培）是要加1万块的。那时1万块负担是非常重的，下面还有两个弟弟，他们后来也都念大学了，所以负担会很重。我现在后悔也没办法，那个时代就那样了。可是他这么说我，我也很伤心。

Y3P5：她现在是初中生，我只会给她一些生活上的照顾，学习上我已经帮不了忙了。然后我说首先你回去吃好睡好，生活上给你照顾。学习上她现在这么大了，逆反心理很强的，我只会提醒她一下。她非常叛逆，我重一点的话都不能说，她很会顶嘴。然后我就偶尔提醒她，晚上就要准时睡觉，11点左右让她准时睡觉，早上提前叫她起床，然后做早饭。现在，反正你什么话都要跟她好好说。女孩子比较敏感，骂不得说不得。日常的沟通没有问题，但她学习上的事情，你反正不能对她指指点点。同学之间相处的、跟老师之间相处的、对老师的评价什么的，她可以跟你说。但你不能说她什么，任何方面你不能对她语气重一点，持否定意见，否则她都说你不对。学习上，我每次问一下"你最近学习累不累"，"在学校累不累"，"你能不能听得懂"，"作业会不会做"，"不会做的你一定要去问老师，自己要先想先思考它"，她就会觉得啰唆，你给她意见，她又不爱听，小时候非常乖，都会听，但现在不爱听，不知道怎么办。

第三种新型的农村家庭亲子关系模式是协作参与型，集中于部分具有一定科学文化知识的农村专业技术人员、具有较好社会经济地位的农村管理者、企业家阶层，如乡村教师、技术人员、文化工作者、干部、乡镇企业或私营企业管理者等所谓的农村"精英"群体。这类农村父母一般视野较为宽广，能够提供较好的家庭教育资源，普遍对子女秉持较高的高等教育期望，对子女的教育轨迹和发展路径有较为明确的规划。他们愿意尝试更为科学现代的育儿理念和教育方式，乐于采取沟通、协商与民主的方式建立良好的亲子关系，同时对子女的教育过程予以积极管理，引导子女的学习行为走向既定目标，这种家庭教养方式属于高需求高响应的权威型教养模式。此类教养模式下的孩子大多有更加明确的学习目标和教育需求以及更为正面的行为习惯和在校表现，但这种教养模式在农村家庭中占比不高。

　　家长 L1P2 是中专毕业，丈夫是大专学历，二人对孩子的教育有各自的分工。丈夫主要负责学业指导和择校事宜，日常的生活安排和交流沟通主要由她负责。L1P2 详细地讲述了自己和儿子的生活点滴。她认为家庭氛围对孩子有重要的教育作用，因此很注重和孩子从小的谈心交流，她尊重孩子的想法和意见，因此孩子遇到什么事情都愿意主动向母亲倾诉、向家庭寻求支持，并以自己的家庭为荣。高中生家长 L2P1 在镇政府工作，这位父亲举了两个例子。一是孩子曾经很想走艺体生道路，在报名前他一直帮孩子分析利弊，认为孩子客观上才艺天赋一般，且乡镇和学校自身的平台环境不佳，大量的金钱投入可能收益损失的风险较大。经过多次交流，孩子主动放弃了这个选择。二是他认为孩子初中时的学习投入和学习压力不足，当时自己并没有及时跟进，完全按照孩子的意愿没怎么补课，导致孩子成绩不大理想。由此，他认为有效的亲子沟通是对孩子既要尊重也要引导。受访家长 L2P2 是函授大专学历，从事教育行业。针对孩子的青春期叛逆，她的理解是要允许孩子发脾气，但是应该及时在孩子平静后坦诚交流，给孩子自己反思的机会。这位母亲认为这种方法虽然见效慢，但在日积月累下可以帮助孩子顺利度过困难期。Y3T3 既是一名农村中学教师，也是一位高一学生的母亲。她认为如果亲子间缺乏足够的情感交流而只是一味功利化地问询孩子的学习会引发孩子的反感，损害亲子关系。因此，一定要给孩子说话的机会，让孩子能轻松地讲述自己的学校生活。家长要做用心的倾听者，凡事多和孩子商量，才能达成良好的沟通效果。从以上案例来看，几位家长都有一定的文化教育积累和较为明晰的教育理念，注重维护亲子关系，并且能够根据孩子的特点有的放矢地予以尊重、引导和支持，家庭教育具有明显的理性特征。

L1P2：平时他喜欢做什么，就让他自己去做，然后也有多沟通聊聊天什么的。有什么问题可以提出来，大家一起聊聊。平时交流都没有强制性，就是谈心，因为孩子都有自尊心，也有自己的想法。如果去强迫他，有时他肯定不服气，所以都是跟他谈心交流。我们经常交流，他回家，我们就聊聊今天在学校怎么样。然后就说学习方面怎么样，都挺好的。我觉得家庭教育很重要，比如说家庭的氛围会影响孩子。我儿子虽然说现在读高二了，但他头脑很单纯。他有时候回来跟我讲，"妈妈，班上同学都是怎样怎样的家庭，都没有我们家好"。我儿子好像脑子里面就是我要读书，读完书回家。他有什么事情都会跟我们讲，没有说脑子里比较复杂。所以我们和孩子关系都挺好的，我儿子挺幽默的，有时候叫我老妈，有时候叫姐姐。我两个儿子都算是挺乖的。我们跟孩子没有说很疏远，平常都有聊天的。比如说有什么事情，我也会跟他讲，但有时候他不愿意做的事，他也会跟我讲他心里的想法，凡事都商量。我跟我儿子说，你不要把我当成妈妈，你就把我当成你的朋友就行。所以说我两个儿子有什么事情，他们都会跟我讲，大大小小的事。虽然他（大儿子）快十八岁了，但在学校发生一丁点事，回来都会跟我讲。

L2P1：我对孩子的教育首先就是尊重他的意愿，但有些问题也要慢慢引导他。当时就是在具体分班的时候，就是说考艺体生嘛，我是不支持他考艺体生的。他就想去报名了，我说不要去报，最后一起还是决定不让他去做这个。你要慢慢地和孩子交流，不能太压着他，因为我们也叛逆过。我们现在做父母的，应该懂得融入，还是慢慢调解，比如说分析下自己的才艺情况，而且做艺体生你没有平台就得砸钱，最终他还是欣然接受我的建议。现在回想起他上学以来的事也是有遗憾的。比如当初他考上这个高中，只多了两分，然后他现在最起码在年级里面也就是文科里面成绩已经在中上了，已经是进步了。在初中那个衔接的时候，作为父母来讲，觉得还是放松很多，当时应该多把压力引导给他。那时候也补得太少了，不然现在会更好。

L2P2：他叛逆期还可以，就是初一的时候有一段。因为我也从事教育行业还是想了些办法。一般等他发完脾气后，我会跟他聊，你哪里错了，咱们聊好。然后我们以朋友的方式，"现在我们不是母子，现在我是你的朋友"。我这样子跟他聊，多聊一聊，他心里就好多了。他会讲，"妈妈我刚才错了"。我觉得当时可能没有什么改进，到了下一次发脾气的时候可能还是这样子。但慢慢地还是会好，今年就好一点了。平时主要是吃饭的时候，我吃完饭的时候会跟他聊，今天班级上、学校里有没有信息或者新鲜的事情之类的。

Y3T3：我觉得我和孩子关系还不错。作为家长平时有什么事，我肯定还是先跟他商量。如果不经过他同意，比如给他报什么辅导班了，他肯定会不高兴。有事情就全家一起商量着来。另外，平时没有情感交流和日常生活的交流，总是在问孩子学习，小孩子会觉得很功利化，很反感。所以我自己小孩子回去的话，他平时都会跟我讲学校或者班级里面的什么事情。从小我就没有不让他说话。有的家长可能传统地认为吃饭时间不要讲话怎么样的，但他也只有吃饭时间才能跟家长坐在一起，所以我们就鼓励他。比如说你吃饭的时候注意一点，不要在嘴巴里面都是食物的时候，还在那里讲，这样子也不文明。我一直鼓励他可以讲讲比如说在外面跟同学、跟老师以及班上的事情，回来都可以说。如果从小就有这种习惯，让他说，你也去倾听，他回来都会乐意跟你讲。但我们班上的农村家长很多就是不愿意听这方面，"你老是跟我讲你同学干吗、你老师干吗很烦"。其实他愿意讲侧面反映出，人家想跟你沟通。你总是懒得听，后面可能还干脆关上我的门，我就不跟你沟通了，没什么好讲的。

除了部分经济文化背景较好的家庭以外，调研发现部分农村家庭尽管社会经济条件一般甚至存在家庭结构上的缺损，但十分注重孩子教育问题的协作参与，并与孩子建立起良好的、有效的互动关系，也能够收到良好的教育效果。高中生 L2S5 自小与到外省务工的父母一起生活，尽管处于流动生活的状态，但父母一直很重视他的教育和学习。这种重视不是反映在学习结果的期待上，而是对其学习态度、学习努力等过程有所要求，同时与孩子建立起了相互信任的"朋友式"关系。正是在这种良性关系的基础上，初三后不得不选择回乡参加中考的 L2S5 并没有因为面临留守而埋怨父母。尽管高一出现了不适应和较强的厌学情绪，但因为有良好的亲子情感维护，父母远程也未放弃对孩子的关心和沟通，不停对他进行心理疏导和精神鼓励，和学校老师保持密切的联系，使得孩子能迅速找回状态，重拾学习的信心。与"真正的放养"不一样，父母给予这个"流动而后留守"孩子的是松而不弛的家庭氛围，为他提供自由成长空间的同时也有及时必要的心灵指引，让他由此获得坚强的"精神后盾"，在成长和学习的道路上免除后顾之忧。中学生 Y1S4 也是类似的家庭背景，从小随外出务工的家人在北京生活学习，初三回到老家后与父亲、哥哥远距离分隔，母亲在老家照顾老人，因此他被寄养在姑姑家中。他认为从小能和父母生活在一起是幸福的，家人日常交流频繁，经常打打闹闹的互动形成了较好的家庭氛围。母亲十分重视他的学习生活，通过问询、分析、鼓励和家校互动等方式参与他的学业管理，父亲偏重于对他行为规范、生活习惯的养成和引导。尽管高中后父母不在身边，但他仍然能够在家人的帮助下应对回乡的生活和学习。

> L2S5：我爸妈从小对我的学习就有要求。他们会对我说，不要求我排名有多少，他们只会要求我这一次比上一次考得好一点，要有进步。我爸妈一直觉得我很有天赋，但是说我太懒了，态度真的不行。我高一的时候，可能因为初中有复读，刚开始有点自负，觉得我肯定能考上一中的样子。事实上，从我刚回来复读直到中考前，我一直跟一中的分数线是非常接近的，甚至是高过的，结果中考英语没发挥好，然后来这个学校了。高一时我特别不想学习，就觉得没意思了。整个高一就开始参加各种活动，又挺自卑的，然后我爸妈就一直跟我沟通，慢慢找回来点自信。高二又开始好好学习了，重新找回状态，就觉得以前真的不对，现在要把握住。
>
> 我跟爸妈关系很好，就是朋友关系。我爸愿意跟我勾肩搭背，然后两个人走在街上，我妈也跟我很好。她晚上的时候说，儿子，点点外卖。然后她自己从家里拿杯红酒，给我开瓶可乐，我们两个人对着喝。现在离这么远，也会想他们，就是有的时候晚自习一个人骑车，尤其是下雨天，别人都有家长开车过来接，或者说怎么样的时候，心

里多少有点落寞。但我没有想过让他们回来，我是主动让他们不要回来的。他们是有那个想法的，我爸前两天还说要不要回来一下。我说，别回来了。我觉得今年是第四个年头了，最后这段时间给我跟前几年一样的环境，保持一个相对稳定的状态。我怕他们回来，我心里的起伏会变大。之前的时候我只有寒暑假会去他们那一段时间，如果他们回来，我会想要陪陪他们，这样子不好。他们就像一个因素，回来会打乱我原来的生活节奏。真要回来的话呢，大不了高考后陪我，我倒无所谓了。

他们虽然没在这边，但一直都很关心我。他们跟老师也有加微信，互相也会沟通。这个我觉得很好，就是班主任因为了解到我个人、家庭情况，会跟我家人去沟通。有时候开家长会他们不方便来，我也是一个人去开。我自己也没有去开的时候，我爸妈也会主动去联系。联系还蛮多的，我感觉一个月总得有那么几次，他们私底下会聊聊天。

我觉得家庭对于我来说真的挺重要的。他们每次开家长会的时候，我妈都说他们没有对我做什么，现在都是靠我自己，但和那种真正的放养是不一样的。区别就在于我爸妈会跟我交心。真正的放养是真的就给你物质上的基础，不会给你精神上的鼓励。他们在我真的遇到挫折的时候，会给我纠正过来。在我真正想要跟他们诉说的时候，他们随时都在。我觉得这个很好，就给了我一个精神后盾，会让我觉得，我后面有人可以让我靠着，我只要往前冲就可以了。就是在他们的影响下，我觉得我可以肆无忌惮地去做自己想做的事情。但是我也会学乖，就是也会成熟一点，考虑一下后果再去做。这是我爸妈对我最重要的一个教育吧，就是让我凡事多考虑考虑。

Y1S4：我跟父母关系挺好的，就是有的时候因为学习可能会跟我妈讲两句，也不算吵。平时跟他们交流还比较多，而且我们家里人关系都比较好，包括我哥、我爸、我妈，我们几个都是比较喜欢打闹的那样的，家庭氛围非常好。

学习上我母亲抓得比较紧，她隔一段时间就会问我最近感觉上课怎么样，能不能听得懂，然后放学后的作业会不会做。还会问我的情况，包括哪些方面需要她帮助，比如说有的时候我可能需要去买一些资料，或者说去参加一些补习。我母亲跟学校联系挺多的，小学、初中、高中都是，她一直都跟我老师联系比较密切，经常会问我的情况，包括上课怎么样、作业完成的情况。问完了之后会跟我讲，老师说你情况怎么样，哪一块好哪一块不好，然后说你看老师对你这么关心，你要自己努力一下，不能让老师说什么。

我父亲的话就是他看着对我学习不是特别在意，但是他对我的个人习惯非常在意。比如说放假的时候我比较拖拉，这个毛病让我父亲很生气。他觉得任何事情，包括生活上的个人习惯，可以反映出来一个人。他是这么跟我讲的，就是不要那么拖拉，你可以去等别人，但是不要让别人等你。比如在暑假都是母亲或者我舅妈去做饭，然后我会起得比较晚，一般都是睡懒觉到11点多才起来，起来的时候就比较拖拉，然后赖在床上，就会被我父亲说。他希望我能改掉这个毛病。

这两个案例中，他们的父母并没有很高的社会经济地位，受教育程度也很普通，但其共同点是父母与孩子之间的情感联结良好，父母对孩子的教育问题有思考、有想法、有行动，能够关护到孩子的心理情绪并主动参与到孩子的学业发展中，获得了孩子的认可和信任。同时也可以看到，与农村留守儿童相比，随迁子女由于能够得到父母更好的陪伴，更易从这种协作参与型亲子关系模式中受益。幼年时期亲子关系的夯实能够为子女后续的整个教育生涯提供重要基础和强大动力。

四 家校边界的区隔

家庭与学校是对学龄期孩子影响最直接的两种组织形态。科尔曼认为，家庭与学校、社区的联系是子女教育成绩和高等教育获得的重要社会资本。[1] 他的著名研究在对美国公立学校、私立学校和天主教学校对比后发现，尽管天主教学校的资金投入和社会支持不是最好的，但由于学校和家长之间、家长与家长之间、学校与社区之间建立了紧密的共同体关系，此类学校的学生辍学率更低，并有了更好的学业表现。后来的研究也普遍证实家校之间互惠、合作、信任的关系是镶嵌于学生教育表现的重要资源。

在我国，学校长期被看作教育实施的核心场所，大量的家庭教育和社

---

[1] J. S. Coleman, "Parental Involvement in Education," *Policy Perspectives Series*, 1991: 13-16.

会教育功能被附加给学校，既使得学校教育不堪重负，也导致了学校教育的孤立化。近些年，许多城市学校和社会组织开始尝试重新链接家庭与学校的关系，中上阶层家长也积极运作，将家庭的力量黏合进学校组织，通过与学校、教师的协作来获取更多的教育信息和改善子女的学校表现。但从对农村地区的调研来看，家校合作的状况普遍滞后，令人担忧。具体表现为，家庭与学校日渐分离，必要的社会结构闭合被切断。家长参与子女学校教育的意识淡漠，对学校事务、志愿活动、班级管理、家校联系等缺乏关切，对子女的具体学校表现缺乏足够的信息沟通与获得。对于留守家庭来说，教师见到家长或组织例行家长会都存在困难。

受访教师 L2T1 认为农村留守家庭的家校联系状况最为棘手。孩子在校出现问题后，教师很难与家长获得及时顺畅的沟通，导致这些孩子的行为习惯、学习态度的培养无法获得家校的配合力量。当孩子出现了较严重的教育问题时，家长才意识到问题的急迫性，这时不得已选择回乡陪读的教育效果往往大打折扣。另一位受访教师 Y1T2 认为农村家长对子女教育的重视不足，既有客观环境的限制，也有自身教育水平的不足。家庭更多地将孩子的教育寄托于学校和老师，并且在这个过程中习惯于置身事外，缺乏与学校沟通的主动意识，这容易引发孩子学业成就的恶性循环，即"重视不足—成绩不佳—家校失联—成绩下降"。作为班主任助手的高中生 L1S2 通过对家长的观察发现，家校联系对于双方更好地了解学生的成长心理和真实状况以及采取适合的干预措施十分必要。但农村父母普遍缺乏与学校加强日常联络的能力和意识，只有出现明显异动时才会想到老师们。这反映出了农村家校联系以补救型为主的重要特征，家庭教育与学校教育的脱节导致无法"防患于未然"，未能充分发挥家校合作的预防性作用。

L2T1：现在留守半留守的孩子很多，因为有的孩子父母都在外面打工，或者在外面做生意没在家里，然后有些事情我们要跟家长交流一下孩子的情况，想叫监护人过来一下，比如你孩子犯错家长要过来一下，他们说我们实在没办法过来。这个学期分班之后第一次家长会，我叫家长至少要有一个监护人过来。有的孩子是叫自己爷爷奶奶过来，我们有些事情没办法跟爷爷奶奶交流沟通。父母离得太远了，他们有的也很想过来，但没办法。孩子的很多小问题就是因为这个积累起来的，行为习惯啊，学习态度啊，怎么样培养起来呢？如果说有一天父母回来，他可能刚开始一阵子很惊喜，父母说的话肯定也会听，但是父母很快又走了，慢慢地他就不干了。当时发现一些孩子出现了问题，有的农村父母就派其中一个过来陪读嘛，但往往都有点晚了，父母已经管不住了。

Y1T2：农村家长总体重视不足，一个是激励方面，一个是水平方面。激励方面，他每天忙于生计，也没办法。水平方面，他也不知道从哪里开始管起，更多的是一种放任。他心里的想法可能是（让孩子）好好读，心里有一些想法，但很少自己跟老师、学校沟通，顶多跟孩子讲要好好念，能够讲这一句话就算不错了。因此更多的孩子是靠自己的一种天性，家里能够提供的太少，更多的家长是靠着学校。家长主动联系老师的，这种一般都是孩子学习成绩比较不错的，不是说有问题才联系，越重视成绩越好。成绩不好的，他反而不会联系你，你要天天找他，他还未必理会，问题越积越多。这里面，愿意主动联系的农村家长就偏少。

L1S2：这边大多数的家长就是除了有一些特别的事情，比如说孩子某段时间变化突然特别大，或者有什么异样的决定、举动啊，可能才会想到跟老师讲一讲。但如果看起来一切正常的话，基本不会去向老师问这些事情。我爸妈也是除了家长会，没有怎么跟老师联系。我觉得得让家长跟老师有更多一点沟通的机会，不管是小学、初中还是高中。如果老师跟学生、跟家长沟通的机会多了，很多学校里的东西家长就会知道得稍微清楚一点。比如，学生如果处于叛逆期，很多东西自己不愿意去告诉家长，家长只能通过老师来了解。

家校空间的区隔和家校文化的冲突一旦叠加，会直接成为阻碍农村学生学业进步和教育晋级的破坏性力量。家庭与学校被人为分裂为生活与学习功能各司其职的专属空间。大量的农村父母将孩子的学习和教育完全寄托于学校，缺乏责任共担意识，与学校教师的沟通联系不够紧密，甚至袖手旁观，使得维系子女教育的社会支持系统性差。受访教师 Y3T3 认为，制约农村学校发展的一大障碍就是家长的配合度不高，家长对子女学业的关心程度不够，作业完成情况、学习习惯无法在家庭中得到监督确认。此外，农村家长习惯于直接接收孩子的考试成绩或排名信息，却很少与教师、与孩子沟通学习习惯、学习过程和解决策略，呈现家校两种教养方式的撕裂。教师Y1T1认为，农村家长将教育的希望寄托于学校是普遍现象——"最好老师自己就把问题解决了"。有些父母还认为教育的责任在教师，对来自学校的反馈和沟通采取消极的应对心态，这使得农村家校合作面临重重困境。教师Y3T1也分析了很多农村家长的教育心态：一方面将大部分的教育管理责任转移给学校，另一方面对待孩子出现的行为或学业问题缺乏配合，甚至出现"父母唱白脸，老师唱红脸"的局面。这位老师以手机管理为例，认为学校虽然实施了较严格的管控措施，家长们却在不断地提供手机并默许孩子带入学校。"我管他不听，老师管才听"成为家长们常见的责任推托之词。农村中学班主任Y3T3讲述了一个令他十分"恼火"的农村家庭案例。面对这名在校表现不佳的"问题"学生，班主任多次联系家长沟通，但其父母在外务工，全家对孩子甚为骄纵，对孩子出现的问题不以为然，甚至对教师的屡次联系表现出明显的不耐烦。最终导致家校矛盾的对抗升级，以该生转班的结局不了了之，孩子的实质教育问题并未得到解决。单纯依靠学校力量无法从根本上解决学生日积月累的，特别是原生家庭教育所引发的负面问题，这位班主任在怒其不争的同时也流露出明显的无可奈何。

> Y3T3：我觉得农村学校最大的限制就是家长。比如说我们学生，有的作业学生看不懂但回去家长可以监督，结果回家后人家都不监督一下，我们就没有办法。把孩子放在学校就完事，扔进来就好了，好像没有那种意识。比如说我们自己作为家长，我孩子念高二，我们也会偶尔去问一下老师最近有没有考试，孩子考得怎么样，回去跟孩子也会沟通嘛。但是我发现，我有时候很主动地在家长群里面讲，最近考试可能有的同学考得不大好，回去家长也要多询问一下什么情况。大多数家长没什么反应。私底下我问一些学生，（结果发现）回去父母也没怎么过问。好像会找老师问的只有少部分家长，他们都会问，他们平时也会问。

> Y1T1：普遍的应该大部分农村家长把孩子送到学校来，就寄希望于学校把他教好，我觉得大部分是这样子。他就喜欢请老师帮忙，最

好老师自己就把问题解决了。之前给一个家长打电话，人家就说，把孩子放到学校就是要老师管的，不要天天给我打电话，不然还要老师干吗。

Y3T1：很多农村家长觉得我家孩子有学校看着就可以了，他就是这样子。比如，有的家长就说"老师你来帮我纠正玩手机的问题"，我说"你不要买嘛，你干吗要给孩子买"。我们管理上问题很多，周日晚上拿一个袋子来装一下，周五晚上回去的时候又发给他们。但很多学生有两部手机，你有办法吗？最终就是靠学生自觉，靠家里一起配合。晚自修和宿舍熄灯的时候，我们和生管也去查，（学生）就是躲在被窝里玩。我们也不可能一个晚上都在宿舍门口一直看。在家里也是一样。陪读的在外面也是两间，母亲或者爷爷奶奶在这一间。他在那边等你走了，起来灯开一下，实际上玩手机，他还说自己在念书。很多家长还觉得孩子小的时候在家我管一管，上学了就说"我管他不听，老师管才听"，就喜欢把事情都交给学校。农村家庭教育一步步没有跟上，影响了很多。

Y3T3：我们可能还是比较欠缺家长的帮助，有的东西它靠学校没办法。出现什么问题，要是家长不跟你配合你就没办法。像我以前有一年就碰到一个学生，因为我平时对学生要求比较严，所以说不能玩手机。然后这个学生上化学课，化学老师跟我说，你班上某某学生上化学课玩手机，叫他拿过来还不给。因为刚开学没多久，可能任课老师对他也不怎么认识，不知道名字。我说我观察一下，看看到底是不是他。结果有一天早读课，我站在走廊观察，他就是在那里玩手机。他坐在最后一桌，我就从后门进去，直接把他手机拿到手，他就从后面冲过来抱住我不撒手。这个学生的问题很多，他报名寄宿却不住宿舍，去外面租房子住。父母亲不在家，他家就他一个孩子，钱也是那种没有什么管控的，就是要多少给多少这样子。生管那边通知我说他晚上没有在宿舍睡觉，他说他住在外面，我说那你可以退宿，叫你家长签个字交给生管老师。结果他就是手续也不给你办。我就打电话跟他家长说，因为他家就爷爷奶奶在家里，父母都在外地打工，每次打电话跟他父母说，他们都一直敷衍我，敷衍好几次。最后我打电话给他们说，你们能不能帮我把这件事情手续办一下，家里人来一个就可以了，其实很简单的事情。结果孩子的妈妈在旁边就发牢骚了。她说：
"这老师什么事情这么多，整天打电话。"真的很火大，我也说了："这
关系到你孩子的安全问题，我作为班主任得安全第一，你如果不管你
孩子，这件事情不办的话，到时候你孩子的安全谁来负责，你要自己
负责吗？"然后他爸爸接过电话说："你不要跟他妈计较，她那种没文
化的人。"但是我知道他爸可能也是那种很粗暴的解决方法。没收手机
的问题，我跟这个学生讲："你要向我道歉，你要当着全班同学面向老
师道歉，不道歉你不要进来，不要在我班上念。"我真的容忍不下这样
子的学生。后来他家长回来了都没有找过我，也没有在短信当中给我
道过歉。他还一直怪罪我，跟我说："我孩子不会念书，你不要针对我
孩子，我孩子不念书跟你有什么关系。"我跟他讲："我作为老师，作为
班主任，当然希望每个孩子好，书念得不好没关系，你要不要学会做
人？做人最起码的是已经犯了错误，你是不是要向人家道歉？最起码
的态度都没有，你作为家长也没有态度！"后来好了，他去找另外一个
班主任，宁可换班级也不向我认错。（孩子的问题就是）这样子的家
长、家庭环境造成的，家长都顺着他，溺爱得不得了，都是他说一不
二的。所以我们有的时候遇到的比较偏激的孩子，很多是家庭原因造
成的，然后家长又不跟你配合。如果说能按照老师说的，我们共同看
一下，帮他纠正一下，他可以慢慢改进。有些家长想着最好老师能一
下子把孩子改进过来，怎么可能？十几年养成的习惯，你不配合我，
我作为班主任哪有那么大的能力三天就改过来。

对农村家长的访谈也从侧面印证了不少农村家长对与学校联系、沟通、
配合的"冷淡"。家长 Y3P2 认为自己的女儿平日乖巧听话，没有联系学校
的必要，夫妻甚至不清楚孩子的老师是谁。家长 Y3P3 的丈夫长期在外做建
筑工人，自己在家做些散工，每天忙于生计无暇顾及孩子的教育问题，从
来没有主动联系过老师，家长会也经常缺席。还有一部分家长的家校沟通
只限于被动的信息接收和任务配合。家长 Y2P1 指出，学校有提供与教师的
沟通渠道，但自己没有主动参与到孩子的学校事务中。受访学生 Y2S3 谈到
父母将与学校联系的任务派给了哥哥，哥哥的作用就是传达学校的通知。
这种家庭与学校冷热不均的局面反映出农村家校关系的单向度特点，教师

看似握有联系的主动权，但由于缺乏双方的合作与互动，家校通、微信等家校联系的方式容易简化为信息发布和任务布置的形式化平台，教育的实效性不强，去中心化的关系网络型家校共育道路仍任重道远。

> Y3P2：我平时和孩子的学校、老师都没有联系，都不知道哪一个是她老师。家长会有时去开一开，没有主动问过老师什么情况，我老公也是这样，很少跟老师沟通。感觉没什么必要，她平时很听话，我感觉挺好。

> Y3P3：我家基本从来没有主动去跟学校的老师联系过，家长会之类的学校会联系我们。但家长会我也经常没去，没时间，在上班没时间。像我个人各方面很少和学校去沟通孩子的事，都靠他们自己。

> Y2P1：现在和学校老师有联系，他们现在一般都有家校通、微信之类的。老师如果有发什么，我们就回一下，没什么事情我跟老师也没什么话说。

> Y2S3：我父母的话跟老师应该是没怎么联系，除非是老师说有事情他们才到学校去。平时有事情就是我哥加了微信在这边联系，我哥和老师沟通也比较少，就是有时学校交代布置什么任务就回去完成。

另外，农村父母对家校联系积极性不高也有客观环境的限制。农村相对贫乏单一的文化生活、农村父母相对较低的受教育程度、家长忙碌的工作节奏、家长教育资源匮乏等也使得他们进行学校参与的深度、广度、积极性和能动性大幅降低。教师 Y1T1 指出，很多农村家长不与学校联系是因为心里有顾虑，担心教师太忙，怕"打扰老师""给老师添麻烦"，这位教师认为虽然家校联系会增加教师的工作量，但总体上是有益于教育教学的。受访学生 L1S4 则指出农村家长与教师沟通的另一种顾虑，母亲个性胆小，受教育程度低，经常没有勇气与教师进行直接交流。农村家长受制于文化教育水平，在家校沟通时往往不善于表达，不知从何入手，参与意愿随之降低。家长教育资源匮乏也是制约农村家长与学校联系主动性的一大因素。家长 Y2P3 认为，学校只是要求父母配合教师的工作，但没有为家长提供必要的指导或成长平台。由于缺乏科学的教育理念和实施方法，家长常常不得法，事倍功半。这位家长强烈地表达出希望教师的教学经验和教育心得能和家长一起分享的期待。

> Y1T1：一般家长，特别是农村的那些家长，他们可能也不敢去找老师，觉得我们工作量太大。上了白天你还要上晚上，像我们交流，基本是在晚上。其实和家长交流对我们的工作帮助很大，但现在学校杂事太多，什么事情都要过来刷个脸，浪费时间。

> L1S4：我妈妈有时也想和老师沟通，但她自己也不知道怎么去和老师沟通。比如只有在家长会的时候，她看很多家长会去问老师，她才会也凑上去问一下，平常都不太会。学校倒是有给家长建微信群，我妈妈也在里面，但基本就是老师发什么通知，她照着做就是了，其他方面都没有什么沟通。

> Y2P3：比如，学校要求我们家长完成一些布置的事情，我们家有的时候很认真地去完成，但是效果也不好，孩子学习还是跟不上。因为我自己经常兼职做导游，我出去见过很多人，也有一些老师什么的。我觉得农村这边真的缺乏科学的亲子互动方法，沟通亲情之类的，学校也很少会教家长具体该怎么做。我就很简单地说一次，他高一要去军训，只去五天就回来。第一次放到那种没有父母亲、没有老师的独立的环境，可是他回来就有成长。他说他喜欢军人，对考上大学一下子就产生了兴趣，这给了他跟学校教育不一样的影响。学生和我们父母、和老师中间是有一个跨度的，也有代沟，没有好的方式方法真不行。可是我们这边的学校、家里人都不懂这些。比如为什么我家孩子会偏科，有的老师懂这些方法，他很喜欢老师的讲课方式，可能就会进步一点。如果说不大接受这种方式，他这一科就会没有兴趣去学习。

总体来看，当前农村家庭与学校的关系还远未从"家校联系"走向"家校合作"，毋庸说时髦的"家校共同体建设"。受访农村家长最常见的认知表达有"老师帮我管吧""不懂和老师说什么""都听学校安排"，由此使得农村教师的家校判定也只能停留在"没办法""客观现实""有些举措用处不大"等。在这种大背景下，一些重视教育的农村父母开始有意识地参与子女的学校生活，与学校、老师保持密切的联络关系，积极为子女营造家庭经验与学校经验相统一的社会资本。这种重要的社会资本在子女的行为纠正、学业管理、升学信息统筹等方面都能够发挥促进作用。

教师 L1T2 发现，一部分农村家长会主动地向老师了解孩子的学习进展，特别是考试成绩发布后倾向于请老师帮忙分析成绩下降的原因。从家长访谈中也可以看出，家校联系有助于父母更全面地了解孩子的在校表现，并且及时改善家庭教育。家长 L1P6 谈到自己之前命令式的家庭教育方式经常让孩子无法接受，老师了解过情况以后与家长进行了多次沟通，L1P6 也按照老师的建议进行了自我调整，受益良多。家长 L1P8 面对女儿的学习障碍问题无法提供直接的解决方案，但她十分注重和老师的日常交流，鼓励女儿多向老师请教，同时与老师沟通女儿课后的表现，来确保孩子的学业能够顺利进行。家长 L2P5 也觉察到女儿学业进展中的各种问题，把自己的感受及时告知老师，老师也会把孩子的行为问题进行反馈。在解决路径上，L2P5 一方面拜托老师采用更适合孩子的方法进行疏导，另一方面自己也想各种方法配合老师的行动，希望能通过双管齐下的方式带领孩子走出困局。家长 Y3P1 认为教师对孩子的作用巨大，自己文化程度不高，只能通过老师的帮助来更深入地了解自己的孩子。同时，她也认为，学校的孩子很多，家长自己也要多了解、多配合、多和老师沟通，这样才能使老师更多关注到孩子的情况，这种相互联系有助于更好地应对家庭教育中的迷茫。

L1T2：现在有一些重视的农村家长还是挺及时地来了解情况的。比如说我们刚开学的时候会进行一个单元测试，因为小学到初中的时候，学生可能有些不适应初中的难度，成绩考得会相对差一些。有些家长就会及时地给老师打电话："老师啊，他这次成绩考差了，是什么原因呢？"家长也会经常地跟老师聊聊。

L1P6：我自己的教育方法其实是有点命令式的。后来经常跟这些老师沟通一下，然后我调整了一下，就是要那个民主性的。我经常和老师沟通一下孩子在学校的情况，那个老师也有给我们讲，说我太用力了。我觉得老师的教育方法比较好，得听老师的。

L1P8：平时我们跟老师联系挺多，经常到学校问"小孩学习怎么样啊""小孩在学校里面有没有什么不懂的""有没有什么不注意的""有没有哪里不好的""上课有没有去睡觉"什么的，经常跟老师沟通。孩子回来跟我说："妈妈，我这个好像有一点听不懂。"我说："直接下课问问老师，一下课就必须问老师，这点我还不会。"然后再去问问老师。老师说："有这种情况，你的小孩一下课就来问我了，这个你放心，她说不懂就来问我了，问我最多次的。"

L2P5：我把她遇到的一些问题、一些状况，都有跟老师说，老师就会知道。然后老师说她心里飘，不能静下来学习。那我也有问老师，我们做家长的应该怎么配合学校，因为她这个时候很容易走歪呀，现在好像就属于这种敏感阶段。我们做家长的，有时说什么她都不听，那我们只能借助老师。老师也会跟她说，她班主任在教育学方面还是很有一套的。她回来也会说老师有他自己的那一套，就是跟其他老师不一样，挺好的，那她会听老师的话。比如说她写作业的时候写好了，那老师会给写一个大大的好，她就很高兴。现在的孩子虽然长大了，但她也是喜欢听老师表扬的。

Y3P1：我也经常联系班主任和任课老师，有时候打电话，有时候用微信。这样子老师会提醒我们家长，说你小孩子这阵子学习哪方面得抓紧，然后交流下在学校、在家里有没有什么比较大的起伏或者怎么样的。我也会私底下问老师，孩子上课的表现，有没有大胆一点这样子，了解孩子学习上面的问题。说多了都是泪，这小孩子现在真的很难管，我们不知道从哪个入手，到底是严厉地管好，还是放养地管好。很难说在我们的那一代身上，延续到我自己小孩子身上，但是总觉得他们不像我们那时候内心那么强大，变得很散漫，就是这样子。其实我们作为家长，要了解要配合，但我们的教育方式也不懂从哪里入手，这时候就希望学校去管。孩子基本上都在学校上课，或者说下课跟老师接触的，其实有的时候（老师了解的）比我们家长还多，孩子思想真的是有波动或者什么样子，老师有的时候第一反应比我们家长还快。老师对学生了解的那种层次，有真正地深入他们当中去，成绩上也是这样子。

五 低阶层家庭的社会网络掣肘

学业成就提高和高等教育获得过程中需要大量的社会网络支持。除了前面提到的家庭内部社会资本和家校联系资本外，还需要家庭动员更多的人际关系网络予以辅助、配合。其最终效应的发挥与家庭人际关系网络的规模有关，但与网络的质量以及闭合程度关系更为紧密。受制于社会经济文化地位，我国农村家庭的社会关系网络普遍具有规模小、种类少、密度高、同质化、非精英化等特点。特别是处于较低结构位置的普通农村家庭，人际交往的规模、层级受到较多的限制和约束，这使得他们为子女教育所能调用的家庭外部资源十分有限，多集中于亲属、邻里等先赋型或地域型关系。

受访的农村家长普遍认为家庭在孩子的学业发展过程中难以提供充足、有效的外部关系网络支持，这与农村家长自身社会关系网络的规模、结构与关系种类密切相关。家长 Y3P1 和 Y2P1 的社会关系网络都是同质性较强的，社会经济地位相当、文化教育资源相似。特别是处于较低社会结构位置的父母，其社会交往的机会也往往限定于较狭窄的网络圈子，很难给予孩子互惠性和互补性较强的外部教育资源。

> Y3P1：我周围的亲戚朋友，或者说关系比较好的那些人，无论是在经济上还是在学习上都很少能给我们提供帮助，因为他们也都跟我们差不多。我老公一直都在建筑工地跑工程不在家，我自己主要在家带孩子，在周边零散做些事情。爷爷奶奶外公外婆，他们在老家自己的村里面生活，也不认识什么人。说实话，亲戚朋友家里学习好的比较少，能给孩子做个榜样的都很少，大部分是靠孩子自己。

> Y2P1：我家没有什么亲戚朋友能给孩子提供帮助，像人家有的亲戚学历比较高一点的，或者是当老师干吗的，有时候给点拨一下小孩子，这个我们也没有。我们家亲戚（跟我们）一样，大部分是做工的，很少有能帮上孩子的。

农村家庭最常见的教育性关系网络集中于亲缘关系的运作上，以亲缘关系为纽带的教育资源互助是农村强关系支持的主要来源，并显示出稳定、可靠、信任度高等特征。一般来说，农村家庭社会关系网络对子女教育的介入有两种主要途径。一种是通过对受教育者本人施加教育性影响来促进其学业成就的提高，这种社会资本运作方式主要是为了补充或加强家庭教育对子女的影响。其中农村家庭社会关系网络介入子女教育过程的最常见方式就是"示范引领"。在第二章中我们提到，农村家庭高等教育需求的一个重要特性就是"群体参照性"，这一特性体现在高等教育需求的实现过程中亦是如此。农村父母经常将亲朋好友中的学习典范作为孩子效仿学习的目标。这些社会关系网络中的成功升学案例在不断参照对比的过程中间接转化为激励孩子求学上进的动力来源。家长 Y3P4 的姐妹都受过高等教育，姐妹家的孩子基本上也读了大学，整个家族的文化教育氛围使得父母和孩子的高等教育需求都十分强烈，会参照着亲属家的情况提高自己的学习要求。家长 Y3P6、L1P8、L2P3、Y2P3 都提到如果亲属家的哥哥姐姐有较好的学业成就或升入大学，多多少少会对孩子的学习有所带动。这些亲缘关系既能作为示范表率，也可以通过相互交流鼓励增强教育动力。受访学生 Y3S3 和 Y3S1 也印证了这种榜样的潜在作用。

Y3P4：因为我自己四个姐妹，就我一个没上大学，其他三个人家都有稳定工作，比照着，我孩子也会受影响，觉得应该正面地像人家那样。旁边做生意的，有的会觉得没文化也没什么，不会念就不要念了。像我们家里这种情况，就不会这么觉得。因为我姐妹家的孩子基本上也读了大学，不会说不用你念了，最低也得念个大专。

Y3P6：像他前面的哥哥姐姐念书都念得挺好的，对他也会有一点影响，他这些表姐表弟相处得都很好，他们有的还在上大学，有的已经毕业了。

L1P8：他们就是靠自觉，就一个比一个嘛。他看见他姐姐在读，他也读啊。他们互相会问："今天你考试考回来，你是第几名？"有时候成绩下降了，我就想，就像上次我儿子成绩稍微低一点，就打电话给老大了。老大就开始说弟弟，你要好好学习什么的，一个比一个，有表率作用。

L2P3：现在我们每天上班，除非是在节假日的时候，偶尔才会跟亲戚走动，能帮得上她学习的很少。就是我的外甥，他以前考到东南大学，过年回来他们会交谈一下，鼓励一下吧。

Y2P3：没什么人能帮上忙，可能就是他有一些表哥，学习比较好，我有跟他说要多向哥哥学习。

Y3S3：我没感觉别人对我有什么作用，应该没有。但是我感觉我表姐读书读得很好，表姐已经上去了，她之前考上省城最好的高中。我看她读得很好，然后要向她学习。

> Y3S1：我有个表哥对我影响挺大的，他在学习方面就是很自律，平常去他家玩都看到他在那专心地学习，他现在考上福大了。我觉得他很厉害，应该向他学习。因为我跟他年龄只差两岁多，他倒是没有给我什么具体的辅导或者意见，主要是一种榜样的影响吧。

引入其他成员对子女进行学业指导、疏导、辅导等也是农村家庭亲缘关系网络运作的内容之一。特别是对于自身文化资本匮乏的家庭来说，拥有较好的学历资本或丰富的社会阅历的亲友所能提供的直接指导是非常稀有并值得转化的教育资源。家长 L2P2 指出孩子的舅舅大学毕业后成为工程师，能够为孩子提供一些必要的学业咨询和心理疏导，对孩子的成长有所助益。家长 L2P5 认为孩子的姑姑见过世面，个性独立，言语有据，沟通性好，对孩子产生了较大的正面影响。学生 Y1S1 的父母受教育水平较低，但是他们拜托了孩子的姑姑和舅舅为其提供重要的学习资源补充，做老师的姑姑可以直接教授和辅导功课，开办补习机构的舅舅能够为其提供免费的课外辅导资源，这对于弥补家庭文化资本的不足起到了关键作用。

> L2P2：周边的朋友基本没有什么帮助。但是他有一个舅舅，会偶尔过来给他上心理课，因为他舅舅受过高等教育，大学毕业后做工程师这样子。如果他舅舅来到我家里，我就让他跟孩子聊聊学习上的问题。

> L2P5：我家里除了我们俩，对孩子比较有影响的就是她姑姑吧。她姑姑在福州，在做保险，见的世面比较多，人也比较独立那样子，说话方式方法相对会好些。我感觉比我这个做妈妈的会好一些嘛，就是说得有理有据那种，她有的时候还是能听进去的。

> Y1S1：我有个姑姑给我提供了一些帮助，我姑姑是师范毕业出来的，在一所中学任教。我爸我妈每天就是给那些房子刷墙，然后他们请我姑姑把初中的一些知识在我小学的时候，比如暑假就教我了。我还有一个舅舅，在下面有一个补课机构。他是那边的一个负责人，所以我一般暑假的时候就会去那边补课，不用花什么钱。

对于留守型等结构性不足的农村家庭而言，寻求外部临时教养人的辅助十分重要。合适的教养人能够在一定程度上行使父母的教养权利，为孩子提供重要的后勤保障，甚至在改善行为习惯、端正学习态度和明确教育目标等方面发挥正向作用。L2S5 因父母在外地工作只能寄宿在学校，但父母有拜托其他长辈关照他的学习和生活，这缓解了孩子在校的孤独感和无助感，也是一种重要的后盾支持。Y1S4 也被父母寄养在姑姑家中，姑姑日常悉心照料，与他建立了较畅通的互动关系，特别是有意地培养了他规律的学习生活习惯，消减了他"寄人篱下"的负面情绪，并使他能够安心学习。Y3S2 认为舅妈对她的影响很大，父母因为忙于生计，对她的学习要求比较放松。舅妈平日对她倍加呵护，并对她抱有较高的高等教育期望，这在某种程度上也激励了她的学习信心。从这些案例可以看出，即便是存在结构性缺陷的家庭，通过引入合适的外部力量，也可以有效补充家庭社会资本的不足或质量低下，发挥对孩子学业表现的正向影响。

> L2S5：我有个奶奶，然后还有一个血缘关系不是很近的叔叔婶婶。他们以前是受过我爸妈关照的，所以说他们现在多少会关照我一点。我如果真出什么事情，至少可以找他们帮忙。
>
> Y1S4：我们家除了父母亲以外，我姑姑对我也比较有帮助。我姑姑的话，除了照顾我的饮食起居之外，主要是培养我的生活习惯，她会中午十二点半准时督促我们三个去睡觉，睡到一点半起来，然后晚上回去。现在我跟我表弟都有锻炼，每天晚上九点四十放学，放学以后我有时候去跑步，有时候没有跑步的话就是在家锻炼，一般我们会锻炼到十点多。
>
> Y3S2：我觉得我舅妈对我特别好，她是卖服装的。因为我外婆家那边所有的孩子都是男生，只有我一个女生，然后我舅妈就喜欢女生。从我小时候起她就经常给我买漂亮的衣服，对我特别好，然后对我期望也很高，希望我能够考好的大学，以后有很不错的工作这样子。

农村家庭社会关系网络对子女教育介入的另一种途径是通过对升学择校过程的干预影响教育获得的结果，比如利用人际关系网络收集学习资料、学校信息，进行择校咨询、指导，甚至通过请托等非规范化运作直接干预升学结果等。农村家庭的社会关系网络资本相对稀缺，其作用发挥集中于"熟人社会"效应。在乡村社会中，人员交往密集性高，人际关系联结的环节较少，使得相互请托相对便利。家长 Y2P3 从事自由职业，丈夫经商，她认为因为是小地方，"低头不见抬头见"，所以很容易结识学校的老师，并建立起经常性的联系交往关系。

> Y2P3：我们家也有些认识的老师会帮忙。因为我们这里很小，走出去低头不见抬头见。然后我认识的有些特别熟的老师，就加个微信，有时候聊聊（孩子）怎么样。

但事实上，即便是小地方，拥有较好社会经济背景的家庭也更易接触到更丰富或更高层次的社会关系网络。农村家庭人际关系网络密度虽然较高，但由于同质性较强，通常只能在阶层内部相互进行资源调动，一旦需要跨层级的异质性资源，就会陷入网络困境中。一般只有社会经济背景较好的农村家庭能够对干预择校过程的社会资本进行运作。比如，择校信息的分析管理通常需要专业人员或具有一定受教育程度的人士予以指导。家长 L1P7 认为，两夫妻虽然家庭经济条件不错，但受教育程度不高，一旦面临升学择校等重要节点可能无计可施，到时可以通过借助在省城教书的孩子表姐的指导来为孩子提供更好的升学建议，实现社会资本的补偿。家长 Y3P2 指出，孩子的二伯从事建筑行业的管理岗位，儿子在大学择校时选择了工程造价专业，正是基于这位长辈的建议，期望在其帮助下孩子拥有更好的毕业前景。

> L1P7：他有一个姐姐现在是在省城教书，也是教高一的。他姐姐英语读得非常好啊，但是他英语不好，他自己都说姐姐很优秀。孩子如果高考的时候有什么问题，后面选择学校什么的还是可以让她帮忙给点建议的。因为我觉得她书也读得挺多的嘛，毕竟我跟我老公的文化程度不是很高，也不是很懂那些。

> Y3P2：我儿子大专学的是工程造价。他当初选那个专业也是因为他二伯在贵州那边工作，去做的就是桥梁之类的跟工程造价有关的工作吧，这样毕业了可能他二伯也能帮忙带带他。

家庭背景在社会关系网络的运作过程中影响明显。那些拥有较好社会经济地位的少数农村家庭有更便捷的渠道去拓展亲缘、地缘范围外的社会关系，并将其转化为有益于孩子学业进步的重要资源。家长 Y3P5 是一名农村小学教师，由于职业上的便利，她能够顺畅地与孩子的所有任课老师进行无障碍沟通，详尽地了解孩子的学业进展和问题苗头。学生 Y3S3 的父母都在他所就读的中学工作，父母的职业关系网络极为顺畅地转化为孩子教育的家校联络网，这种职业阶层上的优势是其他农村家庭很难掌握和获取的。

> Y3P5：我觉得自己的职业对孩子应该有一些帮助。这个职业方便对自己孩子的了解，还有同事帮忙，对孩子的教育会更了解一些。他小学等于是在本校读的，我跟老师互相沟通，对他的情况更了解一些，应该说是非常了解，无论是平时上课状况还是作业情况，有一点苗头，一点点情况，老师们都会反馈过来。我平时跟他们的任课老师都有一些联系。我时不时地都会过来问一下，跟老师电话联系、微信联系什么的，老是会跟这些老师有经常的联系。会去问问孩子最近上课课堂表现怎么样，在学校表现怎么样，他们能不能听得懂。大部分是这些方面，学习上会问得比较多。家长会他们是一个学期一次，每次家里人都会参加，老师也会针对每个学生的情况私下交流，我觉得这个挺重要的。
>
> Y3S3：我爸爸本身就是学校老师，他经常会跟其他的任课老师沟通我的情况，我爸爸做得比较多。但我感觉他俩应该都有，反正都很熟，对，他们可能见面就会聊聊我。

需要指出的是，非规范型社会关系网络运作也是家庭社会资本的一种特殊类型。在中国人情社会的大背景下，教育制度的漏洞、实际执行的疏漏都可能为走后门、请托、打招呼等非规范型社会关系网络运作提供土壤。一般来说，少数具有较好阶层背景的农村学生更有可能通过关系的动用获得优质的教育资源或入学机会，这客观上加剧了低阶层农村家庭的教育剥夺感。

六 家庭教育文化身份的阶层分割

家庭文化资本是指家庭拥有的文化产品设施和开展的文化活动，家庭成员自身附着及在互动实践中产生的文化知能和品格修养，以及家庭氛围等一系列资源的总和。文化资本在家庭参与子女教育过程中产生了深刻影响，书籍、乐器、艺术品等客观化文化资本能够发挥普通物质产品所不具备的文化符号功能，为教育性影响的作用提供基础（详见前文教育性经济资本的流变）。更重要的是，家庭文化实践和文化氛围对子女知识结构、视野眼界、认知能力、学习品格、价值导向等具有全方位的渗透力。

家庭文化资本最直观的表现形式就是父母的受教育程度。尽管学历无法全面反映所有者身上附着的所有文化要件和素质水平，但依然被普遍视为衡量父母所拥有的以及可能传递给子代的知识与能力储备的有效量尺。高学历父母在子女课业辅导和学业状况分析方面具有天然的优势。从我国现有人口的受教育程度来看，城乡居民有着较明显的学历鸿沟。农村人口中初中及以下受教育程度的比例达到了84.78%，而城镇人口的同一比例仅为57.40%。表现最为明显的是受教育程度为大专及以上人口的比例，城镇达到了20.61%，农村则仅为4.24%，前者是后者的近5倍（见表4-1）。农村接受过高等教育人口的超低比例直接影响了这些家庭的文化资本存量，进而影响了他们对子女高等教育的期望以及高等教育参与的广度与深度。

表 4-1 我国城乡居民受教育程度对比

单位：人，%

	未上过学	小学	初中	高中	大专及以上	6岁及以上抽样人口
城镇	22047	120172	222441	139664	130938	635262
城镇比例	3.47	18.92	35.02	21.99	20.61	100
农村	35435	148779	179423	47129	18166	428932
农村比例	8.26	34.69	41.83	10.99	4.24	100

资料来源：根据《2019中国人口和就业统计年鉴》数据统计整理。

从访谈资料中发现，父母受教育程度对子女学业状况的直接影响集中反映在对其进行的学习指导上，具体通过两条路径施加影响——课业辅导与学业状况分析。在课业辅导方面，有意识地进行子女课业辅导的农村家庭集中于两类群体，第一类是接受过高等教育的家长，他们能够给予子女较持久或较深入的学业辅导。L1P4 有大专学历，面对就读初二、成绩不太理想的儿子，他一方面借助外部文化资本予以补给，另一方面竭力利用自身的文化知识储备为儿子加强辅导。Y3S3 是一名高二学生，他在班上成绩名列前茅。他的父亲是本科毕业的农村中学教师，父亲对他的学业督促和日常辅导比较细致，他觉得这对自己的学习习惯和自觉性培养有较好的促进作用。Y1S2 的母亲接受过大专教育，因此能够在较长时段对女儿进行辅导，但 Y1S2 进入高中以后，母亲的知识储备已经不够应对难度急剧提升的课业了。由于调研过程中，我们未能访谈到具有较好学历背景（如重点高校毕业或研究生及以上文化程度）的农村家长样本，因此暂时无法判断此类家长丰厚的知识基础是否对面临高等教育升学的子女有足够的直接性学业助益，样本的获取难度也从侧面反映了当前我国农村高学历父母的稀缺性。

> L1P4：我跟我老婆的话，我是大专的，我老婆是初中的。我儿子成绩一直不太理想，除了家教和机构补习以外，我基本上每天晚上都会陪他到最后。他这边从学校回来，我就一直陪他在那边做作业，他作业做完了，我会帮他检查一下作业，陪他预习、背诵，都会陪到十一二点。他也确实花了很多时间来努力，这种效果不能说非常理想，但是也不会大打折扣，还是有些改善的。

> Y3S3：我爸爸应该是师范大学毕业，妈妈应该是初中（毕业）。从我小的时候起他们就一直辅导我的功课，特别是语文方面的问题我都可以问一下我爸，但是其他方面他们也应付不了。小学的时候，我感觉我做的作业比其他人好挺多的，我爸是做老师的，各方面都会督促我学习，不然的话我可能也不行，毕竟人都没那么自觉。

> Y1S2：我妈是大专毕业，家里能给我做辅导的也只有我妈，其他亲戚文化程度都不是很高。但现在她也只能稍微了解一点，有的时候感觉她还没有我靠谱。

第二类是学历为初中左右的家长。他们可以简单辅导些低年级功课，但随着子女学业难度的加大他们越发有心无力，逐渐撤出学历型文化资本代际传递的进程。Y1S4 和 Y3P6 都谈到农村父母大多只能参与子女早期的学习辅导，由于文化水平的限制即便有帮助子女提高学业成就的意愿，也常常无从下手。L1P8 亦是如此，夫妻二人文化程度不高，在孩子上学伊始他们尝试着辅导下作业，但很快就无法跟上孩子的学业进度。同时，L1P8认为早期的作业辅导对于孩子之后的学习习惯养成还是发挥了一些基础作用的。

> Y1S4：我小学的时候父母还会有一些学习上的辅导，现在就完全没有了。因为小学教育程度比较浅，然后比较好教，比较容易。现在的话，除了我表姐，应该也没有人能教我。因为我表姐高三嘛，所以她还能教，其他人都教不了。

> Y3P6：因为我们这算乡下，我们自己文化知识也很有限，可能小学的时候会有一些父母给孩子辅导功课，到初中、高中就基本没有了，我们家也是这样。

> L1P8：小的时候还是有辅导一下功课的。就是他在做作业，我在旁边坐着，有什么写错了，我就跟他说不是这样，也就是小学一年级、二年级的时候有这样。后来我们也不懂了。我们自己没有文化，有时候孩子问我们什么事啊，我们也不懂，只能让他自己去多看书啊，多问老师啊。这种我们根本就不会教嘛。现在东西多了，教育也真的不一样了。不过我觉得最开始那样还是有点用的，他后来自己慢慢养成习惯也不用我了。像我们这种怎么说呢，我书读得也不多吧，没有文化呢。像我们这种肯定就像老前辈，教育小孩只知道让他乖一点，具体要怎么好好学习，我也不知道。

除此之外，大多数受教育程度偏低的农村家长采取的学业管理策略都属于间接型的，如求助于学校、社会辅导机构，或者无为而治——依靠子女自身的调节与努力。L1P9 和 L1P5 两位受访家长都认为自己文化程度较低，完全没有办法对子女进行辅导。L1P9 甚至以自身文化程度不足为理由，推卸了对子女学业参与的责任。农村教师 L1T2 指出，这种情况是农村地区较为普遍的家庭教育状态，也是城乡孩子学业基础差距的重要影响因素。农村家庭学历型文化资本的空白使得子女无法从父母那里直接吸取在学校场域有效的知识和本领，这进一步拉大了与城市家庭文化资本的差距，进而影响了农村子女的学业表现。

> L1P9：我高中没毕业，我妻子初中。说实话哦，我们现在知识不够用，有的时候想教我也教不了他，教不了就叫他直接去问老师啊。小孩子学习上要是有什么困难，都让他尽量自己去处理。
>
> L1P5：我没什么文化，爱人也没什么文化，那时候都在闹革命。我觉得家庭教育挺重要的，但对我们来讲，根本没办法辅导小孩子，只能多陪伴他，我工作上也没什么事，经常接送啊什么的。反正这块来讲，我们这个知识水平，没法自己辅导他。和孩子也是这样讲，我们没有提供什么帮助，只能多说说现在这个时代你不好好学，将来会怎样怎样的。
>
> L1T2：我们这边的家长，普遍无法指导学生进行初中知识的学习，这是存在的一个问题。那像城市的孩子可能说，父母文化程度相对比较高，他们完全可以指导学生进行知识学习。部分农村家长因为文化程度的原因他没办法教、没办法指导孩子学习初中的内容，但是这时也有孩子觉得他实在学不会，课上可能吸收得不够好，然后回家又没人帮忙辅导一下，最后导致学习越来越差。

在学业状况分析方面，高学历家长由于对学校知识的熟悉、自身教育经历的积累，更易全面地掌握子女的学业进展，并具备更强的分析子女学业状况的能力。如子女对知识、概念、综合技能掌握的大致水平如何，影响学习成绩提高的主要原因何在，学习方法和考试应对是否得当，性格特征对学业的潜在影响等。学校教育一对多的教学与管理，使得大多数农村学生很难从老师那里获取这些个性化的重要学业信息，主要依赖学校的分散评价和自我感受。少数拥有此类家庭文化资本的农村学生就能获益匪浅。L1S3 的父亲、Y1S2 的母亲和 Y3P5 夫妻俩都是大专学历，他们常用的学业状况分析手段是考试分析，而这种分析的有效性极大地依赖家长的综合能力。通过这种分析，孩子更容易客观地发现自己存在的问题，如知识掌握不扎实还是学习习惯不佳，日常练习不够还是考试心理不稳定等。

L1S3：我妈妈初中还没有毕业，但我爸爸是大专毕业，所以我的学习起居基本是爸爸在这边负责。每次考试之后，如果说成绩不理想，他都会帮着一起分析原因。家里有白板，他会在上面写，看看问题出在哪，然后让我把不懂的地方也都提出来。他语文、英语不大好，但是数学辅导得很好。

Y1S2：我妈是大专毕业，我感觉她还是挺关注我的学习的吧，每次考试她都会关注，有些科目考得不是很好的时候，她会叫我调整一下学习方法，说不要着急，慢慢来。每次成绩出来，她和我后爸就大晚上在那边拿着手机分析，这一科是怎么怎么的问题，那一科是怎么怎么的问题，还会说考卷难度怎么样。其实我妈有时也不是特别懂，只能说是尽力帮我分析吧。

Y3P5：我是大专学历，我先生也是。我平时习惯帮他（儿子）多多总结一些，我会看一看他的考卷，看一看他的作业情况，翻翻他的功课。到初中会和他一起总结学习的优点在哪里，不足之处在哪里，我觉得还是有些用的。

相比之下，大量的农村父母对子女学业发展的实际情况知之甚少，这既源于他们自身能力的有限，也与相关意识的欠缺密切相关。Y2P1夫妻二人都是初中学历，以打零工谋生，需要领取贫困户政府补贴。对两个孩子的学业情况，Y2P1基本是以"不清楚""讲不来""我们也不懂"来回答，认为"孩子就是不读，你没办法"。由于长期疏于学业管理，大儿子沉迷于玩游戏，作业懒散，成绩大幅下降，最后不得已进入职高，并且几乎放弃了继续晋升大学的想法。农村高中生L2S4在上初中后父母将他留在老家读书，自己在外务工，L2S4的最大感受是父母对他学习、生活不够了解，甚至很多基本的学习情况都不知晓，这造成了他和父母交流困难。农村教师L2T2认为，城乡家长受教育程度的差距使得他们对子女学业状况的掌握、分析和辅助程度存在明显不同，这是城市孩子学习成绩更容易提高的重要原因。

Y2P1：我孩子的学习应该算一般吧。你问成绩还不够好的原因嘛，没有什么原因，我觉得还可以吧。至于家长发挥什么作用，我们有这个心，但他的学习我也没办法，他自己不懂得做，我也并不懂，没办法，没办法。

L2S4：我觉得我爸妈的教育方式属于那种散养型的。他们有时会关注我的成绩变化，但平时也只是说你要好好学习，具体的学习过程并没有怎么管。我家里和我学校里面老师的联系基本是没有的，就等于说我在学校里面的课程是什么，初三的时候去掉了哪些课程，他们都不知道。再比如说每个月一次月考，他们有时候也不知道，所以我还是希望他们多了解我在学校里的这些吧。

L2T2：在我看来的话，城关的家长文化程度高一点，会更重视（学习）一点。比方说哪里出了问题，他会帮助一下，分析一下，能教的尽量去教，这样感觉会更好，孩子的学习成绩也更容易提高一点。

课业辅导和学业状况分析是低学历父母较难通过其他家庭资本运作方式弥补的，强烈地映射出学历型文化资本的代际传递优势。

七　文化参与的浅表化

根据布迪厄和帕斯隆的看法，家庭文化资本与其子女的在校学习过程密切相关。除了父母可能提供的直接性知识传递外，更多地反映为代际有形或无形传递的使用社会认可的有价值的文化符号进行沟通的能力。[1] 得到主流学校教育认可的、学术性的文化符号的分布具有明显的阶层性烙印。农村地区、基础阶层、低收入群体等往往很难提供这种文化资本，无法帮助子女更好地适应学校体系或教育制度的文化符号。这种先天不足使得这些学生的学业面临更多挫折，教育选择范围更加狭窄，并且更容易在升学过程中被淘汰。在对农村家庭的调研过程中发现，当前农村家长对子女的文化参与普遍存在浅表化特征，并集中反映在三个方面：家庭客观化文化资本供给的短缺、对子女阅读习惯的重视不足和艺术教育参与的边缘化。

客观化文化资本作为一种具象的、物质化形态的文化资本，在很大程度上取决于家庭的经济状况和消费取向。它看似像经济资本一样可以被转让和继承，实际上其价值发挥取决于个体的能力内化。当前我国农村地区

---

[1]　P. Bourdieu & J. -C. Passeron, *Reproduction in Education*, *Society and Culture*（London：Sage Publications，1990）.

文化类消费水平与城镇地区相比依然存在较大差距。2018 年，农村居民人均文化娱乐消费支出仅为 280.0 元，仅为城镇居民的 1/5 强（见表 4-2），其中对子女教育有正向促进作用的文化性消费更是捉襟见肘。在调研对象中，大多数农村家庭没有有意识地为子女成长配备除书籍以外的文化产品，比如文化摆件、益智玩具、乐器书画等，也缺乏外出参加文化活动的资源和意愿。

表 4-2　近年来我国城乡居民人均文化娱乐消费支出对比

单位：元

	2014 年	2015 年	2016 年	2017 年	2018 年
城镇	1087.9	1216.1	1268.7	1338.7	1227.7
农村	207.0	239.0	251.8	261.0	280.0

资料来源：根据《2019 中国文化及相关产业统计年鉴》相关数据统计整理。

同时值得注意的是，农村家庭实际上对子女教育需求的文化投入意愿是很高的。大多数受访者表示，只要是孩子提出的学习性要求（比如购买书籍、购买教辅材料和补习等）都愿意全力配合。其中的问题在于，由于父母受教育程度偏低，他们缺乏主动帮助子女筛选文化产品的能力，对文化产品的范围限定较为狭窄，总体消费能力也偏低，这直接导致家庭可用的客观化文化资本呈现形式单一、内容单薄、目的功利、匹配随意盲目等弊端。如 Y3P5 是一名农村小学老师，她认为大多数农村家长不知道怎么帮孩子选择书籍，导致要么家中无书，要么是一些没有营养的书。她还谈到自己长期为孩子选购乐高的想法，并指出很多农村家长可能并没有意识到其中的益处。

> Y3P5：至于书的方面，乡下小孩子大部分家里没什么藏书，有也是小孩子买的，有时家长想给他买，也不懂得怎么买，最后家里都是一些漫画、搞笑的那类书。
>
> 我家男孩子特别喜欢乐高，搭积木方面特别擅长，花样百出的，我给他买了好多，但我们不买很贵的。我感觉玩积木很锻炼他的创造力，那个方面非常非常棒。反正一会儿就变成另一个，一会又会拼出一个来，这方面他真的可能比较擅长。但是乡下父母觉得跟考试关系不是很紧密，还可能会影响学习，没想到往这方面投入吧。

此外，有一种特殊的文化产品正在对不擅长教育管理的农村家庭造成巨大困扰，那就是手机。农村青少年以查阅资料以及加强与家庭、学校同学沟通的名义劝说父母为自己配备智能手机，未能充分评估智能手机带来的风险的家长们在各种心理暗示下为极易沉迷其中的学龄子女盲目选购了手机，造成了农村中小学生手机泛滥的尴尬困境。智能手机、平板电脑和网络作为现代化通信手段本应对学校信息化教育教学发挥积极作用，但由于大量农村家庭的疏于监管和缺乏引导，沉迷其中的青少年越来越多。相关电子产品的重度依赖对尚处于发育期的中小学生的身心健康、学习注意力、学习兴趣、人生目标造成了不可逆转的打击。当手机的娱乐性功能远超于教育性功能，加之缺乏有效的管理和引导时，手机对于农村家庭来说就已不再是促进子女学业发展的文化资本，而成为农村学生教育生涯的桎梏。L2P5 是一名农村初中生的家长，她在外务工时一直将孩子带在身边，把孩子转回老家的适应期放纵了孩子玩手机的习惯后，导致了一系列严重后果，孩子精神恍惚、成绩下降，亲子关系紧张等。这个案例较为典型地反映了当前沉迷手机对农村中小学生的负面效应。L2T1 是农村中学的班主任，她切实感受到农村家庭隔代监管、手机管理的放任对留守儿童的危害更甚于普通儿童。

> L2P5：从山东回来，因为刚好是暑假，在这期间我们就没怎么管她，然后手机随她，结果她眼睛也近视了，手机也迷上了，就比较上瘾，然后再想她改回来就挺难的。因为一直玩一直玩，我们没怎么管。我们觉得她要适应一个新环境，这个让她高兴就好了，完全去放松就没怎么管。结果就坏了，然后再想收回就很难了。她玩手机的时候你去管，她完全都不听的状态。她自控能力特别差，有的时候她也很痛苦，感觉没听妈妈的话，惹妈妈生气，但是好像就是控制不了。刚开始玩我们的手机，后面要求我们也给她买手机，说人家都有手机，我们就给她也买了。买之前约定好的时间控制后来完全都不算数了，她自己想怎么样就怎么样。迷上手机之后，心思就完全不在学习上了，成绩下降得厉害。我以前看她那个试卷全是对号，现在一下子看到整张试卷没有几个对号，我脑子都大了。老师说她心里飘，不能静下来学习。像她这样迷手机的孩子现在挺多的，当然也有一部分父母好像

管得还挺好的，但是这样的父母少，老师也说像她这种情况还是蛮多的，我们和老师都很难做。

L2T1：比如说玩手机，有的城关家长会主动告诉我，"我孩子今天晚上好像带手机过来了，你帮忙看着他啊。如果发现，你就没收掉替我保管一下"。但是农村孩子的家长缺乏这个意识。我们发现了学生玩手机之后，给他们父母打电话，（父母）就说没法管，管不住他的手机。我没收了手机，他回家去了，然后家里又买一部手机，经常玩，这是把所有责任都放在学校呀。……手机的用处我们认为明显不大，有时候父母说他小孩子用手机是为了所谓的网上听课。然后我就跟家长讲，因为父母在外地，你要联系孩子，这情有可原，但你可以买个基本的老人机给他，就是不能上网了。如果他说是为了上网课，那就是骗人的。现在的手机功能太多了，父母又不在身边，孩子自制力本身就有限，根本没有多大效果。

农村家长文化参与的浅表化特征还表现在对子女阅读习惯的重视不足。苏霍姆林斯基曾反复强调阅读对孩子教育发展的巨大作用。他认为，"当儿童的智力生活是在书籍中度过的时候，他的学习愿望才能确立起来。……在你课外阅读的这些东西里，有千万接触点（'记忆的抛锚处'），是跟课堂上所学的教材相通的。它们吸引着必修的知识向着人们周围的知识海洋伸展"。[1]这些必要的课外阅读在很大程度上是由家庭供给与培育的。前文提到，大多数农村受访家长尚未树立起为子女挑选添置图书类用品的能动意识。较为积极的家长会应学校或子女要求承担相应的费用，图书内容或集中于教辅类资料，或是青少年偏好的快餐式、碎片化、娱乐向的影视文学、网络作品等。图书类用品不足的背后是农村家庭整体阅读意愿和阅读能力的欠缺，受制于受教育水平，许多农村父母自身还无法做到以阅读为旨趣，"看不进去书""看书头疼""没时间看书"的受访家长比比皆是。在这种阅读氛围缺失的家庭中成长的孩子只能依靠自主兴趣或教师引导来培养阅读习惯，这进一步拉大了与家庭文化资本丰厚的孩子的差距。

---

① B.A.苏霍姆林斯基：《给教师的建议》（修订版　全一册），杜殿坤译，教育科学出版社，1984。

　　L1S3 的家长会有意识地为孩子购买一些课外书，但由于自己并没有兴趣，书籍选购也较为随意盲从，既没有带动也没有激发孩子的阅读兴趣。L1S4 的父母文化程度都不高，她切实感受到缺少阅读给自己学业造成的困扰。L2S2 的母亲是一名幼儿园教师，她性情温和有耐心，家中有专门的书房，也为 L2S2 储备了不少藏书。L2S2 自己也受到潜移默化的熏陶，并举例说明了这种影响。中学校长 L2T3 在比较城乡孩子的学业困难时也发现，农村家长对孩子阅读能力培养的不足直接影响了孩子语文和英语的学业水平。同时，也有部分家长虽然自身文化程度不高，但对子女的阅读习惯特别重视，并从小培养，也会有很好的收获。L1P6 夫妻俩受教育程度一般，但 L1P6 是幼师中专毕业，有一些基本的教育理念。她认为阅读对于孩子的应试升学大有裨益，并有意识地培养孩子的阅读兴趣和相关能力。L2S5 是一名农村高三学生，成绩名列前茅，言谈中表达顺畅、逻辑性强，他将这些归功于父母和老师对他阅读兴趣的培养，使他爱读书爱思考。

　　L1S3：我家里倒是有买一些书给我，一般的有《海底两万里》，然后还有《西游记》《三国演义》等。不过我对四大名著那些不感兴趣，平时基本也不看课外书。我爸也没啥兴趣爱好，除了工作之外，没事就是躺在床上。

　　L1S4：我家里基本没什么书，就是一些学习材料，这些东西都是老师说要买，我才会去买的，自己没有额外再买什么。……如果家里条件允许的情况下，我其实愿意多买一些书啊之类的。因为我其实小时候也不怎么看书，就感觉没有什么知识在脑袋里面，觉得别人好像都懂得比我多，然后上课时老师只说两句话他们就都懂。我家里人基本没有什么文化，学校还是有一些熏陶吧，跟老师、同学之间交流，他们都会教我一些他们看过的书里面的东西。

　　L2S2：举个例子吧。就比如说经常看书和不经常看书的人，看到同一处风景的时候，经常看书的人会编出许多特别优美的词语，然后呢，不经常看书的人只会说一句"哇靠，好漂亮啊"。

　　L2T3：农村孩子的语文和英语都落后于城关的孩子，主要就在于从小的阅读能力培养上。农村小学老师配备、教学方面都不太够，做父母的都在外面打工啊，不怎么重视这块。城关的孩子，有的父母都是知识分子，很早就开始培养孩子的阅读习惯。可以说，他从很早的早教就开始了，一直有看书，这个习惯养成就好。

L1P6：像我们家孩子特别爱读书，她读文科的，很喜欢这种文学类的书。阅读对孩子肯定是很重要的。她读初中的时候还好，小学这个不用说，到高中的时候感觉阅读太重要了。如果没有阅读的基本功，到后来阅读就变得很难了。比如说外面的一中或重点中学的那些卷子给你做阅读，没有那个基本功，根本做不下来。

L2S5：我小时候，我爸妈都经常会给我买书，就是至少他们觉得肯定要多看书了。除了四大名著、《唐诗三百首》、《宋词三百首》，还会给我买很多小说。我觉得这对于培养我的读书兴趣还是有用的，平常只要闲着没事不知道干什么的时候我就会看上几页。有时候我觉得班里面很多人不看书不太好，我都会跟他们说一起来看一点。尤其是文科方面吧。功利点来讲，你写作文要用到吧，或者说你写作的一些格局、一些笔法上你会用。然后呢，从思维上或者文化上来讲对你以后的表达也好，讲话也好，跟别人的人际交往也好，你读的书越多，你身上的气质就越不一样，所以我觉得读书文化很重要。

艺术教育参与的边缘化也是农村家庭文化资本不足的重要表现。20 世纪 60 年代，布迪厄曾对法国的 21 个博物馆进行了调查研究。结果发现，表面上向所有人开放的艺术博物馆实际是有教养阶层得以真正受惠并用以强化与其他阶层区隔的场所。艺术的文化需求是由教育催生的，并且主要是由家庭教育催生的，博物馆等艺术类场所对阶层间不平等秩序的合法化发挥了重要功能。[1] 在现代社会中，文化艺术消费被视为人们展示自身社会地位、生活方式和文化品位的文化符号。[2] 中上阶层家庭对下一代的艺术教育也不再仅仅是艺术技能的培养，还是实现阶层向上流动的文化符号，这种文化符号既能够让他们的孩子在学校更有自信、更容易完成艺术类课程、更容易显示出自己的品位和综合素质以及在升学过程中获得更广泛的选择

---

① P. Bourdieu, A. Darbel, & D. Schnapper, *The Love of Art: European Art Museums and Their Public* (Stanford: Stanford University Press, 1990), trans. by C. Beattie & N. Merriman.

② 让·鲍德里亚：《消费社会》，刘成富、全志钢译，南京大学出版社，2014。

优势，也能够让这些孩子走向社会时将其顺利转化为可用的经济资本和社会资本，实现阶层的向上流动。

遗憾的是，这种象征性文化符号很难被农村或低阶层家庭占有和积累。一方面，农村家庭的艺术教育需求十分低迷，许多农村父母对艺术的内涵、形式、内容及效用都缺乏足够了解。"没兴趣""好像没什么用""可能有点用""耽误学习"成为许多农村父母的艺术教育认知。加之农村学校和社会艺术类资源的稀缺，难以形成正向的教育合力，使得艺术教育在农村市场显得曲高和寡。高三学生 L1S4 一直保有艺术兴趣，并希望以后能选择相关的大学专业，但由于家庭经济条件限制和对相关领域不了解，家里无法提供相应的资源，父母最终劝说她尽量选择稳妥的师范类高等教育。Y1S3 是一名从农村来到县城读书的高中学生，他感受最明显的就是城乡孩子的才艺差距，认为农村孩子所能获得的艺术类资源十分稀少。Y3T3 是一名农村中学老师，他指出在其所在的乡镇，无论是家庭还是社会，才艺培训资源的需求和供给都十分有限，使得农村孩子的整体素质和见识视野明显弱于城市孩子。

> L1S4：我其实比较喜欢艺术设计方面的东西，但是这方面好像什么东西都没有学过，也没有地方可以学习。家里人也都不懂嘛，我高二的时候学校在抓艺考之类的，我原先是有这方面想法的。本来我妈说如果我很想去学的话，她砸锅卖铁都要让我去学，但是后来她又不大同意了，毕竟就是一直生活在农村，不太懂这方面的东西，觉得做这个都还不如出去打工来得实际，然后我也就没有再往这方面想。我那个时候是想考编导，但是我妈妈说，她从来都没有听说过这种职业。她觉得我学这个以后找不到工作，而且家庭也不会很富裕，学这个的话也要花很多钱，就非常不希望我往那边走。他们还是觉得以后如果出来当个老师教教书就挺好。

> Y1S3：我从小好像都没什么才艺，那时候学校里面应该有开过舞蹈班，但也就是随便跳跳。现在城关的同学的确是或多或少会有一些乐器，素质稍微好一点的学生的话，他的乐器或者跆拳道之类的都很棒，这些在我以前的乡镇下面就很少了。感觉大城市什么课程都有开，还是挺不一样的。

　　Y3T3：才艺兴趣之类的我们乡下不可能。我们乡下孩子即便有什么兴趣班之类的，也只是很少很少一部分人去参加，比如说练字、画画、音乐的。社会上的资源有是有，但需求量少，办得也少，那你一多的话，成本也不够，而且办的质量也没法说。对孩子的各种投入少，肯定会影响学生的整体素质。

　　另一方面，也有少部分农村家长开始意识到补充艺术教育的重要性，但其教育目标不甚一致。有的是为了应试升学，有的是赶潮流，只有极少数文化程度较高、经济条件较为优渥的家长会将其视为培养孩子艺术兴趣和综合素质的非功利手段，因此，半途而废、无疾而终的艺术熏陶在农村学生中十分普遍。Y3P2为女儿报名了几种兴趣班，纯粹出于填补孩子时间空闲的目的，在几年学习后认为"一点作用都没有"，便中断了这种兴趣爱好。L1P6也是类似的情况，他们将艺术熏陶与学业发展看作矛盾体，一旦有可能影响学习成绩，就会果断放弃。L2P5对孩子的舞蹈培养具有明显的随意性，在孩子临时起意要求学习的情况下没有做到有效引导，随遇而安的参与姿态使得孩子的很多艺术兴趣成为短暂的昙花一现。L2P3夫妻俩都有较稳定的工作和较高的受教育程度，他们对目前上高一的女儿有比较全面的艺术培养规划和目标，注重观察孩子的兴趣点并为其提供平台，L2P3认为艺术培养既能扩大孩子高等教育升学的范围和可能性，也对女儿的气质修养大有裨益。尽管她认为此类花费不菲，但仍表示愿意倾囊扶助孩子的艺术梦。

　　Y3P2：她有兴趣我都鼓励她去，初中的时候好像说感觉太闲了，在家里没什么事，就想让她有个爱好，就去报了什么钢琴啊、古筝啊。到高中了都没空了，就没再继续了。我觉得这些东西其实一点作用都没有，就是初中太闲了去活动活动，给她培养个爱好。

　　L1P6：她幼儿园和小学时学过舞蹈。这些小学的时候应该说还行吧，学习没那么紧张嘛，上五六年级后学校安排挺多表演什么的，上课都没上完就去排练，我感觉耽误学习了，那时候我就说："哎呀！你不要学舞蹈了。"

　　L2P5：之前小学时她跳拉丁舞跳了好几年，好像现在的孩子毅力也没有那么强。当时她选择这个跳舞就是因为我们隔壁有人跳了一下，她看着心血来潮，也选择了，坚持了四年，但她到后面怎么也不想跳了，我们也没办法。她现在又特别喜欢漫画，因为在这边我好像还没有发现特别专业的教漫画的，我也不知道我们学校是什么情况，好像也没有。她自己毅力也没那么强，总会被一些东西给影响呢。

L2P3：今年学校有一个考上中央美术学院的，挺羡慕的，但你说画画，那费用肯定是很高的，我们也承担不起啊。但我们从小还是培养了她很多方面，我观察到她比较喜欢服装方面，也比较喜欢唱歌，音乐方面、古筝方面从小学都有学，但初中、高中没时间就比较少了。我一个同事的儿子，他今年高二，就是去学的画画，我也考虑过让我女儿走艺考。目前先看着，可能等到高二的时候会再考虑。她古筝学得还可以，我感觉好处还是有一些的，比如音乐熏陶、气质培养各方面。比如说，放假的时候把琴拿出来，我觉得弹古筝对个人气质，特别是对女孩子的内在修养特别好。

八　身体化文化资本的隐蔽性

布迪厄认为，不同阶层具有差异化的生活趣味和文化惯习，孩子们带着家庭中浸染的习性进入学校之后会招致不同的偏好，那些与学校教育系统匹配度较高的习性更受欢迎也更易进一步强化，成为他们教育成功的助益，不利阶层的子女则面临相反的境遇。其中，身体化文化资本会以一种不易觉察的方式影响着孩子的言行举止、学习习惯和动力目标。在调研过程中发现，在受教育程度的制约下，农村父母的身体化文化资本与学校教育所需的制度化文化资本的匹配度较低，携带着父母身影的孩子进入学校场域后需要面临二者之间的冲突、适应、融合或排斥等多种机制。这导致很多农村学生不仅无法从家庭资本中受益，还可能面临阻碍。与此同时，农村家庭特有的一些文化品质在推动孩子的教育动机和向上流动方面也有正向的促进作用。这在本节第九部分的论述中也有涉及。除了前面提到的学历型文化资本和直接的文化参与外，一些间接的、隐蔽的身体化文化资本在影响着农村孩子的学校表现。

首先，农村父母自身的兴趣、爱好、特长等存在较强的局限性。受到经济条件、空闲时间和社会资本的约束，大多数农村父母自身兴趣爱好较少、休闲方式单一且内容贫乏，因此无法将其转化为可资利用的文化资本，并带动子女发展丰富的生活旨趣和文化技能。在问及父母个人的兴趣爱好和日常休闲时，大多数农村父母普遍感到无话可说，或者认为没有时间或资源去发展自己的潜在兴趣，以下回答具有较强的代表性：有的父母忙于生计，将兴趣爱好看作一种奢侈品，如 Y3P3、L1P2、Y3P4，其中 Y3P3 夫妻是小学文化程度，以务农和外出做建筑工人补贴家用，经济上的困窘使他们完全无暇顾及休闲时光，对孩子的日常安排和学习生活也只能抱有"随他们自己"的想法；有的父母并不清楚自身的喜好，如 L1P5、L1P1、L1P3；有的父母将娱乐消费视为兴趣爱好，如 Y3P1、L1P7 家庭经济条件不错，两位母亲的日常休闲就是购物打扮、餐饮聚会，对子女成长学习的正面影响不多。

Y3P3：我为了生活什么兴趣都没有，根本没有功夫，也顾不上那些事，天天只能回家做饭给小孩子吃下，自己还得去干活呢。

L1P2：没什么爱好，因为家务事做一下也没什么时间。

Y3P4：以前还会和同学朋友爱去哪里玩一下就玩一下，这些兴趣都被小孩子磨灭掉了。现在带两个孩子精力有限，因为孩子爸爸经常不在家，周末基本上不在，饮食起居都是靠我自己的。

L1P5：我基本没什么爱好，反正我也是两点一线的，要么回家里，要么就是去店里。

L1P1：我们平时没什么特殊的兴趣爱好，除了工作以外，就周末有点时间，有时到亲戚朋友那里走一走就算了。

L1P3：我还没想过自己喜欢做什么，现在的话主要在家里照顾两个孩子。

Y3P1：我兴趣很多、很广。我不会打麻将，但是对女生来说，爱美的东西我都愿意去接触。

L1P7：我个人因为是做服装店的，很喜欢各种购物美容，还有做保健啊。平常我也是经常跟好姐妹出去聚餐、聊天，玩一下。

其次，部分农村地区盛行的不良社会习气会直接使家长们深陷其中。部分父母完全沉浸于打麻将、喝酒等负面喜好中，不仅无法做到言传身教、身体力行，还会催生出贪玩好耍、放任自流、简单粗暴的家庭氛围。这种家庭的孩子在潜移默化中失去努力学习和健康生活的动力和兴趣，更易养成粗俗懒惰和自我放任的习性。不仅于学业成就无益，还对其行为心理和人生规划造成严重损伤。从相关调研来看，这种负面的家庭氛围在农村并不鲜见。L2P5看到身边很多农村家长自己忙于打牌享乐不顾子女成长，深感痛心。Y1S5则谈到自己父亲在遭受家庭变故后日渐消沉、沉迷游戏，家中压抑的日常氛围经常让她忧心忡忡，没法集中精力于学业。多位受访的农村教师（L2T2、L1T1、Y3P5、Y3T3）都结合自身经历指出，不少农村家长常年热衷于麻将纸牌，与学校长期失联，甚至连孩子的日常饮食起居都无法保障。缺少良好的家庭教育环境，单靠学校教师很难解决这类孩子的行为失当、学习落后等连锁问题。比如，L2T2谈到他曾经的家访经历，一位农村中学生的父亲完全陷入麻将的瘾癖中，对家中事务漠不关心，更是完全不关心孩子的发展和学习，面对来访的班主任态度散漫、懒于应对。这位老师陷此情景既扼腕痛心，又无可奈何，最终也只能成为"旁观之人"。

> L2P5：这边有很多这样子的，孩子的父母天天去打麻将，不管孩子，孩子连饭都没得吃，这样子怎么能行呢。

> Y1S5：出事之后，我爸其实压力挺大，烦恼也挺多的，然后每天他可能就是会打游戏麻痹自己。有时候骂他他也不听，我也不知道用什么方式去劝他，也帮不了他。

> L2T2：家里面有文化氛围的话，那肯定对学生的教育来讲就非常好。因为父母本来都非常重视学习，以身作则的话，那小孩子看到父母是这样子的，就觉得理所当然就是这样子。如果是农村家庭就经常是另一番情形了。有个农村的小孩子，之前我做班主任去家访的时候，是什么现象呢？他爸爸还在打麻将！我把他叫上来之后呢，他爸爸就这样说："我没空，等叫他妈妈来，我还要再下去打两圈。"如果是这样的家庭的话，你看父母都在那边玩，凭什么要求小孩子去学。

> L1T1：对于家庭，肯定要配合！要给孩子提供一个良好的学习场所，但是我们乡下这里的家长有偏差，这方面有很大偏差。我经常听一些孩子说："我学什么，你看看我回家他还在打麻将，饭还没给我准备好。"这就是家庭环境的影响。

Y3P5：一个班几十个我无能为力，没办法。现在很多家长不好好配合，家长在家里做自己的事情，甚至都去打麻将什么的，对孩子的管教很少，你要叫他配合他都说没办法，回家去给孩子做一下饭，其他学习上基本帮不上，都没有关心的。

Y3T3：我们乡下的孩子可能家庭情况比较复杂，有很多种。现在一种是留守的，父母亲都不在家，或者说一方在家。另一种是父母亲在家，但也不一定管得住孩子。你看现在乡下娱乐的东西，尤其是麻将非常多，他们（学生）父母亲很多整天泡在那里，跟孩子没什么沟通，特别是那些行为比较差的学生，他的家长会说，我孩子反正就这样子了，跟老师沟通也没必要。

再次，部分农村家庭有意无意地营造着积极健康的家庭文化氛围，包括生活环境、生活方式、日常旨趣、为人处世、道德规范等在内的心理情绪和环境氛围在家庭成员之间形成特殊的相互影响、相互制约关系，并对孩子的行为习惯、学习品质和学校表现发挥不易觉察的实际效用。不少农村父母秉持着传统朴素的家庭教育理念，通过自己的行为举止、道德准则和处事方法晕染着子女的文化惯习。看似并未直接干预孩子的学业发展和升学进程，实际这些隐藏的家庭文化密码通过建立亲密的隔代关系、塑造积极向上的生活方式、培养主流道德素养和学习品质，会更好地保持孩子的行为实践与学校教育相契合。L2P5 和 L1P8 两位家长都出自普通的农村家庭，自身受教育程度并不高，但认为家庭教育至关重要，家长应对孩子的成长负起重要责任。L2P5 特别提出自己应该给孩子好的示范，通过身形示范成为孩子的榜样，这对孩子的言行举止、性格养成会有重要的影响。L1P8 的家庭教育理念则是道德优先，将这看作孩子一切良好行为的起点，并提到父母要注意孩子的心理健康，积极向上的人生态度有助于孩子克服成长中的困难。L1P1 也同样强调父母的三观对孩子的深远影响，并且应该在家中尽量营造充满"正能量"的环境，这对孩子为人处世、学校表现和未来走入社会都是有益的。

L2P5：家庭教育很重要。家庭氛围，包括父母平时的生活习惯、举止言行真的很重要，性格也是这样。确实就像人家说的，孩子就像父母的翻版。反正父母平时怎么样，孩子好像自然而然地就会遗传到这些东西，去效仿这些东西，会有很大影响的感觉。就是说你要给孩子一个示范效果，父母肯定要有示范效果，你的品行啊，包括你给孩子的一些适当的家庭环境。钱没用，有的家里是有钱，但你给了钱却没有教育到位，同样没用，还会害了他。

L1P8：到了初中以后，对孩子就真的教不来了。但家庭教育还是很重要啊。第一，是孩子的心理，要让他积极向上一点。第二，就是人品要厚道善良啊。孩子首先不能做偷鸡摸狗的事情，是绝对不允许的。还有就是要善良，不会去骗别的孩子。你说很多孩子为什么教育得好呢？其实父母非常关键。

L1P1：家庭教育是很关键的，会影响小孩一生，说得大一点可能会影响他的人生观。作为家长来说，你对孩子的为人处世、学校表现都得讲正能量的东西。如果小孩子经常看到、接触到的都是正能量，那么对他的成长影响还是比较大的。如果家长三观不是很正确，我想对孩子一定有很多不好的影响。

还有少部分受教育程度较高的农村父母开始尝试主动参与孩子的教育活动。Y1S1 的父亲很喜欢看时政新闻，全家经常会围坐在一起看相关节目，父亲还会与 Y1S1 交流讨论。这一方面令 Y1S1 积累了相关知识，开阔了视野；另一方面拉近了亲子关系，增强了家庭的凝聚力，营造了和谐的家庭教育氛围。Y1S4 的父亲酷爱乒乓球运动，经常带着他和哥哥一起锻炼，在这个过程中拉近了家庭成员之间的关系，全家其乐融融的状态为 Y1S4 学习生涯的发展营造了良好的家庭环境。Y3P5 是一名农村小学音乐教师，她对文化熏陶的重要性有非常清晰的认识，并且认为学习乐器对孩子专注力和学习韧性有帮助，有意识地在家中加强音乐方面的熏陶，提高孩子的综合素质。

Y1S1：我父亲的话，他很喜欢看一些时政新闻，然后平常我们两个还会在一起讨论。

Y1S4：我母亲没有什么特别的爱好，但我父亲非常喜欢打乒乓球，然后我哥也喜欢，我们经常一起去打乒乓球，感觉挺开心也挺健康吧。

Y3P5：我觉得文化熏陶非常重要，什么样的环境造就什么样的孩子，小孩子处在环境中耳濡目染、潜移默化都会被影响。所以我觉得平时你给他什么样的环境，孩子就会成为什么样的人。我自己在家也会练琴之类的，音乐方面的有教孩子一点，特别是琴方面的。我有告诉他们，音乐上起码要掌握一种乐器。琴方面特别要苦练，要每天都练，而且过程又比较辛苦，很辛苦很枯燥，他们也会坐不住，也是锻炼下坚持下。我说会弹一些也可以，你熏陶一下，学一些接触一下，没有要求他们去考级什么的。

最后，见识成为大多数农村家庭文化资本累积的"软肋"。见识对农村孩子成长与学习的重要性仿佛模糊不清但又切实存在。城乡孩子的比较特性中最令人印象深刻的可能就是见识。无论是家庭、学校还是社会，能够提供给农村孩子的环境刺激都过于单一贫乏，使得他们的见识、眼界都显得不够丰富，进而导致文化兴趣不够广泛、举止言行趋于拘谨、表达写作不够顺畅、知识迁移能力相对弱化等一系列问题。过度依靠课堂传授习得的知识结构体系难以撑起难度逐级递升的课业。许多受访教师谈到农村学生阅历和视野的局限及其引发的学业困难。L2T1老师所在的高中地处城乡接合部，在对比了从小生活在城区的孩子和近两年才转到城区的原农村孩子后，他认为二者的主要差距在眼界素养和学习目标两个方面，并且眼界素养会影响农村孩子的学习目标认知。缺乏方向感的刻苦努力既有可能失去学习后劲，也不利于孩子的长远发展，在高等教育选择过程中也缺乏择校、择专业的理性依据。Y1T1老师也明显体会到农村孩子见识上的差距。他以外出旅游为例，指出只有很少一部分有能力、有意识的农村家长会通过带孩子外出旅游来增长孩子的见识并以此激发其学习动力。Y3T2和Y3T3是山区中学教师，Y3T2认为农村孩子性格较为朴实无华，但确实存在个性不够大方、知识储备欠缺等问题；Y3T3则指出农村家庭的教育投资和文化接触不足使得孩子知之甚少，学业上相互赶超的竞争意识也比较淡薄，同时特别谈到农村手机网络一旦没有加强引导不仅在增长孩子见识方面收效甚微，还会起到负面作用。Y4C1从村主任的角度谈了自己的感受，认为城市孩子拥有更多的家庭资源来开阔眼界，农村家庭经济状况较好的父母才会偶尔带孩子出去，大多数家长只能提供十分有限的外界资源，如将孩子带到自己在外地的工作场所这种便利、省时、省钱的简约型手段。

L2T1：这边原先大部分是乡下孩子，然后一部分家庭在城关买了房，所以现在城关的孩子也很多，但其实是乡下来的。总体来说，和一直生活在城关的孩子相比，他们的眼界包括其他的生活方式之类的，都有一些不一样。比如城关的孩子，素养方面更宽广一点，学习目标更明确一点。农村的孩子视野、见识还是不大行，这导致他们一方面学习上好像很努力很拼命，有的真的很拼命，但是目标就是不太明确。就是说我努力，但我也不知道究竟是为了什么，我真正喜欢的是什么，对于未来的专业、职业都不清楚，反正先把目前的成绩提高。这一块农村的小孩子更迷茫一些，到了高考选专业、选学校的时候，农村的比城关的明显要差一些。

Y1T1：我感觉主要是见识这方面跟城里的孩子差别很大，主要就是见识。我们的孩子走出去的机会很少，见识不多。我知道有一个家长很注重带孩子去旅游，去长见识，他说："我要带他去高级宾馆，不去普通宾馆，告诉他'你看你要好好念书，念完以后你有成就了，你才住得起这种宾馆，坐得起飞机'。"但是这种家长在农村是很少的，个别家庭条件好的，才会有这方面考虑。普通家庭应该都是没有条件也没有想法（去增长见识）的。

Y3T2：城里的孩子可能是见多识广，在知识方面也更多一点，这对于读书还是有些帮助的。相比之下，农村孩子比较朴实一点、单纯一点，但跟城里孩子比确实比较土一点，放不开，性格也相对拘谨些。

Y3T3：家里对孩子教育投资太少肯定会有影响。城里的孩子接触的东西多，学的（东西）多，我们乡下的孩子很多外面的东西其实都不知道，虽然现在有网络可以了解到很多，但是他们有空闲下来，不是学习有用的东西，而是打游戏、刷微信之类的，家里对儿童期的投入肯定会影响孩子，感觉他们都没有什么学习竞争的意识。

Y4C1：村里的孩子主要缺少的东西可能就是眼界，比如说城市的小孩接触的新鲜事物比较多，父母每年放假还会把他带出去。我们农村大部分就是偶尔爸爸妈妈会带他们出去，还得是家庭条件好的会带出去，不然也就是带到自己打工的地方、工地啊什么的，接触的东西和接触的时间肯定没有城市的那么多。

部分家长也意识到视野局限给孩子带来的困扰。Y3P1深刻地领会到开阔视野给人带来的变化。她谈及孩子也曾主动提到很想到外面走走，长长见识，但因为孩子父亲长期在外务工，自己既要照顾两个孩子也要做些零工，无论从经济上、文化上还是时间上、精力上都没有条件满足孩子的愿望。Y3P2认为城市孩子的知识接触面宽广，又通过各种补习加成，整体懂得的比农村孩子多，农村孩子只能依靠自己"死读书"谋求出路。同时，她也谈到对女儿见识不多的无奈，父母有心无力，像坐公交车这样的小事也只能等着孩子上大学之后自己慢慢接触了。

> Y3P1：其实我很希望我的孩子能够多接触外面，走出去，这对他开阔眼界真的是一个非常大的帮助。因为毕竟在这个地方局限比较大，一走出去你整个人都会变了，包括我自己出去时都会觉得我必须去大城市生活。到这个小地方大家天天都是三点一线，没有多少文化，大人们天天跳广场舞，也没有人去交流些有见识的东西。村里的孩子视野太不够了，小孩子其实有上进心的时候，要让他们多看看外面，但这方面我们自身也没有给他们创造这么好的条件。小孩子有的时候很想走出去或者怎么样的，因为我们自己各方面的原因就没法带小孩子出去接触外面的那些。文化接触得也比较少，让他总觉得自己好像都在一个小村子里面跑不出去。我很希望学校能够有这方面的活动，比如说军训或者集体组织去哪里，到外面去参加一些社交活动，我们是非常支持的。
>
> Y3P2：村里的孩子感觉很多方面比不上（城里的孩子），城里面的接触的东西又多，又补很多东西，肯定懂的事情多一点。我们乡下的肯定有很多不懂的，除了能死读书，其他的肯定都比不过城里面的。你刚出去怎么坐公交车都不懂得，我女儿问我："妈妈我以后去省城了或者去哪里读大学了，我连公交车都不懂坐，怎么办呀？"我就说："你先读书，等你以后考完大学再说，有啥不懂的到大学里再学吧。"我也只能这样子讲了。

农村学生自己的体会可能更感同身受。Y3S2是个朴实的女中学生，成绩名列前茅，言语中充满对城市孩子的羡慕，认为他们有很多渠道可以充实自己，各种才艺傍身，见识宽广，审美也更好。特别是偶然的外出旅游经历让她体验到书本、电视、网络等媒体无法传递的独特感受，但这样的机会对于以父母务工为生的家庭来说是很难得的。Y1S1 自小生活在农村，来到县城高中就读后感受到与城关同学的一些不易觉察的差距，主要就是在文化补习和见识眼界上，并且认为城关孩子的这些优势使他们能更好地适应学校生活，更快地掌握学习节奏和方法，相比之下自己付出很多努力也很难提高成绩，并为此感到灰心丧气。

> Y3S2：他们（城里的孩子）从小就学画画、学跳舞、学弹琴什么的，然后我们什么才艺都没有，感觉比人家落后了很多。而且我觉得这个对学习也会有一点促进作用，就是可以开阔眼界视野，还有提高审美之类的。像我们一家都没出去过，我舅妈带我出去了一回，去了厦门、平潭、福州，我感觉外面世界就很新奇，跟这边完全不一样，去看看海，看看以前只能在书上或者网上看到的一些东西，还是挺不一样的，挺好的。

> Y1S1：和城里的同学比，主要是我们可能玩的时间比较多。我问那些同学，他们小学、初中寒暑假也都是在培训上课什么的。还有就是见识，他们会去旅游什么的，像我连本市都没出过。我自己成绩也不怎么好，好像还有点排斥学习，我觉得首先一个原因是我自己的见识没有城里的那些同学多，他们好像很早就接触很多东西，见识比我多，知道的也比我多，学习起来不大费劲，好像老师教一下就明白了。我自己的学习方法好像就有很多问题。

九　农村刻苦文化的镌刻与淡化

尽管布迪厄的文化资本理论主要用于验证阶层再生产的逻辑，但他也承认，"学术上的正当合法为那些没有其他资源，而只有自己的'智力'或自己的'优点'的人，提供了一种凭借的手段和雪耻机会"。[①] 也就是说，低阶层家庭出身的子女能够将智力优势或者努力刻苦等品质转化为与主流

---

① P. Bourdieu：《文化再制与社会再制》，载厉以贤主编《西方教育社会学文选》，台湾五南图书出版公司，1992，第 446 页。

教育系统相适应的文化资本，并借此增加教育晋级或向上流动的可能性。文化资本并非完全是排他的、区隔的，这种特性鲜明地体现在农村社会和农村家庭的刻苦文化中。第二章中提到，很多农村家长和孩子拥有对教育的工具理性认同，他们高等教育需求强烈，抱有"教育改变命运"和"以学习报答父母"的实用主义认知，使得一部分农村学生更具内部学习动机，以加倍的刻苦努力来拼得教育上的成功。农村学校的教师对此印象深刻并深表赞许（见 Y3T2、Y1T1、Y1T2、L1T3、Y3T3、L1T2），"勤奋""努力""自发""能吃苦"是他们经常赋予这部分农村孩子的典型标签。

Y3T2：跟城里的孩子相比，农村孩子总体的印象肯定是比较朴素、比较诚实，而且也有一部分同学比较能吃苦，是真的能够吃苦。

Y1T1：很勤奋，学生也很努力，但是我们学生见识不多。

Y1T2：农村学生相对来说是比较努力的。

L1T3：农村孩子有农村孩子的优势啊，也可以说是吃苦耐劳。这方面相对于很多养尊处优的城里孩子还是有优势的。

Y3T3：我觉得农村那些成绩比较好的孩子，基本是比较努力的。他们在初中的时候基础相对比较好，然后态度也比较好，有什么错误的话，小毛病都会改。

L1T2：相对而言，城里面的很大一部分学生是在家长和老师的指导下去努力读书的。但是我们农村的孩子，可能有更多的是出自内心，是自发的。他想要读书，他想要成才，是这样子的。这也是我们农村学生的一大优势吧。特别像大部分成绩好的孩子，虽然说有时候回家没人辅导他，可是成绩可以考得好，就说明读书的过程中，他是非常非常努力的，他自发地要把这个书给读好。

一些农村家长和学生也结合自身的经验谈到很多案例。L1S5 提及自己的一个家庭困难的同学，为了能保持好的成绩，对自己的学习没有任何时间上的松懈，正是由于家庭无法提供任何教育上的帮助，反而激发了他强烈的自我奋斗意识。Y3P1 的女儿就读高二，Y3P1 认为因为文化程度的限制，自己和丈夫对孩子的学业帮助有限，女儿反而因此更加勤奋努力、驱力满满、目标明确，有很强的自制力。虽然可能存在方法上的问题成绩提高有限，但这种学习品质使得孩子在面临学习困难时不畏惧、不退缩、勇往直前。Y3P2夫妻在镇上开修车店，他们只有小学文化程度，但女儿的优秀让他们骄傲满满。一直名列前茅的学习成绩主要得益于孩子的内在动力，自小懂事、有主见。由于父母知之甚少，也很少参与她的学习，因此她受老师影响巨大，还将学校里习得的教育理念和认识主张反向渗透给父母，日常学习中也付出了加倍的努力。

> L1S5：我记得初中时我们班上有一个领低保的学生，他家里条件不是很好，各方面条件都不太好，家里很穷。他家里好像有三个兄弟姐妹，虽然是低保家庭，但他成绩很好，考上了一中（重点高中）。他真的很努力，我感觉他平常都在学习，就没有时间松懈下来过。像城里家庭经济条件好一点的话，成绩差点还可以补习。像他这种条件不太好的，根本没有钱去补这些东西，只能靠自己吧。

> Y3P1：我女儿成绩一直起起伏伏，偏科比较严重，数学就好像是天文数字一样，但她不会灰心。我这个女儿她是非常有动力、有自制力的。她说我必须达到什么样子，很辛苦地念。有的时候都念到十一二点，看她念到半夜一点多让她去睡觉，她说我作业还没做完。这女儿真的是没让我操过心。我们也想尽办法多拉她一把。但是怎么说呢，我也不知道她的学习方法到底适不适合她，不知道该怎么帮她。其实像我们这样的文化程度，关心也帮不上忙。也就是在思想上和经济上尽力吧，让她不要有负担、不要恐惧学习，给她加油鼓劲，有什么需要花钱的尽量买给她吧。

> Y3P2：她现在读书很牛，在年级里属于成绩比较靠前面的。她很小的时候就很懂事，感觉都像大人一样。她还会教育我嘞，有时候我都被她教育。教我们干吗、怎么做人之类的，感觉她很有道理的这样子，我感觉小孩子跟我们大人脑子是不一样的，讲话什么的都不一样。她说我这么大了我知道了，我书读了这么高，我比你懂的还多。中考后选学校之类的也都是她说的，应该也是老师帮她的。她挺听话的，但她不太听爸妈的，在学校里比较听老师的。她现在读书也真的很努力，白天很努力地读，每天晚上读到十二点、十二点半甚至一点，非常用功。

报答父母、改变命运成为激发农村孩子学习动力的重要缘由。Y2P4 夫妻在市场上开小饭店，他们受教育程度不高。大女儿在地方本科院校读大四，小儿子读高一，成绩一直比较优异。Y2P4 日常对孩子的学习参与十分有限，唯一的心得是学习时间的管理，给孩子养成了较规律的学习习惯。她认为孩子努力学习的动力主要源于看到父母每日辛苦劳作的心理调整，目睹父母的艰辛既让他们感受到教育的重要性，激发起改变命运的决心，也让他们增强了努力学习、报答父母的责任感和义务感。

> Y2P4：老公可能是高中还没毕业吧，我自己没怎么读书，读了一两年。我们自己当父母的，没有读过什么书，也不懂得教育，基本上靠孩子自己来。我两个孩子读书都是靠自己努力的，我们只管他们吃、管他们穿。他们小时候读书时我负责看有没有坐端正、睡觉时间安排、饮食起居。小学的时候要求八点半作业肯定给我做完这样子的，到初中最迟十点半没做完也要睡。他现在高一，我说你十一点半过后不能再做了。星期天到星期四晚上不能看电视，只有星期五和星期六晚上可以看电视。对学习上的管理我也就是到这样的程度，我老公从不管这些问题。

> 像我这样子，早上四五点钟就走了。他就自己起来，去市场那边吃了饭就走了。放学了他去我店里，吃了饭出来，就自己回家做作业。我玩我的，他做他的，这两个孩子挺乖的。他们俩也不是很聪明，读书成绩还可以，应该就是自己努力，看见父母辛苦，因为我们也不是基因好，都是没读书的人。我们在市场做生意，大着肚子的时候就那样起早贪黑。他们从小到大就看我这样子生活过来的，他们也经常说感觉我们挺辛苦的。按我儿子的意思说爸爸妈妈很辛苦，他体会得到，也更努力些，我自己心里想这肯定对学习有帮助，有激励。

同时，也如教师 Y3T2 所说的，由于农村孩子的家庭资本补充不足，努力刻苦的学习品质更多地依赖孩子的自觉，无法借助外力帮助。这使得还有很大一部分农村学生教育认知模糊、学习目标不明确、学习动力不足，很容易养成自由散漫、怕吃苦、上进心缺失等不利于教育晋级的负面品质。教师 L2T2 认为，家长对孩子教育的失管和不负责任很容易造成农村学生的行为管教问题。孩子过早地丧失学习兴趣和学习信心，懒得读书的农村孩子就会增多。村主任 Y4C1、教师 Y3T1 和 Y3T3 也认为与过去一辈相比，现在的农村孩子正在丧失吃苦耐劳的精神，四体不勤、五谷不分不再是城市孩子的"专利"，经济条件的好转和家庭的溺爱使得部分新一代农村子女沉溺于手机或物质上的享乐，养成懒散的性格，没有了刻苦学习的劲头。

　　Y3T2：城乡家庭的影响不一样，肯定不一样。有知识的城市家庭对孩子的要求就更高，对他们的规划也更好一点，农村孩子没有那些的话，就只能看孩子的自觉了。

　　L2T2：农村的小孩子其实还可以的，有一部分倒是很想念书，另一部分就是由于家庭教育缺失，他从小养成的学习风格不是很好，管教方面的困难蛮大。实际上像我这样子的班级吧，这部分乡村的学生就不是很努力地念书，感觉就是家庭教育的原因啊。农村好些家长是抱着这个心态的，就是把小孩抛在学校里面啊，让学校去管。

　　Y4C1：现在小孩子干农活干家事的少多了，现在不比我们那一代。我们那一代人每天放学回家还要去挑水，要去砍柴。现在农村孩子吃苦耐劳的精神差多了，差不多没有了。家里不用做别的事情，就让他去学习，反而学习的劲头也没那么强了。

　　Y3T1：因为现在农村经济条件相对好了，能吃苦的，像原来比较勤奋的人，相对偏少了。

　　Y3T3：以前大家都觉得农村学生会更刻苦一点，现在其实也不会，特别是留守的比较多，隔代教育的话又很溺爱，现在农村孩子被溺爱得也是很严重的。比如别的陪伴没有，反正物质上我能提供给你的就给你，他小的时候（家长）玩手机时给他看看，看动画片之类的。后面没空了，手机就给他让他自己拿去看，久而久之他就依赖手机了，他都不跟父母亲说话，哪里还有心思学习。我经常跟我的学生讲，我说你看一中、三中（省重点）的学生，人家周末都在拼命地念书，你们还有什么理由可以玩。他们就觉得我都念了五天时间了，该回去休息了，可是对他们而言休息就是玩手机。

第五章　教育系统的秘密

——学校与文化

农村孩子能否获得与城市孩子平等的教育处境从而实现高等教育机会的均等化，除了受制于家庭所处阶层结构外，体制化教育系统也无时无刻不在干预着城乡孩子的教育结局。城乡教育资源的分配、农村学校的运行方式、教师的生存境遇和教育手段、考试机制的筛选导引、学校制度性文化与乡土文化的碰撞等都切实关乎农村孩子的高等教育命运。看似公平竞争的逐级学业选拔隐藏着城乡教育难以弥合的鸿沟，鸿沟的背后不止有经济的壁垒和学校资源的差距，更难破解的是农村家长、学生和教师的思想困顿和文化迷失，加之相关教育政策自觉或不自觉地"共谋"，进一步加剧了城乡孩子高等教育机会的不平等。

第一节　农村学校教育秩序的运行困境

许多经典的社会学理论认为，学校是统治阶层借由学业分类、考试、择校、文凭等途径实现阶层再生产的共谋手段，比如布迪厄就将学校界定为一种"生产与再生产社会与文化不平等的重要场域"。这种理论假设是否适用于我国的农村学校教育体系呢？本节将从实践出发，通过对农村学校与教师的教育活动和秩序进行描绘，勾勒结构制约下农村学生如何被困于所处的学校场域，并为其实现更好的学业发展和获得更多元的教育选择机会寻求破局之法。

一　生源流失、学业层差较大与学校分层

生源流失是近年来我国众多乡村学校萎缩式发展的重要原因。城镇化进程、农村学校撤并改的循环效应、农村家庭趋利避害的择校观都在加剧

着农村学校的生源危机。调研选取的吉林省 W 镇，曾是一个背靠附近林业、矿业发展的边陲小镇。随着近年来当地产业的持续衰退，乡村人口向城市地区快速转移，常住人口从最高峰的 6 万余人骤降到近两年的不足 2 万人，所辖的几个行政村由于地处山区缺乏农业发展的规模效应，村民又无法从事以往的林业和矿业生产，所以越来越多人离土离乡到附近的城市寻找谋生机会。家长 J1P3 谈到周围村民大批量地转移出农村，从村到镇、到县城、到市区、到大城市，一级级地涌动出去，剩下的往往是经济和社会资本均处劣势的农村家庭，他们被动留守在山里。人口外流加之适龄人口锐减，镇区多所曾经成绩优异、发展势头良好的中小学在短短几年间面临空巢窘境。曾经人满为患的小学如今平均班额只有十几人，教育教学质量严重下滑。即便是生活在本地的村民，也纷纷花钱或者托关系尽力将孩子送到外面的县城或市区读书。家长 J1P1 就是为了孩子能有更好的教育环境，送孩子到县城读中学，并且需要以舍弃家中的生计去陪读为代价，言语之间充满无奈。萎缩后的乡村学校最明显的困境就是教育质量下降，学生成绩下滑。家长 J1P4 谈到，当地初中有经验的老教师纷纷出走，年轻教师经验不足且稳定性不强，教师和学生"混日子"现象严重，高分孩子凤毛麟角，低分孩子反而成片聚集。这种学校教育的沦落进一步加剧了人口的教育性外迁，恶性循环之下学校似乎成为那些逃不出去的农村孩子的"收容所"。

> J1P3：现在咱们这边都在拼命往外搬，咱现在农村的往镇上搬，镇上的往县里去，县里的往市区搬。现在这是普遍现象，都往城市奔。经济条件允许再进一步上个大城市，上个好城市。像我们这种没什么能耐的才窝在这里。

> J1P1：咱们现在这个学校生源越来越少，因为咱这地区的人也是越来越少。现在大家都还是倾向于送孩子到外面读书，能往外走的几乎都往外走了，在家里关键是能干着活陪着孩子，上那边一般得全陪着孩子，都是没办法呀。

> J1P4：学校的老师现在都换成年轻人了，经验也不行，今天走明天走的，没用白扯。我看了现在这一茬学生，你看考试考得都 200 多分，突然这几年都那样，学习最好的考 400 多分，就一两个，那么多小孩，一两个 400 多分，总体上就不行。人家有点经验的老师都走了，咱

现在也不知道能怎么办。俺们这帮家长去了一看成绩全都那样，都 200 多分、300 多分的，400 多分的太少了。

其他调研地区也有类似情况。福建省 D 镇的农村中学曾经也是可以和县城中学比拼，比肩而立的优质学校。随着城镇化进程的加快，教师和学生流失严重。校长 Y3T1 认为，流失的这些教师和学生往往都是学校最优质的资源，优秀教师通过进城招考、借调等方式慢慢转移到县城或市区，流失的生源往往又都出身于那些重视教育、经济条件较好的农村家庭。经过城镇化的筛选，留下的农村生源以留守儿童居多，家庭教育的滞后使他们无法成为理想的"优质生源"，只能依靠学校教育加以弥补。反过来，学校的发展又极度受制于师资和生源的质量。久而久之，这所中学丧失了与县城中学较量的资本，高中部也只能接收被县城学校筛选淘汰的生源，艰难的生存境遇使校长的改革面临重重压力。

> Y3T1：我们这是一所农村中学，以前我们和县里的一些中学规模差不多，教学质量也挺不错。农村原来没有城镇化进程时，就"三足鼎立"，那也是我们中学最鼎盛的时候。那时基本还是可以有对比有竞争的。现在城镇化进程完以后，农村跟城里没得比。这个是每个地方都出现的状况，所以说城镇化之后对农村教育应该讲削弱得比较多。学生现在都移到城里去了，老师也通过进城招考或者借调等方式转移到城里去了。相对来说优质的老师流失，优质的生源优势也没了。这些优质的生源，我觉得为主的就是家庭教育，家庭教育造就了优质的生源。因为现在对于学生的教育，实际上家庭教育这一块非常关键。所以我觉得农村跟城里面最大的差别就是优质的生源，优质的生源就意味着优质的家长。我们这个优质当然也不是说什么都是好的，经济条件比较好的，愿意移到城里去的这些家长相对来讲，对子女的教育更关注更关心。现在我们农村孩子基本上就变成了留守儿童，家长没办法在家里，一定要出去谋生，农村跟城镇家庭教育是差别最大的。

学业层差显著也是当前我国农村学校教育的重要特征。有关分层教育的利弊在学术界一直颇具争议。比如美国著名的《科尔曼报告》认为，学校同伴群体的教育素质极大地影响着学生的学习成绩，处于较低社会经济地位的学生如果能够和优势地位学生共同学习，其学习成绩会有所提高，反之优势地位学生的学习成绩不会受其负面影响。这个论断对美国分层教育产生了重大冲击，被视为既能促进平等又能提升人力资本质量的重要手段。但此后的不少研究认为这个论断数据粗糙并存在偏差，比如 Hanushek、Vigdor 等人的研究发现科尔曼的方法无法说明同伴特征与学生成就之间的因果关系，Fernando 等人的研究则表明，将能力悬殊的学生混合的做法大概率拉低了能力较强的学生的表现，对学习结果上的平等只有轻微的积极影响。[①]

　　从我们的调查来看，与城市学校学生能力和素质的同质性较高不同，农村学校面临较为严峻的生源鸿沟，这使得农村学校的教育教学陷入进退两难当中。家长 Y3P5 是一名农村小学教师，她认为由于农村孩子基础薄弱，能跟上教学和考试进度的孩子只有 1/4，后进生的比例较早些年不断提高，导致学校教师只能跟进优等生，大部分农村孩子被迫放弃自己。教师 L2T1 也谈到农村学校混合教学的困境，一方面需要"喂饱"学习水平较高的学生，另一方面大量的学习成绩薄弱的学生希望得到公平的对待。在具体教学实践中由于农村生源的层差较大，这种具有选择性的"因材施教"和具有公平性的"进度一致"是很难兼顾的。高中生 L2S4 认为，即便已经到达筛选后的高中阶段，班级里仍存在泾渭分明的成绩层级和学校表现。大约一半的同学具有较强的学习动机，通常学业成绩也较为优秀，但其他学生会陷入可学可不学的半放弃状态，这时他们已经很难被优生带动起来，反而如有一道隐形的墙将两类人群区隔开来。教师 Y1T1 所在的学校已经是当地县城最好的高中，但也明显感受到学生成绩差距的拉大。虽然有出类拔萃的学生，但越来越多的孩子，特别是农村孩子被远远地甩在后面。这种学生之间的成绩分化对日常教育教学造成了很多困扰，Y1T1 遗憾地认为这种掐尖式的教育方式实际上放弃了很多有天赋的寒门子弟。

　　Y3P5：现在我觉得特别是小学方面的教育有很大问题。比如说考

---

① Ludger Woessmann、Paul E. Peterson：《学校与平等机会问题》，杜振东等译，华东师范大学出版社，2019，第 7 页。

试方面，内容非常难，偏难，小学就已经很难了，真的。非常灵活的考试题目，每个单元、期中、期末都考得非常灵活。我觉得都放弃了一大部分学生，大概只有 1/4 的同学能跟上，初中的难度只能涵盖 20%~25%。没有照顾到所有孩子的学习程度，大部分学生完全放弃了，都不会，跟不上，干脆就对学习没有兴趣了。我不是也教了很多年吗？十几年前，农村小孩子里优生特别是低年级优生达到 80% 左右，现在优生只达到 20%~30%，不超过 40% 这样。学习和考试难度加大，对于学习成绩来说差距也越来越拉开了。每个班上都有，大部分学生坐在后面完全不听不学的那种，他因为基础差什么都跟不上，完全跟不上。每次考试都有十几二十个会不及格，就看成绩。因为考得比较灵活，不仅仅是书本里面的内容。它考得是非常灵活的，拐着弯地考。所以就是说能力一般的孩子他就无法理解，题目都做不了，他完全放弃了，久而久之恶性循环了，后面跟不上，就坐在后面。家长跟老师都没办法，学生也更加放弃了自己，这就是很多农村小学的情况。

L2T1：比如说他本身成绩就是中下等，你的要求是只要他能够提高一点，在具体实施过程当中肯定有困难，为什么？比如说我要求这几个学生，只要做到这个题目就行了，其他要做全部，结果现在有差别对待，容易造成小孩子的心理问题。然后我们私底下跟小孩子解释说，你原先水平比较好，所以说你可以往后面做。但是他这样一说出去，对其他孩子都是打击嘛，会觉得老师不公平嘛。而且你后面检查作业的时候，这个孩子他做的这一题，那个孩子后面没做，然后你还得对照一下，工作量都翻倍，所以这就是无意中在增加老师负担。

L2S4：看人家排名在前面的那种，就是天天抱头学习的那种。然后后面一点到他们基本上就是可学可不学那种，感觉好像都不是一类人了。

Y1T1：像我们高中已经集中了全县最好的生源，设备也是全县最好的，但是明显感觉这几年生源越来越差，学生差距也越来越大。比如说我们第一名跟第一百名分数会差一百来分，差距很大。以前差距没有这么大，现在差距比较大。也就是说，拔尖的学生虽然一直都有，但是分化得越来越厉害。这还是总体情况，落在农村生源上就更明显了，非常优秀的也有，但一大部分是托底的。

　　班级层面如此，学校层面的分级更为明显。城乡教育资源系统之间的鸿沟来自教育资源投入和生源筛选的相互作用。城乡社会分层结构导致了农村从基础教育开始就要面临入口生源质量偏低和师资、设施、经费等学校资源不足的双重制约，这种起点的差距随着学校结构分层愈演愈烈。城市学校到县城学校到乡镇学校再到村级学校，形成了一级级等级鲜明的筛选结构，家庭背景越好的学生在学校系统中选择的空间越为宽广，其他普通农村学生只能凭借残酷的学业比拼尽力为自己谋求稀缺的学校位置。对于他们来说，登顶心仪高校的阶梯链条要比城市孩子或者优势背景的孩子长得多、艰辛得多。农村家长 L1P6 认为自己和孩子虽然很努力，但也只能就读一个普通的县城高中。这种起点上的差距使得孩子最终很难就读满意的大学，并且遗憾地认为只有更狠更努力才能使孩子有个更好的学校教育基础。教师 L2T3 所在的学校有初中部和高中部，他认为高中部的学习成绩差距虽然也很大，但至少经过淘汰筛选，而初中部因为划片入学，学校本身又地处城乡接合部，因此农村学生和城市学生会形成鲜明对比，参差不齐的农村生源素质使得学校发展和教育教学都面临更多困难。同一学校的初二班主任 L2T2 也持同样看法，班上大部分是近郊的农村孩子，巨大的生源质量差距已经让老师们疲于应对，如果是纯农村学校的话，生源状况只能是更为艰难。出生地、入学地、片区似乎已经决定了孩子们能够接受什么样的学校教育。即便他们的天赋和努力程度相似，当被人为地配置到教育系统金字塔的不同层级中时，他们的教育命运常常会走上截然不同的分叉路。

　　　　L1P6：把孩子从小培养到现在高三，最大的感受是基础很重要。说句心里话，这个学校领导再好再怎么样，你进口的学生和生源总体质量没那么好，再努力怎么样，无论是他们学校还是家长都配合得很好，也很难有一个好的结果。就是说得从小就抓起，一级一级都能上更好的学校，考个更好的高中。讲心里话我就是比较遗憾，当初真的应该再狠一点，努力一点。

　　　　L2T3：你知道高中是划分数线的，所以一层层地卡，到我们这边，基本上成绩差别虽然也很大，但还能好点，至少是有个分数线兜底的。初中划片的话，就可能各种成绩的都有。我们这边算是比较靠后的，因为我们这一边啊，原来都是山啊。这边片区下去，等于说是农村学生占得比较多，质量参差不齐的，基础也没有城关的孩子好。

L2T2：我班上现在有 54 个人，有 26 个是女生，28 个是男生，我们学校所处位置属于城乡接合部。学生生源的话，有一小部分是城里面的，然后更多的就是农村周边的。这边的几个镇，还有旁边的这些村庄的，所以说生源情况不是非常好，明显的生源质量差距很大啊，要是那种纯农村学校，更是可想而知了。

生源分层对农村学生教育结局的一个显著影响就是学习氛围的催化不同。学校教育与家庭教育的一大区别在于其属于集体教育。这种集体教育一方面来自师生的互动，另一方面存在于学生之间的相互影响。人们常说，好学校来自好生源。这种论断虽有武断性，却显示出高质量生源学校的独特优势。学业成绩优秀的孩子不仅能催生教师的教学热情，其所显现出来的学习动力、刻苦努力等品质也会带动群体产生积极向上的氛围，即所谓的局部引领整体。从农村学校的调研情况来看，由于生源差异明显，优异生比例不高，不仅很难带动整体的学校氛围，还容易被常见的厌学、贪玩、懈怠等群体文化感染，产生负效应。中学生 L2S5 的成绩大多在文科前十名，但他觉得自己学习成绩不太稳定，原因很大程度上是受周围同学的影响。因为班上努力刻苦的同学较少，有时自己会不自觉地跟着爱玩的同学一起玩，他认为这种学习氛围是无法和县城重点中学相比的。中学生 Y3S3 也认为不同学校的最大区别在于群体的学习上进心，这也是农村学校普遍欠缺的。而县城重点中学的农村学生 Y1S2 认为，所在学校总体学习氛围尚可，但热情持续性不足，自己很羡慕城市学校里家长、教师和学生对待学习的集中力和高昂的积极性。同一所学校的学生 Y1S3 在上海经历过紧张的竞争性学校氛围后，表达了自己对县城中学学习节奏缓慢、动力不足的不适应。从学生身心发展的角度来看，过于紧张的竞争性学习氛围并不一定有益，但从学业成绩提高或高等教育选拔的角度来看，不少农村学校存在的松散懈怠之风正在加剧学生质量的下滑，并使得农村孩子在教育层级的攀升中处于不利地位。

L2S5：我觉得县城那些重点中学最大的影响就是氛围吧。说实话，如果在一个班里面，50个人，有三十几个人在学习，就你们几个不学习，那肯定会跟他们学习。像现在这个班，从氛围来讲的话，30个人就那么几个人在学习，刻苦的人比较少，大部分人没有那么努力的话，你可能就会不自觉地被那些不刻苦的人影响一下，你会跟着去玩。我之前学习成绩不稳定，也有一点这个原因。

Y3S3：我觉得读不同的学校肯定是有区别的。如果去好的学校可能就是学习好的同学比较多，大家压力都比较大，然后也会更加上进一些。

Y1S2：这里的学习氛围就是大家都挺想念书的，但是大多数人也就是三分钟热度吧。今天有个谁上去讲了个话，然后就是一种激情饱满的状态，我要好好学习，然后没过多久，又退下去了。城里的学校就是大家学习积极性都比较高，家长也会围着他们，学校、家里都比较有学习的那种环境氛围。

Y1S3：这边学校的教育氛围怎么说呢，就是没有上海的那种紧张的竞争，节奏不够快，中午午休两个半小时，然后感觉睡一觉起来，一点动力都没有。

二　教育资源的改善与困顿

1. 硬件提升与不均衡

自党的十八大以来，我国城乡义务教育均衡化进程加快，农村学校和薄弱学校成为均衡化施政改革的重点，教育财政经费不断向农村倾斜。特别是经过农村教育布局和结构调整以及学校标准化建设，农村中小学校硬件设施建设走上快车道，基础设施日趋完善。自2018年开始，乡村小规模学校（指不足100人的村小学和教学点）和乡镇寄宿制学校成为农村义务教育发展的一大重点，根据《国务院办公厅关于全面加强乡村小规模学校和乡镇寄宿制学校建设的指导意见》，2020年应"基本补齐两类学校短板，进一步振兴乡村教育，两类学校布局更加合理，办学条件达到所在省份确定的基本办学标准"。经过一系列政策干预，调研地区的农村义务教育学校基本办学条件有了明显改善，校舍规模、校园环境、学校藏书、教学仪器设备等普遍得到有效提升，农村教师和居民对此感受颇深。教师L1T3指出，农村学校的硬件设施改善十分明显，农村学校基本成为每个地区最亮丽的建筑，在日常教学中教师们的硬件需求也基本可以得到满足。另一位农村小学教师 Y3P5 也深有感触，认为以前城乡中小学设施差距十分明显，通过政策性的投入特别是标准化建设，这种差距大幅缩小。她到城市学校听课后对比认为，自己学校的硬件条件差不多，很多现代化的教学设施，如网络多媒体设备基本配备齐全。学生家长 Y3P1 认为农村学校设施变化非常显著，自己孩子曾经就读的乡镇初中原本偏僻破旧，近年来教学教育环境大幅改善，言语中充满对这种变化的肯定。

> L1T3：现在学校资源这块呢，像我们农村中学这边最近硬件方面是非常好了。上一次我们督导是十一月份下来，学校硬件设施我们这边都是可以的。在乡下一所学校就是当地最漂亮的一座建筑。像我们这边学校的配套什么的都有，根据教学的需要什么都配套。

> Y3P5：我觉得之前中小学城乡教育资源差距还是挺大的。感觉国家和省里也出了很多政策，去平衡这些义务教育的资源，我觉得收效还是有的。在学校里面，我们在校园里面，硬件可能差不了多少，各方面教育资源上差不了多少，本身都在搞标准化建设，硬件其实基本是可以的，还不错。我也到那边城市学校里面去听课，硬件上差不多。网络信息设备、多媒体教学什么都有。

> Y3P1：这边学校这几年变化很大，我家孩子以前在下面的初中念过一年，那边更偏，但那时候，初中的时候就感觉变化是挺大的，无论是教学楼还是环境都很不错，农村学校真是越来越好了。

在农村学校教育设施总体改善的同时，城乡办学条件的差距依然远未消除。一方面是基础设施、教学硬件配置的不均衡，教育投入的不均衡；另一方面衍生出新的资源浪费和配置效率低下。中学校长 Y3T1 认为义务教育均等化虽然带来了农村学校硬件设施的改善，但是因当地财政和教育投资能力的差异不同学校所能获得的资源呈现明显的不均衡，比如智慧校园这种需要较大投入的教育项目对于当地财政来说依然力不从心。教师 L2T1 认为尽管国家政策倡导城乡教育公平，但是相比城市学校，农村学校的投入仍十分有限，特别是偏僻的小学校更是面临消亡危机。另一偏远地区的农村小学教务主任 J1T1 则指出过于着重硬件改善所带来的潜在问题。当地农村人口流失严重，生源的大幅减少使得学校校舍需求不断降低，但由于没有精准施策、按需管理，学校设施闲置浪费现象日益明显的同时，教师待遇、师资培养、特色教学等资金缺口问题很突出，显示出农村学校资源配置效率的低下。

> Y3T1：现在搞义务教育均等化，硬件是改善比较多，但是像硬件里面现在还有一个问题就是各地不均衡。比如，我们县跟隔壁县就不均衡，因为有个当地的财政在控制。所以如果省里面能够统一都做到，比如说哪种设备、哪种硬件，你看像智慧校园，很多省份很多学校都做到了。我们想是很想，但实际上我们全市的农村学校我看没多少所能做到。硬件投入要靠政府，很多要靠当地政府，工资都发不出去，你说有没有办法，所以说这也是问题。

> L2T1：现在投入的大部分是城里学校，乡下的学校慢慢地让它消亡掉，有些根本就不投入了，你说怎么公平？但是我们只能期待着公平，国家是政策制定者，它是说公平没错，从国家大层面都说要教育公平，一直在提倡，但我个人感觉如果到了基层的话就没办法了，只能相对缓解一下。我们城里要发展大城区概念，就是把农村都囊括进来，不然还是两条线。

> J1T1：前几年学校也进行了改建，像教学楼翻建之后真的还是漂亮很多，基本的教学设施都够用。但有个问题就是现在人口外迁太严重了，我们的生源减少得很厉害，班额越来越小，空出来的教室也不少，有一阵子撤并学校我们这里还建设了一波，后来又停掉了，感觉很多资源都闲置浪费了。当初那些钱要是投在别的地方就好了，我们现在想搞特色教学也缺钱，另外像我们这待遇也不高，外面的老师很少有过来的。但上面的人说都得专款专用。

2. 师资结构、教学风格和综合素养的差距

除了生源和硬件设施存在的问题，教师队伍的结构和质量可能是农村学校最常见的发展瓶颈。教师资源配置被普遍视为城乡教育均衡发展的关键因素。从调研情况来看，农村学校教师队伍建设的问题集中在几个方面。

我国农村教师队伍规模庞大，但其潜在的结构性问题长期难以解决，在年龄结构、学历结构、性别结构、学科结构上都存在较大的不均衡，这极大地制约着乡村教育的可持续发展，其中年龄结构问题尤为突出。一位较了解学校情况的农村学生家长 L1P4 谈到，经过农村学校撤并改革后，许多教师被集中于这所处城乡接合部的中学里，大量接近退休年龄的老教师跟不上学生的思维步伐，使得学校的教学质量参差不齐。另一位学生家长 L2P1 也表达了对农村学校师资的不满。他认为年轻教师几乎都流动到城市，乡镇学校成为被遗忘的角落，农村家庭即便有强烈的师资需求，也不得不被动地接受这种情况，这种情况越到偏远的基层农村就越严重。两位校长的访谈进一步印证了这种问题的严峻性。Y3T1 直言，教师队伍的不稳定和老龄化是制约学校发展的最严重问题之一。按他的估算，当地农村学校教师的平均年龄都在四十六七岁，甚至有的学校达到 50 岁以上。受到编制政策等多方面因素影响，年轻教师无法被吸引进来，即便来了也很难留住。另一位校长 L1T3 表达了类似观点，36 岁已经步入中年的教师算是本校的年轻人。他详细说明了教师老龄化给农村教育教学质量造成的冲击，本应更加富有教学经验的老教师在接近退休年龄时往往会产生强烈的职业倦怠，知识更新能力下降，投入不足，导致学生的满意度也随之下降。老龄化问题只是农村师资结构缺陷的一个缩影，男教师和部分学科教师的比例也很难达到适用。对于这种师资队伍比例失调和后继无人的压迫感，当地教育部门不是没有注意到，而是在实际调控中力不从心。

L1P4：以前我读书的时候都是乡下的一些中学，现在那里已经被拆掉了，这边的初中老师很多是那些学校里面的老师拼凑起来，全部集中到这里面的。老师年龄偏大，年龄普遍地都到了接近退休的那种程度了。可能思维各方面的都会影响到小孩子，这也是一个很大的弱点。你像那些城区的小学中学，每年都请很多老师，（老师）一般都是比较年轻化的，就是说跟小孩子能够打成一片。我们这边的质量多多少少都会受到老师这一块的影响。

L2P1：像现在年轻的这些教师或者怎么样，应该到农村基层去锻炼，走一段，然后再看以后的发展，循环起来。那孩子在下面也能受好的教育，让他们从中懂得，有好的老师教育，也许就把他的潜力挖出来了。

现在还是一分配都只是往城里面跑。自然就把后面乡镇的学校，基本上就忘记了，就是说现在这种情况，我们也没有办法。老师不行给孩子的父母也造成压力，像我们也是尽量帮他找好点的学校，这里也就是凑合，更下面基层的老师更不行。很多基层的学校、学生基本上就这样烂掉了，老师、学生都是混日子。我可以说这种情况百分百有呢。

Y3T1：我们这里师资最大的问题一个是不稳定，人家有更好的（选择）很快就走了；另一个就是老龄化。我算了下平均都是四十六七岁，农村学校平均50岁以上的都有。教师老龄化，在现在这种体制下，这边超编又不让招，那边新老师没有招进来，老龄化就更严重了，严重了以后就是会有一个断层。所以我们现在又出台这个措施，就招编外，就是另外招的。可是编外又没办法留住，难。

L1T3：师资这一块，可能有一些因素吧。人社局编制办的一些因素会制约学校教师的一些选配。比如像我们这样的学校，本来是有一些班级需要增加老师的，但这个师资的调配就有问题。比如说年龄大的女教师是55岁就退休的，上了50岁之后，她的精力和注意力就受到很大的限制，这个时候叫她上两个班，她也可以上，但是她投入不够，就影响到教学质量。这边也不单单我们这些学校，整个县里面可能都存在师资年龄偏大的一种结构，一种现象。我们那边去统计一下，我们学校最年轻的那位老师应该都只是相对年轻，陆陆续续这几年都是这样，年轻老师很少。前几年我们粗算，有一个36岁的算我们这边年轻的老师了。我们教师老龄化还是比较严重的。我们县领导已经看到这个问题了，想改变这种格局，每年都选调一些新的老师补充进去，然后慢慢进行结构性调整。但农村地区对老师的吸引力真的不行，不光是新老师，女老师很多，想招男老师怎么招也招不来，还有一些学科的老师也很难招来，像英语、体育、计算机专业的老师经常缺，这种比例问题一直调不上来。

学生们的感受可能更直观一些。尽管大多数农村受访学生对本校教师的评价较高，对教师的辛劳付出普遍持肯定态度，但部分有过城乡双重教育经历的学生通过两相比较后认为，城乡学校的师资差距仍切切实实地存在并且十分显著。在上海就读过的Y1S3认为，当地学校的师资水平与大城市有着天壤之别，不可同日而语，单单学历层次上的不同就显示出城乡教师人力资本水平的差距。此外，受到整体教育氛围的影响，教师对待教育工作的热情、紧迫性和紧张感也不一样，大城市教师的教学节奏和学生的学习节奏都远远快于乡镇和县城学校。

Y1S3：师资就是没有大城市里面的好。师资水平的话，要看怎么比，要是跟上海比，肯定没得比，因为我们老师都是师范学校出来的，他们可能读完普通本科就出来了。但是上海很多是"211""985"院校毕业，然后再回去读，甚至研究生教中学的都大有人在。另外呢，是老师对学生的那种付出。比如，上海的老师也要每天都批作业，每天学生做多少作业就批多少作业，批完之后作业发下去订正，他们也是要一点点刷题刷上来，把基础堆起来的，也是靠练习的，同时还要兼顾很多的事务，节奏很快的。但是这边的农村学校，老师其实也没有抓得非常紧，学习节奏很散漫，然后在学生没有抓紧的情况下，老师也会慢慢松懈下来。虽然说这里初三、高三也有抓，但是上海学校的老师是从小学到高中都是这样，那么这就体现出落差了。

曾经在北京上学的随迁子女 Y1S4 在返乡就读后能够明显感受到两地教师的教学风格不同。北京的教师会更多地采取互动式教学方式，通过引导启发学生的自主学习行为进行知识生成和技能建构。当地学校教师更倾向于将知识点和盘讲述清楚，直接让学生巩固记忆，刷题时间也更多，具有较强的应试色彩。这种教学风格的差异通常与生源特征、师资素质、专业训练、办学条件等紧密相关，农村教师的教学惯性和应试心态都会随之变化，产生很多先天与后天的不足。

Y1S4：学习方面的话，其实就是能明显感觉到老师们的风格很不一样。比如说同一套教材，讲同一节课，老师和同学上课方式都不一样。在北京，老师上课，学生在底下全都是在呼应，或者说在互动，互动非常明显，这种情况下你更容易学到知识，感觉这个知识点是你自己想出来的。老师提出问题，你自己想出来，然后你就能更快更方便去记住，积累更深刻。然后比如说对物理的应用，里面经常有一条公式推好几条公式，这个过程都是老师帮助我们去推的，推完以后老师再把这个公式告诉我们，老师相当于只是去做个最后的修正。就是老师是那种启发式的教学，然后城里的孩子也比较会跟老师进行良性的互动。村里的孩子就相对比较内向，可能跟性格也有关系，都不会去跟老师做什么，就是听老师的。他教什么公式，就是什么，基本就是你讲什么我记什么，我记完以后回去把这背下来就好。老家这种教育方式也有一点好处，会有更多的时间让你去把那些公式进行记忆，也会有更多的时间去刷题，然而按北京那样的话，刷题时间会少一些，同时需要花更多的时间去巩固知识，但我还是更喜欢北京的那种。

农村学生 Y1S2 就直言自己对当地师资的不满。她认为老师们的教学水平差距十分明显，参差不齐，能够胜任的好老师确实不错，但比例太低，受益学生有限。不少老师有照本宣科之嫌，完全无法满足自己的学习需要。她还慨叹这种情况也是人之常情，水平高有本事的老师自然会被大城市吸引，留下的好老师便成为稀缺资源。

> Y1S2：我们这里的老师有的实在太可怕了，太可怕！他们水平实在不行。有些老师就是 PPT 做得不错，照着读，朗诵也不错，但是你讲的到底是什么呢，他们自己可能都不清楚。还有一些真的是参差不齐，好的老师也有，很好，但是太少了，又不能每个班都分到。感觉城市的教师资源会相对较好。要是我是老师，真有本事的话，我也去大城市教书，不会在这边，是吧。

除了日常教育教学以外，农村学校教师的综合素质还会在很大程度上影响学生的生涯规划和大学择校。教师 L2T3 以高考填报志愿和选课走班为例，说明了农村教师的力不从心。尽管农村学生和家长对教师寄予厚望，但由于信息闭塞、在职培养不足，能够有效指导学生选课和择校的优秀教师比例不高，教师们自身都无法较为全面地领会相关教育政策，又何谈为学生提供精准指引呢？这在某种程度上使得农村学生的高等教育选择（比如择校、择专业、择地区）面临更多彷徨，最终满意度相对城市学生也更低。[①]

> L2T3：现在填报志愿比以前方便很多了，但是同样的接近的，这个里面我怎么去选更适合自己的，现在还比较难做到精准。农村学生和家长懂得的比较少，经常想靠老师帮忙。当然如果有优秀的老师指导一下升学这方面会很好，有更大的优势。但实际上我们的老师本身了解得也不是很多，包括近期的选科走班啊，老师们也不理解为什么，对外面的事情、政策的事情了解得不够多，小地方比较闭塞。老师们还是觉得教书就行了，其他方面的素质没法和大城市比。

3. 校长力量的缺失与崛起

校长是一所学校运行发展的灵魂人物，其职责担当状况直接影响着学校的教育风格、组织运作、文化氛围、教师协作、学生关注度等。农村学校校长的领导力和执行力对于提升农村学校办学治校水平、拓展农村学校特色发展之路、推动城乡教育均衡发展具有重要意义。早在 2014 年，教育部启动实施的"中小学校长国家级培训计划"（以下简称"校长国培计划"）（见《教育部办公厅关于启动实施中小学校长国家级培训计划的通知》）就将重点放在了"为农村特别是边远贫困地区培养一批实施素质教育、推进基础教育改革发展的带头人"。其中两大项目——"中小学校长示范性培训项目"和"中西部农村校长培训项目"为边远贫困地区农村校长提供了较大规模、较高质量的国家级培训服务。截至 2019 年 9 月，"校长国培计划"四大工程共计培训 24075 人，培训满意度不断提高。[②] 但从调研情况来看，目前我国城乡二元结构对学校教育的影响仍十分顽固，农村学校教育面临的困难和个性化情境仍十分复杂。校长们不仅在责权界限、经费筹措、校政关系、师资配置、组织管理等常规工作中更容易陷入行动困境，对于农村学校模糊的办学定位、复杂的生源背景、流失的教师队伍、不利

---

① 刘自团、谭敏：《城乡孩子的大学择校差异缩小了吗——基于全国 2007 级与 2017 级大一新生调查的历时性分析》，《教育发展研究》2020 年第 23 期。

② 中小学校长和幼儿园园长国家级培训项目管理办公室：《"校长国培计划"的实施情况、创新探索与下一步工作思路——校长国培计划（2014 年–2019 年）项目总结报告》，https://gpjh.enaea.edu.cn/h/cgzs/dsj/2020-09-11/5044.html。

的资源分配等顽固性问题也常常束手无策。这导致大量的农村校长处于疲于应付的工作状态，因此受访教师、学生和家长对校长们的评价往往是中规中矩、乏善可陈，显示出农村校长工作按部就班、开拓力和创新力不足的一面。

农村学校所处的不利局面成为摆在校长们面前的巨大压力和挑战，同时部分校长开始努力寻求困境中求生存、弱势中求发展的突围之路。在某地完全中学的调研中，我们发现几乎所有的受访对象都对该校校长交口称赞。这所学校地处城乡接合部，初中部几乎都是农村生源，新校长两年的改革实践使这所学校有了焕然一新的气象。该校校长 L1T3 上任之后从两个着力点出发：一是激发教师积极性，二是营造特色校园文化。激发教师积极性要从物质激励和情感激励同时着手，校长 L1T3 多方筹措奖教助学资金，提高教师待遇，积极与政府部门沟通教师职称改革事宜，借此调动教师的工作热情。同时，校长出身于这所学校，在教育局任职期间也一直与学校保持较密切的联系，回校上任后热情动员和引领教职员工与自己一道为学校发展努力，这得到了教师们的回应和配合。营造特色校园文化也是校长 L1T3 的工作重点，尽管是体育老师出身，但他十分注重校园文化潜移默化的熏陶作用，筹集资金为学校建设了多处文化设施和人文景观，如茶座式休闲空间、书吧、图书角、生态水植等。同时依托学校传统的少数民族班，深入挖掘畲族文化，开展畲族文化节，发扬畲歌畲语畲舞畲装，极大地生动了校园文化氛围。正如该校教师 L1T1 所说，"如果一个民族、一个学校没有文化底蕴、没有文化背景，就显得非常空洞，没有内涵，也就没有后期的发展力量"。校长 L1T3 的文化为先理念慢慢被全校师生接纳认可。经过一系列精心谋划和实践，校风学风为之一新，校长带领下的教师团队重新鼓足干劲，学生们的学校归属感增强，家长们的满意度和认可度不断提高，整个校园洋溢着一种朝气蓬勃的力量。

> L1T3：当校长最主要的困难我感觉就是如何调动老师的工作积极性。这一块是至关重要的，都说一个好校长就是一所好学校，我也是这样想的，尽量这样去做。这个是有一点的作用，但是重头关键是要培养一个好的行政团队，还有一个好的教师团队，这个是最重要的。至于如何调动老师的积极性，因为我是 2017 年当校长的，那年刚好

（赶上）60 周年校庆，我们想办法筹措到了一百多万元的奖教助学资金，然后每一年从这里面拨出 30 万元作为老师的绩效奖励。老师们之前都没有，现在有了积极性会提高不少。另外就是职称和资质的问题，这个有不平等，但比较难解决，我也一直在和上面沟通，看看怎么改能提高老师的激情。我是 1990 年出来上班分配工作的，1992 年就到我们这所学校了，其间 2006 年到教育局上班，2015 年又回学校，我这一辈子上班都是在这个学校。2017 年我当了校长很高兴，我跟老师们说我不图什么了，我就想多做一点事情。毕竟在这边工作生活这么多年，大家都是同事啊，感情很深，我当校长肯定会尽力去做。因此，我在地利人和方面占一定的优势，那时候老师们跟我配合得很不错，都很用心地干工作。

L1T1：我觉得教师工作之后的那种工作状态，其实也跟一个学校的领导有关，甚至是很大的关系。你不用去奉承现在的这个校长，跟着他做事情就行了。如今的这个校长非常 OK，他接手之后，整个校园面貌发生了很大的变化，家长也看到了。他当校长两年了，上一次我记得督导进来检查，我们副局长给了我们校长一个总结和定位，因为我们校长是体育老师出身的，他说我们校长是四肢发达，头脑也发达。其实他的发达，我个人归纳总结为他应该是对教育发展很用心，对学校教育发展用心。所以其实一个教师的成长跟学校领导关系很大，如果学校领导重视学校工作了，重视教育了，他会推着很多老师往前走。接下来我们学校要申报二级，我们目前是三级。校长就给我们定位，我们要向二级发展，所以我们每个老师就往这个方面去做相应的一些规划。

比如我们校长非常注重学校文化，虽然你看他是体育老师出身，但他进来之后，我们下面的水池旁边就做了个书吧。我们每个楼层也都有流动的书吧，每个班级都有班级的书吧，这个书是学校提供的。我们说书这样子放在那边，学生拿走怎么办？校长就跟我们说，我们还巴不得学生把书拿走，他把书拿走了，说明他爱这个书，他会看这个书。所以你看看我们都是把书放在外面的，没关系的。这当然是一种看书的文化，我们学校对文化的挖掘还定位在少数民族品牌。校长还在挖掘陶行知的文化，以后可能也会在我们学校进行深化，目前他在酝酿运作这件事情，已经带一拨人出去考察了。文化熏陶我个人感觉还是非常重要的，因为如果一个民族、一个学校没有文化底蕴、没有文化背景，就显得非常空洞，没有内涵，也就没有后期的发展力量。

L1S2：学校的管理，近年来的确好了很多，从各种渠道打听来的消息来讲，近年来的确相对好了非常多了，家长和我们学生都比较满意。

L1P6：我们的校风在新校长上任后改变了很多很多。之前历年来，换了一任又一任嘛。2017年的时候还挺幸运的，经过校长整顿，这两年改变了很多，周围家长都真心觉得校长和老师们挺负责任的。

L1P7：孩子中考的时候最开始没有坚定地选这边的，我儿子考试的时候，因为他的成绩我自己知道。当时我就在××中学和这个中学里选。之前人家说这个中学校风不怎么好之类的。当时我一个朋友的女儿就在这个学校读书，后来成绩也挺好的。我看到身边的人在里面读书，她改变了很多，学习方面真的变了很多，说是新校长来了风气很不一样了。后来我就跟我老公讲，我还是选这个中学，现在想想还是对的。

三　城市化的教育安排

批判教育学的代表人物迈克尔·W.阿普尔认为："进入学校的知识是对较大可能范围的社会知识和原理进行选择的结果。它是一种来自某个方面的文化资本形式，经常反映我们社会集体中有权势者的观点和信仰。……社会和经济的价值已经渗透于我们工作的机构设置之中；渗透于我们保存在课程内的'学校知识的形式主体'之中；渗透于我们的教学模式和评估原则、标准与形式之中。"[1] 由于"学校主流文化与社会中上阶层的文化形态之间存在一种独特的符应关系"[2]，基础阶层出身的孩子常常会在适应学校主流文化的过程中产生有关知识技能、行为规范、语言符码、教养方式等家校文化资本差异之间的冲突。

---

[1]　迈克尔·W.阿普尔：《意识形态与课程》，黄敬忠译，华东师范大学出版社，2001，第8页。
[2]　朱新卓等：《中国农村教育阶层再生产功能的文化分析》，上海三联书店，2015，第222页。

我国农村学校的生源以基础阶层群体子女为主，他们携带着农村家庭与社会所晕染的文化痕迹步入学校场域，往往需要花费更大的力气去适应一系列迥异的教育安排才能够融入主流的、偏城市化的教育体系中。其中，只有良好的适应者才能够获得教育系统的认可和垂青，一步步向上流动，达成满意的高等教育成就。受历史惯性的影响，我国以往实施的是近乎垄断的大一统式的教育制度，农村学校长期被动地向城市化、现代化的体制安排靠近，受访的文科类教师普遍反映课程目标、考试内容、教材编制、语言表达方式都带有一定的城市色彩，这与农村孩子所处的社会文化教育环境以及从家庭中习得的文化生活经验存在较大的出入，成为农村学生学业成就提升的一道障碍。英语教师 L1T1 明显感受到日常教育教学中的城市化倾向，教材中大量反映的是城市孩子的生活状况，农村特色内容鲜有踪影。中考试题的编制也由隐蔽的城市规则支配，比如重要的写作试题内容涉及三坊七巷等著名城市景观、共享单车等新兴事物等，这些都是农村孩子鲜有接触或缺乏感官认识的考试范围。教师 Y3T3 指出，学校教授的知识和文化观念在农村存在先天的资源不足，对此注重逻辑思维和演算推理的理科类教学表现不是很明显，但是像地理、语文、英语等需要大量感性思维的学科由于农村孩子的知识太少，难以形成良好的家校互助，特别是像英语这类农村家长十分陌生的科目，他们的孩子在学校适应过程中更容易产生困难。

L1T1：我感觉现在的教材，包括课程考试，在某些方面确实存在一些城乡差异化的倾向。我从英语学科来说，英语教材里面就很多体现的是城里孩子的生活状况。在英语课程上，我们这里用的那版教材，你翻开它，里面基本上是城里孩子的生活状况，说农村的很少。这也是一个问题。编教材的人是城里的专家，这是一个潜在的问题。还有考试，有一年中考的英语写作考三坊七巷，知识背景就是说城市方面的。我们农村的老师就说了，我们孩子还没去过三坊七巷，他怎么知道三坊七巷那些。对福州城里的孩子来说他就很熟悉了，他就很好写了。还有前几年的中考是写"共享单车"。像我们在农村这边，孩子们现在才慢慢地知道了，前几年共享单车刚出来，他们根本不知道，你考他这方面，叫他怎么写。所以说在考试、课程设置还有教材方面还是有些偏差的。

Y3T3：很多问题不是来自学校，而是来自整个社会大环境。比如说评价制度，你哪一类学校怎么评价，对我们乡下学校怎么评价，都有些不公平的地方。我们乡下本来对这种语言类的东西，还有其他各个方面资源相对来说比较欠缺。物理那方面相对抽象一点的东西可能还好一点。理科类的，它要逻辑思维。学生他会去演算、会去做题的，可能都还可以，不会说很差。但是文科你叫他去念的东西，他就很懒，不爱开口，输入太少。像地理、语文这方面，需要很多感性思维的东西，他接触到的东西太少，不像城里的孩子见识多。但是考试教材大多数是城市化的，你就得自己去适应。最难的、最大的问题，在乡下就是英语，家长不懂，从小学开始就没办法监督孩子念得对不对，也不知道这个单词拼得对不对，完全没有那种语言环境，想学好真的很难。

除了以上这些教育教学安排中的城市化倾向，农村学校的"离乡"文化广泛渗透在校园的各个角落。农村学校中主流的言语支配规则、道德规范标准、思维方式和审美趣味等几乎与城市学校无异，相比之下，农村基础阶层家庭的教育形态、教育资源、语言旨趣所赋予孩子的文化能力和初始惯习与其相去甚远。比如，布迪厄就曾将教师的语言体系看作"将社会关系上霸权者所具有的社会品行当作杰作的品行，并且神化他们的存在方式和他们的身份"[①]。根据社会语言学家伯恩斯坦的分析，中上阶层家庭的孩子使用的精密型语言符码和工人阶层家庭的孩子使用的抑制型语言符码会很大程度地影响到各自的学校经验。从本书的调查来看，这种符码性的分隔同样存在于城乡儿童之间，存在于农村内部阶层分化之间。此外，"无暇顾及""能力有限"等常用于农村家长教育态度的表述反映的是农村学校与农村家庭乃至社会的文化区隔。更多详细论述请参见第四章有关农村家庭文化资本的部分和本章有关农村学校文化使命的部分。

---

① P. 布尔迪厄：《国家精英——名牌大学与群体精神》，杨亚平译，商务印书馆，2004，第63页。

四　高考指挥棒与办学特色的抑制

作为高等学校筛选生源的核心工具，高考成为我国中等学校发展事实上的指挥棒。不同的是，城市学校通常因为资源配置较为齐全、生源质量相对较高，在发展学生全面素质的过程中更有意愿和能力进行探索和创新。农村学校脆弱的教育生态和生存劣势使得它们更倾向于将资源集中于应试，把提升中考、高考成绩作为唯一目标。校长和教师办学思想和教育观念相对保守，分数导向、千校一面成为农村学校发展的普遍困境。在对农村中学的调研过程中，我们发现，农村中学特色化创新发展受到抑制，从应试教育转轨至素质教育的路途仍很艰巨。

农村学生 Y1S2 对所在学校的社团建设、研究性学习、选修课等都有强烈的不满情绪，认为学校里的相应设置都只是应付综合素质评价检查的"花架子"，并没有用心设置和经营，同学们根本无法从中受益。与自己在省城读书的同学相比，农村学校敷衍低效的素质教育手段大多是基于学校办学的偏向来考量的。

> Y1S2：学校的一些条件真是不行，我们社团都是摆在那的样子，那种感觉就是在应付一些综合素质评价，都不是真正地想要去探讨什么。像研究性学习都是走过场，我就一直对这个意见很大。还有我对选修课的意见也很大，说是要创新，搞什么选修课，就真的好像没学到什么东西，有的很敷衍，老师上网找一些很普通的资料就拿来用。我有些小学同学是在福州的一些中学（上学）的，我问过他们，他们就真的有认真做那些东西，他们也真的会学到很多。这里就感觉很低效，很敷衍，这不是我们学生造成的，就是学校不想好好搞。

学生们的感受也从教师访谈中得到了印证。大多数教师认为当前农村中学的办学重点就是以中考、高考的升学情况为目标，自己的日常精力也必然集中于提高学生的考试成绩。兴趣小组、课外活动、乡土教育都处于十分边缘的地位。教师 L1T1 指出，学校开展的社团或兴趣小组基本上也是围绕升学展开，主要面向艺术生、体育生的校内辅导，那些非应试取向的社团基本是"不温不火"。教师 Y1T1 的感受与 Y1T2 是一致的。尽管他认为素质教育很重要，但现实是所有的高中目标就是高考。对于农村或偏远地区学校来说更是如此，整个社会对学校的唯一评价标准就是高考成绩，校园文化、小组活动等都成为应付检查的虚化摆设，资源有限的学校更是没有额外时间和精力投入其中。教师 Y1T2 认为对农村孩子来说，目前才艺技能的工具性功能并不强，反而是家庭条件优越的孩子更能够既有才艺傍身，又有好的文化课成绩。农村孩子只能集中所有的力量去直接攻克考试分数，至于那些隐性的、间接的综合素质只能被搁置在一边。整体的社会评价依然是围绕高考，学校的德育建设、兴趣小组活动、教育方法创新等与人的长远发展相关的素质培养往往被刻意忽略掉了，这是中学教育系统和教师们的无奈之举。

L1T1：城里的孩子会去弄一些额外的投入，比如说辅导班、兴趣班可能会多一些，像我们这样的城乡接合部学校基本没有。我们学校做的那种叫作社团兴趣小组，名义上就是我们学校老师在辅导的兴趣班和社团，它不是外面的那些培训机构。这一类兴趣小组或者社团只能说对部分学生还是有比较明显的作用的，像我们学校高中部有个美术兴趣小组，还有体育兴趣小组，它们对我们学校那种艺考生、体育生的推动作用就比较大。当然这种是应试型的，我们学校去年高中的艺考生录取率还是蛮高的，其他的那种社团就都不温不火吧。

Y1T1：我觉得这边高中所有学校的目标就是高考，要考好一点。如果说有其他方面的检查，比如达标校检查，可能其他方面还会重视一点。如果检查结束这个一放松，学校就不会再搞这些了。老师也不会，因为课外方面没有在考核范围内，整个社会对学校的评价标准也是你高考考得怎么样，你高考本一考得好，有清华、有北大就很了不起，其他做得再好都是零，没有升学都是零。学校对教师的评价也是看成绩，看你成绩好不好，考上了多少。至于什么校园文化、小组活动，我看那些都是虚的，学校也没那么多时间去搞这些，就是搞高考成绩目标。

Y1T2：那些才艺技能理论上是有用，实际上对我们这的大多数孩子没什么用。从国家政策上它有用，但你会不会这么优秀，你有没有办法进行足够的经济投入去培养。因此更多的是一些家庭条件比较好的会把这些当作一种兴趣，当作一种业余爱好，当作家长认为的一种整体素养的提升，最终高考还是看成绩。如果确实有专长，比如说音乐、美术、体育，你够优秀，你可以走这种艺术生，也很好。像我们学校，能走艺术生的反而都是去名校，他文化课通常也不差，因为基本是靠家里支持，学校能做的就很少。这种艺术生基本上也是城里的孩子，农村学生很少，因为投入大。

我们无论从整体社会认可度还是高考指挥棒，它都不说你这个学校德育做得怎么样、第二兴趣小组做得怎么样。但是从人的长期发展来看，要靠这种综合素质，要靠这种综合能力和德智体美，你的短期目标就是你的成绩，社会认可都是认可你的高考成绩。他们都不说你这次运动会开得很好，但是从人的长期需求来看，其实其他方面都很重要。这也是很无奈的。

校长们的访谈也处处显露出这种无奈。校长 L1T3 尽管在办校实践中进行了许多革新，但面对应试导向仍感觉没有办法去改变。良好的社团运作虽然也受到学生们的欢迎，但所有人都对努力应试心照不宣。农村孩子基础差，更要投入巨大的努力去刷题，根本无暇顾及其他。学校在非应考年级中尽量安排一些生动活泼的社团活动，主要也是为了安抚和教育一些不想读书或读不好书的孩子，让他们有事可做，不至于影响全校的学习氛围。该校长认为政策层面上既强调减负和全面发展，又强调高考指挥棒，这本身就是非常矛盾的。校长 Y3T1 则慨叹于农村学校乡土特色的沦落，尽管各个学校也被要求实施乡土教育，开设一些地方课程或活动，但实际收效甚微，未纳入考试或考核的乡土内容自然而然地会被教师和学生屏蔽掉，这导致农村学校很难走特色发展之路。

L1T3：我觉得现在农村高中的素质教育问题真的不好说，感觉再怎么也没办法去改变这种应试导向。虽然学生们参与社团活动的积极性还是有的，但主要还是忙着刷题。反正现在形势就是这样。我们农村的这些孩子成绩差，更要用心去刷题，不刷就更赶不上了。初三、高三不用说，主要都是在学习、在刷题，没有空闲去做别的。初一、初二、高一、高二我们会做一些活动，学科竞赛、篮球赛、书画比赛之类的也都有做一些，有时间的孩子就多参与一些活动，要不然一些不念书的孩子在这觉得没事情做也会影响到学习的孩子，给他们安排一些事情做会好一些。我们有时也不知道怎么办，现在上面就是天天喊着要减负，要给孩子创造各种发展机会，但另一方面，高考指挥棒还在上面，选择是非常矛盾的。

Y3T1：我们因为是在农村这边办学，也有做点什么乡土教育方面的东西，三楼就有。我们平时有这个课程，叫第二校本课程或者地方课程。但是我总觉得效果不是很大，因为毕竟那些乡土的东西，你没办法在考试中体现。老师、学生都不重视，它也不纳入考试。现在中考改革，地理生有空会去念一下，会考60分就可以了。所以一定要有分数进去，还是要纳入考核，它自然就会被真正重视起来。但是另一方面，即便有考核，乡土这一块因为各个乡都不一样，实施起来也很难。我们大点的学校，可能这些课会开起来，至少都有校本课程，会介绍一些本地历史之类的，下面的小学校估计更没有这些了。

以应试刷题为主打目标的办学宗旨对于提高农村学生的高等教育晋级率确实有效。对于缺少家庭和学校资本的农村孩子而言，埋头苦读，以分数来参与高等教育竞争是一种相对平等的向上流动机会，这种倾向恰恰显示出一种理性的教育选择。正是在这种社会文化导向下，才诞生出衡水中学、毛坦厂中学这类备受农村家长推崇的半军事化超级中学。因为它们在实践中适应了很大一部分农村家庭的高等教育需求，适应了高选拔性的高考制度。但从长远来看，学校教育的目标不是培养考试机器，而是培养能够适应社会发展需求的鲜活个体。未来社会对高素质创新型人才的需求将急剧增加，大量的重复练习虽然可以夯实学生的基础认知和能力，却是远远不够的。从高考的变革来看，学生的全面发展和个性化发展得到越来越多的重视，试题的设置更加注重跨学科、多角度的综合能力的考察，考核形式也从"唯分是从"逐步走向"多元评价"。农村学生主打刷题的学习手段无法适应这种高等教育升学情势的变化，农村学校教育教学方法亟待革新，教育环境亟待丰富充实。从农村学生个体发展来看，应试主义盛行的一大恶果是牺牲了一大批虽有发展潜力但不擅长文化知识或不适应考试文化的农村孩子。农村生源本身差异巨大，农村学校教育设置的单一化实际上面向的是少数农村精英而不是给予每个人充分发展的机会，跟不上教学进度的孩子往往被标识为淘汰者或者失败者。他们对自己的未来充满迷茫，很难在学校中找到自己的生存空间和教育自信，即便勉强读完高中或者进入专科学校，也常常携带着"低人一等"的标签。应试型的学校无法给予他们在社会上立足的充分素质准备和自信心境，最终限制了他们向上流动的可能性。这实际上是一种教育的失败。有关学校乡土特色的详细论述可参见本章第二节。

五　教师待遇、能力、心理状态的循环碰撞

农村教师的生存境遇直接影响着农村学校发展的动能和质量。经济基础是保障农村教师队伍稳定的前提条件。近年来我国一直努力协调城乡教师工资待遇的水平，甚至通过财政政策调节向农村倾斜，农村教师的社会声望和职业稳定性不断提高。但由于各地经济发展水平差异较大、城乡历史差距过大以及财政支持力度强弱不一，农村教师的收入水平仍不尽如人意，受访教师普遍对自己的薪资待遇不满。小学教师Y3P5认为城乡教师的待遇差别不仅在显性的工资绩效上，城市教师还有很多隐性的社会资源和收入来源。相比之下，乡下教师经济资本和社会资本封闭且匮乏，收入所得十分有限。教师Y1T2并不愿意提及自己的薪资待遇，但言语间显露出各种无奈，认为只能随遇而安，一旦与其他地方或社会机构的教师比较一定会心理失衡。还有不少教师认为自己的付出与获得不相匹配，这直接影响了教师们的工作热情。比如，教师L2T1对自己的工作状态并不认可，认为教育任务十分繁重，连家里的孩子都顾不上，但基层教师待遇很糟糕，教师待遇的地区差距很大程度地导致了师资水平的差距。教师Y1T1直言，工资待遇偏低加上职称晋级之路的艰难曲折极大地挫伤了教师们的教学积极性，镇中学、县中学尚且如此，下面的乡村学校教师更是雪上加霜。

> Y3P5：我觉得真的说不上啥待遇，乡下老师在那除了几块工资，其他都没有。我一个朋友在市里当老师，不仅工资绩效什么的都比我们高，自己在外面还可以做些事情，额外收入也不少，像我们就那几块死工资。
>
> Y1T2：教师待遇怎么样要通过比较才能发现差距，没比较也感觉

自己很好。和其他地方或者外面机构的老师比较一下，发现差距就很大。不去想也就那样了，真要去想也是头疼。

L2T1：目前对自己的工作状态感觉很不好。整个教育（行业）就像末日狂奔，就是那个教育的 GDP 太严重了。作为老师，真的我们什么时间都没有，我们一周就一个周天，自己孩子都放在旁边，自己能在家里跟小孩子相处的时间都没有。本身基层老师待遇就很糟糕。都说这边的师资这一块一直被厦门压着，但是你要想想，你的待遇跟人家比，怎么能比？

Y1T1：很多老师干得没有激情，现在咱们学校这样的老师很多。我们这批现在工作十几年了，都是二级，我知道的大概只有六个刚刚评上以及去年评上的，剩下的都是三四级的。我们临时（老师）也有，县里已经招了七八十个，现在都是二级十几年了。你说这些人也很辛苦，职称都上不去。工资绩效除外，一个月也就领两三千块钱。两三千块钱现在能干什么呢？绩效加进去，到时候可能一个月顶天 4000 块钱，二级教师了，真的不多。再到更下面的农村学校想想就知道多困难了。

除了薪资待遇以外，工作状态的不如意也成为农村学校教师职业发展的瓶颈。一是能力发展和个人成长受限。教师 L1T2 认为，整体上农村尊师重教的社会文化氛围相对不浓，不利于教育教学工作的开展；教师处理的事务、接触的人群都更加复杂，对教师品德和责任心也是巨大的挑战；更重要的是，教师的个人发展与学校发展息息相关，如果能在规模较大、管理完善的学校任职会对教学技能有所促进，反之如果就职于偏僻的、管理松散的小规模学校则容易得过且过，丧失进取心。

L1T2：根据我这些年的教学经历，实际上农村的这种文化对教学的影响不是很好。农村是不重视教育的。但也是因为在农村，你涉及的问题可能更复杂一点，接触的人会更多一点，你就真的是得凭良心做事，这对于师德的培养是有利的，但也是种考验。另外，如果刚开始你能够在大校的话，那可能对你的教学技能方面会有所促进，如果去小的学校，很多就是得过且过，教得越久越没意思了。

二是培训机会和再发展机会受限。农村教师在很大程度上依靠本地人力资源，引入师资的学历水平和教学经历无法与城市抗衡，因此加强教师的在职培训和培养就显得尤为重要。校长 Y3T1 认为近几年教师培训无论是数量还是质量都有所提升，但仍无法满足学校发展的现实需求。短期培训、近地培训、泛化式培训多，长效培养、远途培训、高端培训少。此外，由于资源资金有限，名额稀缺，培训覆盖面仍很有限，通常只有少数高级教师能够获得发展机会，真正有需要的一线年轻教师反而很难获得优势资源。教师 Y1T1 同样认为培养教师是学校发展和学生进步的前提，但农村学校对教师的有效培养远远不足，继续教育以照本宣科的理论培训为主，缺少现场观摩、课堂实战、校际交流等更生动、更有实效的培养手段，无法满足农村教育教学改革的实际需要。

> Y3T1：农村学校的软件主要就是靠老师，老师这一块就是靠当地人。外面人来得很少，所以师资要靠培训。有的培训力度大一点就好一点，有的没怎么培训就差一些。我们这边培训总体还是可以的，像去年，我们培训的人次多了不少，而且相对也比较高端，还有到外省去，老师反映说收获比较大。但是老师只靠这种短期培训，说自己素质一下子提高很多，可能性也不大。只能说是一个契机，让他反思一下，然后在原来基础上能够往上改善一点。总体上我们农村学校的老师外出培训机会肯定没城里老师多，特别是参加那种比较高端的培训。人家确实有比较好的专家，我们可能这方面都会欠缺。比如说教育学院的群里面发出来个通知，说有什么专家在哪个地方做讲座，你们有需要的老师可以联系。但是我们要想，第一，差旅费、住宿费要报销；第二，你走了这段时间课谁来上。机会也是很有限的，要争取。我们也有一些比较统一的、制度性的培训，但也不是全体老师都会有的。有也只是一小部分，比如说组长、班主任、高级教师。高级教师培训每年都有，就是越高级资源越都投入在那。但是造成什么情况呢？高级教师一般年龄比较大，教书他们都躲在后面，然后都是让这些没有职称的人在那里干。所以现在就造成这种恶性循环，他们拿着比较高的工资，我们这样子没职称的老师在一线，又没什么资源也没机会去提升。而且现在培训资源虽然很多，但能对教学方法、教学理念起作

用的也不多。如果说是那种比较知名的专家的话，比如说之前有专家对我们现在的高考政策和高考趋势有深入浅出的分析和比较，对我们肯定是有帮助的。但如果只是泛泛地照着教材讲课的那种感觉也没什么。那些好的培训资源，讲得非常好的培训师，我们的老师都很难接触到，有各种限制。

　　Y1T1：学校，我觉得就是要好好培养一些老师，有好老师才有办法教好书，也才可以跟学生去交流，把学生教学工作做好。但是我觉得像我们这种乡下对老师培养这方面是不够的。教师培养、继续教育这块不够，继续教育不是简单地去听听。我们现在继续教育很多是搞培训的，我觉得如果只是请专家上课，讲一些理论不一定有用。继续教育最有效的应该是听课，把我们这种老师送到好的重点中学里去互相学习，交流一下。看看它们的课堂，人家怎么上课。目前咱们这边这块基本没有，做得太少，基础性的培训其实也不多就是了。

　　三是职业倦怠和职业认可度的下降。受访教师普遍反映，非教学工作带来的巨大工作压力对自身职业认同造成冲击，"累"成了教师们口中的高频词。教师 L1T1 提出最令自己疲劳的两件事，即大大小小的检查和没完没了的投票，认为这些事务严重挤占了自己的教学精力，对日常教学造成了冲击，教师和学生为此都苦不堪言。教师 Y1T1 认为教师心理状态和身体状况欠佳，除了大量的教学事务以外，还有各种七七八八的负担，各种评比检查、教育竞赛使教师们背负了沉重的精神压力，使自己一度想放弃教师职业。教师 L2T1 提到各种行政手续审批的烦琐使教师们无法开展对教育教学有利的一些活动，比如研学、春游、秋游等校外活动很难获得校方支持。教师们疲于应付复杂的报备环节，放不开手脚，最后慢慢陷入对教育改革创新的倦怠甚至对抗之中。此外，教师 Y1T1 还谈到了一种对教师职业繁复工作的自我怀疑。他质疑教师和学生日复一日地讲解刷题，最终培养出来的学生即便上了大学是否真的有能力，教师职业的价值在何处。这种积极的自我反思和自我批判有时会使教师陷入自我否定当中，这些微妙的心理状态变化都会影响教师们的教学实践和学生们接收到的教育效能。

　　L1T1：这个职业讲真心话，真的很累。最感到疲劳的两件事情，一件是大大小小的检查，另一件是各种投票。这些东西对我们的教学冲击非常大，很多老师、学生觉得很厌烦。我就说这些真的是从头到尾没完没了。比如说一个学生，他有安全平台，有青椒课堂、第二课堂，还有各种各样的投票，政府各方面的投票都压下来，反正不管怎么样都可以叫学生去做，然后我们老师都要监督到位。

Y1T1：觉得现在当老师越当越累，真的累。越当越累说明你心里面还是想做一些事。有些事情摆在那里，没办法你就得去做。现在你上课肯定要先备课，有作业就要批改，工作量挺大的。教学外还有一大堆的事情，七七八八的，真的烦。觉得老师各种负担是挺重的，有心理负担也有身体负担。各种评比就像是天天在赛跑，天天在搞百米赛跑，我觉得老师们神经衰弱的很多，（身体）很不健康。以前也有过换工作的想法，后来又没办法换，也就这样子算了。

L2T1：老师们想做点事情都各种卡着，很累。以前我们有那个研学之类的活动，那时候出去走一下啊，一路上告诉学生额外要坚持的一些品质之类的，但是这一块现在都非常难做。像现在春游、秋游都不能去，你去的话，必须一层层往上报，来做各种预案和手续，学校也嫌这些情况麻烦，最后老师也觉得麻烦，反正慢慢大家都懒得弄了，根本放不开手脚。

Y1T1：我觉得日复一日地讲解刷题，老师搞得很累，然后学生也很累，学校也觉得累。最后这样子培养出来的学生很有能力吗？上了大学就很有能力吗？对国家来讲它是在选拔人才，但我觉得不见得有能力。

六　师生互动的变奏曲

作为学校教育的最核心关系，教师与学生之间在教育教学与管理过程中会发生一系列的交互作用与影响。这种互动关系与相互影响除了知识、技能、道德与行为的传输链以外，经常夹杂着二者对待教育的态度与情感，影响着教育效果和教育质量的生发状态，进而关系到能否促进师生共同发展。师生互动的过程通常包含认知、情感与行为三个面向，农村学校往往因教育理念、学校资源、教师素质、社会生活环境与城市学校有所差异而显示出师生互动内容和方式的一些特点。

首先，农村教师品质与职业认可度存在矛盾的个体认知。许多受访教师认为农村学校教师面临的学生状况更为复杂，教育责任更重，因此需要付出加倍的努力（见 L2T2）。复杂多变的教育环境使得农村教师更容易孕育出一些优异的职业品质，如认真负责、淳朴善良、爱生敬业、一视同仁（见 Y3T1）。如教师 L1T1 细致归纳了自己的教育观，面对一大批学业成绩参差不齐的农村孩子，要努力推着他们走上高等教育之路，即便是无法上大学的孩子，也希望他们能够不被贴标签，找到适合自己的教育道路，使所有的孩子都能获得健康成长与教育发展的机会。一些教师结合自身的教育感受谈到了对教师职业的看法，比如 Y1T1 表达了自己对农村教师队伍的忧虑，认为农村学生由于缺少优秀的高素质教师很难充分发挥自己的潜力，目前师范教育存在困境，愿意从事教师职业的师范生不断减少，愿意到农村地区从教的毕业生更少，教师待遇问题直接制约着农村教师队伍的发展。Y1T2 也认为，农村教师的社会地位并不像外人想象的那般高，教师除了正常的教育教学以外，在教育系统层级中处于弱势的被支配地位。可以看出，农村教师在收入有限、自我认同度偏低的情况下需要承担更为沉重的教育任务，付出更多的教育热忱，这种从教经历经常充满着苦与乐的交织。

L2T2：学校老师都非常卖力，你看农村的学生学习差的、品行有问题的更多，要教好他们更不容易，所以说要付出更多的心血。

Y3T1：我觉得我们学校跟城区学校比也是有些优点的，特别是我们农村老师相对来讲更淳朴一点，另外敬业度还是不错的。像我们这个学校老师们普遍都比较敬业，比较认真地在教学生。

L1T1：我认为自己秉持的就是一种让所有的孩子都健康成长的教育理念，不管孩子能不能上大学，接受高等教育，首先要让他做一个健康快乐的人。健康首先是一种心理的健康，还有遵守社会公德的那种健康，还有身体健康，希望每个学生健康快乐地成长。能上大学的，我感觉还是要让他接着接受高等教育，一定要推着他上，想方设法推着上。那实在上不了了，也不能把他们定位为差生、落后生。我们就说接受另外一种教育方式，比如去职业技术学校也是可以的。

Y1T1：我觉得好的学生应该由好的、高水平的老师去教他。高水平的应该是"985""211"院校毕业生去教他。普通的老师往往也只能教出普通的学生。我们现在的教育有问题，这种高水平的、尖端的人才或者厉害的大学生毕业以后愿意从教的，我看不多。人家做其他行业的生活条件或者说经济回报会更高。我们以前做过一个调查，对师范生做过一个调查。在校就算是师范生，他毕业从事教育的比例也不高，好的师范生也都往大城市走。像我们这边乡下哪里能分到几个能力强的老师呢？现在整个社会就是这样子。网络上的新闻是一大堆说要提高老师待遇的，就是一个口头说说，没有实质性的意义。那些都写到法律标准里来了，说不低于公务员，但是我看也没实现过。要是等哪一天用不着老是喊这些口号了，那问题就解决了。

Y1T2：虽然干得很累，但是没想过换工作，能力有限，现在的工作状况就是觉得地位高的是老师自吹自擂。自己吹很高，社会上没有人认可你高。教师其实是一个弱势群体，什么人都可以管，但管的往往都不是跟课堂有关的内容。

其次，农村家长对教师的认同度普遍较高。尽管不少教师存在"妄自菲薄"的自我评价倾向，个别教师的表现也不尽如人意，但大多数受访农村家长能够认可教师工作的辛苦，对教师的努力付出及农村学校相对淳朴亲切的师生关系给予肯定。L1P5认为孩子的班主任经验丰富、尽心尽责，并能够针对每个孩子的特点与家长经常性沟通，增强了家长对于学校的信任。家长L1P7特别谈到了自己对于学校、教师细致关心学生日常的感动，融洽有爱的师生关系使家长倍感温馨。家长L2P1提到，孩子跟其反馈，老师很不错，很有上进心和责任心。家长L2P5注意到教师对孩子的个体化关注，工作繁忙的教师仍能够"对每个学生的情况都掌握得一清二楚"，反映出这些教师工作的细致性和责任感。同时，农村家长对教师的评价也在一定程度上反映出教师作为"代理人"的角色倾向，教师出于专业和道德伦理的双重考量，有意无意地承担起更多的教育责任。

L1P5：从我个人角度来讲，感觉这届学校领导都很认真，也是很尽心的。这个班主任也很好，他经常跟我们沟通，他因为是老工作者，都有二三十年教龄了，很有经验。能感觉出来他是针对每个学生的一些特点，很尽心尽责，作为我们家长来讲也很放心。

L1P7：我有时候和孩子班主任啊，还有其他老师都会联系，不是有个群嘛，平时都进行交流这样子。我觉得这里面的校长和老师真的很好。老师们很主动地关照学生。比如说，像我儿子刚读中学的时候，每一个同学到家了，老师都请家长在群里面说一下哪个同学还没回来，我那时候还跟我老公讲，我很感动，真的很感动，没想到中学老师还会做这些，我说很少老师能坚持做到这一点。我儿子之前的学校都没感觉到这一点，这里面的老师、校长，让我真的感觉很温馨。

L2P1：家里孩子跟我反映这里老师还是不错的，老师们很有上进心、责任心。

L2P5：这边老师很好的一点就是，他会很仔细地把孩子在学校的情况告诉你。我感觉我女儿这个班主任挺好的。因为我们每次去开家长会，跟老师聊天的时候，我发现老师虽然很忙，但是他对每个学生的情况都掌握得一清二楚。这个其实是很难得的，真的挺好的。

师生直接的互动行为与情感更能映射出农村学校这一核心关系的存续状态。一般来说，师生互动包含课堂内外的正式与非正式交往。从课堂教学交往来看，教师作为乡村知识分子的传统专业权威虽然尚存，但已经受到较强烈的挑战。随着信息渠道的增多和自我成长的建构，农村学生会通过对比性评价来对教师的教学水平、教学方法进行描述。比如学生 Y1S5 认为，部分教师的行为方式和教学方法不仅无法激发自己的学习兴趣，甚至还会打击和遏制其学习的动力，造成学习自信心下降。学生家长 Y2P3 转述了孩子的观点，认为许多农村教师对教育方法和师生沟通并不擅长。不少农村教师年龄偏大，知识结构更新不及时，缺少专业的自我学习，师生关系存在裂痕。这类问题会严重制约学生的兴趣生成和知识精进。

Y1S5：我们有的老师教得不好，就是他的行为方式和教育我们的方式让我很难受。我不能接受、不喜欢的话甚至就会连累到对这一科目的兴趣程度。爱不爱学习，很重要的一个问题是，老师会不会引起我对一个科目的兴趣。如果不喜欢一个老师，这个学科就不太想听他上课，不太想学。会因为这个方面的心理，自己本来不是对这个学科厌倦，只是因为对老师不够满意，就是他教的（内容）我不能够理解，我就不想上这门课了。本来我暑假都会，他给我教得都不会了。真的很喜欢的科目被他教一下反而自信心会下降，所以这次就没有考好，就很烦很烦。

Y2P3：感觉老师们教书的方法，还有怎么跟孩子沟通影响很大。我家孩子就说，现在有的老师都快退休了，年龄很大，都是有点死板的那种方法，跟学生也是有一个跨度，老师和学生之间是有代沟的。有的老师的方式就容易接受。为什么我家孩子会偏科，有的老师的讲课方式他很喜欢，可能就会稍微进步一点，也更愿意去学、去努力。如果说不大接受这科老师的方式，他会连着这一科都不喜欢，就会没有兴趣去学习。

除了课堂教学以外，课上课下的教学联动、教育管理、情感交流甚至无意识的互动经验对农村学生的成长影响更为深刻。农村学生的教育目标、学习兴趣、自我概念的确认、能力与智力的自我评价乃至高等教育需求和职业选择都会受到教师的显著影响。学生 Y1S4 高度肯定了教师对自己学业生涯的影响：一位英语教师曾义务为成绩落后的学生补习功课，讲解细致到位，这种认真、不放弃的态度深刻影响了学生的学习心态，在教师的感召下学生的英语成绩大幅提高，中学时期在另一位教师的耐心督促下英语成绩保持了相对稳定。学生 Y3S2 也非常认可自己的任课教师，之前她曾经历过一个阶段的厌学情绪，教师经常与之谈心，并引导她如何进入更好的学习状态，使得她最终在学习中找回了乐趣和信心。家长 L2P6 谈到了自己儿子与教师的交往感受，认为教师们经验丰富，有时比家长更能准确了解孩子的情况，也更擅长引导孩子的言行和学习，由此孩子对教师的认可度很高，也更愿意遵从教师的教导。这些正面的评价从侧面反映出有效的师生互动能够有力地推动农村学生的认知发展和个体成长，是与学业成就、学识成长、道德养成、行为规范以及人际发展密切相关的重要因素。

Y1S4：老师的影响确实大，有个事情我一直都特别有感受。其实我小学一年级到四年级学习都特别差。之前是英语特别差，然后语文的话就是一般，数学一直都特别好。英语的话一直都特别差，小学一百分都考四五十分，就算特别差，班级都是倒数第一第二的那种。后来五年级换了一个英语老师，这个英语老师督促特别紧，然后她会课后把我们这些成绩差的留下来，给我们继续讲解，教得又很到位很细致。她是从头开始的，让我们能跟上，就是相当于老师单独拿出自己的时间从头去教。对于每个同学她都会很认真地去教，哪怕你不好，甚至自己都放弃自己，但是她不会放弃你。她会把你叫到办公室里，然后跟你讲道理。我们这些成绩特别差的，从小连ABCD都写得特别不好看的学生很感动，成绩也确实提高了很多，非常感谢那位老师。也是五六年级开始，我的英语成绩又长了很多，六年级可以每回都考90多分了。后来上了初中有点懒惰了，然后再加上有一点点不适应，因为上学节奏不一样，初中老师管得会比较松，分数就落下来了一点，初三那年我又碰到一个特别好的英语老师，也是对我看得特别严，就又好一些。所以我感觉老师真是特别重要，主要是我自己有点看不住自己，有老师帮忙看着就会去努力。

Y3S2：我感觉老师都很好，上课的时候就觉得很开心，感觉他们讲得特别好听。之前刚开始上课就没感觉，也觉得没意思，后面老师经常找我们谈话，给我们讲上课应该怎么进入状态，慢慢就感觉老师讲得特别好，也能听进去了。另外，感觉学校对我们学生也比较重视，尽量地满足我们的要求。

L2P6：老师们对学生的了解是挺准确的。因为你看老师带的学生多了嘛，也很有经验，光是看呢也能看得出来几分嘛。没有说百分之百的，至少有一半，一般都会了解孩子的情况。像我这个小儿子，就特别听老师和班主任的，因为班主任是男的嘛，可能男孩子对男老师也会有一种好像是跟哥们儿一样的那种想法。因为像这种十五六岁的孩子，别看年纪还不是很大，但心劲都挺高的，就是有点骄傲。然后那个老师只要去哄哄，好好引导，他们就绝对做得越来越有劲呢。老师如果一直批评，他们就越做越没劲的样子。那个班主任就很会管理孩子，我儿子的情况别的我不知道怎么样，但就是特别听老师的，这也说明老师确实不错。所以我就和老师说，他是特别听你的话，也请你经常开导开导他。

从教师的视角来看，原本家庭、学校、社会三位一体的教育在农村地区大多演变为教师的独角戏。这种教育发展的不均衡使得农村学校教师在处理与学生关系的过程中面临更多的棘手问题，这不仅体现在各种教学挫折中，还突出反映在学生管理领域中。教师 L1T3 认为城乡孩子的生源水平有较大差距，导致农村学校教育氛围、纪律风气、学习习惯等都需要花大力气整治和管理。教师 Y3T1 也持类似观点，农村学校的学生管理任务十分繁重。当城市学校教师能够将焦点聚集在直接的教育教学事务上时，农村学校教师必须将近一半的时间和精力投入基本的纪律管理和规则意识树立上，从而导致产出效能的巨大差异。此外，农村学校教师还会经常陷入理想与现实的纠结当中。教师 Y3T3 虽然认可"一视同仁"的教育理念，但也承认在具体教育过程中很难"一碗水端平"，尤其是对待一些家庭不配合且"屡教不改"的农村问题学生时往往会出现从"不想放弃"到"心灰意冷"的心态转变。Y3P1 属于少部分经常与学校教师沟通的农村家长，她认为农村学校的师生关系有两点困境让教师们左右为难，一方面是农村家长依仗着教师们担负起主要的教育责任，习惯将孩子的教育问题全部归于学校；另一方面是他们对子女又过于骄纵，无法接受教师太过严格的教育管理，甚至出现不尊重学校和教师的现象，降低了教师群体的教育威信，这容易使教师们滋生出"想管亦不敢管""多一事不如少一事"的"怠教"倾向。

L1T3：农村学校最主要的缺点就是生源方面。为什么城里的重点中学每年本一率都那么高，生源好，纪律好，风气也好。那生源质量差，就带来一个纪律方面差啊。如果像城里的孩子稍微弄一下，有一个大的氛围，你帮他点拨一下，他就主动地学习了。所以说像一中那边没有管控手机啊。我今天跟一个在那边的老师聊天，他基本没有去管控。他们能够把控得很好，我需要看一些东西，我看，其他不该看，我就不看。我们这些孩子如果不管控是不行的，有时候生源质量问题就带来一些纪律、学习方面的问题。我们过来人都知道，老师讲得津津有味，他听得很入耳、很上心，就不会引发其他的事情；如果听不进去呢，就会做小动作、睡觉，后期引发出来的问题就比较多。对于那些书念得不好的同学问题就会特别棘手，高中有筛选过还相对好一点，初中的难度更大。

Y3T1：我们这类学校管理是个大问题。管理上非常复杂，是非常难的一件事情。比如那些优质校，都是优质的学生，管理上都没问题，他跟大学生一样，像我们这样子的农村学校，更多的在管理。我就跟老师讲，你教学的精力只有60%，40%都是在管理，纪律怎么样啊？作业有没有做啊？该背的、该念的这些该完成的任务有没有完成？落实更关键。可是人家的学校，老师只要想好课怎么上好就行，学生回去自己都会去完成这个事情。

Y3T3：我觉得在教育过程中有时可能会不自觉地对某些学生比较偏重一点。一个就是那种比较听话的孩子，他不一定说成绩好，另外就是成绩比较差一点的、行为上有些问题的，我们也会多关注一点。我们一开始都不想放弃任何一个学生，不管我有没有当班主任，即使我只是一个任课老师，我也会跟他们说，其实你们每个人在老师心里面都是一样的。但是有的农村学生确实太让人头疼了，家里也不配合，我给他做思想工作，跟他反复地沟通，发现他对我的话都是不理不睬的样子，感觉我整天就是热脸贴着你冷屁股，过一段时间后我自己也觉得好像挺无趣的，我天天找你，你还反正就不当一回事，慢慢也会消磨了自己的热情，会冷淡下来了。老师也是人呢。

Y3P1：我们那时候小孩子是怎么管的？真的是打手心，我自己记得很真切的，就是被老师拿竹条打，你这样子的错误就不能再犯。现在小孩子产生一种什么心理？反正老师不敢管我，我在孩子和家长面前讲了话以后，家长还可以反问或者去告老师，我觉得这一点不知道是好是坏，反正形成了一种老师不敢管孩子的社会风气。这一点我真的是从心理上有点抵触的。虽然不是让老师去打孩子，但为了孩子你就得让老师敢管。我们上午跟这边老师聊天谈话的时候，他们也会说现在农村这边的家长都把这些教育的问题归到学校身上了，感觉把孩子放在学校等于说是让学校来做这个事。所有的教育，特别是成绩方面，都成了学校的事情。学校当然有责任，但现在的孩子你要管得太严厉了，有些家长很有意见，又去闹。对我这种家长来说，真的是很希望老师能够严格一点要求自己的孩子。学校就等于一个大家庭，必须有严厉的那种状态，做什么事情前提是要尊重父母亲，肯定要先尊重老师，现在很多孩子被娇惯得不懂得尊重了。这样的孩子回到家里他总觉得老师都不敢管我了，父母亲讲的话更听不进去了。要让老师有威信，因为我们在家里讲千万句有的时候也顶不过老师讲一句，真是这样子的。

尽管存在各种各样的现实阻碍，大部分农村学校的教师还是兢兢业业地工作在农村教育教学的第一线，并且在教书育人的过程中与农村学生产生共情，真情实感的投入切实地帮助许多家庭环境复杂的农村孩子走出困境，教师和学校共同获得学校教育的成就感。校长 L1T3 谈起了一个令其印象深刻的教育转变个案。一个父母离异的农村初中生在家庭教育放弃的情况下混迹于社会青年当中，教师孙主任与她建立了一对一帮扶的关系，放弃苦口婆心的说教方式，从建立情感联结入手，真心实意地去关心她、鼓励她。同时从孩子感兴趣并且擅长的领域出发建立她的自信心和学校的融入感，最终成功地将一个被家庭和自我判定为"问题孩子"的少女转变为阳光灿烂的文艺骨干，教师和学校从中也获得了极大的职业认同感和满足感。但 L1T3 也承认，农村学校教育有成功的案例也有不少失败的案例，主要原因在于家校社合力发挥不足，单纯依靠教师的力量很难扭转家庭和社会带给学生的负面影响，这也是农村学校教育的核心困局之一。

> L1T3：我觉得有一个孩子印象特别深刻，变化很大啊，有一个孩子上小学六年级，是女生，她父母亲离异了，反正是父母亲都不管她了，寄养在她姑姑这边，（由姑姑）来照顾她的日常学习生活。就在六年级的时候，可能姑姑在教育这方面做得不是很到位，使这个孩子到社会上和其他人混在一起，发生了些大的事情，事情发生之后的秋季九月份，这孩子到我们学校来念初一。我当时就很担心，这个会不会出问题，这是个问题孩子。但我说既然来了我们得想办法。我叫一个我们政教处副主任直接跟她对接，最直接地跟踪她。我们这个主任也是很有心的一个人。也想探讨一下她这种情况到底是什么原因啊，然后主动地去找她，第一次她就光盯着不说话，后来才慢慢开始说她的情况。这个孩子说："父母亲不管我，我很自卑，没有人跟我玩，我出去就破罐子破摔啊！"孙主任知道了这种情况就去找她说："现在我跟你结对子，我相信你，你也相信我，我们做个好朋友。"两个人还签了

个协议呢。上面这样写着：你是最棒的，我是最棒的。然后这样的协议书录一份，这个孩子感觉有人关心自己，她在学习方面就有很大的改变。她还主动提出来，要到我们这个录音室，就是主动到广播社团里面去承担一些事情，然后她还提出来要给我们学校成立环保社。我们学校就说，有这么好的思路，我们就配合她。然后她组织成立了一个环保社，在上次运动会上就是她领着十几个孩子在那捡垃圾。本来就是说心里话，我当时也很头疼，你把她拖出去也不是，最后不得已收下了，然后我们用了这么多时间去做，这个成效也出来了。现在这个孩子整个变得很阳光很灿烂的，我们也觉得农村学校的工作做好了真的都很赞。当然像这样子的，还有很多很多其他的个案。这样的孩子还是有挺多的。像去年一个孩子临近初三了，还到外面去打架，跟他怎么说他都不理我们。因为讲完之后，这边我们说了半天，苦口婆心说了，回到家里，家长没招了，管控不了，他要到社会上乱来的。在我们学校，你可以说啊，说一次两次之后，最后再说他就嫌烦了，嫌一直啰唆这些，他后面就失去成效。这个主任花很多时间、精力去沟通啊，才有这么一个典型。我们的班主任都有一些帮扶的对象，好像每个人手上都有那么几个，我们花很多时间去做这个工作，但很多成效也不明显，主要是得学校、家里一起配合才行。

七　纷扰的制度局限

农村教育之所以与城市教育处于失衡状态，从根本上源于城乡二元分治的制度障碍。其中的制度性原因既有户籍、就业等社会性原因，也有管理、财政、招生考试等教育内部体制问题。这些颇具历史性和复杂性的制度问题不仅显性地阻碍着农村子女享受同城市子女平等的学习资源和升学待遇，还在某些不易觉察的角落使更多的农村学子被挤落在教育高桥之下。

以九年制义务教育的留级制度为例，我国目前较为严格地禁止义务教育阶段学生留级。从20世纪七八十年代较为广泛地流行到近年来留级制度的原则性禁止，多是以减轻学生负担、节约教育资源、学籍管理规范化等作为政策考量依据，事实上也确有现实依据。但从来自农村教师的呼声中也能发现这一政策对差异化程度较高的农村学生而言造成了一部分后进生的劣势累积，"一刀切"的强制升级使他们缺乏对未来教育晋级的足够准备，并不完全符合因材施教的差异化教育规律。校长 Y3T1 认为，农村孩子的个人状况十分复杂，既有生理、心理发展水平的差异，也更容易为复杂的家庭状况所影响。特别是留守子女、离异家庭子女的教育进度易被干扰或打断，短期的学业落后缺乏弥补修整机会，被迫升级后打击了学习信心，与其他同学的成绩差距往往越拉越大，最终演变为长期的学业不良。实际上，不少农村家长为了让孩子获得留级的机会不惜假造休学证明或走后门，这造成了政策执行的扭曲。因此，过于严苛的禁止留级制度与农村家庭的实际教育需求并不匹配，实施自愿有偿的留级制度更符合农村学校的实际。

　　Y3T1：农村学生成绩差距很大，但是现在很多政策没有考虑这个。像很多后进生跟不上进度，也都得跟着升级，这有个大问题。按我个人看法，我这样讲话可能有些不一定，义务教育得先做一下，让后进生缓一缓再升上来，这样才符合规律。比如说有的学生智力发育比较迟，有的可能遇到一些困难或者这些人的家庭出现一些挫折，有些东西会打击他，二年级跟不上，硬让他上三年级，二年级基础没打好，三年级一般也念不好，再上去四五年级再到初中。这种在农村孩子里还挺多。我觉得原来那种就是说我们每一个年级要考几个或者多少分以上才能进下一个年级，考不了，我们原来就是留级。现在基本没有留级了，而且想留级反而得走后门，这种就变味了。人家基础没打好，确实有一些特殊的困难，农村家庭可能有一些变故，七七八八的，会遇到各种情况。像我们现在，你说初二学生经常转轨的时候，有的就有叛逆期，但是如果考不及格，给他留一个年级，他多适应一下可能就跟上了。我们这些当老师的都经常讲，你看年龄比较大的老师，像我们平均四十几岁的、五十几岁的，读书时留级的也很多。

　　原来家里很远，来回走山路的很多，多读一年两年的都很多。包括我们学校出去的，有的当了比较大的领导，他们以前留级两三年，高三那种，回头再读两三年的，最后也很成功。所以说九年义务教育就是国家给他免九年的学费，你多念一年，该付的就家长自己去付。比如说国家要给你一个学生一年开支五六千块钱，你家长自己就交进来，这个肯定还会再培养一部分学生。你如果没办法付，那你只能按现在这种进度跟上。所以现在实行九年义务教育以后，初一念不好，还是得上初二，初二念完上初三，如果能够再给人家一次机会，很多人可能就可以念得更好。特别是现在农村家庭，方方面面的情况都有，特别是现在父母亲出去打工，离异的又多，像现在离异更容易，这对孩子的打击是最大的。有的孩子我们有时候就看到家里出了状况，突然这一段病了，精力精神都不集中，孩子都是想着这些事情，一下子跟不上就步步跟不上了。

农村学校的另一重教育尴尬是分流制度造成的。中考与高考两根指挥棒将农村孩子的教育之路分成两端——职业教育与普通教育。但义务教育阶段的学校教育基本上是以普通教育为导向的，与城市学校的办学目标和培养思路基本一致，农村生源较强的异质性并未在教育教学中凸显出来。这使得学业成绩不佳的孩子在学校中处于边缘地位，他们通常无法展现自己的非学习潜能、无法获得教育自信、无法获得学校主流声音的认可，最终在以分层为特征而非以分类为特征的分流制度的导引下被迫划归到职业院校或直接流入社会。教师 L1T2 认为大多数农村学校是单一导向的，都是围绕着学业成绩中上等的孩子展开的。多元化发展目标的缺失使得成绩差的孩子在学校里没有发展空间，他能做的也只是尽量鼓励这部分孩子找到自己的目标，发挥自己的特长，但终究还是只能将主要精力放在有升学希望的学生身上。

> L1T2：农村学校没有办法给每个孩子充分发展的机会。首先对成绩比较好的孩子来说，那我可能会说，希望他能考一个更好的高中。因为更好的高中代表着老师的这种教学方式可能会更加符合这个孩子。然后对中等生来说，我们肯定是希望他通过自己的努力、我们老师的帮助、家庭的教育等，综合一切的资源，至少可以上高中。那对于成绩差的孩子，比如说我班上就有一个孩子，他喜欢拍照，拍得也很好，但成绩确实很不理想。我也鼓励他。我们班级一些需要拍照的活动，比如运动会，那全程的拍照就是让他安排。还有一个孩子就是想当兵，我就说，孩子你现在至少在九年义务教育阶段啊，你先不要去当兵，你现在的一个任务就是提高你的身体素质，比如说跑步啊，我也鼓励

这些。差生也要有一个自己的目标，可能这样子之后，孩子在学习生活中就会有动力，也会有进步。

作为一个老师，我确实希望学生可以多元化发展。但是在当今这个社会下，我真的还是希望我的学生都能考上高中，但是这个是不太可能的。可能有部分学生，他是无法考上的。那我只能希望，自己班上这些学生尽量多地考上高中。我对大部分的孩子可能还是希望他们考上高中，至于其他的孩子，如果没办法考上高中，建议他也想方设法找到自己的一个目标，至少让孩子不至于觉得自己很空虚，能去学些自己感兴趣的或者更擅长的技能就更好了。只是现在的教育并没有给这部分孩子提供足够的发展空间，我们老师能做的感觉也很少很少。

此外，教育改革频繁的制度性变动也会对相对脆弱的农村教育秩序造成冲击。以招考政策改革为例，近年来我国招生考试政策进行了大刀阔斧的改革，改革朝向分类考试、综合评价、多元录取的模式转变，总体上是一次适应国家对各类人才选拔培养需要的积极探索。但在实际落地的过程中，各个实施主体对改革的实现能力和承受能力是不尽相同的，特别是办学条件和教育资源不足的农村学校对改革的调适能力较为欠缺，对步幅较大、节奏较快的教育改革的转向能力备受考验。校长 L2T3 认为，近年来招考政策出现了巨大变动，但农村教师、学生和家长对相关政策的了解渠道狭窄，培训解读都跟不上，加之部分改革朝令夕改，使基层教学充满各种困惑。校长 L1T3 也认为高考政策的变化使学校应接不暇，农村学校无法像城市学校一样实施灵活多变的走班模式，只能从教学管理的便利性和教学纪律的稳定性出发尽量固定班级，有的农村学校因为频繁的走班造成教育秩序的混乱。他同时指出这类改革应当多考虑农村学校的资源配套。校长 Y3T1 认为农村学校师资跟不上、班级管理水平有限，走班这类步伐较大的改革造成了学校治理的困难。此外，农村学校生涯规划教育欠缺，信息封闭，与外界沟通性差，教师和学生对职业生涯规划的重视力度不足，使新高考背景下农村学生的课程组合选择能力和发展规划能力远远不足。这些农村学校的特殊困境使他们面对改革风险时常常无所适从，付出的改革成本和代价往往也更大。

L2T3：招考政策这几年变动也蛮大的，不停地在调，一会儿卷子又换了，一会儿又要走班，招生的渠道也越来越多，好像也不完全是凭一次的高考分数什么的。这些政策老师和学生想了解，但实际上都了解得不多。像上一次我们请专家来讲的时候，我们大家就一起听。能感觉到家长、老师都是有学习愿望的，都想多学习，跟随时代步伐多了解一些新的政策。就是这个教育在不断改革，在不断变化。我认为这个方向应该是好了，但就是说一些力度、步幅不能太大了。比如说物理、化学一会儿弄成等级制，一会儿弄成分数制，改来改去，现在等于说回头走过来又改掉了。所以我刚才说，这个步伐不宜过大，如果一开始改革的时候就想到这个问题，那就不会一直变，弄得大家都糊涂，下面的教学也都乱了。

L1T3：高考政策这两年总是在不停地改，感觉有点累，疲于应付。现在要走班，但是我们学校考虑一些深远的因素，学生纪律方面的因素，我们是尽量不走班，尽量少走吧，最好做到不走。我们是让孩子们自己去选，选完之后我们进行一些引导，引导之后形成六种模式，刚好我们是六个行政班，那不走班是最好的。感觉下面一些学校走起来没走好，整堂课都在走，转往那边，找到班级已经超过十五分钟了。这些改革真的需要有一段适应的过程，慢慢磨合一下，特别是我们这类学校资源得跟上。

Y3T1：现在高考改革配套需要我们这边去督促完成。比如说走班，像我们的农村学校管理真的是比较难的，如果高中三个年级都走的话，有点乱。学生自己也觉得乱。现在你看走了这六个班吧，那你再给它搞了八种、十种的话，我们这个班级怎么管理啊，一个是师资不够，另一个是班级管理不行，这给教学管理带来很多难题，力度太大，有的就是跟不上，这个改革应该逐步地推行。像我们上两周请了个教授来做生涯规划讲座。讲是这么讲，学生选择很难，怎么做组合，怎么给自己做规划不是听个讲座就能解决的，我们的学生能知道、能考虑的东西太少，都是想着随便先考上再说，不管是什么专业，你跟他说兴趣爱好，他说我考虑那么多也没用。

第二节 农村学校教育困境的文化性反思

在漫长的中国历史上，学校教育长期与乡村文化发生着千丝万缕的联系，传统的农村教育深度遵循乡村社会的运转逻辑。这种天然的紧密关系使农村学校与村落社会共同构筑为某种文化共同体，相互滋养相互依存。但在城乡二元的发展模式下，农村学校面临传统与现代文化的激烈冲突，在时代的裹挟下充满困惑。本节将从农村学校文化的视角探讨农村学子所处的教育场域及其造成的价值迷茫。

一 乡土性与现代性：农村学校文化反思的起点

学校教育，本质上是社会文化的重要组成部分。处于乡村社会环绕下的学校不可避免地与乡村文化变迁存在互动性影响。农村学校的教育目标、内容、过程、模式和方法都渗透着文化的作用力，同时以文化育人为联结的农村学校通过各种教育教学活动推动着乡村文化的传递、交流、发展与整合。这种组织特性使农村学校具备平衡、统整多方面文化价值的能力。即便乡村社会处于剧烈变革的转型时期，学校仍需要在坚守固有文化根基的同时，能动地呼应时代的挑战，与乡村社会一道构筑文化共同体。

1. 乡土性夯实着农村学校的文化根基

与城市学校不同，农村学校的诞生与发展自古就根植于乡土，知乡情、明乡理、教化乡民一直是农村教育的重要目标。进入近现代社会以后，精英分子们对农村教育乡土性价值的追求和反思从未停歇。始于 20 世纪初的乡村教育运动在致力于改造乡村的同时也从不主张脱离农村现实生活，十分重视教育与农村社会的联结。陶行知认为，"中国乡村教育之所以没有实效，是因为教育与农业都是各干各的，不相闻问。教育没有农业，便成为空洞的教育，分利的教育，消耗的教育。农业没有教育，就失了促进的媒介"，乡村教育必须以乡村生活为指针，建设适合乡村生活的活教育。[①] 晏阳初则认为，东西洋舶来的教育制度和教育方法并不切合中国农业社会的需要，他提出四大教育的运用要在生活里实地试验，要看是否真能帮助改

---

① 中央教育科学研究所编《陶行知教育文选》，教育科学出版社，1981，第 57~58 页。

善农民的生活。① 从某种意义上看，乡土性赋予了农村学校独特的价值追求和文化使命，脱离了乡土性的学校只能成为亦步亦趋的城市追随者，甚或连锁性地导致农村和人口的双重衰败。在《政学罪言》中，潘光旦指出"百分之八十五的人口原是农村里长下很好的根了的，如今新式的教育已经把他们连根拔了起来，试问这人口与农村，两方面安得不都归于衰败与灭亡？"② 毛泽东在《湖南农民运动考察报告》中曾反思自己对农民反对洋学堂的不理解，"民国十四年在乡下住了半年，这时我是一个共产党员，有了马克思主义的观点，方才明白我是错了，农民的道理是对的。乡村小学校的教材，完全说些城里的东西，不合农村的需要"③。由此可见，乡土性是镌刻在农村学校本身的自然属性，它代表着农村学校的固有本质。乡土性既包括器物层面的自然、土地和村庄，也包括文化层面的人际交往、生活方式和价值理念，集中表现为农村学校的教育目标、内容和手段都应具备符合地方实际的乡土气息。这种乡土性黏合了村落社会与农村学校的关系，使二者相互依存并寻求自身的主体意识和符号认定：乡村是学校立命的土壤，脱离农民与农业生产生活的学校会迷失发展路向，成为城市学校的简单复刻；学校则是乡村的文化心脏和精神中心，代表着乡村社会的灵魂，没有学校的乡村社会不仅是不完整的，还有可能因为文化剥离而走向萧条与破败。

2. 现代性映衬着农村学校的时代意识

鸦片战争以后，中国自给自足的自然经济解体，传统的农村教育随着城市新式学堂的兴起开始瓦解并向近现代转化。农村学校的发展问题实际上演变为现代性的问题。"现代性"一词本身并没有褒贬性的价值判断，只是代表着时间的区隔，意味着不同于过去、不同于旧时代。但在西方现代性话语体系的参照下，中国的农村发展与农村教育直面传统与现代的二元对立，风驰电掣般涌现着对农村、农民物质落后与精神愚昧的贬抑和批判。加之国家权力长期主导推进农村现代化"改造"或变革，这种单一逻辑的现代性理论在实践中裂变为各种工具主义和功利主义，反而使农村学校陷

---

① 李济东主编《晏阳初与定县平民教育》，河北教育出版社，1990，第192~193页。
② 潘光旦：《潘光旦文集》（第八卷），北京大学出版社，2000，第554~557页。
③ 毛泽东：《毛泽东选集》（第一卷），人民出版社，1991，第23页。

入进退两难的境地。福柯认为，现代性不是一个历史时期，而应看作一种态度。① 研究现代性的美国著名学者卡林内斯库则认为现代性"指在独一无二的历史现时性中对于现时的理解，也就是说，要在把现时同过去以及各种残余物区别开来的特性中去理解、在现时对未来趋势的允诺中去理解"。② 无论是态度还是时期，现代性代表了与现实相连的时代精神，意味着现时性的反思和推进，是人们自愿选择的关系方式，应该在农村教育的文化抉择中呈现价值理性的光辉。在这个意义上，农村教育陷入半虚构着的乡愁泥沼与一头扎进现代化陷阱同样危险。具有现代性的乡村学校应是渗透着时代意识、理性精神、主体价值和发展动力的文化港湾，它们也许会解构某些经典的乡村符号，也许会淘汰与今时背离的思想行为，但重要的是它们能够重构与农村现实更为契合的教育教学安排和学校管理方式。乡土性与现代性并不矛盾，乡土性担负起维系和支撑农村社会文化生活的责任，现代性能够防止对乡土乌托邦学校想象的不切实际，现代性与乡土性并置才是农村学校发展活力的生命源泉。

二　城镇化背景下农村学校文化意蕴的失落

1. 乡土文化的背离

百年来，我国农村教育变革一直在进行之中，并在乡土性与现代性价值之间摇摆。改革开放以来，二者之间的矛盾与冲突愈演愈烈。城市优先发展的战略、乡村学校的现代化改造、城乡一体的教育体系建构都在有意无意地加剧着乡土文化的陨落。传统的农村学校一度被看作落后的、低效率的、亟待改造的组织机构。农村教育的价值天平开始从"为农"向"离农"严重倾斜，乡土文化逐渐被遗弃为难登大雅之堂且不合时宜的"旧物"。这在很大程度上是由于我国致力打造的现代教育体系基本上是以"城市-工业"文明为参照基础的。无论是教育目标、课程设置、教学内容与方法还是教育测量等都迥异于农村孩子生于斯长于斯的乡村文化习性。制度化之后的现代乡村教育模式常常会使农村孩子不自觉地陷入语言类型、思维模

---

① 福柯：《什么是启蒙》，载汪晖、陈燕谷主编《文化与公共性》，生活·读书·新知三联书店，2005。

② 马泰·卡林内斯库：《现代性的五副面孔——现代主义、先锋派、颓废、媚俗艺术、后现代主义》，周爱彬、李瑞华译，商务印书馆，2002，第284页。

式、文化惯习等诸多不适应，这直接或间接地影响着他们的学习动力、学习方法、学业成就和升学机会。

更加现实的问题是，这样的学校文化熏陶出的下一代进一步反噬着飘摇的农村文化。传统的伦理秩序、价值观念、人际交往慢慢被商业化、功利化、工具化倾向填充，"外来文化的异质难合与传统文化的过度结构，使当前的乡村文化呈现'空洞'状态"。① 经过农村教育体系"训练"的学生正大批地逃离故乡，他们或者成为农民工转移聚集到城市，却难以融入强势的城市文明，或者通过升学就业永久定居城市，彻底脱离原本熟悉的乡土文化。费孝通曾批评说"现代的教育，从乡土社会论，是悬空了的，不切实际的。乡间把子弟送了出来受教育，结果连人都收不回"。② 这种逃离文化的形成正是农村文化生态破坏与农村教育体系文化断裂共谋的产物。

2. 农村学校教师的去农化

与农村学校悬浮于村落社会相对应的是教师的去农化。曾几何时，教师作为乡村的文化代表不仅熟知且深度参与各种乡土事务。村中德高望重的"先生们"承担着教化乡民、传承乡土伦理、调和人际关系、维系乡村社会秩序的重要使命，普遍具有知识结构本土化、生活方式农民化、职业稳定性强等特点。在农村学校的现代化转型过程中，教师的角色却日渐模糊且地位尴尬，首先是教师的身份认同危机。上一节的调查表明，农村学校教师对自身职业的经济地位、文化地位和社会地位认可度普遍不高。在生活与工作的双重压力下，许多农村教师很难获得令人满意的薪酬、专业发展机会和职业声望。农村社会难以给予教师们急需的与现代社会相匹配的专业知识、教育理念、教学方法和教育内容。相反，一些农村地区的信息闭塞、生存环境落后、学校发展迟缓等问题严重制约着他们的职业效能发挥。

面对日益凋敝的农村乡土文化，教师们常常选择尽量远离乡土社会，转而向往并拥抱城市现代文化。这种倾向源于以下几个方面。一是由于新一代的教师大多成长于离农环境，他们或者生于、居于本土但始终期望逃离农村而未成，或者本就是难以融入地方的外乡人，这使得他们了解和参

---

① 丁永祥：《城市化进程中乡村文化建设的困境与反思》，《江西社会科学》2008 年第 11 期。
② 费孝通：《乡土重建》，上海观察社，1948，第 72~73 页。

与农村事务的意愿偏低，对农村文化的认同感和使命感不足；二是教师专业主义和管理的科层化加剧了教师对体制内激励的偏好与重视，而对外部的农村社会需求不敏感，甚至表现出麻木、不屑乃至背离；三是由于城乡文化的悬殊地位，城市文明大幅入侵，乡村景观、文化传统、价值观念一改往日面貌，教师很难被乡民视为道统的担当予以尊崇，昔日作为乡村知识分子代表的教师在这股洪流中也逐渐摒弃了自身在乡村生活中的公共性与社会责任。

3. 农村学校现代性的反思

清末民初以前的中国乡村社会基本处于一种自治状态，"皇权止于县政"的管治框架使得乡村形成了一套相对独立而自洽的发展逻辑。相应地，乡村教育也多是由家族举办的私塾来承担。进入近代以后，政府开始将农村教育纳入管理和控制范围，实行新式的学校教育，农村教师也逐渐具有了公职色彩。这种颠覆性的变化"淘汰"了大量所谓落后于时代的旧文化，极大地打击了传统的农村学校定位、教师角色和教育活动。尽管人们对变革中的农村学校发展一直存有激烈的"为农"与"离农"之争，但现实中离农主义在国家发展意志的推动下占据着绝对上风，以致如今那些经过多番改造的农村学校更像是符合城市旨趣和现代升学系统需要的知识工厂，与鲜活生动的村落生活渐行渐远。

钱理群和刘铁芳曾批评道："我们的乡村教育，是与乡村生活无关的教育，是脱离中国农村实际，因而在某种程度上是脱离了中国基本国情的教育，是根本不考虑农村改造与建设需要的教育，也就是说，农村完全退出了我们的乡村教育以及整个教育的视野。"[①] 中国的农村学校现代化改造，是在参照、移植西方学校体系过程中进行的，是在市场经济改革的推动下实施的。无论是外部模仿复刻还是内部效率使然，这种改造并未充分考虑到农村教育的原有基础和自身发展逻辑。现代学校崇尚的高效率、标准化、客观性与传统乡村崇尚的自然劳作、自在随性、乡俗伦理相容甚难。比如，在教学安排上，现代学校并不考虑乡村生产生活的实际，授课时间、假期安排不会与农忙农闲衔接；在课程设置上，现代学校多使用统一规定的教学大纲，几乎完全脱离村中的经济活动、农业知识；在校园环境上，现代

---

① 钱理群、刘铁芳编《乡土中国与乡村教育》，福建教育出版社，2008。

学校实行封闭式管理，与农村社区隔离性明显；在教育评价上，现代学校以考试成绩为主导，村民需求与社会服务变得无关紧要。这些"现代"的农村学校直接增强了学生与教师的离农倾向。农村子弟们自觉或不自觉地在日常的学校生活中形成了城市想象，接受教育的目标即跳出农门，逃离乡土的同时却难以逃出代际循环的复制，至此成为融不入城市、回不去故乡的异客；教师们则是身在乡村而心不在，传统的公共性和社会责任日渐沦落，他们孤立于也被孤立在乡村事务之外，没有了解和亲近乡土乡情的欲望。教师与农村的情感性、伦理性纽带一旦剥离，其后果不仅仅是教师自我认同的迷茫和教育活力的丧失，更会造成整个农村文明的异化。从这个意义上来看，也就不难理解在农村学校现代化改造高歌猛进的形势下人们对其产生的质疑。

三　多元现代性视角下的农村学校

经典的现代性理论是高度西方式的，对个体理性取向的倾重、对文化差异的忽略、与传统的撕裂导致该理论既无法解释也未能很好地适应乡土中国的现实。以艾森斯塔特等人为代表的多元现代性研究者们尝试以新的理论框架看待现代性的内涵和实践问题，这种视角立足于弥合以往现代性理论与现代化发展、建设的鸿沟与危机，积极响应文化发展的多元态势，主张紧密结合历史与空间背景来理解现代性的真实面目。比如，艾森斯塔特认为，理解现代世界要将其视为现代性的文化纲领和文化样式以多样性的方式不断建构和重构的故事，这也是解释"现代性的历史"的最佳途径。[①] 杜维明也认为，只有摆脱传统-现代、西方-非西方、全球-地方等非此即彼的二分式思维，才能真正理解世界各地的现代性。[②] 从多元现代性的立场来看，无论是从纵向的历史还是横向的现实，中国的农村教育应走出传统与现代、农村与城市的对立与冲突，代之以"多元""互动""融合""平衡"等发展关键词。农村学校自身的文化属性使得它不仅需要获得自身

---

① Shmuel N. Eisenstade, "Some Observations on Multiple Modernities," *Reflections on Multiple Modernities: European, Chinese and Other Interpretations* (Eisenstadt, Leiden; Boston; Köln: Brill, 2002), edited by Dominic Sachsenmaier, Jens Riedel, and N. Shmuel, pp. 27–41.

② Tu Weiming, "Implications of the Rise of 'Confucian' East Asia," *Journal of the American Academy of Arts and Sciences*, 2000 (1): 195–218.

的多元现代性解放，还有责任、有能力缓解当前的农村文化危机和道德危机，推动整个农村社会的包容性发展。

在多元现代性理论的基本框架下，农村学校的教育管理行为和文化取向在不同的历史阶段和不同的地域发展过程中无法也无须做到与城市学校步调一致，不能照搬西方的现代学校制度，同时这并不意味着以乡土情结之名原地踏步、因循守旧，而应从以下几个维度确立自身的文化定位与发展逻辑。第一重维度是特色。在国家主义的教育体系面前，普遍化、同质化、标准化的力量十分强大。农村学校长期的薄弱基础和历史文化根基决定了它们很难通过模仿复制追赶城市标杆，因地制宜地找准办学定位、开展特色教育、创设具有农村文化特色的校本课程对于增强学校的感召力和凝聚力具有长远意义。第二重维度是合作。多元现代性鼓励文化的交流与相互催化，农村学校既要与城市学校加强交流与合作，与现代文明不断碰撞与激荡，也要重新联结与农村社会的紧密关系，找到可持续发展的原动力。第三重维度是均衡，农村学校对传统乡土的理解发扬并不意味着对现代先进思想和制度的排斥，对黑暗落后的农村陋习批判反思的同时也不能忽视现代性教育的价值迷失和思维枷锁，在乡土性与现代性之间建立新的平衡需要长期的实践摸索。第四重维度是参与。多元现代性强调所有成员自主地接近社会秩序的建构，这个过程是包容的，鼓励参与的。农村学校组织若要实现内外部的认同，有必要调动包括政府、教师、学生、管理人员、乡民、乡绅、社会组织等在内的一切可能的力量，拆除学校与社会的隔墙，打通农村与城市的通道，弥合传统与现代文化的裂痕。

四 "乡村-学校"一体的文化生态观的构筑

无论从历史传统还是现实需要来看，村落社区与学校都应被视为彼此牵连、互为促进的统一有机体。梁漱溟曾说过："如果政治家或教育家，站在乡村外头说：'我给你们办一个小学吧'，一上手即与其本身隔离，一定办不好的。"① 大量研究也表明，农村社区能够为学校注入创新与活力，学校亦能够为农村社区带去各种显性或隐性的有益资源。比如有调查显示，所有有学校的农村社区的社会和经济福利都较好，社区人员也更少依赖公

---

① 梁漱溟：《中国文化要义》，学林出版社，1987，第298页。

共援助。① 将学校与乡村区隔开来会造成社会认同与文化价值不可逆转的恶性循环，构筑"乡村－学校"一体的文化生态观是保障乡村社会文化传承、秩序稳定的重要前提，也是促进农村教育多样化、特色化发展的必然选择。

1. 农村学校的文化自觉

教育问题的本质是文化问题。农村学校发展的首要是对自身及其所处社会有着清醒、全面而客观的文化认识、反思和审视，即文化自觉。费孝通晚年提出的"文化自觉论"认为，生活在一定文化中的人对其文化要有"自知之明"，明白它的来历、形成过程、在生活各方面所起的作用。也就是它的意义和所受其他文化的影响及发展的方向，不带有任何"文化回归"的意思，不是要"复旧"，但同时也不主张"西化"或"全面他化"。"自知之明"是为了增强对文化发展的自主能力，取得决定适应环境的文化选择的自主地位。② 这种观点对于理解当前农村学校所处的文化尴尬、增强农村学校文化选择能动性、建构符合农村实际的文化教育体系具有重要价值。在中国社会急速变迁、城乡发展进入重要转型期的今天，农村学校亟待深入地反思自身所处的文化境遇。面对传统与现代的抉择，既不能盲目固守陈旧、孤芳自赏，也不能在现代化、城市化或西方化的冲击下随波逐流，而应提高农村教育的适应能力和选择能力，在乡土性与现代性之间寻找自己的坐标体系。

文化自觉是农村学校走出发展困境、增强自我认同的基本路径，文化自觉的取向与水平影响着农村学校定位的合理性。为此，可以从三个维度看待这一问题。首先是文化自觉的主体性维度。农村学校文化自觉的主体性包括两层含义，一是重建农村学校的主体性地位，二是将学校文化立足于农村家庭及其子女的主体性需求。农村学校长期以统一性的教育行政部门意志为主导，行政力量的过度干预使得农村学校往往丢失了自身的历史沉淀和地方传统，以城市为参照的管理体制和以外部指导为模本的文化建设使得农村学校的文化自觉缺少内生性和主体性。只有在回归农村学校自主权的基础上，将各种社会力量引入学校治理中，对办学目标、发展愿景

---

① T. A. Lyson, "What Does a School Mean to a Community? Assessing the Social and Economic Benefits of Schools to Rural Villages in New York," *Journal of Rural Research in Education*, 2002 (3): 131–137.

② 费孝通:《费孝通文集》(第 14 卷), 群言出版社, 1999, 第 145～150 页。

进行重新审视和定位，才有可能走出符合地方实际的内涵发展道路，这对于农村小规模学校和乡镇寄宿制学校等薄弱学校尤为重要。其次是文化自觉的发展性维度。与农耕时代不同，今天的农村社会已经不再是记忆中洋溢着乡土浪漫气息的故土，与时代发展同步进行的是乡民们价值取向和利益诉求的多元化，他们对学校教育的期盼和需求也在不断提升。这使得农村学校无法继续停留或简单回归于过去那些陈旧的、僵化的结构和思维中，绵延性发展才是农村学校文化自觉的主题，即传承乡土精神的同时拥抱时代的变迁，符合教育发展的先进潮流。最后是文化自觉的实践性维度。中国农村区别于城市的历史环境和现实结构决定了农村学校必须与农村社会的发展实践紧密相连，农村学校文化自觉的效度也必然受到农村社会实践的检验。人为地割裂二者的关系实际上是抛弃了农村学校重要的黏合作用而将农村的社会经济与文化教育发展肢解开来。

2. 传统与现代的融合性枢纽

学校是农村文化的重要表征符号，农村文化是学校健康成长的土壤，只有打造学校-乡村协作共助的教育共同体才能实现传统与现代、现实与未来有机融合的图景。这至少可以从两方面着手。一方面是学校教育的乡村融入。农村学校的办学理念应确立均衡性、差异化发展原则，在保证现代学校质量标准的同时深耕地方社会经济文化实际，依托本地历史传统与区域发展现实，形成弘扬本地文化、迎接新时代挑战的办学思想。在人才培养目标上，摒弃"离农"与"为农"教育的二元分立，注重培养农村学子的批判性思维和开放性视野，在充分理解城乡文化的前提下使他们能够有能力、有尊严地选择自己的未来发展之路；在课程与教学上，扭转以往对农村文化的贬抑态度，增强课程设置与教学内容的多元文化包容性，将传统文化引入校园，结合本地实际开发独具特色而有吸引力的校本课程；在教学方式上，引入更加灵活的教学机制，学生们"走出去"有机会体悟传统与现代文明的精髓，"请进来"各行各业的能人专家，传播农耕文明、历史遗产、传统习俗的魅力，讲授现代农村发展与进步的新技术、新理念；在校园管理上，推行校园社区化、共享化，实现非上课时段"半开放"或"全开放"，为本地村民、乡民提供尽可能丰富的文化教育设施与资源，活化学校与乡村社区的关系。

另一方面是农村文化的学校参与。现代社会的农村文化不是僵化地固守老观念、旧秩序，而是能与时代前行同步并焕发新生的优秀文明，这种传承与创新的过程离不开农村学校的深度参与。学校对于农村而言远不只是具有教育功能的组织机构，还是具有重要符号意义、凝聚功能和精神指引的重要载体。农村发展过程中应主动发挥学校的智力优势，建立学校与社区的文化学习共同体，深入开展交流与合作，比如建立乡村特色教学实践基地，开展合作性乡村文体活动等；将学校作为连接家庭、社区的重要平台，促进家—校—社的互动与联系，特别是在农村家庭教育中发挥重要作用；在学校事务与乡村事务管理中积极引入双方成员，使校长、教师能够为本地进言献策、监督评价，使家长、村民代表能够为学校提供物质文化资源和发展建议；学校不仅能够组织教师定期宣传现代科技知识和农业技术，农村发展遇到的热点与难题（如文化遗产保护等）也可委托学校师生进行资料收集或调查研究。村民文化宣传亦可从师生入手，传递至各个家庭，进而提升村民的整体文化素养。概言之，乡村-学校的文化融合应有可为也大有可为，能够促进教师、学生与村民共同感悟传统与现代的碰撞与交融，弥合城乡文化的裂痕，更加理性地思考农村发展的未来。关于如何从文化的视角为农村家庭高等教育需求提供支持性助益的进一步论述请参见本书最后一章。

第六章 从碎裂到重构

——农村家庭高等教育需求的社会支持系统

第一节 社会支持理论与农村家庭的高等教育需求

一 社会支持理论及其应用

社会支持理论最早可溯源到 19 世纪法国社会学家涂尔干在《自杀论》中对个人的社会联结与自杀倾向的关系分析。但社会支持作为一种科学的研究术语被正式应用于实践研究，则发端于 20 世纪六七十年代。经过几十年的发展，社会支持从一种简单指代互动、人或关系的特有名词，扩展为更具覆盖力与抽象性的专业术语，涵盖了"支持的质量、预期与知觉，支持互动的规模以及人、行为、关系或社会制度的抽象特征"等诸多内涵。[①]

1. 社会支持的概念与分类

社会支持是一个多向度的概念，其应用至今仍十分模糊，研究者们对其理论和实践的定义尚未达成共识。从最广义的层面来看，几乎所有类型的社会互动都可以被看作社会支持，但如果将其等同于社会互动或者社会帮助，又恐丧失或矮化了社会支持的理论深度与解释力。此外，尽管社会支持的内涵与定义纷繁复杂，但大多数社会支持的研究人员会尝试通过分类对社会支持进行评估，如情感支持、尊重支持、归属感支持、网络支持、评估支持、有形支持、工具支持和信息支持等大量的类别性标签被用于社会支持理论的阐释。同时，在实践领域中，社会支持理论的应用也由早期

---

① Judith E. Hupcey, "Clarifying the Social Support Theory-Research Linkage," *Journal of Advanced Nursing*, 1998, 27 (6): 1231–1241.

的精神病学、心理学研究，广泛拓展至社会学、传播学、犯罪学等诸多专业领域。各个学科对这一理论的构造、解析与应用有着明显不同的侧重点，并持续提升着社会支持的理论热度与实践关注度。

在早期的研究中，卡普兰（Caplan）认为社会支持系统是由持续的社会集合所构成，为个体提供了自我反馈的以及对他人的期望进行确认的机会。[①] 支持性他人会在个体需要的时候提供信息和认知指导、有形的资源和帮助、情感上的支持等。与卡普兰不同，柯布（Cobb）最早的社会支持概念中并不包括有形的资源和帮助，他认为社会支持是"引导人们相信自己是被关心的、被爱的、被尊重的，属于一个拥有交流和共同义务的网络的那些信息"[②]。在其后的研究中，柯布将其他若干形式也纳入社会支持的概念中。同时，研究者们开始尝试运用定量方法对社会支持进行测量。这一时期的主要应用领域是心理学，特别是社会支持与心理问题的相关性研究。

进入 80 年代以后，社会支持的研究开始勃兴。研究者们加大了对社会支持理论探讨与现实应用的研究力度。豪斯（House）认为，"社会支持是一种人际关系的交易，涉及情感关怀（喜欢、爱、移情）、工具援助（商品或服务）、信息（环境）以及评估（与自我评估相关的信息）"。[③]巴雷拉（Barrera）和安雷（Ainlay）根据社会支持的功能将其分为物质援助、行为辅助、亲密互动、反馈、指导和积极的社会互动六种类型，并进一步指出社会支持的三个方面——社会处境、知觉的社会支持与行动化支持，也就是说，除了客观支持，还要注意个体对客观支持的感知性。[④] 科恩（Cohen）和马卡伊（Makay）从心理压力的角度将社会支持看作缓解个体负面压力的有益的人际交往。[⑤] 在社会实践中，"美国社区支持计划"和美国国家心理健康组织开始着力倡导社会支持在精神病康复领域中的应用，这大幅提升

① G. Caplan, "The Family as a Support System," In G. Caplan & M. Killilea (eds.), *Support System and Mutual Help: Multidisciplinary Explorations* (New York: Grune & Stratton, 1974), p. 4.

② S. Cobb, "Social Support as a Moderator of Life Stress," *Psychosomatic Medicine*, 1976, 38 (5): 300.

③ J. S. House, *Work Stress and Social Support* (Reading, MA: Addisoon-Wesley, 1981).

④ M. Barrera & S. L. Ainlay, "The Structure of Social Support: A Conceptual and Empirical Analysis," *Journal of Community Psychology*, 1983 (2): 22-38.

⑤ S. Cohen & G. Makay, "Social Support, Stress and the Buffering Hypothesis: A Theoretical Analysis," *Handbook of Psychology and Health*, 1984 (4): 253-267.

了社会支持理论的实践价值。在社会学理论研究中，蒂尔登（Tilden）和韦纳特（Weinert）指出，社会支持是个人与社会网络之间的一种互惠的关系，借由社会网络可以提供心理、社会及实质的帮助。[①] 此外，林南对社会支持的研究较为瞩目。他认为社会支持可分为工具性支持与表达性支持。[②] 工具性支持是通过人际关系的运用达到如找工作、借钱、帮助看家等支持性目标；表达性支持则是通过享受、情绪发泄、问题了解、尊严与价值的肯定等达到支持性目标，它是由社区、个体的社会网络以及亲密伙伴提供的可感知的实际支持。

分类成为后来社会支持研究者们普遍采用的一种逻辑路径。如布洛克（Bullock）将社会支持分为评价支持、情感支持、信息支持与工具性支持。其中，评价支持是指对支持对象的认同与肯定性表达；情感支持是指尊重、爱与共鸣；信息支持指的是提供观点、信息、建议与意见；工具性支持则是指提供可利用的时间、资源、器物、服务等。[③] 里奇曼（Richman）等人根据社会支持提供者的行为表现，认为社会支持有有形支持、信息支持和情感支持三个方面，并细分为倾听支持、情感支持、情感挑战、现实确定支持、任务评定支持、任务挑战支持、有形支持和个人援助八种类型。[④] 还有研究者对社会支持进行了化简分类，认为其主要可分为两种类型：情感支持与工具性支持。[⑤]

国内对社会支持理论与实践的研究兴起于20世纪80年代末期，最典型的研究集中在心理学与社会学领域。一方面，在心理学与医学领域对个体身心健康、压力调节、生活满意度、幸福感等的研究中引入了对社会支持的关注，并运用量表、问卷等量化分析手段探讨社会支持的作用力；另一

① V. P. Tilden & C. Weinert, "Social Support and the Chronically Ill Individual," *Nursing Clinics of North America*, 1987, 22 (3): 613-620.

② N. Lin, *Social Support*, *Life Events and Depression* (Florida: Academic Press, 1986), p. 28.

③ K. Bullock, "Family Social Support. Conceptual Frameworks for Nursing Practice to Promote and Protect Health," In Bomar, P. J., *Promoting Health in Families: Applying Family Research and Theory to Nursing Practice* (Philadelphia: Saunders, 2004).

④ J. M. Richman, L. B. Rosenfeld, & C. J. Hardy, "The Social Support Survey: A Validation Study of a Clinical Measure of the Social Support Process," *Research on Social Work Practice*, 1993, 3 (3): 288-296.

⑤ D. Finfgeld-Connett, "Clarification of Social Support," *Journal of Nursing Scholarship*, 2005, 37 (1): 4-9.

方面，社会学界逐渐意识到社会支持对于帮扶弱势群体的重要性，开始加大对社会支持的理论探究与实践应用力度，其中产生了一些较有代表性的观点。李强从社会心理的角度出发，认为"社会支持应该被界定为一个人通过社会联系所获得的能减轻心理应激反应、缓解精神紧张状态、提高社会适应能力的影响"[①]。而郑杭生等认为，"在笼统的含义上，我们可以把社会支持表述为各种社会形态对社会脆弱群体即社会生活有困难者所提供的无偿救助和服务"[②]。相似的还有陈成文的观点，其认为"社会支持是一定社会网络运用一定的物质和精神手段对社会弱者进行无偿帮助的一种选择性社会行为"[③]。

此外，国内外对社会支持的测量已经发展出了一系列较有影响力的计量工具。如早期科恩和霍伯曼用以测量个体感知的评价性支持的"人际支持评价表"[④]；萨拉森以社会支持的数量与对支持的满意度双重维度编制的"社会支持问卷"（SSQ）[⑤]；亨德森等以社会支持的可利用度与感知社会关系的适合度为维度编制的"社会支持问卷"（SSQT）[⑥]；弗曼和布尔梅斯特编制的"社会关系网络问卷"[⑦]；齐梅特等编制的以测量个体感知的家庭内外支持为目标的"领悟社会支持量表"（MSPSS）[⑧]。国内使用较为广泛的社会支持测量工具有肖水源编制的"社会支持评定量表"和姜乾金依据齐梅特等编制的量表修订的"领悟社会支持量表"。其中肖水源的社会支持分类得到了广泛运用，并产生持久影响。[⑨] 肖水源认为，社会支持可分为三个方

---

① 李强：《社会支持与个体心理健康》，《天津社会科学》1998 年第 1 期。

② 郑杭生等：《转型中的中国社会和中国社会的转型》，首都师范大学出版社，1996，第 319 页。

③ 陈成文：《社会弱者论：体制转换时期社会弱者的生活状况与社会支持》，时事出版社，2000，第 131 页。

④ S. Cohen & H. M. Hoberman. "Positive Events and Sociol Supports as Buffers of Life Change Stress," *Journal of Applied Sociol Psychology*, 1983, 13（2）：99-125.

⑤ I. G. Sarason, "Test Anxiety, Stress, and Social Support," *Journal of Personality*, 1981, 49（1）：101-114.

⑥ S. Henderson, D. G. Byrne, & P. Duncan-Jones, *Neurosis and the Social Environment*（Sydney：Academic Press, 1981）.

⑦ W. Furman & D. Buhrmester, "Age and Sex Differences in Perspectives of Networks of Personal Relationships," *Child Development*, 1992, 63（1）：103-115.

⑧ G. Zimet, N. W. Dahlem, S. G. Zimet, & G. K. Farley, "The Multidimensional Scale of Perceived Social Support," *Journal of Personality Assessment*, 1988, 52（1）：30-41.

⑨ 肖水源、杨德森：《社会支持对身心健康的影响》，《中国心理卫生杂志》1987 年第 4 期。

面：一是客观的、实际的或可见的支持，包括物质上的直接援助及社会网络、团体关系的存在和参与；二是主观的、体验到的或情绪上的支持，主要指个体在社会中被尊重、被支持和被理解的情绪体验和满意程度；三是个体对社会支持的利用情况，有些人虽然可以获得支持，却拒绝别人的帮助。

有学者对国内社会学领域的社会支持研究进行总结后发现，其大体涵盖了三个层面。[①]一是宏观层面。这方面的研究往往将社会支持与社会结构、社会变迁相结合，从纵向的角度来考察社会支持结构的变化。这类研究更多的是一种历时性研究。二是中观层面。这类研究更多地着眼于社会单位层面，如组织、团体、社区等。这类研究中既有就不同地区、不同国家的某一群体的社会支持网络的对比研究，也有就某一群体，如护士、外来打工者的研究，还有就某一地区的社会支持所进行的研究。这类研究更多的是描述性和解释性的研究。三是微观层面。这类研究可以区分为两大类：一类采用定性研究的方法，对少量个案进行较为深入的研究，其社会学色彩更为浓厚，注重个人对社会支持的利用，并以此来探讨社会支持对个人的意义；另一类大多采用量化研究方式，更加关注社会支持与社会心理、社会参与、社会认同的关系。

综合而言，我们认为，社会支持是一种以个体或群体为中心，由人际交往与社会互动关系构成的资源节点，它可以表现为情感、物质、信息、行为等多种手段。社会支持既可以是个体或群体从各种互动过程中获得或感知的亲密关系，也可以是其外部可利用的主客观资源。从社会实践的角度来看，社会支持往往被看作人们对社会扶持、帮助与支撑的一种需要。社会支持理论的应用价值在于通过社会支持系统的补充、优化与构建，帮助个体或群体（特别是脆弱人群）调适自身需求与社会现实之间的不平衡状态，提高人们的身心健康水平与社会的资源统筹度。因此，社会支持系统的构建至少应包含三个方面：主体、客体与介体（亦称内容与手段）。首先，社会支持的主体即社会支持的来源，它既可以是个体能直接接触到的身边的重要他人，如家人、朋友、同学、同事、邻居等，这些支持主体主要是通过亲缘、学缘、地缘等关系形成的，也可以是跨出个人交往之外的政府、社会组织、企业、社区等，这类支持主体一般具有制度化、规范化与专业化等

---

① 行红芳：《老年人的社会支持系统与需求满足》，《中州学刊》2006 年第 3 期。

特征。这两类主体所提供的社会支持分别被称为非正式支持与正式支持。其次，社会支持的客体即社会支持的对象，从广义上来说，每个个体都是社会支持的客体，生活在各种社会联结中的个体都在接受普遍的社会支持。但从狭义的以扶助为特征的社会支持概念来看，那些社会网络质量较低、社会支持缺失或不足的选择性群体，即脆弱人群才是社会支持的主要目标。最后，社会支持的介体即社会支持的内容与手段，已有研究大多数是根据社会支持的介体进行区分的，如布洛克划分的情感支持、信息支持、评价支持与工具性支持，巴雷拉等人对社会支持介体的分类则更加细致。

2. 社会网络、社会资本与社会支持

在社会支持研究中，常常会发现一些与之相近并密切相关的术语和理论体系，如社会网络、网络关系、社会资本、社会团结等。这是由于这类术语在对社会联结的认识上保持了较强的一致性。在实际使用中，还有不少研究将这类术语相互替代，其中最难以厘清的就是社会网络、社会资本与社会支持三者之间的区别。对这三者的区分实际上是很重要的，因为它们是相互交织但各有不同的概念。

对"网络"一词的分析运用最早是在齐美尔1922年出版的《群体联系的网络》一书中，英国人类学家拉德克利夫-布朗则最早提出了"社会网络"的概念。他认为社会结构就是实际存在的社会网络，并运用社会网络的概念描述了处于社会结构中的个体所具有的模式化互动行为，由此将群体结构与个人的行为模式关联起来。[①] 而后，巴恩斯在1954年第一次将社会网络的应用从隐喻转为实际分析，将其用于挪威渔村阶层体系的分析。[②] 20世纪70年代以后，社会网络研究不断繁荣，"社会网络"这一概念被广泛应用于各大社会科学领域，并催生了一系列有影响力的社会网络理论。例如，格兰诺维特（Granovertter）的关系强度理论提出了在群体、组织间建立纽带关系的弱关系以及维系组织内部关系的强关系[③]；科尔曼（Cole-

---

① A. Radcliffe-Brown, *Structure and Function in Primitive Society* (New York: The Free Press, 1952).

② J. A. Barnes, "Class and Committees in a Norwegian Island Parish," *Human Relations*, 1954 (17): 39-58.

③ M. Granovertter, "The Strength of Weak Ties," *The American Journal of Sociology*, 1973, 78 (6): 1360-1380.

man）的社会资本理论首次给予了社会资本较为全面且具体的界定，认为社会资本的定义由其功能而来，是指个人拥有的以社会结构资源为特征的资本财产，由构成社会结构的各个要素组成，并存在于人际关系的结构之中①；博特（Burt）的结构洞理论认为，个人在网络中的位置比关系的强弱更为重要，那些占有社会网络中的空隙（结构洞）的第三方由于占据更好的网络位置更易获取信息、资源与权力②；林南（Lin Nan）在社会资源理论基础上提出的社会资本理论认为，社会资本是"投资在社会关系中并希望在市场上得到回报的一种资源，是一种镶嵌在社会结构之中并且可以通过有目的的行动来获得或流动的资源"③。

　　根据社会支持概念取向的不同，可以对社会网络、社会资本与社会支持加以区分。第一，功能主义的社会支持观点认为，社会支持在满足受助者需求的过程中发挥着重要的功能。比如卡普兰的界定就将社会支持看作与他人关系互动中个体需要的满足程度。同时，只有网络关系中那些用以产生特定功能或者绩效的部分才是社会资本。④ 第二，结构主义的社会支持概念认为，社会网络是将个体与他人、组织等联系起来的纽带，也是人们社会资源的重要来源；社会资本是"在社会关系网络中有望获得回报的投资"⑤；社会支持则是指社会网络结构下个人与外部的联系及如何得到其他个体、群体与组织的支持。第三，主观评价取向的社会支持理论十分强调社会支持的主观感受性，社会支持是个体对所处的社会环境给予的支持进行的有效性与可靠性的认知评估。⑥ 客观存在的社会网络与可利用的社会资本只有得到被支持者的体察才能形成真正的支持。第四，互动主义的社会支持观点认为，社会支持是人们与其社会网络之间进行的一种复杂的、连续的和相互交易的过程，而这

---

① J. S. Coleman, *Foundations of Social Theory* (Cambridge, MA: Harvard University Press, 1990).

② Ronald S. Burt, *Structural Holes: The Social Structure of Competition* (Cambridge, MA: Harvard University Press, 1992).

③ 林南：《社会资本：争鸣的范式和实证的检验》，《香港社会学学报》2001 年第 2 期。

④ G. Caplan, *Support Systems and Community Mental Health: Lectures on Concept Development* (Behavioral Publications, 1974).

⑤ N. Lin, *Social Capital: A Theory of Social Structure and Action* (Cambridge: Cambridge University Press, 2001), p. 19.

⑥ E. M. Tracy, "Identifying Social Support Resources of At-risk Families," *Social Work*, 1990, 35 (3): 252–258.

种交易过程往往发生在一个不断变迁的生态环境中。[①] 第五，林南曾综合各方观点认为，社会支持是意识到的或实际的由社区、社会网络、亲密伴侣提供的工具性支持或表达性支持。[②] 社会网络不经转化、感知或利用是无法最终形成社会资本与社会支持的。

在本书中，既可以将社会支持看作社会资本运作的一部分，也可以将社会资本运作作为社会支持产生的一种重要渠道。社会资本作为从社会网络中动员的社会资源有赖于主体的自觉调动，其能够和传统社会支持一道成为建构社会支持的有效方式。在对农村高等教育需求的分析中将社会资本与社会支持理论进行联结，有利于增强农村家庭社会支持网络构建的全面性，也有利于农村家庭在挖掘与利用社会网络资源的过程中增强能动性。

3. 社会支持的功能

目前有关社会支持的功能研究主要集中在两大领域：一是社会支持与身心状态关系的研究，大多为医学、心理学、精神病学研究；二是社会支持与社会生活关系的研究，大多为社会学、传播学、教育学、犯罪学研究。还有一部分为综合性研究，如将社会支持作为中介变量考量心理健康与社会生活关系的研究，本书将简要介绍前两种研究。

（1）社会支持与身心状态

将社会支持应用于对人们身心状态的研究是社会支持研究的经典范式。正如前文所述，早期心理学与流行病学研究发现社会联结对个体身心健康和治疗康复有特殊作用，此后便掀起了对社会支持研究的一股热潮，同时将大量研究成果应用于精神疾病与康复治疗领域。

最初，对国内外的此类研究进行总结发现，社会支持的功能论说有两种模式，即主效应模式与缓冲器模式。[③] 主效应模式认为社会支持对身心健康具有普遍的增益作用，增加社会支持必然导致个体健康状况的改善，较高水平的社会支持会带来较好的身心状况，而无论个体面临何种压力情境。这种观点在社会支持研究的早期较为盛行，但后来的一些研究发现，个体所面临的

---

① 黎春娴：《高校贫困生的社会支持及其对价值观影响的研究》，博士学位论文，上海大学，2009。

② N. Lin, *Social Support, Life Events and Depression* (Florida: Academic Press, 1986), p. 28.

③ 宫宇轩：《社会支持与健康的关系研究概述》，《心理学动态》1994 年第 2 期；吴清平：《心理健康状况评价及其相关因素研究》，《国外医学》（社会医学分册）1997 年第 3 期。

压力情境会影响社会支持对身心健康的作用力。社会支持只在人们面临较大压力的情况下发挥作用，它减轻了压力对人们身心健康的影响。也就是说，社会支持作为缓冲器，是通过内部认知系统，特别是压力调节系统才对人们的身心健康产生正向作用的，这也就是社会支持的缓冲器模式。宫宇轩认为，两种模式是基于不同的方法学研究产生的不同结果，如果对社会支持网络的总体情况进行整体结构测量，其研究结论常会支持主效应模式；如果对个体感受到的社会支持所提供的各种功能进行特殊功能测量，其研究结论往往能验证缓冲器模式。[①]

后来的研究发现，主效应模式和缓冲器模式在本质上都是将社会支持与应激状态作为相互独立的变量。但实际上，无论是社会支持还是压力与身心健康，其在概念、方法学、实证关系上是一种复合性关系。第三种社会支持的作用路径也因此产生，即动态效应模式。动态效应模式认为，社会支持和压力同时作为自变量对个体的身心健康起作用。它们之间的关系是随时间而发生动态变化的，有可能是曲线关系，也有可能是阶段性变化或阈限的关系。[②] 动态效应模式为社会支持的作用机理研究开拓了新思路，但在实验研究中更难操作并加以验证，这使得当前的研究中三种模式各有拥趸。然而，无论哪种研究，基本证实了社会支持对个体情绪调节、疾病预防、压力排解、群体归属、社会交往、负面生活应对等诸多方面都有积极的意义，这也是社会支持研究不断走向繁荣的重要原因。

（2）社会支持与社会生活

随着社会支持理论应用范围的扩展，人们发现其不仅对个体身心状态有较好的改善作用，而且对个体或群体的客观社会生活发挥着重要的调节作用。通过调整人际关系、社会联结中的物质资源与精神资源并提高其可利用度能够减少人们社会生活中的主客观障碍，特别是以脆弱人群为主要目标的社会支持系统构建能够帮助他们获得更为全面与公平的社会资源与服务。此类研究的重点目前主要集中在社会结构调整、社会冲突化解、社会压力疏导、社会治理优化、犯罪防治等方面，研究对象则多集中于儿童、妇女、老年人、

---

① 宫宇轩：《社会支持与健康的关系研究概述》，《心理学动态》1994 年第 2 期。

② B. Cornwell, "The Dynamic Properties of Social Support: Decay, Growth, and Staticity, and Their Effects on Adolescent Depression," *Social Forces*, 2003, 81 (3): 953-978.

残障人士、贫困人士等脆弱群体。

比如，在犯罪学领域，美国犯罪学家弗朗西斯·卡伦（Francis T. Cullen）进行了社会支持理论的开创性研究，将其应用于犯罪原因分析与犯罪防治工作，并逐渐影响刑事政策与相关公共政策的制定。卡伦认为提高社会支持水平有益于减少犯罪并增强矫正效果。[①] 社会支持往往能够产生单纯依靠刑罚等硬性管理手段无法达到的社会效益，正如德国刑事法学家李斯特所认为的，"最好的社会政策就是最好的刑事政策"[②]。单纯依靠刑罚作用极为有限，社会环境和社会支持是治理之本。社会支持研究的深入使得犯罪学越来越多地将社会环境整治与社会支持系统的结构化配置作为根本的治理手段。

社会支持对脆弱群体的独特功用也得到了大多数研究的证实。与社会控制不同，社会支持具有强烈的文化融合、人文关怀与互助帮扶特点，其对社会治理的强调更加适应现代社会的公平、民主与正义的要求。与国外较为普适的社会支持理论研究不同，国内研究将研究重点更多地放置于弱势群体的社会支持分析与辅助上，显示出浓厚的社会关照色彩。如陈成文的《社会弱者论：体制转换时期社会弱者的生活状况与社会支持》[③]，从社会学的视角审视了社会支持的意义，探讨了社会支持的结构与功能，构建了体制转换时期的社会支持系统，并针对社会弱者提出了可操作性较强的社会支持对策。钱再见的《失业弱势群体及其社会支持研究》[④] 一书从社会学、政治学和伦理学等多个视角提出了失业弱势群体的弱势性及其社会风险，分析了失业弱势群体社会支持网络的断裂，并构建了分层互补的失业弱势群体社会支持体系。一些实证研究也基本验证了社会支持对于弱势人群的作用力。如龚秀全在对上海市静安区老年人进行随机抽样调查的基础上发现，社会支持对老年人医疗服务利用具有显著影响，老年人的自理能力水平对这种影响发挥调节作用。[⑤] 王晓莹和罗教讲基于 2013 年流动人口调查数据，分析得出社会支持中的实际支持而非社交支持对农民工的社会参与有显著影响，社交支持、实际

① Francis T. Cullen, "Social Support as an Organizing Concept for Criminology: Presidential Address to the Academy of Criminal Justice Sciences," *Justice Quarterly*, 1994 (11): 528-559.

② 弗兰茨·冯·李斯特：《德国刑法教科书》，徐久生译，法律出版社，2000，第 22 页。

③ 陈成文：《社会弱者论：体制转换时期社会弱者的生活状况与社会支持》，时事出版社，2000。

④ 钱再见：《失业弱势群体及其社会支持研究》，南京师范大学出版社，2006。

⑤ 龚秀全：《居住安排与社会支持对老年人医疗服务利用的影响研究——以上海为例》，《南方经济》2016 年第 1 期。

支持和社会参与均显著影响农民工的身份认同。① 除此以外，社会支持在教育领域的功能与影响也日益受到重视，后文将对此进行详细论述。

在实践中，社会支持理论极大地促进了社会工作的发展。以社会支持理论为取向的社会工作更注重个体社会资源网络的构建，为社会支持不足的个体提供、补充或扩展网络资源有利于服务对象获得有益的资源供给，并提高自身利用社会网络的能力。惠特克（Whittaker）等人认为，社会支持干预除了能够为特定群体提供直接帮助，还可以通过调整社会支持网络的结构与规模提高他们的社会支持水平，这对于提高社会工作的成效大有裨益。② 据此，有研究者通过入户访谈分析了提高流动人口社会支持水平的社区干预的途径和方法，提出了一种基于不同社会支持维度划分的社区干预模式。③

二 社会支持理论在教育问题中的应用

相对于心理学界、社会学界对社会支持理论多维度、全方位的探讨，教育学界对社会支持的关注相对迟一些，但也形成了较为丰硕的研究成果。特别是在西方学界，社会支持理论被广泛用于教育领域各种问题的分析中，社会支持的教育学研究与心理学、社会学研究架设了相互融通的桥梁。随着量化实证手段的运用，研究者对社会支持与教育相关议题的相关性、拓展性分析日渐深入。近年来，国内学者也关注到这一学术热点，社会支持理论在教育领域的研究价值不断被挖掘，应用范围不断扩大，研究深度也有所扩展。虽然在理论深度、研究方法、实践应用方面仍比较薄弱，但初步形成了具有中国本土特点的研究倾向。更为重要的是，社会支持研究的深入使得教育学逐渐走出传统的思维架设，跳脱出学校、家庭与社会的三分状态，将教育问题的分析与解决放置于政治、经济、社会、文化、教育的多维视野中，并与其他相关学科加强融合与互补，使这种着眼于综合治理的教育策略拥有了更

---

① 王晓莹、罗教讲：《农民工的社会支持、社会参与和身份认同》，《中国劳动关系学院学报》2017 年第 2 期。

② J. K. Whittaker, E. M. Tracy, E. Overstreet, J. Mooradian, & S. Kemp, "Intervention Design for Practice-enhancing Social Supports for High Risk Youth and Families," In E. J. Thomas & J. Rothman (eds.), *Intervention Research: Design and Development for Human Service* (New York: Routledge, 2009), pp. 195–208.

③ 文雅、朱眉华：《探索"社会支持"为本的社会工作干预——以上海流动人口聚居区社会服务为例》，《华东理工大学学报》（社会科学版）2016 年第 2 期。

为广阔的发展前景。通过对国内外已有相关研究的整理分析，我们发现社会支持理论主要应用于以下教育领域。

1. 社会支持与学习动机

社会支持理论一诞生就与心理学深度结合，这使得教育心理学领域关于学生精神健康、学习动机、学习压力、学习倦怠等议题的研究避不开对社会支持要素的分析。其中，国内外学者以定量方式对社会支持与学习动机的相关性进行了多种验证。例如，1998 年，温策尔（Wentzel）调查了 167 名六年级学生的学习动机与社会支持的关系后发现，感知的父母支持、教师支持与同伴支持对其学习动机的影响取决于支持的来源与激励的结果。同伴支持影响亲社会的学习动机，教师支持影响预测兴趣与社会责任两种动机，父母支持则是与学校有关的兴趣和目标导向的动机的影响变量。[1] 又如勒高特（Legault）等人在对高中学生缺乏课堂学习动机的原因探索中试图分析社会支持发挥的作用，该研究为建立社会支持（来自家长、教师和朋友）、动机和学术成果（如学业成就、学术自尊、辍学意愿）之间的关系模型提供了证据。[2] 国内也有学者对学习障碍学生的社会支持、学习动机与学业成绩的关系进行测量验证，结果发现普通学生对社会支持的寻求显著高于学习障碍学生；学习障碍学生和普通学生的社会支持和学习动机之间存在显著差异，社会支持和学习动机两者的交互作用显著；社会支持对学习动机有直接的影响，而社会支持需要通过学习动机因素间接影响学业成绩。[3] 这些将社会支持应用于学习动机的研究有助于更好地了解学生学习动机的形成机制，并为通过社会支持引导与调动学习动机、提升学习成效提供了重要参考。

2. 社会支持与学习压力

社会支持理论对人们生活中面临的压力有着天然的关注，学习压力作为青少年生活压力的重要来源对其身心健康与学业表现影响重大。对社会支持与学习压力的关系进行探究也是国内外教育心理学研究的一个热点。比如，

---

[1]　Kathryn R. Wentzel, "Social Relationships and Motivation in Middle School: The Role of Parents, Teachers, and Peers," *Journal of Educational Psychology*, 1998, 90 (2): 202-209.

[2]　Lisa Legault, Isabelle Green-Demers, & Luc Pelletier, "Why Do High School Students Lack Motivation in the Classroom? Toward an Understanding of Academic Motivation and the Role of Social Support," *Journal of Educational Psychology*, 2006, 98 (3): 567-582.

[3]　石学云：《学习障碍学生社会支持、学习动机与学业成绩的关系研究》，《中国特殊教育》2005 年第 9 期。

有学者对 143 名国际学生的生活压力、学业压力、感知社会支持与对压力的反应四个方面的关系进行了结构方程模型构建。结果表明，较高的生活压力和较低的社会支持水平预示着强度更高的学业压力。[1] 雷尔（Rayle）和钟（Chung）对 533 名一年级本科生进行了性别、交友、大学环境、朋友和家庭社会支持与学业压力的关系调查后发现，朋友的社会支持对其看法影响最大，而对大学的看法则是影响其学业压力的最大因素，同时探讨了如何减轻一年级本科生的学业压力并增强其社会支持的影响。[2] 一项学生压力调查问卷考察了非裔美国大学生的自尊、社会支持、学校种族构成、年龄和性别之间的关系。结果发现，被试大学生最重要的 5 个压力源是家庭成员的死亡（个人压力）、学业等级低（学术压力）、时间管理（学术压力）、男友/女友问题（人际压力）及缺课（学术压力），并且几乎所有学生的自尊、社会支持与压力都有显著的相关性。[3] 国内也有一些相关研究，如李西营等人利用多种量表与问卷对 260 名大学生进行了学习倦怠和控制点、学习压力及社会支持的关系研究，发现控制点在学习压力和学习倦怠之间具有调节作用，控制点通过社会支持影响学习倦怠。[4] 刘在花和毛向军对 543 名在职研究生进行了问卷调查，重点考察了社会支持与学习压力、学习倦怠之间的关系，结果显示，不同年龄、不同工龄、不同工作单位的在职研究生学习倦怠存在显著差异，社会支持在学习压力与学习倦怠之间发挥调节作用。[5]

3. 社会支持与学校适应

学校适应是学生与学校环境互动的感受与实际结果，不同群体学生对学校学习、生活的适应问题一直是备受关注的研究课题。国内外大量研究表明，

[1] Ranjita Misra, Melanee Crist, & Christopher J. Burant, "Relationships among Life Stress, Social Support, Academic Stressors, and Reactions to Stressors of International Students in the United States," *International Journal of Stress Management*, 2003, 10（2）: 137–157.

[2] Andrea Dixon Rayle & Kuo-Yi Chung, "Revisiting First-Year College Students' Mattering: Social Support, Academic Stress, and the Mattering Experience," *Journal of College Student Retention Research Theory & Practice*, 2007, 9（1）: 21–37.

[3] Feven Negga, Sheldon Applewhite, & Ivor Livingston, "African American College Students and Stress: School Racial Composition, Self-esteem and Social Support," *College Student Journal*, 2007, 41（4）: 823.

[4] 李西营、宋娴娴、郭春涛：《大学生社会支持、控制点及学习压力与学习倦怠的关系研究》，《中国临床心理学杂志》2009 年第 3 期。

[5] 刘在花、毛向军：《学习压力对在职研究生学习倦怠的影响：社会支持的调节作用》，《中国特殊教育》2013 年第 1 期。

包括家庭、同伴、学校、社会等在内的支持系统在很大程度上影响着学生能否在参与学校互动的过程中产生愉悦并获得学业成功。有学者研究了482名六年级、七年级和八年级学生的学校压力、社会支持和学校适应问题。结果表明，较高的学术压力和较少的家庭成员情感支持与较低的学术自我概念有关。同伴支持度越低、同伴压力越大，则社会自我概念越低。来自家庭的情感支持缓和了同伴压力对抑郁情绪的影响。家庭之外的成年人提供的问题解决型支持缓和了青少年学校适应的压力。[1] 另一项研究分析了不同族裔1479名学生的教师支持、同伴支持和家长支持与其学校参与的关系，发现不同来源的社会支持所发挥的作用不尽相同，比如同伴的社会支持比教师的社会支持更有力地预测青少年的学校依从性和学校认同。[2] 此外，一些学者对社会支持与学校文化适应的关系进行了考察。如一项研究对来自美国不同大学的141名国际学生进行了社会支持、人口统计变量和文化压力适应的调查。结果表明，社会支持和英语能力对学生的文化压力产生了独特的影响，与非裔美国人交往的学生和来自亚洲国家的学生或其他群体相比，有更多的文化压力。[3] 国内研究中关于社会支持与学校适应的实证调查也有不少。安芹和李旭珊对368名大学新生的学校适应与家庭功能、社会支持及应对方式的关系进行了调查研究，发现家庭功能不仅直接影响大学新生的学校适应，还通过社会支持、应对方式产生间接影响，证明了社会支持和应对方式在家庭功能与大学新生的学校适应的关系中起中介作用。[4] 丁芳等人调查了初中流动儿童在内隐群体偏爱、社会支持上与北京本地儿童之间的差异，并探讨这两种变量对流动儿童学校适应的影响。[5] 结果表明，流动儿童在父亲、教师以及同性朋友的社会支持上显著差于本地儿童；同时在对流动儿童学校适应的影响上，社会支持的

① M. Wenz-Gross, G. N. Siperstein, A. S. Untch et al., "Stress, Social Support, and Adjustment of Adolescents in Middle School," *Journal of Early Adolescence*, 1997, 17 (2): 129-151.

② Wang Ming-Te & J. S. Eccles, "Social Support Matters: Longitudinal Effects of Social Support on Three Dimensions of School Engagement From Middle to High School," *Child Development*, 2012, 83 (3): 877-895.

③ S. Poyrazli, P. R. Kavanaugh, A. Baker et al., "Social Support and Demographic Correlates of Acculturative Stress in International Students," *Journal of College Counseling*, 2004, 7 (1): 73-82.

④ 安芹、李旭珊:《大学新生学校适应与家庭功能、社会支持及应对方式》,《中国心理卫生杂志》2010年第10期。

⑤ 丁芳、吴伟、周鋆、范李敏:《初中流动儿童的内隐群体偏爱、社会支持及其对学校适应的影响》,《心理学探新》2014年第3期。

主效应显著，内隐群体偏爱和社会支持的交互作用显著；高内隐群体偏爱组中，高社会支持流动儿童的学校适应优于低社会支持流动儿童。董增云在对大学生社会支持与学校适应的关系调查中加入了人格特征的变量，发现大学生学校适应总分及各维度与社会支持总分及各维度呈显著正相关，人格特征影响社会支持并作用于大学生学校适应。[①] 这些研究有助于深入了解社会支持在学校适应中的作用机制，也为如何增进社会支持以促进个体学校适应提供了重要依据。

4. 社会支持与学业成就

在教育心理学与教育社会学领域，社会支持与学业成就的关系是研究者关注的热点问题。人们借助各种量化与质性方法，发现社会支持对不同年龄阶段青少年的学业成就或学习失败发挥着重要作用。一项研究探究了青少年获得的社会支持是否与他们的数学和阅读程度有关。该研究的数据来自对 304 所芝加哥公立小学的 3 万名六到八年级学生所进行的社会支持调查，结果认为，社会支持在一定程度上影响着学业状况，同时这种关系受制于学生的学术压力。[②] 另一项研究则考察了 340 名希腊小学生的校外计算机体验、使用电脑的感知社会支持以及他们计算机学习的自我效能和价值观念的关系。结果发现男孩的父母和同龄人更多地支持使用电脑，男孩比女孩有着更积极的使用电脑的自我效能和价值观念。[③] 有研究者针对 60 名九年级学生调查了与学业成就相关的两个因素——文化适应和社会支持，发现女孩的平均成绩点数更高，并感知到更多的社会支持，而男性更容易受到文化的影响。[④] 这些研究结果为了解学习过程中社会支持的性别差异并进行适当的教育干预提供了参考依据。还有一些研究专门探讨了某种社会支持对学生学校表现的影响。

① 董增云：《大学生人格特征、社会支持与学校适应的关系》，《中国临床心理学杂志》2010 年第 5 期。

② Valerie E. Lee & Julia B. Smith, "Social Support and Achievement for Young Adolescents in Chicago: The Role of School Academic Press," *American Educational Research Journal*, 1999, 36（4）：907–945.

③ Vekiri A. Ioanna & Chronaki B. Anna, "Gender Issues in Technology Use: Perceived Social Support, Computer Self-efficacy and Value Beliefs, and Computer Use Beyond School," *Computers & Education*, 2008, 51（3）：1392–1404.

④ Eric J. López, Stewart Ehly, & Enedina García-Vásquez, "Acculturation, Social Support and Academic Achievement of Mexican and Mexican American High School Students: An Exploratory Study," *Psychology in the Schools*, 2010, 39（3）：245–257.

比如，有研究者对 910 名儿童进行考察发现，教师支持可能会降低孩子在学校失败的风险。[①] 另一项研究在对 6 所小学的 282 名三年级学生调查后认为，社会情绪能力和社会支持在学术技能习得的关键时期对学术轨迹有很大的影响，并建议用以提高弱势学生成绩的干预措施应该特别关注社会情绪能力和课堂气氛，特别是教师对学生的支持。[②] 还有学者通过对 418 名本科生样本的研究发现，父母的社会支持显著影响了大学生的大学平均成绩点数。[③]

国内的此类研究也有一定数量的积累，如石学云运用社会支持评定量表和学习动机量表对初中学习障碍学生的社会支持和学习动机进行测量，并对其与学业成绩间的关系进行了分析。结果发现，学习障碍学生和普通学生的社会支持和学习动机之间存在显著差异，社会支持对学习动机有直接的影响，而社会支持需要通过学习动机间接影响学业成绩。[④] 郭雯婧和边玉芳对杭州市 2519 名初二学生进行调查后认为，相比父母和教师的支持，同伴支持对其学习成绩的影响更大，学业自我概念在社会支持与学习成绩间起中介作用并存在性别差异。[⑤] 叶宝娟等人运用多种量表和问卷对 1687 名青少年进行了研究，结果显示，领悟社会支持能够提升青少年的学业成就，应对效能对领悟社会支持与学业成就的关系具有中介效应。[⑥] 越来越多的研究证实了社会支持对青少年学业成功或失败发挥着内在作用，但具体的作用效果与作用方式因族群、性别等有所不同，并且社会支持的影响力

[①] Bridget K. Hamre & Robert C. Pianta, "Can Instructional and Emotional Support in the First-Grade Classroom Make a Difference for Children at Risk of School Failure?," *Child Development*, 2005, 76 (5): 949-967.

[②] M. J. Elias & N. M. Haynes, "Social Competence, Social Support, and Academic Achievement in Minority, Low-Income, Urban Elementary School Children," *School Psychology Quarterly*, 2008, 23 (4): 474-495.

[③] Carolyn E. Cutrona, Valerie Cole, Nicholas Colangelo, Susan G. Assouline, & Daniel W. Russell, "Perceived Parental Social Support and Academic Achievement: An Attachment Theory Perspective," *Journal of Personality and Social Psychology*, 1994, 66 (2): 369-378.

[④] 石学云：《学习障碍学生社会支持、学习动机与学业成绩的关系研究》，《中国特殊教育》2005 年第 9 期。

[⑤] 郭雯婧、边玉芳：《初二学生感知到的社会支持与学习成绩的关系——学业自我概念的中介作用》，《心理科学》2013 年第 3 期。

[⑥] 叶宝娟、胡笑羽、杨强、胡竹菁：《领悟社会支持、应对效能和压力性生活事件对青少年学业成就的影响机制》，《心理科学》2014 年第 2 期。

往往需要借助学习动机、自我概念、社会情绪、应对效能等心理机制的中介传导作用。这些愈加细致化的研究为提高学习效率、取得学业成功和预防学业失败提供了更具针对性与实用价值的对策建议。

5. 社会支持与教育持续性

社会支持在保持教育持续性和防止教育中断方面有着独特的意义。比如马林克罗特（Mallinckrodt）考察了 101 名白人学生与 42 名黑人学生的大学教育持续性与从校园、家庭所获得的社会支持。调查结果表明，校园社区的同伴支持对黑人学生来说至关重要，而家庭支持对白人学生来说是最重要的。① 拉嘎纳（Lagana）在对一所高中的低收入、内城、非洲裔青少年辍学风险的研究中特别关注了家庭与社会支持变量，结果表明，家庭凝聚力、成人支持和同伴支持是重要的预测因素。② 宝拉（Paula）等人的研究将社会支持的概念用于分析 34 名一年级大学生决定是否离开大学的过程，发现朋友支持是大学教育持续性的必要条件，导师支持在提供帮助、信息和评估支持方面也有重要作用。③ 国内研究对这一领域也有所涉猎，如中央民族大学的一项研究从社会支持的视角分析民族贫困地区辍学青少年的脱嵌机制，发现家庭情感支持弱传递、学校专项支持弱支持、社会服务支持弱深入等致使他们过早放弃学业。④ 相比国外研究特别关注大学生的教育持续性与顺利毕业问题，国内研究则倾向于重视弱势群体义务教育阶段的教育中断，但对其中社会支持的影响力研究还不充足。

6. 社会支持与教育决策

社会支持在青少年及其家庭的教育决策中所发挥的作用也开始引起学界的注意。也就是说，人们在教育过程中面临各种选择时，社会支持在多大程度上会影响他们的最终决定，这是一个值得探寻的议题。如一项研究

① B. Mallinckrodt, "Student Retention, Social Support, and Dropout Intention: Comparison of Black and White Students," *Journal of College Student Development*, 1988, 29 (1): 60-64.

② M. T. Lagana, "Protective Factors for Inner-City Adolescents at Risk of School Dropout: Family Factors and Social Support," *Children & Schools*, 1998, 26 (4): 211-220.

③ Wilcox Paula, Sandra Winn, & Marylynn Fyvie-Gauld, "'It Was Nothing to Do with the University, It Was Just the People': The Role of Social Support in the First-year Experience of Higher Education," *Studies in Higher Education*, 2005, 30 (6): 707-722.

④ 原子茜、苏德：《社会支持与自我实现：民族贫困地区辍学青少年复学机制探析》，《民族高等教育研究》2022 年第 3 期。

调查了 98 名非洲裔美国本科生为什么坚持选择以白人为主的大学，结果认为社会支持与大学舒适度是最强大的预测因素。[①] 奥斯曼（Othman）等人评估了一所马来西亚公立大学学生的感知社会支持、学术自我概念、上大学的决策与教育目标，结果发现家庭成为对受访者影响最大的社会支持来源。[②] 国内关于社会支持与决策的研究也有一定积累。但与国外类似的是，相关的决策研究大量集中于社会支持对职业决策、生活决策的影响分析，较少关注其对教育决策发挥的作用。相关研究散见于对教育决策与教育选择过程中家庭、学校等因素的分析中，尚未将这一问题放置于社会支持的框架内加以探讨。

总体来看，对于社会支持理论在教育领域中的应用，国内外研究的侧重点和精细度虽有所不同，但基本可以证明社会支持对各类学校教育状况几乎都发挥着作用，只是其中有直接作用也有通过中介性因素发挥的间接作用。社会支持的融合与充盈有助于青少年树立健康的学习心理和增强学习能力，社会支持的匮乏或缺失会造成青少年教育过程中的各种障碍，社会支持的补充与调节对于弱势群体提高自身学习效能与扩大教育选择权意义重大。

三 社会支持理论对农村家庭高等教育需求与获得问题的启示

作为一种新兴的社会科学理论，社会支持在教育理念、教育主体、教育手段、教育机制等诸多层面与传统的教育需求满足模式有较大的不同。社会支持理论在解决高等教育需求的分析、良构与满足等问题时带来了新的视角。其最突出的特点在于发动性强、普适性广、整合力大和见效性根本，同时可以和社会学、教育学、心理学等学科的多种相关理论相互融通，增强自身的理论解释力与实践效能。

1. 社会支持：高等教育需求研究的深度扩展

在高等教育需求研究的理论层面上，社会支持理论没有停留在某种学

① Alberta M. Gloria, Robinson Kurpius, E. Sharon, Kimberly D. Hamilton, & Marica S. Willson, "African American Students′ Persistence at a Predominantly White University: Influences of Social Support, University Comfort, and Self-beliefs," *Journal of College Student Development*, 1999, 40 (3): 257-268.

② N. Othman, F. Noordin, N. M. Nor, Z. Endot, & A. Azmi, *Social Support, Academic Self-Concept, Education Goals, Academic Aspiration and Decision to Study Among Residential Students of a Malaysian Public University* (Springer Singapore, 2016), pp. 437-446.

科领域的固定视角中，而是具有显著的跨学科研究色彩。在第一章中，本书分析了高等教育需求研究的几种理论取向，无论哪一种理论取向都倾向于在学科框架内探讨高等教育需求的产生与满足，如对个体参与高等教育的动机、意愿或期望的损益状态更感兴趣，而较少关注外部因素施加的影响，特别是客观因素与个体生理、心理交互产生的多重影响。经济学擅长从人力资本与消费行为等方面分析高等教育需求的经济因素，但仅从此单一因素入手无法完整地解释个体高等教育需求的产生，也难以全面满足高等教育获得的诸多要件；传统的教育学视野在教育制度、教育政策调控、教育资源的城乡分配、中小学教育对高等教育需求的影响分析等方面具有许多天然的优势，但较为局限于教育系统内部的研究，而相对忽视了外部社会环境的作用力；社会学研究的视角相对较广，但如果未能与其他学科研究形成融通或合作，会极大地限制其研究的广度与深度。社会支持本身即一种跨学科理论，它几乎包含了影响个体高等教育态度、看法、行为、选择与获得的所有要素，能够有效贯通各学科的研究特点、研究取向与研究优势，极大地增强了高等教育需求研究的全面性和系统性。同时，在价值诉求上，社会支持追求的是社会系统对个体或群体的主客观支撑，尤其强调公平正义理念以及对弱势群体的补偿性支持，具有强烈的人文关怀色彩。这为研究并制定针对农村不利家庭的高等教育需求与满足策略提供了新的思路。

2. 社会支持：高等教育获得实践的全面指引

社会支持理论除了在学术探讨上有助于人们更好地理解农村家庭高等教育需求状况，更重要的是能在具体实践中给予农村家庭更多选择与获得高等教育机会的可能性。以往的高等教育机会均等机制大多停留在教育系统内部的调控。如学校教育资源的分配、招生考试制度的调整等，社会参与极度匮乏，特别是对于社会资源短缺的农村学子来说，几乎都在依赖学校教育的支持。社会支持不足使得他们在获取学习动机与学习资源的过程中不断面临重重障碍，造成他们学业成就不高，甚至弃学厌学，既难以形成理性的高等教育需求，也无法获得并选择合适的高等教育机会。社会支持理论倡导各类社会支持主体的共同参与，主张多种社会支持行为与手段的互补互促，为社会多元主体支持农村弱势群体的高等教育获得提供了多样化的机制。社会支持理论有助于从社会、学校、家庭等多个方面指导微观层面的教育实践，通过为农村弱势人群提供社会支持的方式，防范教育机会不公的风险，运用心理疏导、经济帮扶、学校配置、家庭指导、社区服务等多种具体机制发挥实效。更为重要的是，从实践效果来看，社会支持反对突击性、短效性地满足某一部分人的高等教育需求，而是致力于长期性、根本性地解决高等教育需求及其满足的不均等问题，建立公平竞争高等教育机会的良性秩序，这使得社会支持理论的应用显示出更有效、更长远的现实指导意义。

第二节 碎片化：农村家庭高等教育需求的社会支持现状

一 中国农村家庭的社会支持网络

费孝通先生在对比传统社会与现代社会时，将传统的农村社会结构总结为"差序格局"，即以宗法群体为本位，在血缘、地缘、亲缘基础上形成以亲属关系为主轴的同心圆波纹性质的网络关系。"在差序格局中，社会关系是逐渐从一个一个人推出去的，是私人关系的增加，社会范围是一根根私人联系所构成的网络。"[①] 在这种网络架构下，农村家庭、家族、宗族成为个体最强有力的外部支持来源。同时由于近代以前中国"皇权止于县政"的基本政治安排，国家与农村、农民之间的关系弱化，直接关联十分有限，也使得农村民众获得的社会支持仍以非正式支持为主，并显示出强烈的地方性色彩。可以说，传统农村社会的社会支持网络与城市社会（或称现代社会）有着截然不同的特点。但随着我国以工业化与城市化为特征的现代化进程开始加速以来，社会结构经历了巨大的历史变迁，城乡二元分化日益显著，农村地区面临前所未有的社会关系结构与模式的转换。

斐迪南·滕尼斯在1887年的经典著作《共同体与社会》中使用了"共同体"一词用以分析当时的乡村社会（"亲密社区"）。[②] 他认为，在工业化或城市化社会（"社会"或"非个人联盟"）中，乡村生活的个人纽带、家庭联系和长达一生的友谊关系逐渐被短期关系、个人成就和自我利益取代。他的这一描述与中国农村社会当前所面临的转型期十分契合，在农村

---

① 费孝通：《乡土中国·乡土重建》，北京联合出版公司，2018，第30页。
② 斐迪南·滕尼斯：《共同体与社会》，林荣远译，商务印书馆，1999。

地区从熟人社会向现代社会转换的过程中，传统乡村社会关系与伦理秩序开始瓦解，以契约等为主要媒介的现代新型社会关系尚未确立。农村成员的归属感和认同感日益弱化，在对待家庭、生产、生活、教育、择偶等各种重大人生问题时无论其内心支撑还是客观支持都更易失去方向或发生动摇。

更加突出的问题是，随着农村劳动力快速涌入城市，产生了大量流动家庭与留守家庭，使得原有的农村家庭生存和生态环境出现重大变化，他们以往依赖的社会支持来源越来越难以发挥作用。那些解决家庭发展困境的传统手段和方式开始退出舞台，国家和社会组织的力量越来越多地深入农村基层。由于地域的转变，亲朋好友、邻里乡亲等天然的内生支持相对淡化，对国家、组织机构等提供的外在正式支持的需求大幅增加，公益性社会支持的加入也打破了以个体社会关系网络为特征的单一社会支持格局。总体来看，我国农村家庭的社会支持网络是转型期农村社会结构基础上的一种特有关系形态，这种形态在支撑各个农村家庭面临的精神与物质需求时，既与传统社会以亲缘、地缘为基础的的纯自发型社会交往不同，也尚未真正整合国家、社会的多元支持力量，具有结构性缺失和功能性不足等特点，亟待构建适应农村社会发展需要的新型社会支持体系。

二　农村家庭高等教育需求与获得的社会支持

农村家庭高等教育需求的产生与满足有赖于一系列主客观因素的综合作用。从本书的主体部分分析可以看出，在这个复杂的过程中，除了个体自身的努力和自主选择外，更多的高等教育获得结局因差异化的资源要素和社会支持而有所不同，家庭、学校、社会、政府等都在暗自施加着各自的影响力。当前中国农村家庭高等教育需求与获得所需的社会支持呈现以下几方面特点（见表6-1）。

表6-1　农村子女高等教育需求与获得的社会支持

类别	来源	形式	关系特征
经济性支持（如学费、住宿费、物质性教育资源等）	家庭（主要为父母）	非正式	强关系
	政府（政策性扶助等）	正式	弱关系
	学校	正式	弱关系
	社会组织	正式	弱关系

类别	来源	形式	关系特征
社会性支持 （如人际网络、家庭教育方式、 师生互动、学校联系、同伴关 系、邻里社区关系等）	家庭	非正式	强关系
	亲友	非正式	强关系
	邻里	非正式	强关系
	同伴/同学	非正式	强关系
	学校/教师	正式/非正式	弱关系/强关系
	社区	正式	弱关系
文化性支持 （如文化教育产品与消费、文 化知识传递、教育氛围、语言 惯习、文化思维等）	家庭	非正式	强关系
	亲友	非正式	强关系
	邻里	非正式	强关系
	同伴/同学	非正式	强关系
	学校/教师	正式/非正式	弱关系/强关系
	社区	正式	弱关系
	政府	正式	弱关系
	社会组织	正式	弱关系

1. 社会支持规模较小，来源单一

高等教育对农村家庭来说是一项需要大量投入的投资项目，其选择与实现需要较大规模与较高质量的社会支持。大多数农村子女的求学过程会面临社会支持网络整体规模偏小、社会支持资源匮乏等困境。农村孩子的教育支持主要来源于父母、同伴与教师，但与城市子女相比，这些支持性来源存在不少缺陷。农村父母对子女教育鲜有明确的规划，所能提供的物质条件、经济资源和文化资源比较有限，加之留守家庭与流动家庭的特殊处境，使得家庭支持的总量与质量远远不足；农村孩子的同伴交往虽然紧密，但伙伴间的教育影响常常相当隐蔽且亟待正面引导；教师作为农村学生的重要教育支持主体发挥着强大的影响力，但由于农村学校教育资源、师资水平和教育理念的相对滞后，尚未能较好地弥补其他支持主体的不足。贫乏且单一的社会支持来源使农村孩子能够依赖的外部教育资源与教育刺激都十分有限，进而影响着他们的学业成就、教育动机与高等教育机会。

2. 社会支持主体力量失衡，正式支持主体未能发挥补给作用

农村家庭高等教育需求的社会支持主体也就是用于催发理性的高等教育需求并为其实现提供保障的社会支持的提供者，既包括家庭、亲友等非正式支持主体，也包括政府、学校、社会组织等正式支持主体。当前农村孩子的学业支持大多来自两方面，一是非正式支持系统，如家庭的经济性

支持、父母的支持鼓励、亲朋邻里的导向、同伴的效仿影响、师生关系等；二是正式支持系统中的学校支持和教育政策，如教育资源配置、教学理念引导等。在追逐高等教育的过程中，农村孩子获得的社会支持存在明显的主体失衡和受益不均。特别表现为非正式支持主体的教育能力不足、政府支持力度有限和社会组织的严重缺位。家庭与亲朋好友等提供的非正式支持在农村孩子的教育过程中发挥着不可替代的作用，但随着农村劳动力的大量外出，流动家庭在很大程度上断裂了原有社会关系的教育保障功能，减少了可利用的非正式支持；留守家庭则因父母角色的缺位动摇了农村家庭的教育功能，留守子女面临更多的照料、精神支持与教育辅助缺失。在这种新形势下，正式支持主体未能积极干预并发挥教育补给作用：制度性支持偏重宏观安排、硬性手段和物质环境营造，缺乏个性化、基层化和软环境的支持性配置；本应为农村孩子提供专业性帮助的社会组织十分薄弱且零散化，严重缺乏整合力与渗透性，尚未真正形成介入农村子女教育问题的社会工作者队伍。

3. 社会支持亲密度高，但异质性低

以亲朋邻里为主要支持来源的农村社会，长期以来保持了较为传统的人际交往方式和问题解决策略，使得其社会支持呈现较高的亲密度。在高等教育的选择和追求过程中所需的经济资本和社会资本都较大程度地依赖这种亲密关系。这是由农村的血缘性、聚居性和封闭性等特征决定的。随着农村社会转型加快，原有的社会支持形式出现了至少两方面的问题：一是人口流动的加剧破坏了原有社会支持的联系性与亲密度，以往较为宽广的族亲网络急剧缩小，影响力也不断下降，子女教育问题更多地成为父母与子女需要面对的独立私人事务；二是高等教育需求与满足的社会支持来源具有明显的同质性特征，即农村孩子所能获得的社会支持往往来自相似阶层、相似职业、相似文化程度的人际交往圈，教育支持亟待多样化补偿。有研究显示外出务工家庭在丧失原有社会支持时会倾向于组建新的社会支持，但其依然主要停留在同乡、亲友的聚集交往上，难以扩大有益于子女教育的社会支持框架。

4. 教育性社会支持利用率低，成效不明显

在新形势下，农村家庭的社会支持网络面临诸多挑战。除了总体规模和质量的不足以外，更为关键的问题是用于教育事务的社会支持过少，且

利用率较低。教育事务，特别是高等教育决策与获得需要仰赖社会资本与文化资本的积累。相比之下，农村子女获得的非正式支持大多停留在较低层次，如在经济援助、生活照料、打工介绍、配偶选择等方面，父母、乡亲、邻里发挥着重要作用，但对于高等教育的指导与帮扶则有心无力。从正式支持来源来看，城乡学校教育资源配置仍严重不均，农村学生获得的教育安排质量不高且多为按部就班的非个性资源。对广大农村家庭而言，政府和社区提供的部分教育政策、教育设施与教育扶助知晓率低、利用率差，成效也不显著。如调查中发现，很多农村家庭对高等学校奖助贷政策、农村学生专项招收计划等重要的高等教育政策不甚明了，影响了其高等教育需求及决策。又如不少农村社区设立了图书室等教育设施，但存在长期闲置、无人利用等问题。如何增进农村家庭的教育性社会支持并提高其利用率是促进城乡高等教育机会均等亟待解决的难题。

5. 社会支持缺乏系统性与教育合力

对于中高阶层的城市家庭而言，子女接受高等教育不仅是必要的家庭策略，还是可以多方面参与运作的重要事务。父母及其关系网络、学校、社区和社会机构能够为城市孩子提供多样化、有选择性的教育支持。农村家庭则不然，大量家庭不仅缺乏广泛的社会支持来源和丰富的教育支持内容及手段，还面临更多的冲突与纠结。比如，在初中毕业时，很多农村孩子要面临升学与就业的选择，在农村的社会环境中经常会有舆论认为成绩不佳的情况下就业也许比升学更优，打工性的社会支持也比教育支持更多，这极大地影响了家庭的教育决策。此外，目前农村家庭所拥有的教育性社会支持十分零散且缺乏专业性，父母教育规划能力不高，学校教育未能与家庭教育形成合力，社会组织补充力过低，社区作用尚未兴起。加之各种经济、文化、社会因素的限制，各类社会支持主体在农村孩子追求高等教育的过程中处于各自为战并时常悖逆的局面，使其无法理性地认识和获得适合自己的高等教育。

第三节 农村家庭高等教育需求的社会支持系统框架

基于当前我国农村家庭高等教育需求产生与满足的客观现实与困境，为其建立互动式、立体化、全方位的社会支持系统十分迫切。我们认为，农村家庭高等教育需求的社会支持系统是以农村家庭及学生个体为本体，关注与之相关联的人或组织对其高等教育需求、决策及最终获得的影响的互动型网络框架，对这一系统的构建至少应厘清以下几方面内容。

一 构建农村家庭高等教育需求的社会支持系统的意义

从已有研究来看，社会支持对个体追求高等教育过程中的态度、看法、行为、选择与获得的诸多环节都发挥着重要作用。构建农村家庭高等教育需求的社会支持系统不仅是要了解农村学生及其家庭对高等教育的需求与最终选择的发生背景和发展过程，更重要的是在他们面对各种教育问题与决策彷徨时给予其缺失的辅助与支持。这一支持系统的构建不应该仅局限于自然生成的人际关系网络，也不应该仅满足于蜻蜓点水般的教育资助，其是对城乡高等教育机会均等发挥根本性作用的支持体系。

一方面，农村家庭高等教育需求的社会支持系统有助于农村家庭树立更加理性的高等教育观，有助于农村学子获得更加专业适切的教育支持，保障其不因家庭或所在地区的先赋性不足而拉大与其他社会成员的教育差距。人们对高等教育的认识与需求通常是自身的客观状况与外界看法、社会支持等综合作用的结果。遗憾的是，在社会支持单一乃至缺失的情况下，很多农村家庭对子女的教育期盼不够理性，要么是教育动力不足，要么是缺乏根基的理想主义。同时，面对社会经济文化地位的不利情势，农村家庭的教育努力缺少着力点与选择性，使得农村子女的高等教育道路常常面临更多曲折与困难。社会支持系统的构建有利于弥补高等教育信息与资源的内外部不足，可以改善农村家庭内外部的社会联结，减轻农村家庭在教育场域中的压力，提升农村学子的学业效率与教育动机，对最终降低城乡高等教育资源与获得的先天不均有积极作用。

另一方面，农村家庭高等教育需求的社会支持系统与以往零散的教育性措施相比更具有整合性、有效性、长远性与根本性。从整合性上看，社会支持系统的构建致力于统整现有的教育支持政策，通过与转型期农村社会经济改革的全局相连接，强调家庭、学校、社区、政府、社会组织等多方力量的协调配合，力图打破原来"单线作战"的局限。从有效性上看，社会支持系统多元主体的参与能够更好地对农村教育资源进行统筹，不仅有利于农村整体教育氛围的营造，还有利于催化理性的农村高等教育需求，提高农村家庭社会支持网络的开发与利用能力，并为其高等教育获得提供更为公平与扎实的竞争前提。从长远性上看，社会支持系统虽不反对短时性的教育扶助措施，但更注重良性互动的长效机制的建立，特别是在物质类直接经济支持和入学加分等直接干预政策之外，重在培育农村家庭及其子女对高等教育的理性观念，并增强农村家庭对内外部教育资本的运作能力，使未来城乡居民的科学教育意识与教育水平走向均等化。从根本性上看，社会支持系统的目标不在于直接增加农村学生在高等院校中的比例，而立足于提高农村家庭教育选择能力与农村学生学业成就两大重点。一是通过对农村家庭对待子女教育问题特别是高等教育选择时的困惑分析，为其提供多方位的社会支持手段，提高农村父母参与子女教育过程与高等教育选择的积极性与支持能力。二是通过家庭、学校、社会等各方努力不断提高农村学生的学业成就和整体素质，为其高等教育获得乃至未来人生选择提供更广阔的空间。因此，以充分发挥农村"人"在高等教育获得过程中的自主地位为特征，融合教育政策、家庭政策、社会政策、文化政策等于一体的社会支持系统有助于从源头入手解决当前农村复杂形势下的教育困境。

二　农村家庭高等教育需求的社会支持目标

建立农村家庭高等教育需求的社会支持系统，必须明确社会支持的目标（见图6-1）。本书所倡导的社会支持，其目标不是盲目推升农村家庭的高等教育需求和期待，也不是人为地干预农村子女的高等教育入学比例，而在于帮助农村子弟在接受教育的过程中尽可能减少不利家庭背景等先赋条件的影响，能够更从容、更理性地选择自身的发展道路。教育包括高等

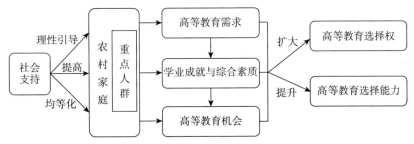

图6-1　农村家庭高等教育需求的社会支持目标体系

教育的本质价值在于立德树人，能否上大学以及能否上好大学不应成为衡量农村人才的唯一标准。为每个农村孩子营造良好的、公平的外部环境，使其根据自身发展的实际需要获得充足的教育选择权和选择能力，这样人尽其才、物尽其用的社会支持系统才是健康的、有序的。反观之，消极被动的学习动机、责任游离的家庭教育、无力困顿的学校教育、过度追捧或贬抑高等教育的社会导向等正是这一社会支持系统必须征伐的痼疾。

1. 理性引导农村家庭的高等教育需求

建立农村家庭高等教育需求的社会支持系统，首要重点目标就是激发农村教育主体的理性教育需求。第二章的分析显示，我国农村家庭的高等教育需求反映出明显的有限理性、低调适性和抑制性特点。工具理性在农村家庭的高等教育需求中得到最大限度的发挥。农村父母及其子女往往将教育潜在的经济收益和社会身份转换功能视为教育需求的催化剂，而将经济损耗、机会成本、考试失败风险、毕业就业困难等视为教育需求的抑制性因素。价值理性在他们的高等教育考量中常常处于缺位状态，人们关注农村孩子从教育中获得的知识、技能和考试分数，而忽略了他们的学习品质、个性创造和内在需要。对高等教育的知之甚少使得"上大学"成为一项急功近利的考试活动，农村父母们盼望着"镀金"后的孩子能够拥有更好的社会敲门砖，而几乎不怎么关心高校和专业的具体信息及其与子女的兴趣能力是否匹配等问题。重工具而轻价值的高等教育需求导向本质上忽略了人的培养才是教育的终极价值，从长远来看并不利于农村学子的健康和可持续发展。理性的高等教育需求应兼顾工具理性与价值理性两方面，从自身的现实需求和内在价值出发去综合规划和考量是否进行教育晋级、如何选择职业教育与普通教育、如何选择专业和职业发展方向等一系列问题，而非盲从社会流行观念的支配，无目的地为孩子选择一条模糊的教育道路。为此，全社会应共同营造一种理性的教育生态环境，政府、学校和社会舆论应为农村家庭提供更为丰富的教育信息和教育指导，帮助他们更好地甄别高等教育的功用和价值，以孩子的自身发展需求为出发点，树立清晰明确的教育目标，进行科学有效的决策。

2. 以提高农村子女学业成就和综合素质为根本

农村家庭高等教育机会的获得与相关需求的满足从根本上是建立在其子女中小学阶段的学业成就和综合素质的累积基础上的。第三章详细阐述了当前农村子女在学业竞争中面临的重重考验,家庭背景的先赋性影响、父母引导水平的参差不齐、学校教育资源的局限和学习过程的调适障碍使得农村孩子的学业成就已经远非个体努力所能掌控的。这种状况进一步提升了社会支持系统介入农村子女教育过程的重要性。从学业成就的视角来看,学习与考试成绩的过程与结果评价是教育晋级的基础性指标。作为高等教育筛选的最直接依据,学业成就几乎决定了城乡子女是否获得高等教育机会及获得何种高等教育机会。基于农村子女学业成就所处的相对劣势,如何综合施加家庭、学校、社会与政策的支持辅助进而提升其学业成就是摆脱农村教育困境的核心议题。同时,农村子女在学习方法、学习习惯、学习动机等学习调节驱力方面的常见不足使其学习过程充满不确定性,亟待更为科学的教育指导。从综合素质的视角来看,考试招生制度改革正走向对能力与素质的综合评价,素质化的命题内容和多元化的考核方式使得死记硬背的传统知识学习愈加无法适应。在日趋重视综合素质能力考核的教育体系当中设计更为科学公平的评价机制,为处于先天不利地位的农村学生补充更为丰富的教育资源应成为社会支持体系构建的重要目标。此外,"上大学"并不是教育的终极目标,高等教育的本质是培养具有创新精神和实践能力的综合素质人才。农村学校与社会对课本、考试外知识和技能的忽视及教育无力正在无形地制约着农村孩子发展的潜力与可能性。兴趣特长的培养、眼界见识的开拓、社会适应能力和人际交往能力的发展不应成为城市或中上阶层家庭的专属品。为农村子女及时补充综合能力提升所需的社会资本和文化资本仰赖着政府引导下的多方配合和资源供给。

3. 推动高等教育机会均等化

建立农村家庭高等教育需求的社会支持系统,最重要的目标之一是推动城乡高等教育机会均等化。从 2002 年步入高等教育大众化阶段开始,到 2009 年进入普及化阶段,我国高等教育机会总量快速攀升,广泛地满足了人们"上大学"的基本需求,也使得农村孩子和寒门子弟获得了越来越多接受高等教育的通道。但从第二章的现状调查来看,城乡高等教育机会竞争的主要矛盾已经转化为"上好大学"的矛盾。在农村子女高等教育总体入学率攀升的情形下,重点大学、名牌高校的入学证书仍被城市中上阶层子女牢牢握在手中。农村家庭对优质高等教育需求的不断提升与其所拥有的优质高等教育的狭窄空间产生了城乡资源分配上的不均等。这是与党的十八大以来多次强调"努力让每个孩子都能享有公平而有质量的教育"不相匹配的。但需要注意的是，社会支持系统所要推动的高等教育机会均等只能是有限条件下的均等。一方面，高等教育机会的起点实际上是中小学教育的结果，携带着差异化人力资本的考生必须以自身的才能为基准参与高等教育竞争，无法以干预中小学教育的结果均等来实现高等教育的入口公平。另一方面，当前我国的社会结构仍呈现层级性差异，不同身份、不同职业、不同地区的群体所附着并予以运作的教育资本必然有所不同。这一无法忽略的客观现实使得绝对的高等教育机会均等是无法实现的。因此，这里所指的高等教育机会均等实际包含两种目标：一是降低先赋性因素对教育成就和高等教育获得的主导性影响，避免封闭性社会结构的再生产，还原其开放性与流动性；二是为农村不利群体补充欠缺的、不平等的继承性资源、学校资源和社会资源，为其自致的教育努力提供动能，尽力为其扩展教育晋升和向上流动的平等通道。

4. 扩大高等教育选择权

有学者指出，我国"高等教育大国向高等教育强国迈进的过程，可视为一个高等教育选择权从属于少数人所有的状态向属于全体国民的状态过渡的过程，是一个实现高等教育机会均等的过程"。[①] 高等教育选择权是指人们能够自主选择适宜自身特点和发展需要的高等教育方式、高校类型、具体院校、相关课程乃至教师的权利和自由。高等教育选择权的范围和多样化程度体现了社会与教育的文明程度。随着终身教育与全民教育理念的散播，社会与教育系统应着眼于人们多元化的高等教育需求，为其提供充分选择的空间，为每个人提供平等的教育选择机会，并创设有利于人们自主发展的环境框架。近年来，我国高考改革将"扩大考生自主选择权"作为重要目标。2014 年，国务院印发的《国务院关于深化考试招生制度改革的实施意见》多次将增加考生的选择作为施政重点，内容涵盖了职业教育与普通教育的选择、扁平化志愿的选择、高考科目的组合化选择和考试时间的机动性选择等众多领域。实际上，高等教育选择权的覆盖范围远超高考招生制度改革的视角。几乎所有的教育教学环节和制度设计都应以尊重人的主体性和主体需求为出发点，小到课堂实施、教学内容、师生互动，

---

① 黎琳、李枭鹰：《高等教育强国的基本特征与生发机制》，《现代大学教育》2009 年第 5 期。

大到高考设计、政策制定、资源配给,都应为人们的教育选择留下回旋余地。随着农村群体同质性色彩的淡化和差异性教育需求的增强,社会支持系统更要将这种价值理念整合到农村子女的教育全过程,为先赋不利的群体架设高等教育需求与获得的桥梁,而非被动地接受单一化的强制性安排。

5. 提高高等教育选择能力

不同社会群体之间教育选择能力的差异极大地影响着最终的教育分层结局。农村家庭基于资源的欠缺对于高等教育的认知、实践和选择往往处于茫然状态,既缺乏高等教育选择的能动意识,也缺乏高等教育选择的实践能力和手段。从第二章的分析结果来看,他们的高等教育需求通常带有盲目性、单一性和随他性,他们的高等教育行动则具有显著的抑制性特征。这根源于外部支持性资源的不足,既包括地理条件、教育设施、教与学的资源、经济后盾等硬性物质准备的欠缺,也包括文化氛围、思想观念、社会网络、家校沟通等软环境建设的缺失。以城市地区盛行的择校为例,只有在家庭资本可及的状态下才有可能触发这一选择行为。中小学学校的位置、师资力量、配套资源、升学比例等多种因素的考量极度仰赖于家庭资本的运作空间。高校选择的信息获取和录取概率测算(包括院校、专业、城市、就业、职业规划以及个人匹配度的选择)也远非基础阶层家庭所能掌控的。为此,有研究者指出,择校有可能"成为选择能力强势的家庭与被择获得性高的学校,非规范地占有和瓜分优质教育资源、优质生源的共谋行为"[1]。相比之下,选择能力弱势的农村家庭如果长期得不到补充性的资源,与优势地位家庭的教育鸿沟就会进一步加深。这时,社会结构的整体性调整和相关制度设计就显得尤为重要了。

三 农村家庭高等教育需求的社会支持主体

在讨论社会支持主体问题之前,首先需要明确的是社会支持的客体。外部支持固然重要,但农村学习者本人才是核心。当前农村学生广泛存在的学习动力欠缺、学习方法失当、学习心理波动和学习调节能力不足所导致的学业成就落后是影响他们高等教育需求及其实现的根本原因。农村学

---

[1] 张东娇:《义务教育均衡发展的社会资本障碍及其政府治理》,《北京师范大学学报》(社会科学版)2008年第2期。

习者本人的能动性发挥则充分受制于众多责任主体的影响。因此，社会支持的对象正是所有需要外部支持的农村学习者个体或群体（关于更为精准的社会支持对象将在后文探讨）。

只有确定了社会支持的受者才能明确与之紧密相连的责任主体。前文提到，农村家庭高等教育需求的社会支持主体是用于催发理性的高等教育需求并为其实现提供保障的社会支持的提供者，包括非正式支持主体和正式支持主体两方面。从宏观上看，政府、学校、教师、家庭、社会等众多社会形态责无旁贷地成为农村子女教育过程的重要参与者。从微观上看，那些包括亲友、邻居、同伴等在内的"重要他人"所形成的关系网络也是干预农村子女教育与升学进程的重要主体。因此，社会支持主体本质上是一种社会网络或社会联系，综合性、交互性地施加着对客体的影响。社会支持主体的多样性、平衡性和组合性常常左右着不同家庭子女的教育形态和发展路径，并引发不同的教育结局。尽管并不存在最佳的、整齐划一的主体互动模式，但若要为弱势家庭提供更好的社会支持服务就必须着力为支持主体发挥作用构筑基础性舞台。

社会支持主体的多元化拓展。有研究者认为，对社会支持主体的判定应基于弱势群体的需求。弱势群体的需求通常涵盖社会救助、制度（政策）、人力资本提升或结构优化、网络、专业性技术等多个方面。这种"需求的多样性决定了社会支持不可能由单一主体完成，必须形成多主体合作的系统结构"[1]。这种多元主体合作系统的构建正是"一个由政府组织行为、非政府组织行为、社区行为和个人行为组成的社会系统工程"[2]。当前我国农村教育社会支持系统的多元主体联合仍远未达成。农村孩子的学业和升学状况如何大多被视为个人事务。政府的主导作用主要表现为提供正规的、基本的农村中小学教育；农村社区和非正式社会组织对教育事务的关心尚处于初级阶段；农村家庭的抚育教育能力和资源调动能力与城市家庭有着巨大差距；狭窄单一的社会关系网络使得农村子女可利用的教育空间相对封闭保守。也正是基于此，唤醒多主体的教育责任意识和培育多主体的教育参与土壤就成为农村教育振兴的首要目标。

---

[1] 林顺利、孟亚男：《国内弱势群体社会支持研究述评》，《甘肃社会科学》2010年第1期。

[2] 郑杭生等：《转型中的中国社会和中国社会的转型》，首都师范大学出版社，1996，第319页。

政府的主导与统筹。长期以来，我国农村教育规划的制定者和教育资源的主要提供者就是政府。特别是随着中央和省级政府对农村基础教育的财政投入和转移支付力度不断加大，并在省级统筹下保证"以县为主"的农村教育财政到位，政府对农村教育的重视程度大幅提高，承担的责任也愈加重大。在农村教育，特别是中西部农村教育对政府财政拨款依赖性逐渐增强的同时，经费投入的短缺、筹资渠道的相对萎缩、民办教育发展的不温不火和城乡教育资源的不平衡仍是困扰农村教育的普遍问题。农村居民教育诉求日渐强烈且走向多元化，农村家庭热切地盼望着政府能提供更高质量的、精细化和人性化的基本公共教育服务。这使得政府在农村教育中的责任、角色定位、工作方式等必须调整和创新。除了财政拨款、行政指令外，政府不仅要提升教育系统内部的协调性和完整性，还要统筹教育政策与其他社会政策的联动配合。可以说，政府在农村教育社会支持体系中具有顶层设计与调配指导的引领性作用，居于其他社会支持主体无法替代的重要位置。

学校与家庭的互动。学校和家庭是接触农村学生教育过程最直接的两大主体。与城市不同，大部分农村家庭的教育参与意识和参与能力尚无法与其高等教育需求相匹配。更为重要的是，农村学校与家庭之间存在藩篱的阻隔，家长们对子女的学校事务和教育状态知之不多，教师们哀叹着家长们的不够重视和不够配合。这使得家校关系长期处于准沟通状态，距离合作共育任重而道远。基于农村家庭背景的特殊性和学校机构的组织性，农村家校互动的主导方应着重落在学校。农村学校不应将家庭教育的缺憾作为教育不良的借口，而应率先树立教育的责任感和使命感。有目的、有组织和有计划地组织农村家长与教师经常性联系，唤醒农村家长的主体责任意识，引导他们构建良好的亲子关系，并协助他们改善参与子女教育过程的能力和方法。同时，农村家庭的教育责任不容忽略。长期以来我国的家庭教育被视为家庭内部事务领域，家长们按照自身的理念、资源和实践空间实施私人的教育影响。但家庭教育还具备公共属性和社会属性。党的十八大以来，党和政府对家庭教育的重视程度显著提高，推进力度不断加大。习近平总书记指出，"家庭是人生的第一所学校，家长是孩子的第一任老师，要给孩子讲好'人生第一课'，帮助扣好人生第一粒扣子"，整个社会都要"担负起青少年成长成才的责任"。① 基于农村家庭结构、经济文化特点加强农村家庭教育公共资源配置，提供更加精细的农村家庭教育指导服务，提升农村家庭教育质量已经成为大势所趋。农村家长应借助各方的支持理论，进一步提升自身文化素质水平，积极学习和吸纳科学的家庭教育理念和方法，弥补自身家庭教育资本的先赋性不足。农村家校互动拥有统一的共育目标，这为双方的互信、沟通与合作提供了重要的行动基础。家庭与学校就像是一双翅膀，二者合力的发挥正是农村高等教育需求社会支持体系构建的中坚力量。

社会力量的参与和农村社区文化的培育。农村子女的学校适应问题、学业动力问题、文化融合问题、教育态度问题等不是仅仅依靠学校运作就能解决的。农村孩子的学业困境和升学动力、家庭教育的力不从心、农村学校的地位边缘和发展定位的左右两难等众多问题与城乡社会经济状况的割裂、农村社区文化的孤立无援、民间力量的薄弱无力密切相关。因此，从社会的层面支持和优化农村子女的教育环境具有重大的现实意义。这意味着农村教育社会支持体系的社会化程度亟待提高，将农村基层组织、非政府组织、新乡贤等主体的力量与城乡社会工作者、志愿者、企业、社会热心人士的资源链接起来，形成和谐正向的社会网络和科学重教的文化氛围。农村社会参与的难点在于资源的薄弱。我国大多数农村基层可利用的文化教育经费、资源、人员十分有限，相关活动或设施建设多流于形式而缺少实质内容。农村社区文化教育资源的活化可以从两方面入手。一方面，以村"两委"为主导，培育引入社会组织、企业、公益团体等民间力量。针对本地区的社会经济文化特点和农村子女教育的实际困难，广泛开展有目的、有内涵、有实效的文化教育活动，调动乡贤、返乡大学生、技术人员、创业骨干等高知人群参与本地文化教育建设，为农村子女提供学习、情感和信息互助互济的辅助沟通机制，推进社区教育在农村文化参与人群培养、农村文化公共空间激活中的作用。另一方面，农村社区应依托在地的中小学校、职业学校和周边高校，开展多方交流与合作，主动融入家校社协同共育体系中去。

非正式支持主体的激活和引导。社会支持理论认为，非正式的人际互

---

① 习近平：《共同担负起青少年成长成年的责任》，《人民日报》2018年9月14日，第2版。

动网络，如亲朋邻里也可以为个体提供某些社会支持，而这类社会支持与正式支持所能提供的公共产品、服务等存在特点和结构上的不同。① 尽管城镇化进程加速以后，宗族与血缘的联系弱化，农村传统民间组织的地位和力量大不如前，但熟人交往的基本特征并未改变。农村家庭依然将亲友、邻里、同乡关系作为主要的社会网络来源，在高等教育的认知、决策和行动上倾向于参照此类群体的思想行为模式，在教育资源的调动中优先考虑此类群体的运作可能。因此，协助建立丰富的非正式支持关系，激活更多潜在的非正式支持资源对于同质化特点显著的农村家庭有重要意义。比如，政府、农村社区、学校和社会组织可以共同参与建设农村家长联盟和学习互助组织，在农村学生之间、农村家长之间、农村家长与教师之间、农村家庭与专业服务团队或指导人士之间链接更多亲密的社会关系。同时，农村熟人关系的教育影响不一定是正面的："读书无用论"或错误的亲子教育方法往往容易在相对封闭的农村社区中蔓延（参见第二章第一节）；同伴文化的不确定性、有限理性和随意性可能误导农村子女的教育选择（参见第四章第四节）；等等。因此，提升农村家长及其子女的高等教育理性认知，增强农村家庭对影响子女教育进程的亲密型社会网络进行自主判断和科学筛选能力，进而因势利导发挥非正式支持主体的正向作用，才能为其教育资本的有效扩充提供保障。

有关各主体的具体行动指南请参见后文"农村家庭高等教育需求的社会支持要点"。

四　农村家庭高等教育需求的社会支持方法

1. 顺序性支持为原则

根据我国当前的国情，农村家庭高等教育需求的社会支持系统只能构建于有限的资源基础上。这决定了社会支持的提供应避免浅尝辄止的"雨露均沾"，有顺序、有重点、有选择地实施精准型支持是基本原则。顺序性支持的原则体现在两个方面。一是支持领域的优先顺序应遵循教育发展的规律予以确定。教育是一个连续性的、层级递进的累积过程，高等教育的

---

① 唐钧、朱耀垠、任振兴：《城市贫困家庭的社会保障和社会支持网络——上海市个案研究》，《社会学研究》1999 年第 5 期。

需求与获得必须以早期教育与中小学教育的满足为基础。因此理论上社会支持也应以"早期教育—基础教育—高中教育—高等教育"的顺序逐一建构。从现实的角度来看，包括家庭和学前教育机构在内的农村早期教育长期被忽视，使得城乡孩子身体和运动发展、情绪和社会性发展、学习品质、语言发展、认知和一般知识基础的准备性起点存在较大差距（参见第三章第三节）。此外，初中阶段过渡到高中阶段的过程也是农村子女教育断裂的高发环节，城乡学生的中考参与率和淘汰率差异在很大程度上决定了他们高等教育命运的分殊。这些薄弱但关键的教育阶段和节点应在社会支持体系中得到更充分的考量。二是社会支持的对象应以"特殊对象—重点群体—普适性支持"为顺序加以区分。社会支持不是平均主义，城乡二元和农村内部分层日益多元背景下的农村教育扶助应走向精细化设计（关于农村家庭教育的内部分层参见第四章第二节）。依据农村家庭的基本结构、收入状况、职业类型、文化程度、子女教育状况等深入调查，因地制宜、分门别类是社会支持取得实效的前提。优先为农村分层结构最底层的弱势家庭提供教育服务，通常这类弱势群体是指"在社会性资源分配上具有经济利益的贫困性、生活质量的低层次性和承受力的脆弱性的特殊社会群体"[1]。一般来说，农村低收入家庭、疾病家庭、结构缺失家庭（如留守家庭、离异家庭）子女面临的学业困难和升学障碍最为突出，他们也优先成为社会支持的重点干预对象。而基于不同地区、不同发展水平的农村社会建设和学校教育发展的劣势地位而采取的普适性支持手段应有差异地惠及农村子女，尽量为其创造平等的受教育环境和社会文化氛围。教育支持的实践过程中需要注意的是必须培优和扶差并举，改变当前农村教育掐尖式发展的痼疾，使每个农村孩子都能得到教育选择的机会。

2. 互动性支持为桥梁

构建农村家庭高等教育需求的社会支持系统的最大优势在于其统整性，因此城乡之间、不同主体之间、不同领域之间、不同部门之间的支持行动应架设起互动配合的桥梁。农村教育是一个关系多方力量的全息目标，既与政府、家庭、学校紧密相关，也与城乡社会的政治经济文化状态产生相互纠葛。要解决农村子女的教育困境，促进城乡高等教育机会的均等化，

---

① 陈成文：《社会学视野中的社会弱者》，《湖南师范大学社会科学学报》1999年第2期。

必须将教育问题与农村区域发展、文化建设、社会结构调整等问题统一起来。培养农村家庭理性的教育观和科学的教育方法，提升农村青少年的学习动力和学业成就，扩大他们的教育选择权和提升他们的教育选择能力，为农村可持续发展提供人力资源基础。这一理念目标与城乡一体和乡村振兴战略的大背景是一致的。因此，从系统论的角度来看，要善用系统内各要素之间的非线性相互作用，整合各方资源，将社会支持手段组合运用，实现跨界参与的协同有序才能实现社会支持系统的最大合力与功能发挥。一方面，通过政策引导和结构性调整强化各主体的沟通协作，打破各自为政、相互推诿的行为惯性；另一方面，建立完善各主体参与农村教育社会支持的激励机制和保障机制，为各方协作共赢提供动力和能力支撑。政府、市场、学校、家庭、农村基层组织和社会力量良性互动、协同共进才能保障农村人才的高质量发展，避免形成封闭的代际传递结构。

3. 发展性支持为主体

目前我国已初步构建起高等教育机会均等化保障体系，针对低收入人群、农村子女、少数民族、妇女、中西部地区学生等弱势群体存在的高等教育入学不利形成了收费调节、招生调控、资助保障等一系列调控政策。从现实来看，这种政策模式使得农村学生在教育选择过程中的经济制约大幅减少，较好地解决了低收入家庭子女经济上的基础性困难，并在一定程度上调整了农村人群的高等教育入学比例（参见第二章第四节）。但是，要从根本上解决城乡子女在学业障碍、教育选择和高等教育升学质量方面的不均衡问题，需要将发展性支持作为农村教育支持体系的主体性支持手段。发展性支持是指所有社会支持的落脚点和实施结局都应是人的发展，以促进城乡之间、各阶层之间人的教育机会、发展机会均衡为目标，同时使得外推支持最终走向内生支持和自我支持。这是一种将经济支持、精神支持与能力支持有机结合的支持理念，引导农村不利群体掌握理性的教育需求与教育方法，增强克服学业困难的决心和动力，从心理上树立教育与学习的自信，从行动上获得高等教育选择的能力。以发展性支持为主体构建高等教育机会均等化保障机制意味着应减少直接的、人为的、短期的干预手段，物质性扶助应与精神引导、情感支持和能力提升紧密结合，系统地解决农村子女高等教育获得过程中的连锁性问题。

4. 工具性支持为依托

工具性支持指的是物质性的、客观的社会支持，与情感性支持相对应，通常包括物质支持、信息支持和人员支持。工具性资源是农村家庭高等教育需求的理性确立和高等教育机会获得的有力支撑。工具性资源的补充使得他们在先赋不利的背景下弥补学习能力的不足和教育晋级的劣势成为可能。当前城乡子女教育过程中所需要的教育资源、平台、活动、项目、人员、经费、社会网络乃至制度政策等仍存在较大差距。从宏观的角度来看，政府的规制性服务、农村家庭的指导服务、农村学校的教育服务、农村社区的公共文化服务等传统资源应走向工具上的统整。同时，创新性地引入更多元、更丰富的支持工具用以优化资源配置，如培育和发展公益组织、自助组织、志愿者队伍、专项基金会等社会力量；引导和调动有助于教育均衡的农村市场性服务；发展信息技术缩小城乡教育的数字鸿沟；等等。多方力量只要能形成行动上的整体性，最大限度地改善农村不利背景孩子的学习条件和教育环境，减少因先赋不利造成的教育困难，就可以被纳入社会支持体系的架构中来。只有以资源为铺垫，以工具为依托，才能切实地满足更多农村家庭对更高质量的高等教育的向往。

5. 情感性支持为纽带

农村家庭高等教育需求的社会支持系统是以人为中心、以人为目的展开的，这使得情感性支持具备独特的纽带作用。情感性支持可以通过提高农村家庭及其子女对学习过程和高等教育的心理认同来提升其动力，也可以通过提高他们对学业成就和高等教育需求的满意度和获得感来提升其行为能力。情感性支持的重要性通常会被忽略，但这种隐蔽的社会支持类型对于农村不利群体的教育发展具有极为重要的意义。"谈教育之前先谈情感"，情感联结是解决农村孩子教育问题的重要前提。缺乏对支持主体的信任和依赖，外部支持很难内化于心，无法形成教育的感染力和持久力。农村孩子所感受到家庭、学校、社会的教养氛围，所拥有的亲子关系、师生关系、朋友关系都在潜移默化并深刻地影响着他们的学习动力、教育行为和教育结局。比如对留守儿童、行为失当与厌学孩子的情感性支持通常要先置于学业干预等其他支持类型，并贯穿始终。从这个意义上看，社会支持主体的行为、态度、期望和反馈要以激发农村孩子的自我效能感和学习动力为基础，积极营造理性且有温度的教育氛围，深入挖掘他们的教育潜能，引导他们在学业进步和素质提升的过程中获得教育的满足感和选择能力。工具性支持与情感性支持的并重与相互补充能够保障社会支持体系的平衡性与稳定性，共同促进其效能的最大化发挥。

五 农村家庭高等教育需求的社会支持要点

农村子女，特别是农村低阶层子女作为我国教育群体中的弱势单元，在学业成就提高与高等教育获得等方面仍存在重重困难。如何协助他们突破家庭、学校和社会环境的不利，获得更为均等的受教育机会，公共性社会支持的空间大有可为。在一个客观分层仍不可避免的社会中，应尽量保障为公众提供的机会是基于平等主义的，使所有的孩子有机会克服先赋的不利来争取教育上的成功。"在这样一个世界里，社会不公平仍将存在，但是公共学校体制将不用对这种不公平的加剧和永存负责。"[①] 从这个角度来看，农村家庭高等教育需求的社会支持要点可以从以下几个方面予以考虑。

1. 顶层设计与政策支持的多维整合

弱势群体的社会支持系统构建，"归根到底是个政治安排和思想观念问题，具有很强的政治性，它关系到一个国家和社会制度是否正义；涉及平等和差异、平等和自由、形式平等和实质平等的关系；涉及执政党和政府积极功能和消极功能的选择和配置。换言之，它是一个政治态度和政治意愿问题，反映了社会主流价值取向"[②]。作为社会主义的核心标志和标志性特征，以人民为中心的教育均衡和公平一直被视为中国特色社会主义教育体系的重要目标，并始终坚持"教育公平是社会公平的基础"[③]。农村子女的教育问题作为实现我国教育均衡的最薄弱环节，不能仅仅依靠教育政策自身的变革。只有以全局的、发展的眼光审视农村子女的教育问题，将城乡教育均衡政策系统地引入社会政策中，将割裂开来的教育、经济、社会、文化等政策分岭融通到统一的行动部署上，才能从根本上治愈农村教育的顽疾，从而发挥教育对整个社会良序运行的引领性和基础性作用。

---

① Ludger Woessmann、Paul E. Peterson：《学校与平等机会问题》，杜振东等译，华东师范大学出版社，2019，第 7 页。

② 周庆刚、董淑芬、李娟：《弱势群体社会支持网络与社会和谐》，东南大学出版社，2007，第 157~158 页。

③ 教育部课题组：《深入学习习近平关于教育的重要论述》，人民出版社，2019，第 188 页。

制度设计历来被视为社会支持系统的前提和最主要方式之一，社会政策对于弱势群体的扶助不仅意义重大，而且效果明显。[①] 在社会总体政策的顶层设计当中，需要从指导理念、基本内容和实现路径几个方面贯穿城乡教育公平与社会主义性质的必然联系，从战略性的视角将农村基础阶层子女的教育问题作为实现城乡均衡发展的重要撬动点，以人的发展带动促进政治、经济和社会的协调发展。这意味着以往零散的、单一的，甚至相互矛盾的相关政策制度必须走向价值和实践上的统整。从价值来看，城乡教育机会"均等"、公共教育资源"共享"、个体与教育可持续"发展"的基本理念应得到倡导与贯彻。要充分评估各类社会政策对农村弱势群体潜在的伤害性风险和社会排斥性因素，理性审视"公平"与"效率"两把教育核心尺度，保障公共资源在适度补偿弱势阶层先赋不利和不损害其教育权益的前提下实现效率的最大化。从实践来看，社会政策的制定应从长远的目标出发，形成防范性、根本性、动态性制度体系；社会政策的落实应注重农村子女个体与家庭、学校、社会的互动融合，保障各主体、各部门之间的协调配合、互不推诿。简言之，教育政策的包容性与公共教育资源配置的公平性是农村教育社会支持系统的两大指针。以此为基石，将农村子女的教育问题与乡村振兴问题、文化排斥问题、社会公平问题等统筹考虑，能够从更高层次和更强效能上应对我国城乡二元分割的困境。比如，农村子女教育成就的提升有赖于多元福利政策的组合。除了城乡学校内部资源的均等化以外，通过收入、医疗、住房、生活环境的改善，家长素质的培养和亲子教育水平的提升，农村社区文化设施的利用和教育氛围的培育等综合性的战略统整才能从根本上改善农村子女的内外部教育环境。同时，也只有将农村子女的教育问题与更广泛的社会问题整合起来，才能更大程度地实现农村的可持续发展与全社会的和谐共生。

2. 学习态度与学习能力支持的家校共育

前文多次强调，农村子女高等教育需求与获得的结局是不断累积形成的，从根本上是教育成就的反映，围绕的核心问题是其学习态度与学习能力的困境。现有的教育均衡政策多着重于宏观教育资源的配置，对农村子

---

① 郑杭生主编《中国人民大学中国社会发展研究报告2002：弱势群体与社会支持》，中国人民大学出版社，2003，第16页。

女外在资源与内在动力的联结重视不足，导致对其学习态度与学习能力的支持性措施乏善可陈。农村学业困难学生的主要问题集中于教育目标不明、学校适应力差、学习习惯不良、学习动力不足、学习方法不科学、心理调适缺乏等，这些都远非硬件资源补充和单纯知识教授可以解决的问题。

学习能力支持涉及心理学、教育学、社会学等多种学科的专业知识和能力，这决定了学校成为农村子女学习能力支持的主体力量。其一，农村教师的培养培训不能只注重学科内容，而应针对农村学生的现实特点提升教师有关学习动机、学习调节、师生互动等教育心理、教育管理方面的专业水平。农村教师应跳出对学习行为结果的过度关注，转为对学习过程的解释辅助，更好地激励农村学生增强学习意愿、端正教育认知和掌握学习策略。其二，加大对农村学校综合能力建设的支持力度，关注农村学生综合素质的养成，克服应试主义倾向，使农村学校成为弥补农村家庭教育资本欠缺的主阵地，为农村学生思想道德养成、心理素质提高、社会适应性改善、才艺兴趣发展、视域眼界拓展提供更为均等的外部环境。其三，营造同伴学习互助的正式与非正式渠道，发挥同辈群体的参照作用，为面临学业障碍的农村学生提供更亲密、更富有互动性的交流平台。

农村家庭的学业能力支持也是不容忽视的重要环节。农村家长普遍面临文化资本短缺、学业过程参与意愿和参与能力不足的问题。尽管结构性家庭环境处于不利地位，但农村家长仍可以通过过程性家庭环境的营造为子女的学业成就提升提供良好保障。也就是说，即便农村父母无法在短期内提升自身的附着性文化资本，但依然能够在教育认知塑造、学习习惯培养、学习心理疏导、情感性教育支持等多方面助益子女的学习过程。农村父母要增强参与和引导子女教育过程的意愿，切实担负起教育责任，重视优化家庭教育环境，培育和谐的亲子关系，提升家庭教育理念的科学性，为学业顺畅的子女"添砖加瓦"，为学业困难的子女提供信心鼓励。此外，加强农村家长与学校、教师的沟通协作，不仅能够实现家校信息和行动上的互通和配合，还能够增强农村家长参与子女学业过程的能力，有利于减轻农村学生校内外学习环境的冲突和不适应。

3. 经济性教育支持的配合转化

2021年，习近平总书记庄严宣告，我国脱贫攻坚战取得了全面胜利。现行标准下9899万农村贫困人口全部脱贫，区域性整体贫困得到解决，绝对贫困得以消除。加之教育扶贫与资助体系的日渐完善，农村低收入群体基础性教育付费能力提升，其接受教育以及接受高等教育的经济制约大幅减少。尽管如此，经济资本欠缺依然是农村经济困难家庭教育之路的重要障碍，提升型教育投资能力和客观化文化资本存量更是存在较明显的城乡差异（参见第四章）。农村家庭的经济性教育支持应分为直接支持与间接支持两种。广义的间接支持既包括政府与社会力量对农村学校和农村社区的教育性经费投入、硬件建设等，也包括与农村家庭教育状况紧密相关的医疗、住房、就业创业等生活性保障措施。直接的经济性教育支持则包括政府和组织机构提供的奖助贷勤免补等学生资助体系，以及来自家人、朋友、邻居、教师等非正式支持主体的经济支持。经济支持是农村教育支持体系中最常用也最基础的支持性工具。随着城乡社会政策日趋人本化，经济支持的手段也应不断完善，走向多样化与精细化：普惠性支持和选择性支持并举；资金支持与工具性支持、活动性支持并重；政府支持与市场支持、社会支持共同补给；统整性支持与差异化、个性化支持相互协调。

一方面，坚持经济性教育支持与非教育支持的补充配合。教育支持与农村产业支持、金融支持、医疗支持、住房支持、社会保障支持、文化支持等是同气连枝的整体。因此教育的经济投入过程应纳入乡村振兴总体战略和可持续稳固脱贫工作加以统筹安排。既要重视对农村教育的倾斜性投入，发挥以教育促发展的先导性作用，也不能忽视农村家庭结构的稳定性和基本保障性的培育。农村家庭的经济基石一旦出现裂痕，将导致牵一发而动全身的连锁效应，教育生态也会随之动摇而越发脆弱。

另一方面，注重经济性教育支持的形式转化。除了学杂费等直接教育支出以外，农村家庭紧缺的还有以文化教育产品和文化教育活动为主要载体的客观化文化资本。有研究显示，客观化文化资本对于低收入家庭子女的学业成就有着重要的调节作用。也就是说，经济资本匮乏家庭如果叠加了客观化文化资本的欠缺会加剧其子女的学业不良。反之，如果着重客观化文化资本的丰盈则可以减轻经济资本的负面影响。[①] 从这个角度来看，对低收入家庭金钱上的教育支持应适当转化为物质化文化产品（如图书、乐

---

① 杨宝琰、万明钢：《父亲受教育程度和经济资本如何影响学业成绩——基于中介效应和调节效应的分析》，《北京大学教育评论》2015 年第 2 期。

器、教育电子设备等）或文化教育活动（如教育辅导、才艺培育、家长培训、主题文化项目等）的供给。经济性教育支持要防止内容泛化、见物不见人。直接地发钱发物虽然能直观地缓解经济困难家庭的燃眉之急，但精细化的策略配合与教育性转化更为重要。

4. 农村社会文化支持的独特地位

教育支持行稳致远的巨大力量不仅显现在政府、学校与家庭之内，而且隐藏在广阔的社会空间之中。一般来看，社会环境并不直接影响农村学生的学习态度和学习能力，却有隐性的间接作用。美国社会学家英格尔斯认为，尽管教育有十分重要的作用，但真正能够对人的现代性发展做根本性解释的，远超教育本身，而是那些与教育密切相关的社会环境及其影响，比如工厂、农业等社会结构。[1] 农村社区的熟人圈子、传统思维的架构潜移默化地影响着农村家长及其子女的教育认知和教育行为。这种心理上、情感上、思想上的牵绊看似无形却又深刻，使得农村社会与文化土壤的正向培育意义重大。农村社会文化支持最重要的意义在于以教育性社会环境的优化引导农村家庭教育观念和价值理念的进步性转化，促进个体教育与学习行为方式的科学转变。具体而言，首先，要移风易俗，破除农村陈规陋习，倡导科学文明的生活方式和教育理念，营造崇德向善、尊师重教的社会氛围；其次，改善包括留守儿童在内的不利背景子女的成长和学习环境，为其创设宽松、包容、爱护、扶助的舆论氛围；最后，丰富农村文化教育生活，提供教育兴村、文化强民的社会性教育支持，引入优质的文化教育资源，激活本地文化特色，营造乐读善学风气。通过家长进学校、教师进社区、社区扶家庭等多种手段，着力打通农村家、校、社的教育空间，将家庭教育、学校教育与社会教育有效嫁接。这既能为农村子女提供更具整合性的教育追求和更丰富的文化教育资源，也有利于推动以人为中心的乡村振兴。

在这个过程中，保留与发扬农村社会的文化特色是农村子女教育支持的重要原则。农村子女学业能力与教育晋级的支持性培育不是现代科学知识与技能的单纯传授，也不能以辅助其背离乡村故土，隔绝并抛却乡村印

---

[1]　阿历克斯·英格尔斯：《人的现代化——心理·思想·态度·行为》，殷陆君编译，四川人民出版社，1985。

记从而实现城市人的身份转换为根本目的（参见第五章第二节）。断裂和冲突的故乡文化熏染出的下一代很可能由于学业失败沉沦在社会底层无法自拔，即便跳出农门实现高等教育的跃升往往也要面临价值的迷茫而失去身份上的归依。农村社会文化价值重建要为农村子女提供体验、参与、探究农村社会的活动与情境，感受农村文化传统的正向教育力，引导农村子女萌发去了解、认同、传承、改造和创新农村社会的动机。鲜活并经扬弃的农村生活实践、农耕自然、乡土文化、社会人伦、民俗庆典都可以作为农村教育支持的载体，它们或者无形地浸润着农村子女的日常行为，或者正式进驻到校园文化与课堂教学。这些农村独有的特色文化资源正是防范农村教育"泛城市化"和中高考等升学指向异化的重要屏障。因此，教育政策的中观和宏观政策要尊重农村社会文化和教育的特点，杜绝简单套用城市教育的内容和标准开展和评价农村的文化教育活动，而应融通农村家校社的文化环境，建立农村子女的文化自信和文化责任感，为其拓展更为宽广的教育选择空间。

5. 信息支持与情感支持的补充代偿

在学习资源和教育信息呈几何倍数增长的当下，加之中高考升学选择过程中专业性、复杂性不断攀升，要充分考虑城乡分割和阶层壁垒所造成的信息鸿沟是否有可能加剧教育过程和教育获得的不平等。科尔曼认为，信息渠道是社会资本最基本的形式之一，信息构成了行动的基础。[①] 第四章的研究发现，大多数农村家庭对子女教育过程和教育选择的信息掌握十分匮乏，家校沟通的不顺畅增加了无信息可用和信息误用的可能性。由于社会网络的异质性较低，农村家庭可以调用的学习资料、学校信息、择校参考、生涯规划等重要的教育信息十分有限，使得政府、学校与社会需要对农村子女的教育性信息支持承担更多的代偿责任。

政府应加强农村信息基础建设，将传统资源与互联网信息技术深度结合，发挥信息技术在缩小城乡差距、阶层差距中的独特优势。例如，培育农村家长及其子女的信息查询、辨别和运用的素质能力；搭建农村教育信息服务平台，整合正规有效的学习资源、学校信息、专业信息等，降低农

---

① J. Coleman, "Social Capital in the Creation of Human Capital," *American Journal of Sociology*, 1988 (94): S95–S120.

村家庭信息调用的成本与风险；避免过于复杂的升学制度设计，并做好政策普及和解读，防止阶层间教育信息壁垒的扩大化。各级学校在信息支持系统中应发挥核心作用。农村中小学应为学生补充丰富的多样化学习资源，重视生源规划教育、升学指导教育，提供更具个性化的教育咨询与辅导服务，强化与农村家长的沟通协作，弥补农村家庭教育决策过程中的信息缺失。高校不能仅为城市学生提供招生说明和信息支持，还应重视与农村中学的衔接，有倾斜地为偏远地区高中提供公益性信息服务。农村教育信息市场不发达，社区与社会组织在公共教育信息支持中的作用亟须调动。通过搭建与政府、市场的联系，农村社区和相关社会组织可以发挥教育信息和资源获取上的中介优势，有侧重地为农村不利背景子女补给更多专业化且贴近现实需求的教育信息来源。

应该注意的是，以往的农村教育支持系统中对经济支持、物质支持和资源支持等显性支持关注较多，而相对忽略了教育活动的情感属性。农村子女学业状况和教育晋级在很大程度上与情感型内在动力有关。父母的呵护、教师的期望、同伴的带动、社会的关爱都是农村子女教育道路上不可或缺的情感性社会资本。因此，农村子女的教育支持体系中至少应从以下几个层面帮助其形成良好的教育情感氛围。从家庭的层面来看，亲子关系是最重要的家庭教育资本，父辈与子代之间的情感联结是一切家庭教育行为的基础。农村父母应多陪伴子女，关心爱护子女，受制于客观条件的情况应尽力弥补空间和时间上的缺憾。在教育方法上，根据各自家庭情况多培育宽容型和权威型亲子关系，远离独裁型和忽视型亲子关系。为此，家庭教育支持系统的构建应以培育农村家长的教育理念、畅通家庭沟通渠道为核心，为农村困难家庭提供更多的家长培训机会或社会服务项目，使得农村父母有意愿、有能力与子女共同面对并解决教育过程中的学业障碍和升学困难，以夯实的情感基础为子女的整个教育生涯提供强大动力（参见第四章第二节）。从学校的层面来看，教师对学生的期望、态度与情感极大地影响着教育效果和教育质量的生发状态。因此，农村学校教师既要不断提高专业素养，也要重视与不利背景子女和学业困难学生之间的关系质量。从生活日常、心理调适、学业需求和职业愿景等多方面予以鼓励和期待，使这些孩子能维持较好的自我效能和教育信心，更好地适应学校生活。从社会的层面来看，应广泛动员社会各界力量，为农村留守儿童等重点人群提供心理疏导、学业辅导、社会参与、关系融入等多样化服务，营造平等、信任、接纳、有归属感和激发成就感的社会环境。多主体、情感性社会支持的积极介入不仅能够缓解农村子女的心理郁结和学业压迫，还能够以这种外部的社会网络联结激发教育的自主支持体系，为他们提供工具性支持无法替代的内生动力。

概言之，构建农村家庭高等教育需求的社会支持系统应跳脱出升学的藩篱，以营造良好的农村教育生态为目标，通过政府、家庭、学校、社会等多元主体的协同参与，以外推支持促生农村子女自主形成"教育认知、教育能力、教育选择"内在系统的良性运作，才能真正实现农村教育发展与经济社会的协同共进。

附录 受访者情况简表

序号	受访者	性别	身份	职业	地区	家庭基本结构
1	J1P1	男	家长	务农，打零工	吉林省湾沟镇 H 村	四口之家，再婚家庭，两名高三子女
2	J1P2	女	家长	农村公益性岗位	吉林省湾沟镇 H 村	四口之家，再婚家庭，两名高三子女
3	J1P3	男	家长	打零工	吉林省湾沟镇 H 村	四口之家，女儿大四，儿子初二
4	J1P4	男	家长	务农，临时工	吉林省湾沟镇 H 村	四口之家，大儿子大学刚毕业，小儿子初二
5	J1P5	男	家长	打零工，开出租	吉林省湾沟镇 H 村	六口之家，大儿子初三，小女儿小学
6	J1P6	男	学生	初三学生	吉林省湾沟镇 H 村	六口之家，父母打零工
7	J1S1	女	大学生	在校大学生	吉林省湾沟镇 H 村	四口之家，父母打零工
8	J1C1	男	村干部	村主任	吉林省湾沟镇 H 村	
9	J1C2	男	村干部	前任村主任	吉林省湾沟镇 H 村	
10	J1T1	女	教师	教务主任	吉林省湾沟镇 L 小学	
11	J1T2	女	教师	班主任	吉林省湾沟镇 L 小学	
12	L1P1	男	家长	机关编外人员	福建省连江县 J 村	三口之家
13	L1P2	女	家长	家庭主妇	福建省连江县 J 村	三口之家
14	L1P3	女	家长	家庭主妇	福建省连江县 J 村	五口之家，大女儿高三，小女儿小学三年级
15	L1P4	男	家长	个体户	福建省连江县 J 村	四口之家，大儿子初二，小儿子小学六年级
16	L1P5	男	家长	水电站非技术工人	福建省连江县 J 村	三口之家，儿子初三
17	L1P6	女	家长	个体户	福建省连江县 J 村	三口之家，女儿高三
18	L1P7	女	家长	个体户	福建省连江县 J 村	六口之家，丈夫村主任，做建筑工程，大儿子高三，小儿子小学六年级

序号	受访者	性别	身份	职业	地区	家庭基本结构
19	L1P8	女	家长	打零工	福建省连江县 J 村	五口之家，大女儿大二，大儿子初三，小儿子小学六年级
20	L1P9	男	家长	个体户	福建省连江县 J 村	四口之家，双胞胎高二
21	L1T1	男	教师	初中班主任，英语教师	福建省连江县 H 中学	
22	L1T2	男	教师	班主任，数学教师	福建省连江县 H 中学	
23	L1T3	男	教师	校长，体育教师	福建省连江县 H 中学	
24	L1S1	男	学生	初三学生	福建省大田县某村	三口之家，父母为私人诊所医生
25	L1S2	男	学生	高中生	福建省连江县 H 中学	四口之家，弟弟小学，流动学生返乡，父母以前开超市，目前赋闲在家
26	L1S3	女	学生	初三学生	福建省连江县 H 中学	四口之家，母亲外地做服装生意，父亲本地开服装厂，妹妹初一
27	L1S4	女	学生	高三学生	福建省连江县 H 中学	四口之家，父母务农，弟弟初二
28	L1S5	男	学生	高二学生	福建省连江县 H 中学	四口之家，父亲与哥哥省外打工，母亲开小吃店
29	L2P1	男	家长	机关编外人员	福建省敖江镇某村	三口之家，儿子高三
30	L2P2	女	家长	幼儿园教师	福建省敖江镇某村	三口之家，丈夫外地工作，儿子初三
31	L2P3	女	家长	机关人员	福建省敖江镇	三口之家，农村迁出，女儿高一
32	L2P4	女	监护人	家庭主妇	福建省敖江镇某村	孩子的姑姑，父母在国外做生意，孩子高三
33	L2P5	女	家长	赋闲在家	福建省敖江镇某村	一家三口，全家有流动经历，做小生意，孩子初一
34	L2P6	女	家长	保险兼职从业人员	福建省敖江镇某村	一家四口，丈夫外地开店，大女儿高一，小儿子初三
35	L2T1	女	教师	高中班主任，历史教师	福建省连江县 W 中学	
36	L2T2	男	教师	初中班主任，物理教师	福建省连江县 W 中学	

序号	受访者	性别	身份	职业	地区	家庭基本结构
37	L2T3	男	教师	中学校长	福建省连江县 W 中学	
38	L2S1	女	学生	高三学生	福建省连江县 W 中学	五口之家，父亲外出做生意，母亲家庭主妇
39	L2S2	男	学生	初三学生	福建省连江县 W 中学	四口之家，父亲外地从事养殖，母亲幼儿园教师，弟弟小学
40	L2S3	男	学生	初三学生	福建省连江县 W 中学	四口之家，父母开手工店，姐姐高中
41	L2S4	男	学生	高三学生	福建省连江县 W 中学	四口之家，父母外地务工，姑姑监护，有流动经历返乡就读
42	L2S5	男	学生	高三学生	福建省连江县 W 中学	三口之家，父母外地务工，有流动经历返乡就读
43	Y4C1	男	村干部	村主任	福建省大洋镇 D 村	
44	Y3P1	女	家长	家庭主妇，打零工	福建省大洋镇 D 村	四口之家，丈夫在外打工，大女儿高二，小儿子小学三年级
45	Y3P2	女	家长	开修车店	福建省大洋镇 D 村	四口之家，大儿子工作，小女儿高二
46	Y3P3	女	家长	务农，打零工	福建省大洋镇 D 村	五口之家，丈夫外出做建筑工人，大女儿大学，二女儿高二，小儿子初中
47	Y3P4	女	家长	务农	福建省大洋镇 D 村	五口之家，丈夫外出做建筑工人，大孩子初三，小孩子小学三年级
48	Y3P5	女	家长	小学教师	福建省大洋镇 D 村	五口之家，丈夫外出做绿化工程，大孩子初三，双胞胎小学
49	Y3P6	女	家长	个体户	福建省大洋镇 D 村	三口之家，儿子高二
50	Y3T1	男	教师	中学校长	福建省大洋镇 S 中学	
51	Y3T2	男	教师	高中班主任，数学教师	福建省大洋镇 S 中学	
52	Y3T3	女	教师	高中班主任，英语教师	福建省大洋镇 S 中学	
53	Y3T4	男	教师	初中班主任	福建省大洋镇 S 中学	
54	Y3S1	男	学生	高二学生	福建省大洋镇 S 中学	五口之家，父母在外务工，住校，有城市流动教育经历

序号	受访者	性别	身份	职业	地区	家庭基本结构
55	Y3S2	女	学生	高二学生	福建省大洋镇 S 中学	四口之家，父亲建筑工人，母亲工厂务工，均本地务工
56	Y3S3	男	学生	高二学生	福建省大洋镇 S 中学	四口之家，父亲教师，母亲学生管理员，妹妹幼儿园
57	Y2P1	女	家长	打零工	福建省樟城镇某村	四口之家，丈夫打零工，大儿子职高一年级，小儿子小学
58	Y2P2	女	家长	开店	福建省樟城镇某村	四口之家，丈夫长期外出务工，儿子高一
59	Y2P4	女	家长	做小生意	福建省樟城镇某村	六口之家，大女儿大四，小儿子高一
60	Y2P5	男	监护人	社区工作人员	福建省樟城镇某村	四口之家，哥哥负责监护
61	Y2S1	男	学生	高一学生	福建省樟城镇某村	四口之家，父亲长期外出务工，母亲开店，寄住外婆家
62	Y2P3	女	家长	自由职业	福建省樟城镇某村	三口之家，丈夫做小生意，儿子高二
63	Y2S2	男	学生	高二学生	福建省樟城镇某村	三口之家，父亲做小生意，母亲自由职业
64	Y2S3	男	学生	高一学生	福建省樟城镇某村	四口之家，哥哥负责监护
65	Y1T1	男	教师	高中班主任，物理教师	福建省永泰县 Y 中学	
66	Y1T2	男	教师	高中班主任，数学教师	福建省永泰县 Y 中学	
67	Y1S1	女	学生	高二学生	福建省永泰县 Y 中学	六口之家，父母在外打工，爷爷奶奶监护，妹妹初中
68	Y1S2	女	学生	高二学生	福建省永泰县 Y 中学	三口之家，父亲去世，母亲改嫁，爷爷奶奶监护
69	Y1S3	男	学生	高二学生	福建省永泰县 Y 中学	四口之家，父母上海经商，哥哥大学毕业，流动返乡就读
70	Y1S4	男	学生	高二学生	福建省永泰县 Y 中学	四口之家，父亲和哥哥外地务工，母亲村里照顾老人，姑姑监护
71	Y1S5	女	学生	高二学生	福建省永泰县 Y 中学	六口之家，父母离异，跟随父亲、爷爷奶奶、两个弟弟

序号	受访者	性别	身份	职业	地区	家庭基本结构
72	J1S1	男	学生	高二学生	江西省下溪镇 W 村	六口之家，父母在外打工，爷爷奶奶监护，妹妹随父母在外就读小学
73	J1S2	男	学生	高二学生	江西省下溪镇 W 村	三口之家，父亲在外打工，母亲陪读
74	J1S3	男	学生	高二学生	江西省下溪镇 W 村	五口之家，父母在外打工，爷爷奶奶监护
75	J1P1	女	家长	工厂打工	江西省下溪镇 W 村	J1S1 母亲
76	J1P2	男	家长	工厂打工	江西省下溪镇 W 村	J1S1 父亲
77	J1P3	男	家长	教师	江西省下溪镇 W 村	J1S1 舅舅
78	N1C1	男	村干部	村主任	福建省兴田镇 X 村	
79	N1C2	女	村干部	村妇联主席	福建省兴田镇 X 村	
80	N2C1	男	村干部	村主任	福建省兴田镇 D 村	
81	N2C2	男	村干部	村下派书记	福建省兴田镇 D 村	
82	N3C1	男	村干部	村下派书记	福建省兴田镇 L 村	
83	N4C1	男	村干部	村书记	福建省麻沙镇 S 村	
84	S1G1	男	大学毕业生	警察	山东省文城镇 Z 村	毕业于公办本科院校，父亲为小学教师，母亲务农
85	S1G2	男	大学毕业生	网络公司职员	山东省文城镇 Z 村	毕业于公办本科院校，父母为个体户
86	S1G3	男	大学毕业生	公司程序员	山东省文城镇 Z 村	毕业于公办本科院校，父亲工地务工，母亲为个体工商业者
87	S1S1	男	大学生	在校大学生	山东省文城镇 Z 村	公办本科院校，父母为建筑工人
88	S1G4	女	大学毕业生	公司客服	山东省文城镇 Z 村	毕业于民办本科院校，父母务农
89	S1G5	男	大学毕业生	专业技术人员	山东省文城镇 Z 村	毕业于公办本科院校，父亲为公司职工
90	S1G6	女	大学毕业生	公司职员	山东省文城镇 Z 村	毕业于公办本科院校，父母务农
91	S1G7	男	大学毕业生	公司职员	山东省文城镇 Z 村	毕业于重点本科院校，父母务农
92	S1G8	男	大学毕业生	部队军官	山东省文城镇 Z 村	毕业于 985 院校，硕士，父母务农

序号	受访者	性别	身份	职业	地区	家庭基本结构
93	S2S1	女	大学生	在校大学生	山东省苗山镇 B 村	公办本科院校，父母务农
94	S2S2	女	大学生	在校大学生	山东省苗山镇 C 村	公办本科院校，父母为个体工商户
95	S3S1	女	大学生	在校大学生	山东省里辛镇 N 村	公办本科院校，父亲工人，母亲为个体工商户
96	S3S2	女	大学生	在校大学生	山东省里辛镇 N 村	公办本科院校，父亲工人，母亲家庭主妇
97	S4S1	男	大学生	在校大学生	山东省吾山镇 D 村	公办本科院校
98	S4S2	女	大学生	在校大学生	山东省吾山镇 D 村	公办本科院校
99	S4S3	男	大学生	在校大学生	山东省吾山镇 D 村	公办本科院校
100	S4S4	男	大学生	在校大学生	山东省吾山镇 D 村	公办本科院校
101	C1S1	女	大学生	在校大学生	辽宁省南双庙镇 Y 村	重点本科院校，父母务农
102	C1S2	女	大学生	在校大学生	辽宁省南双庙镇 Y 村	公办本科院校，父母务农
103	C1G1	女	大学毕业生	教育机构教师	辽宁省南双庙镇 Y 村	毕业于公办本科院校，父母务农
104	C1S3	女	大学生	在校大学生	辽宁省南双庙镇 Y 村	公办高专院校，父母务农
105	C1G2	男	大学毕业生	金融公司职员	辽宁省南双庙镇 Y 村	毕业于公办本科院校，父母务农
106	C1G3	女	大学毕业生	服务行业职员	辽宁省南双庙镇 Y 村	毕业于公办本科院校，父母务农

参考文献

中文文献

阿历克斯·英格尔斯：《人的现代化——心理·思想·态度·行为》，殷陆君编译，四川人民出版社，1985。

安芹、李旭珊：《大学新生学校适应与家庭功能、社会支持及应对方式》，《中国心理卫生杂志》2010年第10期。

B. A. 苏霍姆林斯基：《给教师的建议》（修订版　全一册），杜殿坤编译，教育科学出版社，1984。

包亚明主编《文化资本与社会炼金术——布尔迪厄访谈录》，上海人民出版社，1997。

布列克里局·杭特：《教育社会学理论》，李锦旭译，台湾桂冠图书公司，1993。

蔡映辉：《中国大学生期望研究》，福建教育出版社，2011。

曹连喆、方晨晨：《家庭背景、非认知能力与学生成绩的关系研究——基于中国教育追踪调查数据的分析》，《上海教育科研》2019年第4期。

陈成文：《社会弱者论：体制转换时期社会弱者的生活状况与社会支持》，时事出版社，2000。

陈成文：《社会学视野中的社会弱者》，《湖南师范大学社会科学学报》1999年第2期。

陈尔胜：《学习动力评价：中小学生学习影响要素的实证研究》，《中小学心理健康教育》2019年第21期。

陈四光、余仙平、朱荣、安献丽：《初中学生情绪调控策略与学业自我效能感、学习成绩关系的研究》，《教育学术月刊》2015年第10期。

戴维·斯沃茨：《文化与权力：布尔迪厄的社会学》，陶东风译，上海译文出版社，2006。

邓纯考：《中国农村留守儿童教育变迁》，中国社会科学出版社，2018。

丁芳、吴伟、周鋆、范李敏：《初中流动儿童的内隐群体偏爱、社会支持及
　　其对学校适应的影响》，《心理学探新》2014年第3期。

丁永祥：《城市化进程中乡村文化建设的困境与反思》，《江西社会科学》
　　2008年第11期。

董增云：《大学生人格特征、社会支持与学校适应的关系》，《中国临床心理
　　学杂志》2010年第5期。

西奥多·W. 舒尔茨：《教育的经济价值》，曹延亭译，吉林人民出版社，
　　1982。

凡勇昆：《城乡教育一体化的制度逻辑——基于中乐县的人类学考察》，社
　　会科学文献出版社，2018。

樊亚峤、程乾：《重庆市城乡学生高考成绩差异的实证分析》，《教育测量与
　　评价》（理论版）2015年第11期。

范先佐：《中国教育改革40年：农村教育》，科学出版社，2018。

费孝通：《费孝通文集》（第14卷），群言出版社，1999。

费孝通：《乡土重建》，观察社，1948。

冯帮、何小凤：《学习动机视角下农村初中生隐性辍学问题研究》，《教育与
　　教学研究》2015年第8期。

官宇轩：《社会支持与健康的关系研究概述》，《心理学动态》1994年第
　　2期。

龚秀全：《居住安排与社会支持对老年人医疗服务利用的影响研究——以上
　　海为例》，《南方经济》2016年第1期。

顾明远主编《教育大辞典》（第2卷），上海教育出版社，1992。

郭雯婧、边玉芳：《初二学生感知到的社会支持与学习成绩的关系——学业
　　自我概念的中介作用》，《心理科学》2013年第3期。

哈耶克：《自由秩序原理》，邓正来译，三联书店，1997。

何文炯：《风险管理》，中国财政经济出版社，2005。

贺雪峰：《小农立场》，中国政法大学出版社，2013。

侯利明：《地位下降回避还是学历下降回避——教育不平等生成机制再探讨
　　（1978-2006）》，《社会学研究》2015年第2期。

黄亮：《学校资源的均衡配置是否能够促进城乡教育结果的均等？——来自我国四省市的证据》，《教育科学研究》2018 年第 10 期。

黄庭康：《批判教育社会学九讲》，社会科学文献出版社，2017。

黄晓婷：《自主招生价值何在？——高校自主招生公平与效率的实证研究》，《教育学术月刊》2015 年第 6 期。

黄忠敬：《布迪厄及其"文化资本理论"》，《上海教育》2003 年第 5 期。

江求川：《家庭背景、学校质量与城乡青少年认知技能差异》，《教育与经济》2017 年第 6 期。

蒋逸民：《教育机会与家庭资本》，社会科学文献出版社，2008。

教育部课题组：《深入学习习近平关于教育的重要论述》，人民出版社，2019。

雷浩、刘衍玲、田澜：《家庭环境、班级环境与高中生学业成绩的关系：学业勤奋度的中介作用》，《上海教育科研》2012 年第 4 期。

雷浩、田澜、李顺雨、黄金斌：《高中生学业勤奋度的现状调查——以两所中学为例》，《教育测量与评价》（理论版）2011 年第 11 期。

雷浩、田澜、刘衍玲：《高中生学业勤奋度与学业成绩的相关研究》，《中国学校卫生》2011 年第 2 期。

雷万鹏、钟宇平：《中国高等教育需求中的城乡差异——人力资本与社会资本理论的视角》，《北京大学教育评论》2005 年第 3 期。

Ludger Woessmann、Paul E. Peterson：《学校与平等机会问题》，杨振东等译，华东师范大学出版社，2019。

黎琳、李枭鹰：《高等教育强国的基本特征与生发机制》，《现代大学教育》2009 年第 5 期。

李春玲：《高等教育扩张与教育机会不平等——高校扩招的平等化效应考查》，《社会学研究》2010 年第 3 期。

李春玲：《教育不平等的年代变化趋势（1940-2010）——对城乡教育机会不平等的再考察》，《社会学研究》2014 年第 2 期。

李春玲：《社会政治变迁与教育机会不平等——家庭背景及制度因素对教育获得的影响（1940-2001）》，《中国社会科学》2003 年第 3 期。

李飞、杜云素：《资源约束下的苦难与超越：高学业成就农村青年的求学史分析》，《中国青年研究》2019 年第 7 期。

李济东、李志惠：《晏阳初与定县平民教育》，河北教育出版社，1990。

李金波、王权：《对成人参与高等教育的动机取向、学习成就的分析》，《中国远程教育》2003 年第 5 期。

李金波、杨军：《高考成绩的城乡差异及其发展趋势分析》，《中国考试》2015 年第 12 期。

李立国、崔盛、吴秋翔：《中国高等教育公平新进展——重点高校招收农村和贫困地区学生专项计划研究报告》，中国人民大学出版社，2018。

李萍、苏耀忠、孔建兵、范宏琍、张增建：《山西省城乡初中学业成绩抽样对比分析与研究》，《教育理论与实践》2014 年第 2 期。

李强、邓建伟、晓筝：《社会变迁与个人发展：生命历程研究的范式与方法》，《社会学研究》1999 年第 6 期。

李强：《社会分层与贫富差别》，鹭江出版社，2000。

李强：《社会支持与个体心理健康》，《天津社会科学》1998 年第 1 期。

李文利：《从稀缺走向充足——高等教育的需求与供给研究》，教育科学出版社，2008。

李西营、宋娴娴、郭春涛：《大学生社会支持、控制点及学习压力与学习倦怠的关系研究》，《中国临床心理学杂志》2009 年第 3 期。

李煜：《制度变迁与教育不平等的产生机制——中国城市子女的教育获得（1966—2003）》，《中国社会科学》2006 年第 4 期。

李云森、罗良：《贫困与农村孩子的一般认知能力发展》，《劳动经济研究》2018 年第 6 期。

加里·贝克尔：《人力资本理论：关于教育的理论和实证分析》，郭虹等译，中信出版社，2007。

梁漱溟：《中国文化要义》，学林出版社，1987。

廖海霞：《城乡学生自我效能感的比较研究——基于河南省两所初级中学的考察》，《教育导刊》2016 年第 5 期。

廖青：《逆流而上：转型期农村籍大学生的身份认同》，北京大学出版社，2019。

廖益：《社会分层与高等教育的互动》，《现代大学教育》2005 年第 5 期。

林南：《社会资本：关于社会结构与行动的理论》，张磊译，上海人民出版社，2005。

林南：《社会资本：争鸣的范式和实证的检验》，《香港社会学报》2001 年第

2 期。

林顺利、孟亚男：《国内弱势群体社会支持研究述评》，《甘肃社会科学》
2010 年第 1 期。

林振春：《台湾地区成人教育需求内涵之分析》，《社会教育学刊》1995 年
第 24 期。

刘精明：《高等教育扩展与入学机会差异：1978~2003》，《社会》2006 年第
3 期。

刘精明：《国家、社会阶层与教育：教育获得的社会学研究》，中国人民大
学出版社，2005。

刘精明：《中国基础教育领域中的机会不平等及其变化》，《中国社会科学》
2008 年第 5 期。

刘丽芳、曲瑛德：《高等教育规模扩张与大学生就业——期望理论的视角》，
《黑龙江高教研究》2007 年第 2 期。

刘自团、谭敏：《城乡孩子的大学择校差异缩小了吗——基于全国 2007 级
与 2017 级大一新生调查的历时性分析》，《教育发展研究》2020 年第
23 期。

刘自团：《中国不同群体大学生择校问题研究》，福建教育出版社，2012。

卢德生：《留守与流动儿童受教育的社会支持研究》，人民出版社，2017。

罗立祝：《高校招生考试制度对城乡子女高等教育入学机会差异的影响》，
《高等教育研究》2011 年第 1 期。

马泰·卡林内斯库：《现代性的五副面孔——现代主义、先锋派、颓废、媚
俗艺术、后现代主义》，顾爱彬、李瑞华译，商务印书馆，2002。

迈克尔·W. 阿普尔：《意识形态与课程》，黄忠敬译，华东师范大学出版
社，2001。

毛竞飞、盛兰芳、李金波：《高考成绩群体差异性分析》，《现代教育管理》
2011 年第 4 期。

毛泽东：《毛泽东选集》（第一卷），人民出版社，1991。

莫琳·T. 哈里楠主编《教育社会学手册》，傅松涛等译，华东师范大学出版
社，2004。

P. 布尔迪厄：《国家精英——名牌大学与群体精神》，杨亚平译，商务印书
馆，2004。

P. 布尔迪约、J. -C. 帕斯隆：《继承人》，邢克超译，商务印书馆，2002。

P. 布尔迪约、J. -C. 帕斯隆：《再生产——一种教育系统理论的要点》，邢克超译，商务印书馆，2002。

潘光旦：《潘光旦文集》（第八卷），北京大学出版社，2000。

彭拥军：《挑战与应答：高等教育与农村发展互动》，华中师范大学出版社，2018。

皮埃尔·布迪厄、华康德：《实践与反思——反思社会学导引》，李猛、李康译，中央编译出版社，1998。

皮埃尔·布迪厄：《实践感》，蒋梓骅译，译林出版社，2003。

皮埃尔·布迪厄：《文化再制与社会再制》，载厉以贤主编《西方教育社会学文选》，台湾五南图书出版公司，1992。

钱理群：《乡土中国与乡村教育》，福建教育出版社，2008。

钱再见：《失业弱势群体及其社会支持研究》，南京师范大学出版社，2006。

让·鲍德里亚：《消费社会》，刘成富、权志钢译，南京大学出版社，2014。

石学云：《学习障碍学生社会支持、学习动机与学业成绩的关系研究》，《中国特殊教育》2005 年第 9 期。

谭敏、刘自团：《不同社会阶层子女的高等教育选择及其决策依据研究——基于全国 2007 级与 2017 级大一新生择校调查的比较分析》，《福建师范大学学报》2020 年第 6 期。

谭敏、王志丰：《改革开放以来我国高等教育入学机会分配政策回顾与思考》，《现代大学教育》2009 年第 4 期。

谭敏：《中国少数民族高等教育入学机会——基于家庭背景的分析》，福建教育出版社，2012。

唐钧、朱耀垠、任振兴：《城市贫困家庭的社会保障和社会支持网络——上海市个案研究》，《社会学研究》1999 年第 5 期。

陶行知：《陶行知教育文选》，教育科学出版社，1981。

陶美重、何奎、熊博文：《湖北省农村家庭高等教育消费需求特点及影响因素分析》，《华中农业大学学报》（社会科学版）2013 年第 1 期。

田澜、雷浩：《中学生学业勤奋度问卷的编制》，《中华行为医学与脑科学杂志》2009 年第 11 期。

王洪才：《大众高等教育论》，广东教育出版社，2004。

王思琦、柴万万：《"过日子"逻辑与农民的教育选择》，《北京社会科学》
2015 年第 1 期。

王晓莹、罗教讲：《农民工的社会支持、社会参与和身份认同》，《中国劳动
关系学院学报》2017 年第 2 期。

王一涛、钱晨、平燕：《发达地区农村家庭高等教育支付能力及需求意愿研
究——基于浙江省的调查》，《高等教育研究》2011 年第 3 期。

王寅枚、刘冬芳、张玉颖：《城乡小学中高年级学生学习动机的比较研究》，
《上饶师范学院学报》2019 年第 5 期。

王有智：《西北地区小学生学习动机发展特点的研究》，《心理发展与教育》
2003 年第 1 期。

文辉、张平：《家庭背景对高等教育需求的影响研究》，《金融经济》2007
年第 2 期。

文雅、朱眉华：《探索"社会支持"为本的社会工作干预——以上海流动人
口聚居区社会服务为例》，《华东理工大学学报》（社会科学版）2016
年第 2 期。

吴秋翔、崔盛：《鲤鱼跃龙门：农村学生的大学"逆袭"之路——基于首都
大学生成长跟踪调查的实证研究》，《华东师范大学学报》（教育科学
版）2019 年第 1 期。

吴增基：《现代社会学》，上海人民出版社，2005。

肖琴、刘亚欣、肖磊：《农村学生高等教育选择的个体异质性影响及长期收
入回报研究》，《农业现代化研究》2016 年第 6 期。

肖水源、杨德森：《社会支持对身心健康的影响》，《中国心理卫生杂志》
1987 年第 4 期。

肖正德、卢尚建：《乡村振兴战略中的农村教育变革》，华东师范大学出版
社，2019。

薛平：《浙江省城乡学生能力比较研究——基于 PISA 测试结果》，《浙江社
会科学》2012 年第 6 期。

晏予：《人格心理学中的需求理论研究》，《心理学探新》1990 年第 1 期。

杨宝琰、万明钢：《父亲受教育程度和经济资本如何影响学业成绩——基于
中介效应和调节效应的分析》，《北京大学教育评论》2015 年第 2 期。

杨东平：《中国教育公平的理想与现实》，北京大学出版社，2006。

叶宝娟、胡笑羽、杨强、胡竹菁：《领悟社会支持、应对效能和压力性生活事件对青少年学业成就的影响机制》，《心理科学》2014 年第 2 期。

余秀兰、韩燕：《寒门如何出"贵子"——基于文化资本视角的阶层突破》，《高等教育研究》2018 年第 2 期。

詹姆斯·S. 科尔曼：《社会理论的基础》，邓方译，社会科学文献出版，1999。

张春兴：《现代心理学——现代人研究自身问题的科学》，上海人民出版社，2005。

张东娇：《义务教育均衡发展的社会资本障碍及其政府治理》，《北京师范大学学报》（社会科学版）2008 年第 2 期。

张红霞、张学东：《农村青少年辍学问题的社会学分析——以常村的个案研究为例》，《中国青年研究》2011 年第 12 期。

张莉：《我国农村贫困地区儿童入学准备与学业发展追踪研究》，华东师范大学出版社，2019。

赵杰：《城镇化与农村中心学校出路》，华东师范大学出版社，2018。

赵霞：《文化价值重建与"人的新农村"建设研究》，人民出版社，2018。

郑杭生等：《转型中的中国社会和中国社会的转型》，首都师范大学出版社，1996。

郑杭生：《中国人民大学中国社会发展研究报告 2002：弱势群体与社会支持》，中国人民大学出版社，2003。

郑磊、翁秋怡、龚欣：《学前教育与城乡初中学生的认知能力差距——基于 CEPS 数据的研究》，《社会学研究》2019 年第 3 期。

钟宇平、陆根书：《社会资本因素对个体高等教育需求的影响》，《高等教育研究》2006 年第 1 期。

周庆刚、董淑芬、李娟：《弱势群体社会支持网络与社会和谐》，东南大学出版社，2007。

周珍：《农村初中生英语自我效能感的研究》，《北京教育学院学报》2015 年第 2 期。

朱丽：《教育改革代价论》，福建教育出版社，2014。

朱德全、曹渡帆：《教育研究中扎根理论的价值本真与方法祛魅》，《清华大学教育研究》2021 年第 1 期。

朱新卓：《中国农村教育阶层再生产功能的文化分析》，上海三联书店，2015。

朱志胜、李雅楠、宋映泉：《寄宿教育与儿童发展——来自贫困地区 137 所农村寄宿制学校的经验证据》，《教育研究》2019 年第 8 期。

英文文献

Abbas Noorbakhsh & David Culp，"The Demand for Higher Education：Pennsylvania's Nonresident Tuition Experience，" *Economics of Education Review*，2002（3）：277-286.

A. E. Raftery & M. Hout，"Maximally Maintained Inequality：Expansion, Reform，and Opportunity in Irish Education，1921-75，" *Sociology of Education*，1993，66（1）：41-62.

A. H. Maslow，*Motivation and Personality*（New York：Harper & Row，1970）.

Alberta M. Gloria，Robinson Kurpius，Sharon E. Kimberly D. Hamilton，Marica S. Willson，"African American Students' Persistence at a Predominantly White University：Influences of Social Support，University Comfort，and Self-beliefs，" *Journal of College Student Development*，1999，40（3）：257-268.

Andrea Dixon Rayle & Kuo-Yi Chung，"Revisiting First-Year College Students' Mattering：Social Support，Academic Stress，and the Mattering Experience，" *Journal of College Student Retention Research Theory & Practice*，2007，9（1）：21-37.

B. Cornwell，"The Dynamic Properties of Social Support：Decay，Growth，and Staticity，and their Effects on Adolescent Depression，" *Social Forces*，2003，81（3）：953-978.

P. Blau & O. D. Duncan，*The American Occupational Structure*（New York：Wiley，1967）.

B. Mallinckrodt，"Student Retention，Social Support，and Dropout Intention：Comparison of Black and White Students，" *Journal of College Student Development*，1988，29（1）：60-64.

Bridget K. Hamre & Robert C. Pianta，"Can Instructional and Emotional Support in the First-Grade Classroom Make a Difference for Children at Risk of School

Failure?," *Child Development*, 2005, 76 (5): 949–967.

B. Weiner, "Anattributional Theory of Achievement Motivation and Emotion," *Psychological Review*, 1985 (92): 548–573.

Carolyn E. Cutrona, Valerie Cole Nicholas Colangelo Sucan Go Assouline, Daniel W. Russell, "Perceived Parental Social Support and Academic Achievement: An Attachment Theory Perspective," *Journal of Personality and Social Psychology*, 1994, 66 (2): 369–378.

Cecilia Albert, "Higher Education Demand in Spain: The Influence of Labour Market Signals and Family Background," *Higher Education*, 2000 (40): 147.

C. G. Arthur, "Student Diligence and Student Diligence Support: Predictors of Academic Success," Paper presented at the Annual Meeting of the Mid-South Educational Research Association, 2002 (11): 6–8.

Claudia Buchmann & Emily Hannum, "Education and Stratification in Developing Countries: A Review of Theories and Research," *Annual Review of Sociology*, 2001, 27 (1): 77–102.

David B. Feldman & Maximilian Kubota, "Hope, Self-efficacy, Optimism, and Academic Achievement: Distinguishing Constructs and Levels of Specificity in Predicting College Grade-point Average," *Learning and Individual Differences*, 2015 (37): 210–216.

Davis Kingslay & Wilbert E. Moore, "Some Principles of Stratification," *American Sociology Review*, 1945 (10): 242–249.

D. Baumrind, "Child Care Practices Anteceding Three Patterns of Preschool Behavior," *Genetic Psychology Monographs*, 1967 (75): 43–88.

D. Finfgeld-Connett, "Clarification of Social Support," *Journal of Nursing Scholarship*, 2005, 37 (1): 4–9.

E. E. Maccoby & J. A. Martin, "Socialization in the Context of the Family: Parent-Child Interaction," In P. H. Mussen & E. M. Hetherington (eds.), *Handbook of Child Psychology: Vol. 4 Socialization, Personality, and Social Development* (New York: Wiley, 1983).

Elder, "Perspectives on the Life Course," *Life Course Dynamics: Trajectories and*

Transitions, 1968—1980 (Ithaca, NY: Cornell University Press, 1985).

E. M. Tracy, "Identifying Social Support Resources of At-risk Families," *Social Work*, 1990, 35 (3): 252-258.

Eric J. López, Stewart Ehly, & Enedina García-Vásquez, "Acculturation, Social Support and Academic Achievement of Mexican and Mexican American High school Students: An Exploratory Study," *Psychology in the Schools*, 2010, 39 (3): 245-257.

Feven Negga, Sheldon Applewhite, & Ivor Livingston, "African American College Students and Stress: School Racial Composition, Self-esteem and Social Support," *College Student Journal*, 2007, 41 (4): 823.

Francis T. Cullen, "Social Support as an Organizing Concept for Criminology: Presidential Address to the Academy of Criminal Justice Sciences," *Justice Quarterly*, 1994 (11): 528-559.

G. Caplan, "The Family as a Support System," In G. Caplan & M. Killilea (eds.), *Support System and Mutual Help: Multidisciplinary Explorations* (New York: Grune & Stratton, 1974).

Gustavo J. Bobonis & Frederico Finan, "Neighborhood Peer Effects in Secondary School Enrollment Decisions," *The Review of Economics and Statistics*, MIT Press, 2009 (4): 695-716.

I. Duchesne & W. Nonneman, "The Demand for Higher Education in Belgium," *Economics of Education Review*, 1998 (2): 211-218.

I. J. Deary, S. Strand, P. Smith, & C. Fernandes, "Intelligence and Educational Achievement," *Intelligence*, 2007, 35 (1): 13-21.

James S. Coleman et al., *Equality of Educational Opportunity* (Washington, DC: Government Printing Office, 1966).

J. Coleman, "Social Capital in the Creation of Human Capital," *American Journal of Sociology*, 1988 (94): S95-S120.

J. K. Whittaker, E. M. Tracy, E. Overstreet, J. Mooradian, & S. Kemp, "Intervention Design for Practice-enhancing Social Supports for High Risk Youth and Families," In E. J. Thomas & J. Rothman (eds.), *Intervention Research: Design and Development for Human Service* (New York: Routledge, 2009).

J. M. Richman & L. B. Rosenfeld, "The Social Support Survey: A Validation Study of a Clinical Measure of the Social Support Process," *Research on Social Work Practice*, 1993, 3 (3): 288-296.

J. S. Coleman, "A Rational Choice Perspective on Economic Sociology," In N. J. Smelser & R. Swedberg (eds.), *Handbook of Economic Sociology* (Princeton, NJ: University of Princerton Press, 1994).

J. S. Coleman, "Family, School, and Social Capital," In T. Husen & T. N. Postlethwaite (eds.), *International Encyclopedia of Education* (2nd ed.) (Oxford: Pergamon Press, 1994).

J. S. Coleman, *Foundations of Social Theory* (Cambridge, MA: Harvard University Press, 1990).

J. S. Coleman & T. Hoffer, *Public and Private High Schools: The Impact of Communities* (New York: BasicBooks, 1987).

J. S. House, *Work Stress and Social Support* (Reading, MA: Addisoon-Wesley, 1981).

J. T. Klein & W. H. Newell, "Advancing Interdisciplinary Studies," In W. H. Newell (ed.), *Interdisciplinary: Essays from the Literature* (New York: College Entrance Examination Board, 1998).

Juan Barón & Deborah Cobb-Clark, "Are Young People's Educational Outcomes Linked to Their Sense of Control?" IZA Discussion Papers, 2010, p. 4907.

Judith E. Hupcey, "Clarifying the Social Support Theory-research Linkage," *Journal of Advanced Nursing*, 1998, 27 (6): 1231-1241.

Kathryn R. Wentzel, "Social Relationships and Motivation in Middle School: The Role of Parents, Teachers, and Peers," *Journal of Educational Psychology*, 1998, 90 (2): 202-209.

K. Bullock, "Family Social Support, Conceptual Frameworks for Nursing Practice to Promote and Protect Health," In P. J. Bomar (ed.), *Promoting Health in Families: Applying Family Research and Theory to Nursing Practice* (Philadelphia: Saunders, 2004).

L. Hao & M. Bonstead-Bruns, "Parent-child Differences in Educational Ex-pectations and the Academic Achievement of Immigrant and Native Students," *So-

ciology of Education, 1998 (71): 175-198.

Li Qiang, Zang Wenbin, & Li, An. "Peer Effects and School Dropout in Rural China," *China Economic Review*, 2013 (4): 238-248.

Lisa Legault, Isabelle Green-Demers, & Luc Pelletier, "Why Do High School Students Lack Motivation in the Classroom? Toward an Understanding of Academic Motivation and the Role of Social Support," *Journal of Educational Psychology*, 2006, 98 (3): 567-582.

Maria Eliophotou Menon, "Factors Influencing the Demand for Higher Education: The Case of Cyprus," *Higher Education*, 1998 (3): 251-266.

M. Barrera & S. L. Ainlay, "The Structure of Social Support: A Conceptual and Empirical Analysis," *Journal of Community Psychology*, 1983 (2): 22-38.

M. Boivin & K. L. Bierman, *Promoting School Readiness and Early Learning* (United States: Guilford Publications, 2013).

M. E. Uguroglu & H. J. Walberg, "Motivation and Achievement: A Quantitative Synthesis," *American Educational Research Journal*, 1979, 16 (4): 375-389.

M. Frye, "Bright Futures in Malawi's New Dawn: Educational Aspirations as Assertions of Identity," *American Journal of Sociology*, 2012, 117 (6): 1565-1624.

M. Granovertter, "The Strength of Weak Ties," *The American Journal of Sociology*, 1973, 78 (6): 1360-1380.

M. J. Elias & Haynes, N. M., "Social Competence, Social Support, and Academic Achievement in Minority, Low-Income, Urban Elementary School Children," *School Psychology Quarterly*, 2008, 23 (4): 474-495.

M. M. Chiu & Z. Xihua, "Family and Motivation Effects on Mathematics Achievement: Analyses of Students in 41 Countries," *Learning and Instruction*, 2008, 18 (4): 321-336.

M. T. Lagana, "Protective Factors for Inner-City Adolescents at Risk of School Dropout: Family Factors and Social Support," *Children & Schools*, 1998, 26 (4): 211-220.

M. Wenz-Gross, G. N. Siperstein, A. S. Untch et al., "Stress, Social Support, and Adjustment of Adolescents in Middle School," *Journal of Early Adolescence*, 1997, 17 (2): 129–151.

M. W. Kraus & N. M. Stephens, "A Road Map for an Emerging Psychology of Social Class," *Social & Personality Psychology Compass*, 2012, 6 (9): 642–656.

N. Lin, C. V. John, & M. E. Water, "Social Resource and Strength of Ties: Structural Factors in Occupational Status Attainment," *American Sociological Review*, 1981 (46): 393–405.

N. Lin, *Social Capital: A Theory of Social Structure and Action* (Cambridge: Cambridge University Press, 2001).

N. Lin, *Social Support, Life Events and Depression* (Florida: Academic Press, 1986).

N. Othman, F. Noordin, N. M. Nor, Z. Endot, & A. Azmi, *Social Support, Academic Self-Concept, Education Goals, Academic Aspiration and Decision to Study Among Residential Students of a Malaysian Public University* (Springer Singapore, 2016).

OECD, "Education at a Glance (2010)," http://www.oecd.org/bookshop/ (12.03.2010).

Pamela E. Davis-kean, "The Influence of Parent Education and Family Income on Child Achievement: The Indirect Role of Parental Expectations and the Home Environment," *Journal of Family Psychology*, 2005, 19 (2): 294–304.

Paula Wilcox, Sandra Winn, & Marylynn Fyvie-Gauld, " 'It Was Nothing to Do with the University, It Was Just the People': The Role of Social Support in the First-year Experience of Higher Education," *Studies in Higher Education*, 2005, 30 (6): 707–722.

P. Bourdieu, "Cultural Reproduction and Social Reproduction," In J. Karabel & A. H. Halsey (eds.), *Power and Ideology in Education* (New York: OxfordUniversity Press, 1977).

P. Bourdieu & J. -C. Passeron, *Reproduction in Education, Society and Culture* (London: Sage Publications, 1990).

P. Bourdieu & L. J. D. Wacquant, *An Invitation to Reflexive Sociology* (Cambridge: Policy Press, 1992).

P. Bourdieu, "The Forms of Capital," In J. Richardson (ed.), *Handbook of Theory and Research for the Sociology of Education* (New York: Greenwood Press, 1986).

Pierre Bourdieu & Alain Darbel, *The Love of Art: European Art Museums and Their Public with Dominique Schnapper*, Translated by Caroline Beattie and Nick Merriman (Stanford: Stanford University Press, 1990).

Pierre Bourdieu, *Distinction: A Social Critique of the Judgement of Taste.* Translated by Richard Nice (Cambridge, Mass: Harvard University Press, 1984).

P. K. Klebanov, J. Brook-Gunn, C. McCarton, & M. C. McCormick, "The Contribution of Neighborhood and Family Income to Developmental Test Scores over the First Three Years of Life," *Child Development*, 1998, 69 (5): 1420–1436.

Ranjita Misra Melanee Crist, Christopher J. Burant, "Relationships among Life Stress, Social Support, Academic Stressors, and Reactions to Stressors of International Students in the United States," *International Journal of Stress Management*, 2003, 10 (2): 137–157.

R. Bradley H. & R. F. Corwyn, "Socioeconomic Status and Child Development," *Annual Review of Psychology*, 2002 (53): 371–399.

R. Breen & J. H. Goldthorpe, "Explaining Educational Differentials Towards a Formal Rational Action Theory," *Rationality & Society*, 1997, 9 (3): 275–305.

R. D. Conger & M. B. Donnellan, "An Interactionist Perspective on the Socioeconomic Context of Human Development," *Annual Review of Psychology*, 2007 (58): 175–199.

Robert D. Mare, "Change and Stability in Educational Stratification," *American Sociological Review*, 1981, 46 (1): 72–87.

Robert D. Mare, "Social Background and School Continuation Decisions," *Journal of the American Statistical Association*, 1980, 75 (370): 295–305.

Ronald S. Burt. *Structural Holes: The Social Structure of Competition* (Cambridge, MA: Harvard University Press, 1992).

S. Cobb, "Social Support as a Moderator of Life Stress," *Psychosomatic Medicine*, 1976, 38 (5): 300.

S. Cohen & G. Makay, "Social Support, Stress and the Buffering Hypothesis: A Theoretical Analysis," *Handbook of Psychology and Heath*, 1984 (4): 253-267.

Shmuel N. Eisenstade, "Some Observations on Multiple Modernities," In *Reflections on Multiple Modernities: European, Chinese and other Interpretations*, edited by Dominic Sachsenmaier, Jens Riedel, & Shmuel N. Eisenstadt (Leiden; Boston; Köln: Brill, 2002).

S. L. Kagan, E. Moore, & S. Bredekam, *Reconsidering Children's Early Development and Learning: Toward Common Views and Vocabulary* (Washington, DC: National Education Goals Panel, 1995).

Soo-yong Byun & Hyunjoon Park, "When Different Types of Education Matter: Effectively Maintained Inequality of Educational Opportunity in Korea," *American Behavioral Scientist*, 2017, 61 (1): 94-113.

S. Poyrazli, P. R. Kavanaugh, A. Baker et al., "Social Support and Demographic Correlates of Acculturative Stress in International Students," *Journal of College Counseling*, 2004, 7 (1): 73-82.

S. R. Lucas, "Effectively Maintained Inequality: Education Transitions, Track Mobility, and Social Background Effects," *American Journal of Sociology*, 2001, 106 (6): 1642-1690.

Stephen P. Heyneman and William A. Loxley, "The Effect of Primary-School Quality on Academic Achievement Across Twenty-nine High-and Low-Income Countries," *American Journal of Sociology*, 1983, 88 (6): 1162-1194.

Stephen P. Heyneman, "Influences on Academic Achievement: A Comparison of Results from Uganda and More Industrialized Societies," *Sociology of Education*, 1976, 49 (3): 200-211.

T. A. Lyson, "What Does a School Mean to a Community? Assessing the Social and Economic Benefits of Schools to Rural Villages in New York," *Journal of Rural Research in Education*, 2002 (3): 131-137.

Tu Weiming, "Implications of the Rise of 'Confucian' East Asia," *Journal of the American Academy of Arts and Sciences*, 2000（1）: 195-218.

Valerie E. Lee & Julia B. Smith, "Social Support and Achievement for Young Adolescents in Chicago: The Role of School Academic Press," *American Educational Research Journal*, 1999, 36（4）: 907-945.

Vekiri A. Ioanna & Chronaki B. Anna, "Gender Issues in Technology Use: Perceived Social Support, Computer Self-efficacy and Value Beliefs, and Computer Use Beyond School," *Computers & Education*, 2008, 51（3）: 1392-1404.

V. P. Tilden & C. Weinert, "Social Support and the Chronically Ill Individual," *Nursing Clinics of North America*, 1987, 22（3）: 613-620.

Walter Müller & Wolfgang Karle, "Social Selection in Educational Systems in Europe," *European Sociological Review*, 1993, 9（1）: 1-23.

Wang Ming-Te & J. S . Eccles, "Social Support Matters: Longitudinal Effects of Social Support on Three Dimensions of School Engagement From Middle to High School," *Child Development*, 2012, 83（3）: 877-895.

W. H. Sewell & V. P. Shah, "Socioeconomic Status, Intelligences and the Attainment of Higher Education," *Sociology of Education*, 1967（1）: 1-23.

后　记

我对农村教育问题的关注始于十几年前博士学位论文的撰写。彼时，我的导师谢作栩教授带领学生团队持续关注高等教育的社会分层问题，使我们的视野由教育系统内部的教学、管理和组织运作等问题延伸到更为复杂的社会领域。自那时起，我也开始自觉与不自觉地将目光聚焦在那些在社会转型浪潮中处于不利位置的人，持续关注关心他们的教育命运。由于具有高等教育学专业背景，我最初的研究主要集中于高等教育机会等议题，到福建社会科学院工作后，我越发觉得单纯考察高等教育公平问题很难深入下去。因为学校教育作为一个较为典型的连续性过程，其发生和发展过程具有强烈的累积效应，仅以某个阶段性断面检视孩子们的学业表现和升学状况有很大的局限性。因此，我开始尝试向前追溯，不同群体高中、初中、小学乃至早期教育阶段的过程性教育差异都成为我新的兴趣点。

作为我主持的国家社科基金项目的结项成果，本书虽然主题为高等教育需求，但实际研究下延至农村子女的整个教育过程。同时，这里将教育需求的产生—获得—满足视为一个连贯却非一致的过程，力求以发展的眼光立体地展示教育均等化改革进程中农村家庭高等教育需求与获得的真实状况。为避免囿于就教育谈教育的传统学术惯性，书中还尝试从学校、家庭、社会等多个面向探讨影响高等教育需求的深层原因并对这一过程进行刻画，希望能和读者共同思考在城乡分层与社会分层双重影响下中国教育代际传递与流动的规律。

本书虽几易其稿，但仍有许多遗憾。受疫情影响，这项研究的实地访谈调研主要集中于中东部地区，未能涵盖更多样的地区，特别是对已实现脱贫的西部偏远地区、少数民族地区农村的教育状况关注不足。同时，书中对农村子女教育困境的剖析是以家庭视角为中心，辅以对学校与社会的考察，这使得其他面向的研究深度有所欠缺。特别是农村社会与教育的互动关系是十分复杂的议题，这里仅从文化的视角有所涉及并进行初步探索，有待更全面的补充研究。此外，书中的"高等教育需求"概念基本界定在狭义上的"高等教育入学机会的需求"，但从广义上来看，除了入学需求以外，还包括接受高等教育过程的需求、结果的需求以及借由高等教育达成的社会流动的需求等诸多面向。这些都是本书未曾涉及但十分值得继续探讨的议题。

在课题的申请和撰写过程中，我得到了福建社会科学院社会学研究所老所长许维勤研究员和院内相关同事的大力支持。书稿成形过程中福建师范大学的王伟宜教授、江苏省教育科学研究院的刘自团研究员和鲁东大学的杨倩教授也给予我大量帮助。此外，调研过程得到了许多部门、学校、教师、学生、家长和普通村民的理解和配合，在此一并表达谢意。最后，我要特别感谢我的先生给予的全方位支持和父母默默为我分担家庭责任。成书过程中我还迎来了生命中最明亮的那颗星，女儿奕安不仅为我带来了心灵的归依，还促使我更加积极地反思教育、反思自我，愿未来的日子我能与她共同成长。

社会科学文献出版社的谢蕊芬老师及其同人为本书的出版付出大量心血，在此谨致谢忱。

谭　敏

2023 年 5 月 12 日于福州

图书在版编目（CIP）数据

鱼跃农门：农村家庭的高等教育需求与社会支持 /
谭敏著. -- 北京：社会科学文献出版社，2024.4
ISBN 978-7-5228-3195-4

Ⅰ.①鱼… Ⅱ.①谭… Ⅲ.①农村-家庭-高等教育
-研究-中国 Ⅳ.①G649.21

中国国家版本馆 CIP 数据核字（2024）第 024421 号

鱼跃农门

——农村家庭的高等教育需求与社会支持

著　　者 / 谭　敏

出 版 人 / 冀祥德
责任编辑 / 谢蕊芬
责任印制 / 王京美

出　　版 / 社会科学文献出版社·群学分社（010）59367002
　　　　　　地址：北京市北三环中路甲 29 号院华龙大厦　邮编：100029
　　　　　　网址：www.ssap.com.cn
发　　行 / 社会科学文献出版社（010）59367028
印　　装 / 三河市龙林印务有限公司

规　　格 / 开　本：787mm×1092mm　1/16
　　　　　　印　张：20.25　字　数：341 千字
版　　次 / 2024 年 4 月第 1 版　2024 年 4 月第 1 次印刷
书　　号 / ISBN 978-7-5228-3195-4
定　　价 / 128.00 元

读者服务电话：4008918866